아직도 끝나지 않은

이순신의 7년 전쟁

아직도 끝나지 않은
이순신의 7년 전쟁

1판 1쇄 발행 2022년 7월 4일

지은이 서홍교

편집 유별리 **마케팅** 박가영 **총괄** 신선미

펴낸곳 하움출판사 **펴낸이** 문현광

이메일 haum1000@naver.com **홈페이지** haum.kr
블로그 blog.naver.com/haum1007 **인스타** @haum1007

ISBN 979-11-6440-994-5 (03990)

아직도 끝나지 않은

이순신의
7년 전쟁

이순신, 얼마나 아십니까?

머리말

이 책을 쓰고자 했을 때 주변에서 물었다. 이순신 장군에 관한 책은 이미 수없이 많이 있는데, 굳이 또 한 권의 책을 보태려 하는 이유가 무엇이냐고 말이다. 장군에 관한 책은 어린이를 위한 위인전이나 어른을 위한 평전, 장군의 기록을 해석한 번역물, 자기개발서, 소설 등 수없이 많다.

그중 역사적 사실이나 기록에 충실한 것은 일반인들이 읽기에 다소 어렵고 지루하여 상당한 인내심이 필요하다. 그리고 다른 것들은 의도적으로 장군을 미화하기도 하고, 폄하貶下한 부분이 있다. 이런 오류는 소설 쪽으로 가면 더욱 심한데, 작가적인 상상이나 인간성을 부각浮刻하려 한 것이라 이해하려고 해도 여전히 지나치다는 생각을 떨칠 수가 없었다. 그래서 정확한 기록과 사료를 바탕으로 장군을 제대로 조명하고, 무엇보다 재미있는 책을, 감동과 교훈을 얻을 수 있는 책을 만들고 싶었다. 그런 욕심을 접을 수가 없었다. 그래서 이 책을 시작하게 되었다.

이 책은 이순신 장군과 소통했던 인물들의 사건과 관계를 중심으로 기술하였다. 이를 제대로 보여 주기 위해 사료의 원본 내용을 최대한 많이 인용하였다. 그러나 무기나 판옥선, 전술, 전쟁터 등에 대한 고증이나 해석은 전쟁 연구자의 몫이지 내가 감당할 수 있는 영역은 아니므로 가볍게 다루었다.

주로 인용하고 참고한 자료는 『난중일기』, 『임진장초』, 『선조실록』, 『선조수정실록』, 『이충무공행장』, 『징비록』 등이다. 이들 자료는 장군 본인이나 국가, 가족, 후원자의 기록이다. 그렇다 해도 왜곡이야 없을 수는 없겠지만 현존하는 자료 중에서는 진실에 가장 근사하다고 판단했다. 『난중잡록』이나 『쇄미록』, 『백호전서』, 『재조번방지』 등 개인 기록물은 저자가 들은 이야기이거나 후대에 작성된 것이라 극히 제한적으로 인용하였다.

어릴 때와 초기 관직 시절, 즉 난중일기나 선조실록 등에 등장하지 않는 기간은 많이 생략하여 최대한 간략하게 다루었다. 장군의 흔적을 따라가며 책을 썼지만 무조건 장군을 미화하거나 찬양하지는 않으려고 노력했다. 역사적 사실과 기록에서 장군과 관계되는 인물들을 제대로 보고 싶었기 때문이다.
또 임진·정유 양란에 따른 동북아 정세의 변화나 후세인 또는 외국인들의 장군에 대한 평가에 대해서도 언급하지 않았다. 동북아 정세의 변화는 역사학자나 국제정치사 연구자의 몫이라 생각하며, 장군에 대한 여러 세간의 평가들도 잘못 인용하면, 자칫 장군을 개념 없이 미화美化하게 될지도 모른다는 생각이었다.

난중일기나 선조실록 등은 과거의 자료다. 그래서 지금 우리가 쓰는 표현 방식과 다르고 지금은 없거나 흔하게 쓰지 않는 표현들이 많았다. 그래서 최대한 지금의 우리가 이해하기 쉽도록 풀어쓰려고 노력했다. 그러다 보니 많은 부분에서 원문의 뜻을 정확하게 반영했는지 다소 걱정스럽다. 부정확하고 오류도 얼마간 있을 것이다. 그것은 나의 한계다. 지적을 겸허히 받을 준비가 되어있다.

선조실록이나 선조수정실록, 그리고 그 밖의 고전기록들은 대부분 한국고전번역원의 인터넷 홈페이지 자료를 인용하였다. 이 지면을 빌어 고전번역원에 깊이 감사드린다. 고전번역원의 자료가 없었다면 이 책은 세상에 나올 수 없었을 것이다.

마지막으로 부족한 글을 쓸 수 있도록 배려해준 가족들에게 감사드린다. 특히 뜬금없이 이순신 장군에 대한 글을 쓴다고 컴퓨터에 붙어있는 나를 옆에서 묵묵히 지켜보고 응원해준 동반자에게 깊은 감사를 드린다.

임진왜란이 일어난 지 430년이 지난 어느 봄날
남해 선소 왜성 아래에서

목차

제1장 어린 시절부터 부산포 해전까지

제 2 장 부산포 해전 이후의 여러 일들

제 3 장 장문포 해전부터 칠천량 패전까지

제 4 장 백의종군과 명량해전

제 5 장 명나라 수군의 횡포, 그리고 노량해전

글을 마치면서 •395

제1장

어린 시절부터
부산포 해전까지

☯ 어린 시절과 무과급제

　　　　이순신 장군은 1545년 음력 3월 8일, 한성漢城 건천동乾川洞에서 덕수 이씨 가문의 4형제 중 셋째 아들로 태어났다. 아버지는 이정李廷이고 어머니는 초계 변씨다. 형제들의 이름은 중국 전설 속 제왕인 삼황오제三皇五帝의 이름자를 따와 지었다고 한다. 첫째는 복희씨의 '희'자를 따와 희신羲臣, 둘째는 요임금의 이름자를 따와 요신堯臣, 넷째는 우임금의 이름자로 우신禹臣으로 지었다. 장군은 순임금의 이름자를 딴 것이다.

　장군이 무과를 선택하게 된 것은 타고난 자질이 가장 큰 이유였겠지만 외가外家가 무관 집안이었던 것과 보성군수를 지냈던 장인 방진方辰이 무관이었던 것이 적지 않은 영향을 끼쳤을 것이다.

　장군은 무관武官이었지만 난중일기 등 여러 글을 남겼고, 부하가 만든 글이 마음에 들지 않아 아픈 몸을 일으켜 직접 작성했다는 이야기나, 주역으로 점을 치고 풀이하는 등의 기록으로 미루어 문장이나 한학漢學에서도 뛰어난 실력을 지닌 분이다.

　장군이 처음 치른 과거시험은 1572년(선조 5년) 1월 훈련원에서 치러졌던 별과 시험이었다. 이때는 시험 도중 말에서 떨어져, 다리가 부러지는 사고로 낙방했다. 그다음 1576년(선조 9년) 식년시 무과에 응시하여 당당히 합격하게 된다. 성적은 총합격자 29명 중 12위인 병과丙科 4위였다. 우수한 성적이 아니라 생각할 수도 있겠지만, 당시 합격자 중 25명이 현역군인이었음을 고려하면 낮은 성적이라 할 수 없다. 또 합격자의 평균연령이 34세였는데 장군

은 32세였으니 늦은 편도 아니었다.[1]

장군의 무과 급제를 축하하여 부친이 자식들에게 재산을 나누어 주었다. 그 기록이 별급문기別給文記로 전해지고 있다. 노비와 전답이 전국 여러 곳에 산재해 있는 것으로 보아 선대先代로부터 물려받은 재산이 적지 않았던 것 같다.

● 초기 관직 생활

이순신 장군은 무과에 합격하고 1년 정도 지나 함경도 삼수三水 지역의 오지 동구비보童仇非堡 권관(權官, 종9품)으로 첫 발령을 받았다. 2년의 임기를 마치고 한성 훈련원 봉사(奉事, 종8품)가 되었는데, 이때 직속 상관이었던 병조정랑 서익徐益의 정실 인사권 행사에 반대하면서 충돌하여 8개월 만에 충청 병사 군관으로 옮기게 된다.

1580년(선조 13년) 7월에 지금의 고흥 지역 발포진의 수군 책임자인 발포만호(鉢浦萬戶, 종4품)로 영전하게 된다. 등과登科한 지 4년 만에 종4품의 만호가 되었으니 승진운昇進運이 있었다고 볼 수 있다. 그러나 장군은 발포만호 임기를 다 채우지 못하고 파직되고 만다.

조카 이분李芬이 쓴 『이충무공행록李忠武公行錄』에 발포만호로 있는 동안의 몇 가지 이야기가 기록되어 있다.

---

1) 출전: 이순신 평전, 이민웅. 2018

상관이었던 전라 좌수사 성박이 발포의 객사 마당에 있던 오동나무를 베어 거문고를 만들려고 하자, 장군이 관가의 물품을 함부로 벨 수 없다며 거절하였다. 성박의 후임으로 온 이용은 갑자기 수군 병사의 수를 점검하고는 발포진鉢浦陣에 결원이 많다고 지적하여 장군을 관리 소홀로 처벌하려 하였다. 하지만 주변에서 실제로는 다른 진陣에 비해 결원이 적으니 형평에 문제가 있다고 말려 그만두었다고 한다. 이때 장군이 각 진의 결원 자료를 가지고 있었다는 것으로 보아 매사에 치밀했던 것으로 보인다.

조선 시대에는 매년 두 차례 지방관과 변방 장수의 실적을 평가하여 연말에 왕에게 보고하는 제도가 있었다. 그해 관찰사와 수사가 장군의 실적을 최하로 매기려 하자, 관찰사를 보좌하던 도사都事 중봉 조헌趙憲이 평가가 잘못되었다며 강하게 주장하여 꼴찌를 면할 수 있었다고 한다.

그러나 1582년(선조 15년) 정월, 병조정랑 서익이 군기경차관軍器敬差官으로 내려와 발포진이 군기물軍器物 관리를 소홀히 하였다고 거짓 보고를 올려 결국 파직되었다. 지난날 장군과의 불화에 대한 앙갚음을 한 것이다.

발포만호에서 파직된 그해 5월, 장군은 훈련원 봉사(奉事. 종8품)로 강등 기용되었다. 1583년 초, 이용이 함경도 남병사로 임명되자 자신의 군관으로 장군을 지명하여 병방 군관兵房軍官이 되었다.

이후 함경도 경원의 건원보乾原堡 권관이 되었다. 『이충무공행록』에는 이때 여진족 추장 우을기내를 꾀어내 잡았으나, 북병사 김우서가 자신의 허락 없이 작전을 벌였다며, 상 주는 것을 막았다고 하였다. 그런데 이에 대한 선조실록 1583년 7월 10일 기록에는 장군의 이름이 없다. 임진왜란으로 전란 이전의 사초史草가 모두 없어지고, 이후 재작성되어 사실 여부는 분명치 않다.

그해 11월 15일 부친이 세상을 떠나자 장군은 고향 아산으로 돌아와 3년 상喪을 치렀다. 부친 3년 상을 마치고, 1586년 1월 사복시 주부로 복귀했다가 곧바로 두만강 부근의 조산보 만호로 발령이 났다. 이곳에서 장군은 첫 번째 '백의종군'하게 되는 사건을 만난다.

● 녹둔도 사건과 백의종군

그것이 1587년(선조 20년)에 일어난 이른바 '녹둔도 사건'이다. 이때 처음 장군의 이름이 선조실록에 등장한다. 이 사건은 실록에 10월 10일과 16일 두 차례, 선조수정실록에는 9월에 기록이 있는데 같은 사건이다.

> 여진 오랑캐가 녹둔도鹿屯島를 함락시켰다. 1583년 순찰사 정언신鄭彦信의 건의로 처음 녹둔도에 둔전屯田을 설치하여, 남도의 궐액군闕額軍을 불러와 경작시켰다. 이 해에 조산보 만호 이순신李舜臣에게 그 일을 맡겼는데, 가을에 풍년이 들었다. 경흥부사 이경록李慶祿이 이순신과 하급군관을 거느리고 추수를 감독하고 있었다. 이때 추도楸島의 여진 추장 마니응개ケ尼應介가 군사를 숨겨 놓고 몰래 엿보다가, 농민들이 들판에 나가 책루柵壘가 빈틈을 타고 갑자기 들어와 크게 노략질하였다. 수호장守護將 오형吳亨과 임경번林景藩 등이 포위를 뚫고 책루로 들어가다가 모두 화살에 맞아 죽었다. 해자垓字를 뛰어넘어 들어오던 마니응개는 수비장 이몽서李夢瑞에게 사살되었다.
>
> 그러나 여진 오랑캐는 우리 병사 등 10여 명을 살해하고 160명

을 사로잡아 갔다.[2] 이경록과 이순신이 군사를 거느리고 추격하여 적 3명의 머리를 베었고, 포로로 잡혀가던 50여 명을 빼앗아 돌아왔다. 그러나 북병사北兵使 이일李鎰은 제 책임을 벗어나려고 이순신과 이경록에게 죄를 돌려, 형구刑具를 설치하고 그를 베려 하자 순신이 스스로 변호하기를, "전에 뵐 때 수비 군사가 적으니 보충해달라 요청했지만, 병사께서 조치해주지 않았습니다. 여기 그 요청서가 있소이다." 하였다.

북병사 이일이 이순신 등을 옥에 가두고 조정에 아뢰자, 선조는 '전쟁에서 진 것과는 다르다.' 하며 '백의종군白衣從軍으로 공을 세워 스스로 속죄하도록 하라.'고 명하였다.[3]

녹둔도 사건의 책임을 장군에게 덮어씌우려 했던 북병사 이일李鎰은 이듬해(1588년) 1월 신립申砬과 함께 여진의 시전부락時錢部落을 공격하여 큰 승리를 거두고 선조의 신임을 받는다. 임진왜란이 일어나자 경상도 순변사巡邊使로 임명되어 상주로 내려가지만 패하여 충주로 도망간다. 충주에서 신립과 함께 탄금대에서 배수진을 치고 싸웠지만 대패하여, 다시 달아나 피난 중인 선조에게로 갔다. 그리고 도원수 김명원의 휘하에서 임진강 전투에 참여했으나 또다시 패한다. 이후 세자 광해군光海君의 분조分朝에 있으면서 평양성 수복 전투에 참여하였으며, 훈련도감에서 군사 훈련도 담당하였다. 마지막으로 전란 후 함경도 남병사로 재직하다가, 1601년 임금의 허락 없이 부하를 죽

---

2) 선조실록에는 살해 10명, 포로 106명, 군마 15필로 기록되어 있음.

3) 선조실록에는 장형(杖刑) 집행한 것으로 기록됨.

인 혐의로 한성으로 호송되던 중에 죽는다. 이일은 여러 번의 패배와 도망에도 벌 받지 않고, 계속 관직을 맡았으니 선조의 넘치는 사랑을 받았다.

조카 이분李芬의 『이충무공행록』에는 녹둔도 사건과 관련하여 '장군이 왼쪽 넓적다리에 화살을 맞았지만, 부하들이 놀랄 것을 염려하여 몰래 스스로 화살을 뽑았다.'라는 말이 있는데, 장군을 미화하려는 것일 수도 있다.

또 당시 북병사 이일의 군관이었던 선거이宣居怡가 장군이 처벌받을 것을 걱정하여 술을 권했더니, 장군이 정색하며, "죽고 사는 것은 명命에 달린 것인데, 술은 왜 마신단 말인가." 하자, 그러면 물이라도 한잔하라 권하자 "목마르지 않으니 물 마실 까닭이 없다."라고 했다는 이야기도 있다.

선거이와 장군은 매우 가까웠던 것 같다. 난중일기에 이를 알 수 있는 기록이 있다. 1595년 9월 14일 당시 한산도에 내려와 있던 충청 수사 선거이가 중풍으로 더는 직무를 수행할 수 없게 되어 갈려가게 되는데, 그와 헤어짐을 아쉬워하며 지은 시詩가 나온다. 장군이 누군가와 헤어지며 시를 지은 것은 이것이 유일하다.

> 북쪽에 갔을 때 같이 일하며 고생하더니,
> 남쪽에 와서도 죽고 사는 것을 같이 하였네.
> 오늘 밤 달 보며 나누는 이 술 한 잔은,
> 내일이면 이별하는 우리의 우정이네.[4]

---

4) 北去同勤苦, 南來共死生, 一盃今夜月, 明日別離情

녹둔도 사건 이듬해, 조선은 이 사건을 일으켰던 여진 부락을 습격하여 대승을 거둔다. 이때 장군도 백의종군으로 전투에 참여하여 전공戰功을 세웠고, 사면받아 복직復職되었다. 이후 조산보 만호 임기를 다 채우고 1588년 윤6월 고향 아산으로 돌아왔다.

● 무인 불차채용과 전라 좌수사 임명

1589년(선조 22년) 1월 21일 선조실록에는 비변사에서 무인 불차채용不次採用을 위해 여러 신료臣僚에게 추천을 받은 기록이 있다. 불차채용은 요즘으로 말하자면, 유능한 인재를 특별채용하는 것이다. 뽑힌 사람을 일반적인 승진 단계를 뛰어넘어 관직에 임명하려는 것이었다.

이때 이순신 장군은 신료 2명에게 추천을 받는다. 신료들의 추천을 바탕으로 비변사에서 1589년(선조 22년) 7월 28일 불차채용 대상에 대해 보고하였다.

> "전번에 하삼도下三道의 병·수사兵水使를 잘 선택하라는 지시를 받고 신臣들이 상의하였는데, 적합하지 않은 사람이 약간 있어 즉시 교체하여 보고합니다. (중략) 하니, 전교하기를, "아뢴 대로 하라. 또 이경록李慶祿·이순신李舜臣 등도 채용하려 하니, 아울러 참작하여 의논하고 보고하라." 하였다.

당시 전라감사 이광의 조방장助防將이었던 이순신 장군은 1589년(선조 22년) 12월에 정읍현감(井邑縣監, 종6품)이 된다. 그리고 다음 해 7월 함경도의 고사리진첨사(高沙里陣僉使, 종3품)로 임명되었으나 대간의 반대로 취소되었다. 8월에는 다시 함경도 만포진 첨사(滿浦鎭僉使, 정3품)로 임명이 되었으나, 또다시 대간의 반대로 무산되었다. 그리고 다음 해인 1591년(선조 24년) 2월 진도군수(珍島郡守, 종5품)로 임명했다가, 바로 가리포첨사(加里浦僉使, 종3품)로 바꾸었는데, 임지로 가기도 전에 다시 자리를 바꾸어 전라좌도수군절도사(全羅左道水軍節度使, 정3품)로 임명된다. 그러자 사간원의 반대 상소가 올라온다. 1591년 2월 16일 기록이다.

> "이순신李舜臣은 현감으로 아직 부임도 하지 않았는데 전라 좌수사로 임명하시니, 인재가 모자란 탓이라 해도 벼슬의 분수 넘침이 이보다 심할 수는 없습니다. 취소하소서."
> 하니, 답하기를, "이순신의 일이 그런 것은 나도 안다. 다만 지금같이 인재가 모자라는 시기에는 일반 규칙에 구애될 수 없다. 그 사람이면 충분히 감당할 수 있을 테니 벼슬의 높고 낮음을 따지지 말라. 다시 논하여 그의 마음을 동요動搖하게 하지 말라."

● 꿩 대신 닭으로 임명된 전라 좌수사

선조가 장군을 전라 좌수사로 임명한 것에 대해 다수의 출판물에서는 선조가 장군을 신임하여 고속 승진하였다고 한다. 그러나 선조실록을 보면, 꼭 그렇지만은 않다는 것을 알 수 있다. 장군이 임명되기 전인 2월 4일의 기록이다.

사간원이 "전라 좌수사 원균元均은 전에 수령으로 있을 때 인사 평가에서 하위 등급을 받고 이제 겨우 반년 지났는데 오늘 좌수사로 임명하시니, 못된 사람을 내쫓고 착한 사람을 뽑아 쓰는 뜻에 맞지 않아 세상인심이 못마땅히 여기고 있습니다. 교체를 명하시고 나이 젊고 군사 전략 있는 사람을 각별하게 선택하여 보내소서." 하니, 아뢴 대로 하라고 답하였다.

왕이 원래 전라 좌수사로 임명했던 사람은 원균이었지만, 사간원의 반대로 임명되지 못한다. 그리고 이순신 장군이 임명되었으니 '꿩 대신 닭'으로 선택된 것이라 할 수 있다. 그렇다면 왕이 원균을 먼저 전라 좌수사로 선택한 이유는 무엇이었을까.

원균은 1567년 장군보다 9년 먼저 무과 급제하였다. 나이도 5살이 많다. 그리고 시전부락 전투에서 용맹을 떨쳤다고 알려져 있었다. 또 아버지 원준량은 병마절도사 등 여러 무관직을 역임했었다. 여기까지만 보면 원균을 우선한 것이 당연해 보인다. 그러나 좀 더 알아보면 얘기는 달라진다.

원균은 무과 급제하는 과정에 요즘 말로 '아빠 찬스' 혜택을 받을 뻔했다. 1564년(명종 19년) 원균은 무과에 급제及第했지만, 합격이 취소되었다. 사간원에서 그가 애초에 응시자격이 없었는데 아버지가 손을 써서 응시하였다며, 아버지 원준량을 탄핵한 때문이다. 이후 그는 3품 이상의 자제들로 구성된 충순위忠順衛라는 부대에 들어갔다. 그리고 여러 차례 무과에 응시했으나 낙방을 거듭하다가 1567년(선조 원년) 식년 무과시험에서 을과乙科 2위로 급제하였다.

북병사 이일의 휘하에서 조산보 만호로 여진족 니탕개尼湯介의 시전부락 토벌에서 공을 세워 부령부사, 종성부사를 거쳤다. 그러나 인사평가에서는 하위 등급을 받았으니 백성의 신망, 상관의 인정 등은 받지 못했던 모양이다.

아버지 원준량에 대한 실록의 기록을 살펴보니, 1544년(중종 39년) 3월 27일, 왕이 '요사이 군정軍政이 문란해졌다. 야간에 도성 군대를 감독하는 감군監軍이 제시간에 나가지 않으니 감독이 소홀하다.'라고 질책하였는데, 이때 감군이 원준량 이었다.

1552년(명종 7년) 8월 28일, '제주의 왜변倭變 소식을 들었음에도 구하지 않았다' 하여 전라우도수사全羅右道水使 원준량을 파지도波知島로 유배시켰다.

1553년 윤3월 14일, 사관史官이 '무인들이 재물을 탐하여 군민을 수탈하고, 요직의 권신들에게 뇌물을 상납한다.'라고 지적하면서 여러 명의 이름이 거론하는데, 그중에 원준량이 나온다.

1557년 8월 2일, 원준량이 경상좌도수사慶尙左道水使로 임명되자 사관史官이 평하기를, "원준량은 본래 무지하며 거칠고 사나운 사람이다. 이전에 전라 수사水使였을 때 순시 중 전주에서 달량포達梁浦 함락 소식을 들었다. 마땅히 달려가 구원해야 함에도 천연덕스럽게 술 마시고 웃으며 일부러 시간을 지체하여, 적의 형세가 더욱 커지게 하였다. 그때 군법을 시행하지 않은 것은 형평을 잃은 것이다. 그런데 이제 다시 직책을 주니 인심이 매우 놀라고 괴이하게 여겼다."라고 했다.

1562년(명종 17년) 6월 10일, 원준량은 전라좌도수사로 임명되었으나 사헌부의 탄핵으로 교체되었다.

1566년(명종 21년) 12월 9일, 사헌부가 "길주 목사 원준량은 본래 야비한 사람이라 탐욕스럽고 포학貪虐하여 백성들에게 거둬들이는 것은 끝이 없고, 관고官庫의 물건을 실어내어 전부 은銀을 사는 밑천으로 유용하기까지 하였으니, 매우 지나칩니다. 파직을 명하소서." 하니, 아뢴 대로 하라고 하였다.

원균의 후손으로 그가 잘못 평가되어 있고, 실제로는 매우 훌륭한 장군이라고 주장하며, '원균기념사업회'를 만든 사람이 있다. 전前 국회의원 원유철이다. 그는 부동산과 관련한 불법 정치자금과 뇌물, 청탁비용 수수 등 13가지 혐의로 기소되어 2021년 7월 21일 특정경제범죄 가중처벌법상 알선수재 혐의로 징역 1년 6개월에 추징금 5,000만 원이 대법원에서 확정되어 수감收監되었고 국회의원직도 상실하였다.

● 왜국 사신의 내방

우리에게 풍신수길豊臣秀吉로 잘 알려진 도요토미 히데요시가 일본을 통일하고 몇 차례 사신을 보내와 조선에 통신사를 보내 달라고 요청하였다. 조선에서는 왜국에 통신사 파견 여부를 놓고 논의가 있었다. 이와 관련하여 1589년 8월 4일 선조가 자신의 의견을 자랑하듯 대신들에게 내놓았다.

> "정해년(1587년) 2월에 왜선倭船 수십 척이 우리 변방을 노략질한 손죽도 사건을 일으킨 해적과 그들을 안내했던 배신자, 그리고 포로들을 돌려받는 것을 조건으로 내세워, 이를 그들이 수용한다면 우리가 사신을 보내더라도 체면이 설 것이다."

위와 같은 선조의 뜻에 따라 1589년 8월 11일 정2품 이상의 신하들이 모여 이 문제를 논의하였고, 왕의 의견을 그대로 따르기로 하였으며, 왜국 사신도 이를 수용하였다.

1587년 여수 손죽도에 침입하였던 왜구와 그들을 안내했던 배신자, 포로 등의 송환에 대한 기록은 날짜가 선조실록(1590년 2월 28일)과 선조수정실록 (1589년 7월)이 상당히 차이가 나는데, 비교해보면 날짜는 선조실록이 더 정확해 보이며, 내용은 선조수정실록이 더 자세하다.

"일본국이 조선 포로 김대기金大璣·공대원孔大元 등 116인을 돌려주고, 반민叛民 사화동沙火同과 손죽도 왜변을 일으킨 왜구 긴시요라緊時要羅·삼보라三甫羅·망고시라望古時羅 등 3인을 포박捕縛하여 보내며, '이들이 쳐들어간 일을 우리는 몰랐다. 조선의 반민 사화동이 오도五島의 왜인을 인도하여 약탈한 것이니, 지금 잡아 보내고 귀국의 처치를 기다립니다.'라고 하였다. 임금이 인정전仁政殿에 군사를 도열시키고 그들의 헌납을 받았다. 사화동에게 죄를 꾸짖고, 성 밖에서 목을 베었으며, 교서敎書를 반포하니 모두 축하하였다."

● 왜국에 통신사를 파견하다

이렇게 손죽도 사건을 일으킨 해적과 배신자, 그리고 포로를 돌려받은 후 통신사가 출발하는데, 통신사로 갈 사람은 1589년 11월 18일 이미 결정되어 있었다. 상사上使는 황윤길黃允吉, 부사副使는 김성일金誠一, 서장 관(書狀官, 기록 등 행정 담당)은 허성許筬이었다. 이들은 1590년 3월 6일 한성 에서 출발하여 4월에 바다를 건넜다. 그리고 해를 넘겨 1591년(선조 24년) 1 월 28일 부산에 도착했다.

통신사가 일본에 가서 겪은 일을 요약해보자. 그들이 대마도에 도착했으나 일본은 사신 영접하는 관리를 보내지 않았다. 김성일이 이를 무례하다며 문제 삼아 1달간 지체되었다. 왜 본토에서는 왜인들이 일부러 멀리 돌아가는 길로 사신을 인도한 탓에 몇 달을 지체하여 겨우 왜국의 수도에 도착했다. 또 평수 길도 여러 핑계를 대며 만나주지 않아, 5개월 후에야 겨우 왕의 서신을 전할 수 있었다. 그는 통신사를 만나는 자리에서도 안하무인으로 행동했으며, 답서 答書도 늦게 주어 기다리도록 만들었다. 거기다 답서 내용도 거만하여 김성일 이 여러 번 수정을 요구했으나 거부당했다. 풍신수길을 답서를 보자.

"일본국 관백關白이 조선 국왕 합하에게 바칩니다. (중략) 국가가 멀고 산하가 막힌 것을 단번에 뛰어넘어 곧바로 대명국大明國에 들어가서, 우리나라 풍속으로 4백여 주를 바꾸어 놓고, 황도皇圖 의 백성을 정치로 교화하기를 억만년 동안 시행하고자 하는 것이 나의 마음입니다. 귀국이 제일 먼저 우리 조정에 들어온다면 멀리 내다보는 것이니, 가까운 우환이 없지 않겠습니까. 먼 지방 작은 섬이라도 늦게 들어오는 무리는 허락하지 않을 것입니다. 내가 대 명에 들어가는 날 군사를 거느리고 군영軍營에서 함께 한다면 이 웃으로의 맹약을 굳게 할 것입니다. 나의 소원은 삼국에 아름다운

명성을 떨치고자 하는 것뿐입니다."

답서 내용은 분명하다. 명나라를 침략하고자 군사를 일으키려 하니 조선도 협조하라는 말이다. 그렇지 않으면 적으로 간주하겠다는 것이다. 이는 결국 침범하겠다는 말을 돌려 말한 것이다. 바보가 아니라면 이 뜻을 모를 수가 없다. 그러나 선조는 갈팡질팡하면서 왜국을 다녀온 사신을 만나서 풍신수길이 어떤 사람인지 물었다.

황윤길은 그간의 상황을 보고하면서 '반드시 전란이 있을 것이다.'라고 하였으나, 김성일은 "신은 그러한 정황을 못 보았는데 윤길이 장황하게 아뢰어 민심을 어지럽히니 일을 그르치고 있습니다."라고 하였다.

선조수정실록 1591년 3월 기록에는 "통신사가 돌아올 때 왜국 사신이 동행하였다. 홍문관 전한典翰 오억령吳億齡이 이들을 접대하였는데, 왜倭 사신 현소가 '내년에 길을 빌어 상국上國을 침범할 것이다.'라고 하는 말을 듣고, 이를 그대로 왕에게 보고하였다. 그러자 조정이 깜짝 놀라서 선위사를 교체하였고, 오억령은 미움을 받아 명나라 가는 사신의 수행원인 질정관質正官이 되어 밀려났다."라는 내용이 있다. 왜 오억령은 사실 그대로 보고했는데도 밀려났을까. 당시 조정에는 신하들이 편을 나누어 서로 싸우고 있었으니, 실권을 쥐고 있는 당파의 의견과 반대되는 말을 감히 하지 못하는 분위기가 있었다.

또 김성일이 왜 사신을 만나 전쟁을 일으키는 것은 옳지 못한 일이라고 타이르자, 현소가 "옛날 고려가 원元나라 군대를 인도하여 일본을 쳤으니, 일본이 원한을 갚으려 하는 것은 당연한 일입니다."라고 했다는 내용도 있다. 그런데도 선조는 왜국 사신을 위한 연회를 열어 평조신에게 관직을 주면서 "예로부터 이런 사례가 없었지만, 그대가 전부터 왕래하면서 공순恭順하였기에 특별히 예우해 주는 것이다."라고 하였다.

조정의 신하나 왕이 전쟁이 일어날 것을 몰랐을까. 풍신수길의 답서를 보면 모를 수가 없다. 그런데도 조정은 왜 전쟁 가능성에 대한 논의를 막았을까. 아마도 왜국을 잘 타이르고 부드럽게 유도한다면 전쟁을 피할 수 있다고 판단했을 것이다.

이어 조정에서는 이 사안을 '명나라에 보고하는 문제'와 '왜국에 답서 보내는 문제' 등에 대해 대신들과 논의가 있었다. 명나라에는 말을 신중히 하여 뒷날 난처할 걱정이 없도록 하고, 일본에는 대의大義를 들어 분명하게 거절하되 노여움을 사지 않도록 미워하면서도 엄하지 않게 하기로 정해졌다. 답서를 보자.

> "사신에게서 평안하다는 말을 들으니 위로가 됩니다. (중략) 우리 나라 입장에서는 상국을 침범하는 등의 말은 문자로 거론할 수도 없고, 말로도 안 될 뿐만 아니라, 외교상 옳지 않음을 감히 말씀드리니 용서하셨으면 합니다. 모르긴 해도 귀국이 지금 분해하고 있는 것은 오랫동안 중국의 버림을 받아 예의를 드러낼 곳이 없으며, 관시(關市, 관에서 여는 외국과 교역하는 시장)도 서로 통할 수 없고, 만국 옥백玉帛의 대열에 나란히 서지 못함을 수치로 여기는 데 불과한 듯합니다. 그렇다면 어찌 그 까닭을 찾아서 자신의 도리를 다하려 하지는 않고, 좋지 못한 계획에만 의존하려 하십니까. 이러한 처사는 생각을 제대로 하지 못한 것이라 하겠습니다."

명나라를 일본의 풍속으로 바꾸어 억만년 동안 시행하려 한다는 수길에게 생각을 잘못하고 있으니 바꾸라 타이르면 그가 바뀔 거라, 왕은 생각한 것일까. 선조수정실록 1591년(선조 24년) 5월 기록에 임진왜란이 일어나게 된 연유에 대해 분석한 글이 있다.

> 풍신수길이 훈련된 정병 1백만 명을 다섯 부대로 나누어 먼저 조선을 점거하고 곧바로 요동으로 쳐들어가 천하를 차지하려는 큰 계책을 세웠는데, 이는 일본이 나라는 작은데 군사는 많아서 내란이 일어날까 염려한 것이었다.
>
> 그들의 서계書契와 사신들의 말이 모두 쳐들어가는 길을 인도하라는 말이었는데, 우리나라가 거절하니 조공朝貢을 할 수 있도록 요청해 달라는 말로 바꾸어 유인한 것뿐이었으니, 이것이 어찌 믿을 만한 말이었겠는가. (중략) 그 후 주화론主和論이란 미봉책이 전쟁의 발단이 되자, 논의가 편향되었기 때문이라고 허물을 돌렸지만, 이는 모두가 분당分黨이 일을 그르친 것이다.

과연 분당이 일을 그르친 것일까. 왕은 책임이 없는가. 역사를 보면, 언제 어느 나라나 신하들의 의견이 일사불란하게 통일된 경우는 거의 없다. 왕의 역할은 여러 의견을 잘 조정하고 이끌어나가는 것이다. 이를 위해 왕에게 필요한 것은 무엇보다 국정에 대한 통찰력이다. 결국, 나랏일의 결정은 왕이 내리는 것이며, 그 책임도 왕에게 있는 것이다. 그러니 임진년부터 시작된 치욕스러운 7년 전쟁의 근본적인 책임은 분당이 아니라 국정 통찰력은 없이 자신의 권력만을 위해 신하들을 이리저리 휘두른 선조에게 있는 것이다.

예나 지금이나 나라의 최고 책임자가 누구냐에 따라 나라의 힘과 품격이 달라진다. 오늘날 우리는 어떤가. 치열한 자기 성찰이 필요하다.

● 닥쳐올 전란, 조정의 대비(對備)

조선에서는 전쟁이 일어날 것을 확신하지 못했다 하더라도 그 가능성은 분명히 알고 있었을 것이다. 그렇다면 조정은 어떤 준비를 하였을까. 먼저 불차채용으로 유능한 무관을 등용하고자 하였던 것은 앞에서 보았다. 다음으로는 화포와 같은 무기, 성곽의 축성이나 수리, 전쟁 수행 전략 등이 있을 것이다. 실록의 기록을 차례로 보자.

> **1591년**(선조 24년) **2월 6일**, 병조兵曹의 보고, "싸움에 쓰는 도구로는 철환鐵丸보다 나은 것이 없는데, 익숙한 자들이라고는 화포장火砲匠 등 몇 사람에 불과하니 급한 일이 생길 경우, 쓸 수 있는 자가 매우 적습니다. 철환은 쏘는 연습을 하면 누구나 활용할 수 있다고 합니다. 앞으로는 당번 나오는 모든 군사가 군기시 제조軍器寺提調와 함께 화포 쏘는 연습을 하도록 하는 것이 어떻겠습니까?" 하니, 아뢴 대로 하라고 전교하였다.

화포 쏘는 사람을 양성하는 것도 중요한 일이다. 그러나 그보다 더 시급한 일은 왜군에게 어떤 무기가 있는지, 얼마나 강력한지 알고 대비하는 것이어야 했다. 그렇다면, 조선은 조총鳥銃의 존재를 언제 알았을까.

> **1589년**(선조 22년) **7월 선조수정실록**, 평의지 등이 조총 3정을
> 바쳤는데, 조총을 군기시(軍器寺. 무기를 만드는 부서)에 주도록 하였
> 다. 우리나라에 조총이 있게 된 것은 이때부터다.

이미 1589년에 조총을 선물로 받았다면, 이 무기의 성능을 분석하고 우리 화
포의 성능과 비교하여 개선하거나 신무기 등을 준비했어야 했다. 조선은 이미
화포를 보유하고 있었기에 조총을 대수롭지 않게 생각했을까.

하지만 조선이 개발한 위력적인 신무기도 있었다. 임진·정유 양란 동안 널
리 쓰였던 『비격진천뢰』이다. 언제 개발되었는지 정확한 시기는 알 수 없지만,
개발자는 군기시軍器寺 화포장 이장손李長孫이다. 이것은 일종의 시한폭탄이
다. 대완구大碗口라는 포로 쏘아 목표지점에 떨어지면 일정 시간 후에 터지도
록 만들어졌는데, 왜군이 매우 두려워했다 한다. 여러 전투에서 중요한 역할을
했다. 난중일기에도 1594년 2월 영등포 해전에 활용하였다는 기록이 나온다.
다음은 성곽의 구축에 관한 것인데, 선조수정실록 1591년 7월의 기록이다.

> 호남과 영남에 성읍을 수축하였다. (중략) 그러나 성을 크게 만들어
> 사람을 많이 수용하는 것에만 신경을 썼을 뿐, 험한 지형을 활용하지
> 않고 평지에 쌓았으며, 높이도 겨우 2~3장에 불과했다. 참호도 겨우
> 모양만 갖추었으니, 백성들에게 노고만 끼친다는 원망이 일어나게
> 하였는데, 배운 사람들은 결코 방어하지 못할 것을 알고 있었다.

조선은 왜국이 전국시대를 거치면서 수많은 육전과 해전을 치렀다는 사실
을 전혀 모르고 있었을까. 쌓은 성의 높이가 2~3장이면 2~3m에도 못 미치

는 수준이다. 적을 막기에는 턱없이 낮은 것이다. 그런데도 조선은 스스로 육전陸戰이 강하다며 자신감에 차 있었다.

당시 부제학이었던 김성일金誠一은 '시폐時弊 10조'라는 건의로 왜란을 대비하여 성과 해자를 수축修築하고, 군사를 징발하는 것과 이순신을 우선 발탁하는 것 등을 잘못된 정사政事라고 비난하였다. 통신사로 왜국을 다녀온 김성일은 틀림없이 그곳의 성곽을 보았을 텐데, 이것을 폐단이라 하여 반대하였다. 그는 왜국에 가서 무엇을 보았고 무슨 생각을 했을까. 다음은 군대의 지휘체계에 대한 것으로 선조수정실록 1591년 10월의 기록이다.

유성룡이 비변사에서 의논드리기를, "국초에는 각도의 군병을 모두 진관鎭管에 나누어 배속하였다가 위급 상황이 발생하면 진관은 소속 고을을 통솔하여 정돈하고 있으면서 주장主將의 호령을 기다렸습니다. 우선 경상도를 가지고 말한다면 김해·대구·상주·경주·안동·진주가 6진鎭이 됩니다. 적군이 쳐들어와 한 진의 군대가 혹 패하더라도 다른 진은 군사를 잘 단속하여 굳게 지켜 한꺼번에 붕괴崩壞되지는 않았습니다.

그런데 지난 을묘년 변란 이후 김수문金秀文이 전라도에 있으면서 처음 분군법分軍法으로 고쳐 도내의 여러 고을을 순변사巡邊使·방어사防禦使·조방장助防將·도원수都元帥 및 본도의 병사와 수사에게 나누어 소속시키고 이를 제승방략制勝方略이라 하였습니다. 이에 각도에서 모두 이것을 본받아 진관이라는 명칭은 남아있지만 실제로는 전과 같이 서로 연관되지 않고 있습니다. (중략)

그러니 다시 과거의 진관법으로 정비하는 것보다 더 좋은 방법이 없습니다. 진관법은 평시에도 훈련하기가 쉽고 유사시 소집이 쉬울 뿐만이 아니라 앞뒤가 서로 호응하고 안팎이 서로 보완되니 토붕와해土崩瓦解의 지경에는 이르지 않으므로 매우 편리합니다." 하였다.

임금이 이 말을 따라 각도에 문서를 내려 상의하게 하였다. 그러자 경상감사 김수가 아뢰기를, "제승방략은 시행된 지 이미 오래되었으므로 갑자기 변경시킬 수 없습니다."라고 하여, 이 의논은 끝내 폐기되었다.

조선의 군대 지휘체계를, 지역별 방어체계인 진관법으로 되돌리려는 유성룡의 제안이 좌절되면서, 임진왜란 초기 이일과 신립의 패배로 이어졌고, 전쟁 시작 20일 만에 한성까지 내주는 결과를 가져왔다. 그러나 진관법을 반대했던 김수는 아무런 책임도 지지 않았다. 당시 경상도 순찰사였는데 전쟁이 일어나자 싸울 생각은 하지 않고, 각 고을에는 적을 피하라는 통보만 하고 자신도 도망 다녔다. 또 겨우 100여 명의 군사를 이끌고 근왕군勤王軍에 참여했다가 용인에서 패하자 다시 도망하여 경상도로 돌아왔다.

의병장 곽재우는 이런 김수를 죽이려고 하였으나, 김성일의 중재로 위기를 모면하였다. 그는 1592년 8월 선조의 배려로 적에게 함락되어 아무 할 일 없는 한성 판윤漢城判尹에 임명되었고, 지중추부사, 우참찬 등을 거쳐, 1596년에는 호조판서로 명나라 군사의 군량 지원을 담당했다. 이 사람도 나라 망치는 데 일조하였으나 선조에게 넘치는 사랑을 받았다.

왜국은 공개적으로 대규모 공격을 예고하였다. 왕이 이를 믿었는지, 만약의 사태를 대비하고자 했는지 신립과 이일을 각 도에 보내 군병의 준비 상황을 확인했다. 선조수정실록 1592년 2월 기록이다.

> 대장 신립申砬과 이일李鎰을 각 도에 보내 군병 준비 상태를 순시巡視하도록 하였다. 이일은 전라도와 충청도로 가고, 신립은 경기와 황해도로 갔다가 한 달 뒤에 돌아왔다. 그러나 순시하며 점검한 것이라고는 활과 화살, 창과 칼에 그쳤으며, 군읍郡邑에서는 형식만 차려 면피하는 방법으로 준비했다. 신립은 잔인하고 포악하다고 알려졌기 때문에 수령들이 두려워하여, 백성들을 동원하여 길을 닦았고, 접대는 대신의 행차와 다름없이 하였다. 당시 조정이나 백성들이 모두 신립의 용력勇力과 무예는 믿을만하다 여겼고, 신립 또한 왜노倭奴를 가볍게 여겨 근심할 정도는 아니라 하였으며, 조정에서도 그것을 믿었다.

신립은 딸을 선조의 후궁인 인빈 김씨의 장남 신성군信城君에게 시집보냈으니, 선조와는 사돈지간이었다. 당시 선조가 장남인 광해군보다 신성군을 더 가까이하고 있었으므로 그의 권세가 하늘을 찔렀다. 그러니 각 도의 수령들로서는 군사적인 준비보다는 신립을 잘 모시는 것이 점검 잘 넘기는 비결임을 몰랐을 리가 없다.

이분李芬의 『이충무공행록』에 '조정은 신립이 올린 장계에 따라 수군을 없애고, 오로지 육지 싸움만을 계획했다.'라는 말이 있는 것으로 보아, 이때 이들이 돌아와 수군을 폐하여 육군에 합치는 것을 선조에게 건의하였을 것이다.

선조가 왜란 발생을 예감했기에 그랬을까. 대제학 김성일을 임진년 3월에 경상우병사로 임명하였다. 비변사에서는 문신인 김성일을 변방 장수로 임명하는 것은 적합하지 않다며 반대했으나 받아들이지 않았다.

'만약 전쟁이 나면 네 책임이야. 네가 해결해.' 이런 뜻이었을까. 김성일은 전쟁이 일어나지 않을 것이라 주장하였고, 대비는 쓸데없는 짓이라고 지적했다. 그러니, 경상도에 가서도 준비할 리가 없다는 걸 모르지 않았을 텐데도 굳이 임명을 강행한 것은, 그에게 책임을 묻는 뜻이었을 것이다. 그리고 그가 임지에 도착하기도 전에 전쟁이 발발하게 된다. 선조는 즉시 김성일을 잡아오도록 했으나 전황이 급해지자 다시 경상도를 지키도록 초유사招諭使로 임명한다. 그는 개전 초기 의병장 곽재우와 관찰사 김수의 분란을 중재하고, 제1차 진주성 전투를 지원하는 등 나름의 역할을 했으나, 이듬해 경상도를 휩쓴 역병에 걸려 사망한다.

☾ 이순신의 전란 대비

이처럼 전쟁 대비에 소홀한 조정이나 대부분의 다른 변방 장수와 달리 이순신 장군은 마치 전란이 일어날 것을 명확히 알고 있었던 것처럼 철저히 준비하였다. 장군이 전라 좌수사로 임명된 1591년 2월부터 임진왜란이 터진 1592년 4월까지의 준비 상황을 다 확인할 수는 없다. 다만 1592년 1월부터 기록된 난중일기의 4개월 남짓 내용을 통해 일부나마 엿볼 수는 있다.

일기 내용을 군사시설이나 장비의 관리, 전선 관리, 군사의 충원, 기강 및 점검, 훈련 등으로 나누어 해당 부분별로 주요 내용만 추렸다.

○ 군사시설 및 장비 관리

1월 11일, 이봉수李鳳壽가 선생원先生院의 돌 뜨는 곳에 갔다 와서 보고하기를 "이미 큰 돌 17개에 구멍을 뚫었다"라고 했다. 서문 밖 해자垓子가 네 발쯤 무너졌다.

3월 27일, 쇠사슬을 가로로 설치하는 것을 감독하였고, 종일 나무 기둥 세우는 것도 지켜보았다.[5]

4월 19일, 아침에 품방品防 파는 일로 군관을 정해 보냈다. 동문 위에서 직접 품방 공사를 감독했다.

○ 전선(戰船) 및 무기 관리

2월 8일, 거북선의 돛帆으로 쓸 베布 29필을 받았다.

2월 13일, 우수사 이억기의 군관이 왔다. 대·중 전죽箭竹 100개, 쇠 50근斤을 보냈다.

4월 11일, 처음으로 베로 만든 돛을 설치했다.[6]

○ 병력 관리

2월 16일, 신번新番과 구번舊番 군사를 점검하고 검열했다.

3월 1일, 별군別軍과 정병正兵을 점검했다. 복무가 끝난 군사들(下番

---

5) 돌에다 구멍을 뚫어 쇠사슬을 끼우고, 쇠사슬에 나무를 끼웠다는데 정확한 것은 알 수 없으나, 성을 수비하기 위해 바다에 설치하는 철쇄 장치로 보인다.

6) 명나라 화옥(華鈺)이 지은 『해방의(海防議)』에 따르면 "조선의 거북선은 베로 만든 돛이기 때문에 세우고 눕히는 것을 마음대로 할 수 있어, 역풍이나 조수가 얕아져도 갈 수가 있다." 라고 한 것으로 보아, 다른 재료로도 돛을 만들어 썼던 것으로 보인다. 1595년 난중일기에는 일본으로 사신이 타고 가는 배, 기선(騎船)에 돗자리 돛을 마련했다는 기록이 있다.

軍, 하번군)을 점검하여 내보냈다.

4월 17일, 잉번수군(仍番水軍, 계속 근무 수군)과 분부수군(奔赴水軍, 신입 수군)이 잇따라 방어를 위해 도착했다.

○ 점검, 기강, 처벌

1월 16일, 방답의 병선兵船 담당 군관과 색리들이 병선의 낡고 깨진 것을 고치지 않아 장杖에 처했다. 토병 박몽세가 돌 뜨는 곳에 가서 그 마을 강아지에 해를 끼쳐 장 80대를 쳤다.

2월 15일, 새로 쌓은 굴강(浦坑, 배 만드는 구덩이)이 많이 허물어져 석수 등을 벌주었다.

3월 6일, 군기물을 점검하니 활, 갑옷, 투구, 화살통, 환도는 깨어져 훼손된 것이 많아 담당 아전과 궁장(弓匠, 활 장인), 감고(監考, 감독자)를 문책했다.

○ 정탐

3월 20일, 순천부사 권준이 관내 수색과 토벌 기한을 어겨 대장代將, 색리(아전), 도훈도都訓導를 꾸짖었다. 사도첨사 김완도 모이는 날을 통보했으나 "홀로 수색하여 반나절 안에 내·외 나로도와 대·소 평두를 모두 수색하고 포浦로 돌아왔다."라고 했다. 허위가 많다. 이를 자세히 따지고 살피기 위해 흥양 현감과 사도첨사에게 공문을 보냈다.

4월 22일, 새벽에 범법자 등을 수색하고 탐망하기 위해 군관을 내보냈다.[7]

---

7) 평소 정기적으로 관내 무인도 등에 적의 침입 흔적이나 범법자 거주 등을 수색하고 탐망했던 것 같다. 좌수영 관내 5관 5포에서도 제대로 시행하는지 점검하고 있다.

○ 훈련

1월 12일, 동헌에서 본영(本營. 좌수영)과 각 포 하급군관(鎭撫. 진무)의 활쏘기 시험을 보아 우등한 사람을 뽑았다.

1월 18일, 우등한 자에 대한 보고서와 승진 추천명단을 봉해 순찰사에게 보냈다.[8]

2월 8일, 낮 12시경에 활을 쏘았다. 조이립調而立과 변존서卞存緒가 으뜸을 겨루었다. 조趙가 이기지 못했다.

3월 27일, 거북선의 대포 쏘는 것을 시험했다.

3월 28일, 활 10순을 쏘았더니 5순은 연달아 명중했고, 2순은 네 번 명중했고, 3순은 세 번 명중했다.

4월 12일, 거북선에서 지자포地字砲와 현자포玄字砲를 쏘았다. 순찰사 이광의 군관 남(南. 남한) 공이 자세히 살펴보고 갔다. 활을 10순 쏘았다.[9]

○ 군량

2월 1일, 수장水場 안에 조어鰷魚가 구름처럼 모였다. 그물을 쳐 2천여 마리를 잡았다.[10]

일기 내용을 정리하니 군사시설 관련 12회, 전선이나 무기 관련 6회, 병력

---

8) 정기적으로 활쏘기 시험을 보고, 그 결과를 순찰사를 통해 조정에까지 보고하여 우수한 자를 상 주거나 승진되도록 했던 것 같다.

9) 이날 처음으로 거북선 포 사격 훈련이 있었고, 순찰사 이광이 군관을 보내 확인하였다는 것을 보면 순찰사도 매우 관심이 많았던 것 같다.

10) 장군은 군량 확보를 위해 소금을 만들어 팔아 곡식을 사고, 둔전을 경작하는 등 여러 가지를 조치하였는데, 어장도 만들어 고기가 들면 잡아 말려서 팔기도 했다.

관련 8회, 점검이나 기강·처벌이 9회, 정탐이 4회, 훈련이 33회, 군량 관련이 1회로 확인된다.

그리고 2월 19일부터 27일까지는 좌수영 관내 각 진포鎭浦를 순시한 기록이 있는데 정기적으로 시행한 행사였던 것 같다. 이를 통해 각 관포官浦의 상황을 꼼꼼하게 점검하여, 좌수영 전체의 전력을 일정 수준 이상으로 유지되도록 한 것이다.

또 한 가지 전란 대비와 관련하여 흥미로운 기록은 당시 좌의정이었던 유성룡에게 병법서를 받은 것이다.

3월 5일, 맑았다. 저물 무렵 서울 갔던 진무鎭撫가 들어왔는데 좌의정 류성룡의 편지와 『증손전수방략增損戰守方略』이라는 책을 가지고 왔다. 바로 보았더니 수륙전水陸戰, 화공火攻 등이 낱낱이 설명되어 있는데, 진실로 만고에 기이한 이론이다.

◉ 임진왜란이 일어나다

이순신의 전라좌수영은 4월 15일 처음으로 경상 우수사 원균으로부터 왜선이 나타났다는 통지를 연달아 2통을 받고, 경상감사 김수金睟의 통지문도 받는다. 당시 긴급했던 일기의 기록을 보자.

1592년(선조 25년) **4월 15일**, 맑았다. 해 질 무렵 영남 우수사 원균이 보낸 전통문에 "왜선 90여 척이 와서 부산 앞 절영도에 머물러 정박했다.”라고 했다. 같은 시간에 또 수사 원균의 공문이 도착했다. “왜적 350여 척이 이미 부산포 건너편에 도착했다.”라고 했다. 곧바로 전하에게 보고 장계를 써 보냈다. 아울러 순찰사 이광, 병사 최원, 우수사 이억기에게도 공문을 보냈다. 영남 순찰사 김수의 공문도 도착했는데 같은 내용이었다.

4월 16일, 밤 10시경에 영남 우수사 원균의 공문이 왔다. 부산의 거진트鎭 성이 함락되었다고 했다. 울분이 치밀어 오르는 것을 견딜 수 없다. 곧바로 전하에게 장계를 써서 올려보냈다. 또한, 전라감사, 병사, 우수사에게도 공문을 보냈다.

4월 17일, 궂은비가 내렸다가 늦게 맑아졌다. 영남 우병사 김성일이 보낸 공문에, “적왜賊倭가 부산의 성을 함락시키고도 물러가지 않고 있다.”라고 했다.

4월 18일, 아침부터 흐렸다. 오후 2시경 영남 우수사 원균의 공문이 도착했다. “동래도 함락되었고, 양산과 울산의 두 수령 조영규와 이언함이 조방장으로 동래성에 들어갔다가 모두 죽었다.”라고 했다. 말할 수 없이 분했다. 경상좌병사 이각李珏과 좌수사 박홍朴泓이 동래에 도착했다가 곧바로 군사를 되돌렸다 하니 더 원통했다.

4월 20일, 맑았다. 경상 순찰사 김수의 공문이 왔다. “대규모 적이 거세게 몰아치니 그 칼날을 막을 수 없고, 마치 무인지경에 들어와 있는 듯합니다.”라고 하면서 임금에게 전라도 수군의 지원을 요청하는 장계를 올렸다고 했다.

임진년 4월의 일기는 22일로 끝이 난다. 이후 장군은 출동 준비 등을 위해 관내 5관 5포의 장수들과 회의도 하고, 전라감사와 병사, 우수사 등과의 협의로 바빴을 것이다. 왕에게 보고한 장계로 확인해보자.

☽ 경상도를 지원하러 가겠습니다

장군은 1592년 4월 27일 "경상도를 지원하는 보고赴援慶尙道狀" 장계로 경상도 지원 계획을 보고한다.

4월 20일 경상도 관찰사 김수金睟의 공문을 받고, 신臣 이순신은 조정의 출전 명령을 기다리고 있었습니다. 관내 소속 수군에게 배를 정비해 명령을 기다리도록 급히 공문을 보냈으며, 전라도 감사, 병사와 함께 의논하고 있었습니다. 그러던 차에 4월 20일 전하께서 발송한 좌부승지左副承旨의 아래 명령서를 4월 26일 받았습니다.

> "물길을 따라가 적선을 기습하여, 적이 후방을 걱정하도록 하는 것은 가장 좋은 전략이다. 다만 군사 문제에서 나아가고 물러서는 것은 기회에 따라야 잘못이 없을 것이다. 그러나 좋은 계책이 있거나, 형세가 유리한데도 행동하지 않는다면 기회를 영영 놓치게 된다. 경상도에도 문서로 지시했으니 의논해서 기회를 잘 살려 조치하라."

전하의 분부에 "좋은 계책이 있거나 형세가 유리한데도 행동하지 않는다면 기회를 영영 놓치게 될 것이다. 조정은 멀리 있어 지휘할 수 없으니 도내道內 주장이 지휘할 수 있을 뿐이다."라고 하셨습니다. 하지만 신臣도 주장의 한 사람일 뿐이라 혼자 마음대로 처리하기 어렵습니다. 관찰사, 방어사, 병사 등과 전하의 분부를 소통하여 논의하고, 다른 한 편으로는 경상도 순변사, 관찰사, 우수사 등에게 경상도의 물길과 수군이 만날 장소, 적선의 수, 현재 정박한 곳, 나머지 다른 기밀 등을 시급히 회답해달라고 공문을 보냈습니다.

그런데 4월 27일 새벽 4시경 받은, 선전관 조명이 가지고 온 4월 23일 발송한 좌부승지 명령서에는 다음과 같이 분부하셨습니다.

"왜구들이 이미 부산과 동래를 함락시키고 밀양에 들어왔다. 지금 경상 우수사 원균의 보고를 보니 '각 포의 수군을 이끌고 바다로 나가 군사의 위세를 보이며 기습 공격할 계획'이라고 한다. 이는 가장 큰 기회이니 그 뒤를 따라야 한다. 그대와 원균이 세력을 합쳐 적선을 쳐부수면 적을 충분히 평정할 수 있을 것이다. 그대는 각 포의 병선을 이끌고 급히 출전하여 기회를 잃지 말라."

그러나 적선의 수가 500척이라고 하므로 우리의 위엄과 무력을 충분히 갖춘 후에 기습 공격하여 적이 겁내어 떨게 만들어야 할 것입니다. 관내 방답, 사도, 여도, 발포, 녹도 등 5개 진포鎭浦의 전선만으로는 세력이 외롭고 약하기에 수군이 배치된 순천, 광양, 낙안, 흥양, 보성 등 다섯 고을도 모두 제승방략에 따라 거느리고 가고자 전라좌수영으로 모이도록 급히 공문을 보냈습니다.

4월 29일까지 모두 좌수영으로 모이게 하여, 거듭 약속한 뒤에 곧바로 경상도로 출전할 생각입니다. 하지만 바람이 순풍인지 역풍인지를 미리 헤아리기 어려우니 형편에 따라 달려나갈 것을 경상도 순변사, 관찰사, 우수사 등에게 공문을 보내 약속했습니다.

장군은 4월 29일 경상도를 지원하러 갈 계획이었으나 상황의 변동이 생겨 4월 30일 "경상도를 지원하는 보고赴援慶尙道狀" 장계를 다시 올린다.

4월 29일 12시경에 받은 경상 우수사 원균의 회답 공문은 다음과 같았습니다.

"왜적 500여 척이 부산, 김해, 양산강, 명지도鳴旨島 등에 주둔해 정박하고 상륙하여, 바닷가 각 고을과 포구, 병영, 수영을 거의 다 함락시켰고, 봉화도 끊어졌습니다. 원통하고 분합니다. 경상우도 수군으로 적선 10척을 불태웠으나, 적의 기세가 날마다 점점 늘어나 더 강해지니 적은 많고 우리는 적어 맞붙을 수가 없으며, 우수영마저 함락되었습니다. 그러나 두 도가 힘을 합해 적선을 공격한다면 육지로 올라간 왜구들은 후방을 걱정하게 될 것입니다. 귀 도의 군사와 배를 모두 모아 당포唐浦 앞바다로 나와 주시기 바랍니다."

그래서 방답첨사 이순신李純信을 중위장, 낙안군수 신호를 좌부장, 흥양 현감 배흥립을 전부장, 광양 현감 어영담을 중부장, 발포 가장假將 나대용을 유군정, 보성군수 김득광을 우부장, 녹도 만호 정운을 후부장,

여도 권관 김인영을 좌척후장, 영 군관 급제 최대성을 한후장, 영 군관 급제 배응록을 참퇴장, 영 군관 이언량을 돌격장으로 정했습니다. 선봉장은 그 도道의 장수로 임명하기로 경상 우수사와 약속하였습니다. 전라좌수영을 지키는 유진장留鎭將에는 신의 참모인 우후 이몽구를 임명했습니다. 방답, 사도, 여도, 발포, 녹도 등 5포에는 신의 군관 중에서 용기와 지략이 있는 자를 뽑아 임시 장수로 임명해 철저히 경계하도록 단단히 일러 보냈습니다.

신은 여러 장수를 이끌고, 4월 30일 새벽 4시경에 출항하려고 했었습니다. 그래서 저희 좌수영과 접하고 있는 남해현 미조, 상주, 곡포, 평산포 등의 현령, 첨사, 만호 등에게 4월 29일 이른 새벽에 '군사와 배를 정비해 길 중간으로 나와 대기하라'라는 공문을 보냈습니다. 그런데 오후 2시쯤 공문을 가져갔던 진무 순천 수군 이언호李彦浩가 돌아와 다음과 같이 보고하였습니다.

"남해현 성안의 관청과 여염집이 거의 텅 비었고, 밥 짓는 연기와 불빛도 없었습니다. 창고 문은 이미 열려 곡물은 흩어져 있고, 무기고의 병기 또한 다 없어져 빈 껍데기였습니다. 군기물 창고 밖에 한 사람이 있어 물어보았더니, '적이 온다는 소문을 듣고, 성의 모든 장수와 군사들이 도망쳤고, 현령과 첨사 또한 달려나갔는데 어디로 갔는지 알지 못합니다.'라고 대답했습니다. 돌아오는 길에 쌀섬을 지고 장전長箭을 지니고 남문에서 달려 나오는 사람을 만났는데, 장전 한 부를 제게 주었습니다."

신이 장전을 받아보았더니, '곡포'라고 새겨져 있었습니다. 남해도의 현령과 장수들이 성을 비우고 도피한 것은 맞는 것 같았지만 아랫사람이 보고한 것이라 다 믿을 수는 없었습니다. 그래서 신의 군관 송한련에게 "보고한 내용이 사실이라면 도적에게 군량을 넘겨주는 것이 되고, 점점 본도本道인 전라도로 침범해와서 물러가지 않고 오래 머물게 될 것이니, 그 창고와 무기고 등을 불태워 없애라."하고, 전령을 딸려 보냈습니다.

대체로 교활한 도적이 사납게 날뛰며, 부대를 나누어 노략질하고 있는데, 한 패거리는 육지로 가서 거침없이 휩쓸고, 또 한 패거리는 바닷길로 나가 함락시키고 있습니다. 육지와 바다에 여러 장수가 있으나 한 사람도 막아 싸우지 못하여 도적의 소굴이 되어버렸습니다. 바다 진영에서 남은 것이라고는 경상우수영과 남해, 평산 등 네 개의 진鎭뿐이었습니다. 그런데 소문에 경상우수영도 함락되었고, 남해의 모든 섬도 이미 사람 없는 땅이 되었다고 합니다. (중략) 신이 거느린 지원군은 경상도 물길의 험하고 평탄한 것을 알지 못하니, 길 안내 받을 배도 없고, 계책을 세워 대응할 장수도 없습니다. 만약 가벼이 출병했다가는 천 리 먼 곳에서 뜻밖의 문제가 생길 수도 있을 것입니다. 게다가 신의 소속 전함은 모두 30척이 채 안 되니 세력이 매우 외롭고 약합니다. 관찰사 이광이 이를 헤아려 본도 우수사 이억기에게 신의 뒤를 따라 함께 달려가 구원하라고 했습니다. 그러니 일이 아무리 급하더라도 우수영의 지원선이 도착한 후에 출전할 생각입니다.

☯ 음해와 변명, 그리고 진실

　　이순신 장군이 남해현 창고를 불태운 것과 실록에 나오는 지원이 늦었다는 비판, 경상 우수영 함락에 대한 원균의 변명 등의 진실은 무엇인지 살펴보자.

1. 남해현 창고를 마음대로 불태웠다.

　　남해도의 관청과 창고에 불을 질러 무기와 군량을 모두 없앴다는 것이다. 선조실록 1592년 6월 28일, 경상관찰사 김수의 보고다.

> "남해의 섬들은 왜적의 난을 겪지는 않았으나 군량과 군기를 전라 좌수사가 먼저 스스로 불태워버려 빈 성이 되었습니다."

　　이순신 장군의 장계를 보면, 관청과 창고가 모두 텅 비었고 관리나 군사들이 다 도망갔다고 하였다. 그래서 적이 침입할 경우 곡식이나 무기를 활용할 수 있으니, 그런 여지를 없애기 위해 청야작전淸野作戰을 한 것이다. 그것도 군관 송한련을 다시 보내 재확인하고 조치한 것이다.

　　만약, 남해의 현령 등이 도망한 것이 아니라 긴급 출동하였다면 미리 전라 좌수영에 상황을 알려주었어야 했다. 또 긴급 출동을 하더라도 관청이나 창고를 지키는 최소한의 병력은 남겨두었어야 했다. 그들은 자신들이 해야 할 기본적인 조치는 하지 않고, 뒤늦게 책임을 장군에게 돌린 것이다.

2. 천 번 만 번 요청해서야 겨우 구원했다.

두 번째는 구원하러 와달라는 요청을 수차례 했음에도 늦게 도착했다는 것이다. 이 문제는 이순신과 원균의 갈등이 표면화되면서 이순신을 공격하는 주제 중의 하나로 거론된 것이다. 1596년 6월 26일과 11월 7일 선조실록 기록에서 발췌했다.

김응남이 아뢰기를,

"원균이 당초에 사람을 시켜 이순신을 불렀으나 이순신이 오지 않자, 원균은 통곡하였다 합니다. 원균은 자신이 이순신의 군사를 청하여 성공하였는데, 도리어 공은 반대로 순신이 위에 있게 되자, 두 장수 사이가 서로 벌어졌다 합니다."

이원익이 아뢰기를,

"소신이 원균의 공은 이순신보다 나을 수 없다고 설명하고 달랬으나, 원균이 말하기를 '이순신은 물러서서 구원해주지 않다가 천 번 만 번 불러서야 비로소 진군하였다.' 하였는데, 원균은 침범당한 지방에 있어서 오직 구해주기만을 바랐으나, 이순신이 원균과 동시에 싸우러 나가지 못한 것은 정황상 당연한 일입니다.

이덕열이 아뢰기를,

"이순신은 15번 부르기를 기다린 뒤에야 겨우 가서 적의 배 60척을 잡고는 먼저 간 것을 자신의 공으로 보고하였다고 합니다.

장군의 보고 장계를 보면 처음에는 4월 30일 6시경에 출항하려고 했었다.

그런데 원균의 공문에 적선이 500척이라 했다. 전라좌수영 군선은 고작 30척이 못 되니, 첫 출전을 앞둔 장군으로서는 어찌 불안하고 걱정되지 않을 수 있을 것인가. 때마침 관찰사 이광이 우수사 이억기에게도 출전하도록 지시하였다는 연락을 받았다. 장군이 어떤 선택을 했었어야 하는가. 누가 늦었다고 비난할 수 있는가.

놀라운 것은 그렇게 전라 수군의 구원을 애타게 기다렸다는 원균은 만나기로 한 5월 5일 약속장소에 나타나지도 않았고, 장군이 불렀지만, 다음 날에서야 나타났다. 천 번 만 번 부른 사람이 맞는가.

3. 경상우수영 함락의 진실

원균이 4월 29일 장군에게 보낸 전통문에는 경상우수영이 함락되었다고 했는데, 1592년(선조 25년) 6월 28일 선조실록의 기록과는 사뭇 다르다.

> 경상우도 초유사 김성일이 긴급보고하기를,
> "경상우수영(右水營, 통영)은 수사水使와 우후虞候가 스스로 군영을 불태워버렸습니다. 우후는 간 곳을 알 수 없고, 수사는 배 한 척을 타고서 현재 사천 바닷가 포구에 머무르고 있는데 격군格軍은 수십 명이 있으나 군졸은 한 명도 없습니다."

김성일의 보고는 우수영을 원균이 스스로 불태워버렸다고 했는데, 원균이 보낸 전통문에는 "우수영마저 함락되었습니다."라고 거짓말을 하고 있다.

그렇다면 우수영의 배는 다 어떻게 했다는 말인가. 선조실록에는 이에 대한 기록이 없다. 그런데 당시 의병장으로 활약했던 조경이 지은 『난중잡록亂中雜錄』에는 '원균이 수군을 이끌고 가덕도로 가다가 왜군의 배가 바다를 덮고 있는 것을 보고 퇴각하여 돌아왔고, 여러 장수가 흩어져 가버리자 원균은 전선을 모두 침몰시키고 육지로 올라가 왜적을 피하려고 하였다'라고 기록되어 있다.

여러 장수가 흩어져 가버렸다는 것으로 보아, 경상 우수영의 전선은 이를 움직일 군사가 없으니 왜적에게 빼앗길 것을 우려해 없애버린 것으로 보인다.

☯ 옥포에서 왜적을 쳐부수다

장군의 첫 출전은 옥포해전이다. 먼저 출전 준비의 중요 내용을 일기로 살펴보자.

1592년 5월 1일, 수군이 모두 모였다. 흐렸으나 비는 내리지 않았고 남풍이 크게 불었다. 진해루에 나가 방답첨사 이순신李純信과 흥양 현령 배흥립裵興立, 녹도 만호 정운鄭運을 불렀다. 모두 분노하여 자신의 몸을 잊었으니 참으로 의로운 선비들이다.

5월 2일, 맑았다. 삼도 순변사 이일과 우수사 이억기의 공문이 도착했다. 정오에 배 타고 바다에 나가 결진結陣 훈련을 했다. 여러 장수가 모두 기꺼이 달려갈 뜻을 보였으나 낙안군수 신호申浩는 피하려는 것 같다. 가히 한탄스러운 일이다. 그러나 군법이 있는데 피하고 싶다고 피할 수 있을 것인가.

5월 3일, 아침 내내 가랑비가 내렸다. 새벽에 경상 우수사 원균의 답장이 왔다. 오후에 광양 현감 어영담과 흥양 현감 배흥립을 불러왔다. 함께 이야기하는데 모두 분노했다. 본도 우수사 이억기가 수군을 이끌고 와서 함께 하기로 약속했었기에 방답의 판옥선이 경계 지역 군사인 첩입군疊入軍을 싣고 들어오자 우수사가 오는 것으로 알고 기뻐하였으나, 군관을 보내 확인해보니 방답의 배였다.

얼마 후 녹도 만호 정운이 접견을 요청하여 만났더니 "우수사는 오지 않고, 적의 세력이 서울 근처에 점점 가까워지고 있으니 원통하고 분한 마음을 이길 수가 없으며, 만약 지금 이 기회를 놓치면 나중에 후회해도 소용없습니다."라고 했다. 이에 곧바로 중위장 이순신李純信을 불러 내일 새벽에 출전하자고 했다. 곧바로 장계를 수정해서 보냈다.

5월 4일, 맑았다. 먼동이 틀 때 배를 출발했다. 곧바로 미조항 앞바다에 이르러 다시 약속했다. 우척후장 김완과 우부장 김득광, 중부장 어영담과 후부장 정운 등은 오른쪽 개이도介伊島로 들어가서 수색하게 하고, 대장선과 나머지는 함께 평산平山과 곡포曲浦, 상주포, 미조항을 지났다.

기다리던 전라우수영의 이억기 함대는 5월 3일까지 기다려도 오지 않았다. 선조의 출동명령이나 원균의 요청 등으로 장군도 마음이 편치 않았을 것이다. 그래서 녹도 만호 정운의 건의를 받자, 곧바로 중위장 이순신을 불러 출전 명령을 내린 것이다. 임진년 일기는 5월 5일부터 28일까지의 기록이 없다. 그러나 1592년 5월 15일, "옥포 왜병 격파 보고 장계玉浦破倭兵狀"의 내용이 다 말해 주고 있다.

이전에 분부하신 지시에 따라, 5월 4일 새벽 2시경 출발했습니다. 판옥선 24척, 협선挾船 15척, 포작선(鮑作船. 어선) 46척을 이끌고 경상우도의 소비포所非浦에 이르러 진을 치고 밤을 보냈습니다.

5일 이른 새벽에 출발하여 두 도道가 만나기로 한 당포로 갔으나 우수사 원균은 그곳에 없었습니다. 신이 경쾌선輕快船을 보내 '당포로 나오라' 공문을 보냈더니, 다음 날 아침 8시경에서야 한산도에서 전선 1척을 타고 왔습니다. 적선의 많고 적음과 현재 정박한 곳, 맞붙어 싸우는 절차 등을 상세히 묻고 있을 때, 남해 현령 기효근奇孝謹, 미조항 첨사 김승룡金勝龍, 평산포 권관 김축金軸 등이 판옥선 1척에 같이 타고 왔고, 사량만호 이여념, 소비포 권관 이영남 등은 각각 협선을 타고 왔으며, 영등포 만호 우치적, 지세포 만호 한백록, 옥포 만호 이운룡 등은 판옥선 두 척에 같이 타고 5일과 6일에 뒤이어 도착했습니다. 거제도의 송미포에 이르자 해가 저물어 밤을 보냈습니다.

7일 이른 새벽 출발하여 낮 12시경 옥포에 이르렀습니다. 이때 척후장 사도첨사 김완 등이 신기전神機箭을 쏘아 적선이 있음을 알렸습니다. 장수들에게 '함부로 움직이지 말고 산처럼 조용하고 엄중하라'11) 명령하고 열을 맞춰 전진하였더니 왜선 30여 척이 옥포 선창에 정박하고 있었습니다.

대선은 사방에 온갖 무늬가 그려진 장막을 둘렀고, 장막 둘레에는 대나무 장대를 줄지어 꽂았는데, 그 끝에는 붉은색과 흰색의 작은 깃발을 어지럽게 매달아 놓았습니다. 깃발의 형태는 세로로 길게 만든 번幡이

---

11) 勿令妄動 靜重如山

나 당幢 같은 것인데 모두 비단으로 만들어 바람에 펄럭이니 사람의 눈이 어찔어찔했습니다.

적군은 육지로 올라가 불태우고 재물을 빼앗느라 연기가 산에 가득했는데, 우리 군사와 배를 보고는 허겁지겁 배를 타고 소리를 지르며 해안 기슭을 따라 노를 저어 배를 몰았습니다. 6척이 선봉으로 달려 나왔는데, 신의 여러 장수가 동쪽과 서쪽을 에워싸고 포와 화살을 쏘았습니다.

적들도 철환과 화살을 쏘았지만, 기운이 빠지자 배에 실은 물건들을 물에다 정신없이 내던졌습니다. 화살 맞은 자도 많았고, 물에 빠져 헤엄치는 자는 얼마인지 알 수가 없었으며, 뿔뿔이 달아나 바위 언덕으로 올라가면서 서로 뒤처질 것을 두려워했습니다.

좌부장 낙안군수 신호는 대선 1척을 깨뜨리고 머리 1급을 베었습니다. (중략) 신의 대솔 군관帶率軍官 훈련원 봉사 변존서와 전 봉사 김효성은 힘을 합쳐 대선 1척, 경상도의 여러 장수는 왜선 5척과 붙잡혀 있던 조선 사람 1명을 구했습니다. 모두 합쳐 왜선 26척을 모두 총통으로 쏘아 깨부수고 불태워 없앴습니다.

오후 4시경 척후장 김완이 멀지 않은 바다로 왜 대선 5척이 지나간다고 하여 뒤쫓아 가니, 웅천 땅 합포合浦에서 왜적들이 배를 버리고 육지로 도망가므로 사도첨사 김완이 대선 1척, (중략) 변존서·송희립·김효성·이설 등이 힘을 합쳐 대선 1척을 깨부수고 불태워 없앴습니다. 밤을 타고 창원 땅 남포에 이르러 밤을 보냈습니다.

8일 이른 아침, 진해 고리량古里粱에 왜선이 있다는 정보를 들었습니다. 곧바로 출항하여 저도를 지나 고성 경계의 적진포赤珍浦에 이르렀더니 왜 대선과 중선을 합쳐 13척이 정박해 있었고, 왜적들은 포구 마을을 노략질하다가 우리 군대를 보고 겁먹어 산으로 도망갔습니다. 낙안 군수 신호는 순천 대장 유섭과 힘을 합쳐 대선 1척, (중략) 송한련이 중선 1척을 총통으로 깨부수고 불태워 없앴습니다.

군사들에게 아침을 먹이고 쉬려는데, 근처 사는 향화인向化人 이신동이 우리를 보고 산꼭대기에서 어린 아들을 업고 울부짖으며 왔기에 작은 배로 데려와 신이 직접 물었더니, "왜적들이 어제 이 포구 마을에서 재물을 약탈하고 소와 말을 그들의 배에 나누어 실었으며, 저녁 8시경부터는 배를 바다에 띄우고 소를 잡아 술 마시며 노래 부르고 피리도 불었는데 동틀 때까지 계속하였습니다. 들어보니 가락이 모두 우리 음악이었습니다. 오늘 이른 아침에 반은 배를 지키고, 나머지 반은 육지로 올라가 고성으로 갔습니다. 늙은 어머니와 아내, 아이는 적을 만나면서 잃어버려 어디로 갔는지 알 수 없습니다."라고 하였습니다. (중략)

그런데 뜻밖에 전하께서 관서로 피난하셨다는 전라 도사 최철견崔鐵堅의 공문이 들어왔기에, 놀랍고 원통하여 오장이 찢어지는 것 같아 통곡하였습니다. 어쩔 수 없이 배를 돌려 9일 낮 12시경 여수 본영으로 돌아와 여러 장수에게 전선을 정비하여 비상사태에 대비하도록 단단히 지시하고 진을 파했습니다.

순천 대장代將 유섭兪燮이 빼앗아 온 우리나라 소녀는 나이 겨우 4~5

세로 신원이나 살던 곳을 알 길이 없었습니다. 보성군수 김득광金得光이 빼앗아 온 소녀 1명은 머리를 깎아 왜인 같았는데 심문해보니, 임진년 5월 7일 동래 동면 응암리鷹巖里에 사는 백성 윤백련尹百連으로 나이는 14세이며, 잡힌 이후의 사연을 진술하였는데 다음과 같습니다. (중략) 윤백련과 다른 소녀들을 순천과 보성 등의 관리들에게 돌려주며 각별하게 보호하도록 하였습니다. 흉악한 적들의 해독이 이 지경에 이르러 벌써 많이 살육되고, 잡혀가고, 또 약탈당하여 부모나 자식을 잃지 않는 사람이 없을 지경입니다. 이뿐만 아니라 연해안을 두루 돌아보니 지나가는 산골짜기마다 피난민이 있었는데, 우리 수군의 배를 바라보고는 아이나 늙은이나 모두 짐을 지고 서로 흐느껴 울며 다시 살아날 길을 얻은 것처럼 좋아하고, 혹은 적의 종적을 알려주는 자도 있었습니다.

이들은 보기에 참담하여 데려가고 싶었으나 너무 많고, 전선에 사람을 가득 실으면 배 부리는 데도 어려움이 많아 "돌아올 때 데리고 갈 테니 잘 숨어서 적에게 잡히지 않도록 하라." 한 뒤에 적을 쫓아갔다가, 별안간 전하가 피난하였다는 기별을 듣고 그대로 돌아왔으나, 애련한 마음을 버릴 수가 없습니다. 이들 피난민은 집 나온 지 여러 날이 되어 양곡이 떨어지면 틀림없이 굶어 죽을 것입니다. 그래서 그 도의 관찰사에게 "끝까지 찾아 구호하기 바란다."라고 통보하였습니다.

지금까지의 전투에서 적선 40여 척을 불살라 없앴지만, 머리 벤 것은 둘 뿐입니다. 왜선의 물건을 모두 찾아내었더니 5칸 창고를 가득 채우고도 남았으며, 그 밖의 잡물들은 다 기록하지 못하였습니다.

왜선의 물건 중 우리나라 쌀 300여 석은 여러 전선의 격군과 사부들의 양식으로 나누어 주고, 의복과 목면 등은 군사들에게 나누어 주려 합니다. 우선은 그대로 두고 조정의 조치를 기다리겠습니다.

왜적들은 붉고 검은 철갑을 입고, 여러 색깔의 철 투구를 쓰고 있었으며, 입언저리에는 말갈기가 종횡으로 뻗쳐 마치 탈바가지 같았으며, 금관과 금 깃털, 금가래, 깃옷, 깃 빗자루, 소라고동 악기 같은 것들을 가지고 있었는데 모양이 기이하며, 매우 호화로웠는데, 귀신같기도 하고 짐승 같기도 하여 보고 모두 놀랐습니다.

성을 깨뜨리는 큰 쇠못, 사줄 같은 물건도 역시 매우 괴상하였습니다. 군용 물품 중에 긴요한 것들을 한 가지씩 뽑아놓았습니다. 그중에 철갑, 총통 등의 물품과 낙안군수 신호가 벤 머리 1급도 왼쪽 귀를 도려서 궤짝에 넣고 봉해 놓았습니다. 신의 군관 송한련과 진무 김대수 등에게 주어 올려보냅니다. 나머지 다른 올려보낼 물건들은 원래 수량을 장부에 기록해놓았습니다.

접전할 때, 순천 대장선의 사부射夫 정병正兵 이선지李先枝가 왼쪽 팔 한 곳에 화살을 맞아 조금 다친 것 외에 다른 부상자는 없습니다. 그러나 우수사 원균은 단 3척의 전선을 거느렸으면서 신의 여러 장수가 잡은 왜선을 활을 쏘아 억지로 빼앗았기에 사부와 격군 2명이 중상을 입었습니다. 이러한 문제는 주장主將이 부하 단속을 잘못한 것으로 이보다 더한 것은 없을 것입니다.

신의 생각으로는 그동안 수전은 하지 않고, 육지 싸움과 성 지키는 데만 오로지 힘을 썼기에 수백 년 왕업이 하루아침에 도적의 소굴로 변하게 된 것입니다. 생각이 여기에 이르니 목이 메어 말을 할 수가 없습니다. 적이 만약 뱃길로 본도를 침범해 온다면 바다에서 죽기로 싸우겠지만 육지로 침범한다면 전투용 말이 한 마리도 없으니 대응할 방법이 없습니다. 신의 생각에 순천 돌산도와 백야곶白也串, 흥양 도양장道陽場에서 기르는 말 중에 전마戰馬로 적합한 말들이 많으니, 전쟁에 쓴다면 승리할 수 있습니다. 이는 신이 마음대로 아뢸 것은 아니지만, 일이 급해 관찰사 이광에게 감독관을 정해 보내게 하였고, 말 몰아내는 것은 각 진포鎭浦에서 뽑은 군사를 동원하여 1~2일을 기한으로 잡아내어 길들이도록 공문을 보냈습니다.

☯ 원균 불만의 시작, 단독 장계 보고

　　　　　스스로 군영을 불태우고 전선과 무기까지 없애버리고 쫓겨 다니면서 애타게 도움을 원했던 원균은 이순신 장군의 도움으로 승전勝戰했음에도 오히려 장군을 모함하기 시작했는데 그중의 하나가 장계 보고에 관한 것이다. 선조수정실록 1592년 6월의 기록이다.

> "처음에 원균이 이순신에게 구원병을 청하여 적을 깨뜨리고 연명聯名으로 장계를 올리기를 원했으나 순신이 '천천히 합시다.' 하였다. 그런데 밤에 혼자 작성하여 장계를 올리면서 원균이 군사를 잃어 의지할 데가 없었던 것과 적을 공격하는 데 있어 공로가 없

다는 상황을 모두 진술하였으므로, 원균이 듣고 대단히 유감스럽게 여겼다. 이로부터 각각 장계를 올려 공을 아뢰었는데, 두 사람의 틈이 생긴 것이 이때부터 시작되었다."

다음은 1597년(선조 30년) 1월 27일 선조실록, 장군이 잡혀가기 직전에 있었던 선조와 신하들 간의 대화 내용이다.

김수가 아뢰기를,
"원균은 매양 이순신이 공을 빼앗았다고 신에게 말하였습니다."
하고, 이덕열이 아뢰기를,
"이순신이 원균의 공을 빼앗아 권준의 공으로 삼으면서 원균과 상의하지도 않고 먼저 장계 보고한 것입니다. 그때 왜선 안에서 여인 얻은 사실을 탐지하고는 곧장 장계 보고했다고 합니다."

이순신 장군의 보고 장계를 보면 원균의 경상 우수영에서는 판옥선 4척과 협선 2척만을 가지고 나왔다. 그것도 6척이 모이는데 무려 이틀이 걸렸다. 그나마도 전투에 참여한 전선은 3척이었다. 6척 모두 전투에 투입하기에는 군사나 무기가 부족했기 때문일 것이다. 원래 판옥선의 정원은 1척당 130명이다. 이를 기준으로 볼 때 우수영의 군사는 390명 정도로 추정할 수 있다.

기가 막히는 일은 전라좌수영에서 사로잡은 왜선을 빼앗으려고 활을 쏘아 군사 2명에게 중상을 입힌 것이다. 좌수영의 입장에서는 어이가 없는 일 아닌가. 물에 빠진 사람 구해줬더니 보따리 내놓으라는 격이다. 그러면서도 전투결과 보고를 연명聯名으로 하려는 것은 자신의 허물을 덮으려는 의도로밖에 볼 수 없다. 이런 자들은 도움받을 자격이 없다.

더 황망한 것은, 선조와 대신들의 대화 내용이다. 어찌 원균이 왜선의 여인 취한 것을 두둔할 수 있다는 말인가. 오히려 신하들은 그런 원균을 탄핵하고 군율에 따라 처벌했어야 하는 것 아닌가. 또 왕은 어째서 이런 신하들을 나무라지 않는단 말인가.

자신이 어려울 때는 도와달라고 애타게 사정하다가, 문제가 해결되고 나면 마치 자신이 모두 해결한 것처럼 떠벌이거나, 오히려 도와준 사람에 대해 흉보는 사람들을 지금의 우리도 더러 보게 된다. 이런 사람들과는 잘 지낼 방법이 없다. 그저 빨리 헤어지는 것이 제일 좋은 방법이다. 하지만 헤어지는 것도 생각처럼 쉽지 않다. 그래서 힘들어하는 사람들이 많다. 이럴 때는 최대한 거리를 두면서 그들이 떠나기를 기다리는 수밖에 없다. 하지만 이순신 장군은 이들을 두고 떠날 수도, 거리를 둘 수도 없는 곤란하고 안타까운 처지에 빠졌다.

● 당포에서 왜병을 격파하다

이순신 장군의 2차 출전도 원균의 다급한 요청으로 우수사 이억기가 오지 않은 상태에서 달려가게 된다. 다음은 1592년 6월 14일 "당포에서 왜병을 격파한 보고唐浦破倭兵狀"이다.

부산의 적들이 여러 척의 배를 타고 잇따라 나와 거제 서쪽 바닷가 여러 마을을 불태우고 약탈하는 것이 촛불이 옮겨붙는 것처럼 빠르니 분하고 답답했습니다. 그래서 한편으로는 소속 수군을 징집해 모으고, 또 다른 한편으로는 우수사 이억기에게 재빨리 진격하자고 공문을 보내, 6월 3일까지 전라좌수영에 모이기로 하였습니다.

그러나 5월 27일 받은 원균의 공문에 "적선 10여 척이 벌써 사천, 곤양까지 와서 우리는 남해의 노량으로 이동하였다."라고 하였습니다. 만일 약속대로 3일까지 기다렸다가 출발한다면, 그사이 적이 뒤따르는 선단을 끌어들여 세력이 더 커질까 염려되어 군관 전 만호 윤사공尹思恭을 유진장으로 전라좌수영을 지키게 하고, 수군 조방장 정걸丁傑은 좌도 각 진포鎭浦 방어를 지휘하도록 흥양현에 머무르게 하였습니다.

5월 29일 이억기에게 뒤따라오라는 공문을 보내고, 우후 이몽구와 함께 전선 23척을 거느리고 새벽에 출항하여 곧장 노량에 이르니, 경상 우수사 원균은 단지 3척의 전선을 이끌고 하동 선창에 있다가 우리를 보고 달려와 만났습니다. 적의 행방을 자세히 묻고 있을 때, 멀지 않은 바다에 왜선 한 척이 곤양에서 나와 사천을 향해 기슭으로 가고 있었습니다. 방답첨사 이순신李純信과 남해 현령 기효근 등이 추격하여 배를 붙잡자 왜적들은 육지로 도망가버려 배만 깨뜨리고 불살랐습니다. 그리고 멀리 사천 선창을 바라보니 산이 7~8리 정도 구불구불하였는데, 높고 험한 곳에 무려 400여 명의 왜적이 장사진長蛇陣을 치고, 붉고 흰 깃발을 어지럽게 꽂아놓아 사람들의 눈을 혼란스럽게 하였으며, 가장 높은 산꼭대기에는 별도로 장막을 치고 분주히 왕래하였는데, 작전 지휘를 받는 것 같았습니다.

누각이 있는 왜선 12척이 언덕 아래 정박해 있었는데, 진을 치고 있던 왜적들이 굽어보며 칼 휘두르는 것이 마치 우리를 깔보는 듯했습니다. 여러 배가 일제히 돌진하여 활을 쏘려고 하였으나 화살이 미치지 못할 것 같고, 또 배를 불태우려 해도 썰물이라 판옥선과 같은 큰 배는 들어갈 수 없었습니다. 더구나 적들은 높고 우리는 낮아서 불리하였습니다. 날이 저물기에 여러 장수에게 '적들이 매우 교만하니 우리가 짐짓 물러나는 척하면 반드시 배를 타고 나와 싸우려 할 것이다. 그러니 적을 바다 중간으로 유인하여 쳐부수자.' 하고 배를 돌렸습니다. 그랬더니 채 1리도 못가 왜적 200여 명이 진에서 내려와 반은 배를 지키고, 반은 언덕 아래에서 총을 쏘며 좋아라고 날뛰는 것이었습니다. 이런데도 싸우지 않는다면 저들이 우리를 약하게 볼 것이라 염려하고 있는데, 마침 밀물이 들어와 배가 들어갈 수 있게 되었습니다.

신이 일찍이 왜적의 침입을 염려하여 「거북선龜船」을 별도로 만들었는데 앞에는 용머리를 붙이고, 입으로 대포를 쏘게 하며, 등에는 쇠못을 꽂았고, 안에서는 쉽게 밖을 볼 수 있어도, 밖에서는 안을 볼 수 없게 하여, 비록 수백 척의 적선 속이라도 쉽게 들어가서 포를 쏠 수 있도록 만들었습니다. 이번에 그 거북선이 처음 출전하였는데 돌격장이 타고 나왔습니다.

먼저 거북선을 적선으로 돌진하게 하여 천지현황天地玄黃 등의 총통을 쏘자, 산 위와 언덕 아래, 배 등 세 곳의 왜적도 철환을 빗발치듯 쏘았는데, 간혹 우리나라 사람도 섞여 있었습니다. 이를 보고 신이 분하여 맨 앞으로 나가 그 배를 공격하였습니다. 그러자 여러 장수도 일시에 몰려들어 힘껏 철환과 장전, 편전, 피령전, 화전을 쏘고, 천자·지자 총통을 발사하니 그 소리가 천지를 진동시켰습니다. 부상으로 엎어진 왜적들을 부축해 달아나는 놈들이 부지기수였는데, 높은 언덕으로 도망쳐 다시는 싸울 생각을 못 하였습니다.

이어서 중위장 순천부사 권준, 중부장 광양 현감 어영담, 전부장 방답 첨사 이순신 등이 번갈아 드나들면서 왜선을 모두 부수고 불태웠으며, 김완은 우리나라 소녀 1명을 찾아내었고, 이응화는 왜적 1명의 목을 베었는데, 왜적들이 멀리서 대성통곡하였습니다.

여러 배의 용사를 뽑아 육지로 진격하여 왜놈들의 목을 베려 하였으나, 나무가 무성하고 날도 저무니 우리가 도리어 해를 당할 수 있어 중지하였으나, 왜놈들을 다 붙잡아 죽일 계획으로 작은 배 몇 척을 남겨두었습니다.

접전할 때, 적의 철환이 신의 왼편 어깨를 맞고 등을 뚫고 나갔으나 중상은 아닙니다. 군관 나대용도 철환을 맞았고, 전 봉사 이설도 화살을 맞았으나 모두 죽을 정도는 아닙니다.

6월 1일 이른 새벽 경상 우수사 원균이 "어제 접전할 때, 남겨둔 적선 2척이 도망쳤는지 알아보고, 아울러 화살에 맞아 죽은 왜놈의 목을 베겠다." 하였는데, 원균은 처음 패배한 뒤로 군사 없는 장수가 되어 작전 지휘할 일이 없었으므로 싸울 때마다 화살이나 철환 맞은 왜인의 머리 베는 일을 담당하였습니다. 그날 오전 8시경 돌아와서 말하기를 "왜적들은 육지로 멀리 도망갔고, 남겨둔 배는 불태웠으며, 죽은 왜군 목 벤 것은 3개이며, 나머지는 숲이 무성하여 더 찾지 못했다."라고 했습니다.

6월 2일 아침 8시경에 적선이 당포 선창에 정박하고 있다는 정보를 듣고 오전 10시경 그곳에 이르니, 왜적 300여 명이 있었는데, 그중 절반은 성에 들어가 노략질을 하고 있었고, 나머지는 성 밖의 험한 곳에서 철환을 쏘았습니다. 왜선은 대선 9척, 중·소선 12척이 선창에 정박해 있었는데, 그중 대선 한 척에 있는 누각은 높이가 3~4장丈이고, 사면에 비단 장막을 내렸으며, 장막마다 크게 황黃 자가 쓰여 있었고, 누각 위의 왜장은 붉은색 햇빛 가리개 앞에 서서 두려워하는 기색이 조금도 없었습니다.

먼저 거북선으로 층루선層樓船 아래를 들이받으면서 용의 입에 있는 현자총통으로 철환을 쏘고, 또 천자·지자 총통으로 대장군전大將軍箭을 쏘아 그 배를 깨뜨리자, 뒤따르던 여러 전선도 철환과 화살을 교대로 쏘았고, 중위장 권준이 왜장을 향해 활을 쏘아 맞히니, '쿵' 소리를 내며 떨어지므로 사도첨사 김완과 군관 흥양 보인 진무성陳武晟이 머리를 베어왔습니다.

그러자 적들은 겁을 내어 도망치다가 철환과 화살을 맞고 여기저기 넘어져, 머리는 6급을 베었고 배는 모두 불살랐습니다. 여러 전선의 용사들이 상륙하여 적의 목을 베려고 하였는데, 탐망선探望船으로부터 "왜 대선倭大船 20여 척이 작은 배를 많이 거느리고 거제에서 여기로 오고 있다."라는 급보를 받았습니다. 당포는 지형이 좁아 큰 바다에서 요격하고자 노를 재촉하여 나왔습니다. 그런데 적선들이 5리쯤 되는 거리에서 우리 함대를 보고는 정신없이 도망쳤습니다.

그날 당포에서 접전할 때, 우후 이몽구李夢龜가 왜 대장선을 수색하여 찾아낸 금부채 한 자루를 신에게 보냈는데, 그 부채의 한쪽 중앙에 「6월 8일 수길秀吉」이라 서명하였고, 오른편에는 '우시축전수羽柴筑前守'라 쓰고, 왼편에는 '구정유구수전龜井流求守殿'라 썼으며, 이를 옻칠 한 상자에 넣어둔 것으로 보아, 이는 틀림없이 수길이 축전수에게 부신符

信으로 보낸 물건일 것입니다.[12]

소비포 권관 이영남李英男이 왜장선에서 울산 사노비 계집 억대億代와 거제 여자아이 모리毛里를 사로잡았는데, 직접 문초하였더니 억대의 진술 내용은 다음과 같았습니다. (중략) 이 진술로 보면, 틀림없이 왜장은 축전수입니다. (중략)

6월 4일 이른 아침에 당포 앞바다로 옮겨 진을 치고, 작은 배로 적선을 탐망하게 하였는데, 오전 10시경 당포 사는 토병 강탁姜卓이 산에서 우리를 보고 와서, "2일 당포에서 접전한 후에 왜인들이 죽은 동료들의 머리를 베어 한곳에 모아 불사르고, 걸어갔는데 우리나라 사람을 만나도 해칠 생각을 하지 못하고 통곡하며 돌아갔습니다. 그날 당포 바깥 바다에서 도망간 왜선은 오늘 거제로 향하였습니다."라고 하였습니다.

여러 장수와 출발하려고 할 때, 본도 우수사 이억기李億祺가 전선 25척을 거느리고 왔습니다. 날이 저물어 거제와 고성 경계인 착량鑿梁에서 진을 치고 밤을 지냈습니다.

6월 5일 아침에 막 출전하려는데, 거제 사는 향화인向化人 김모 등 7~8명이 작은 배를 타고 와서, "당포에서 쫓기던 왜선이 거제를 지

---

12) 부채에 적힌 내용은 "우시축전수가 구정자구를 유구의 제후로 봉한다."라는 뜻이다. 우시축전수(羽柴筑前守)에서 우시(羽柴)는 일본 후쿠오카 북서부 지방의 치쿠젠(ちくぜん) 지방을 말하며, 축전수는 영주란 뜻이다. 구정유구수전(龜井流求守殿)은 구정자구(亀井 茲矩, 가메이 고레노리)를 유구(流求, 오키나와)의 제후(諸侯)로 봉한다는 뜻이다. 풍신수길이 1575년(38세)에 치쿠젠 지방의 영주가 되었으니 부채는 이때쯤 만들어졌을 것이다. (출전: 난중일기, 박종평. 2018.)

나 고성 당항포唐項浦로 옮겨갔습니다."라고 하였습니다. 급히 당항포로 가서 남쪽을 보니 진해성 밖 몇 리쯤 되는 들판에 갑옷을 입은 군병 1,000여 명이 깃발을 세우고 진을 치고 있었습니다. 사람을 보내 탐문探問해 보니 함안 군수 유숭인柳崇仁이 기병 1,100기騎를 거느리고 적을 추격하여 여기까지 왔다고 하였습니다.

그에게 당항포 앞바다의 상황을 물어보았더니 "거리가 10여 리 되고 넓어서 배가 들어갈 만하다." 하므로, 먼저 전선 몇 척을 보내 지형을 탐문探問하도록 하면서, 만약 적이 추격해오면 짐짓 물러나 적을 유인하도록 지시하여 들여보내고, 몰래 숨어 있다가 습격할 계획을 세웠습니다.

잠시 후 포구로 들여보냈던 전선이 바다 입구로 돌아 나오며 신기전을 쏘아 "빨리 들어오라." 하였으므로 전선 4척을 입구에 복병하게 하고 노를 재촉하여 들어갔습니다. 그곳은 양편 산기슭이 강을 끼고 20여 리나 되었고, 그 사이의 지형이 그리 좁지 않아 싸울 수 있었습니다.

여러 전선이 일제히 줄지어 들어가 소소강召所江 서쪽 기슭에 이르자, 판옥선 크기의 검은 칠을 한 대선 9척과 중선 4척, 소선 13척이 기슭에 정박해 있었습니다. 그중 가장 큰 배는 뱃머리에 따로 3층 누각을 만들어 세웠고, 벽에는 단청丹靑을 칠하여 마치 불전佛殿 같았으며, 앞에는 청색 햇빛 가리개를 세우고 누각 아래로는 검은색 비단 휘장을 드리웠으며, 휘장에는 흰 꽃무늬를 크게 그렸는데, 휘장 안에는 왜인들이 수없이 열 지어 서 있었습니다.

또 왜 대선 4척이 포구 안쪽에서 나와 한곳에 모여 있었는데, 모두 검은 깃발을 꽂았고, 깃발에는 흰 글씨로 '남무묘법연화경南無妙法蓮花經'이라 쓰여 있었습니다. 우리 수군을 보자 철환을 난사하였습니다. 여러 전선으로 포위하고 먼저 거북선이 돌입하여 천자·지자 총통을 쏘아 적의 대선을 꿰뚫게 하고, 다른 전선들도 번갈아 드나들며 총통으로 화살과 철환을 쏘면서 한참 동안 접전하였습니다.

그런데 만약 저들이 불리하여 배를 버리고 상륙하면 모조리 섬멸하지 못할 것 같아서, "우리가 거짓으로 포위를 풀고 진을 물리면 적들은 틀림없이 그 틈을 타서 배를 옮길 것이니, 그때 좌우에서 꼬리를 치면 거의 섬멸할 수 있을 것이다.'라고 명령을 전한 뒤에 배를 물려 한쪽을 개방하자, 층각선層閣船이 개방된 수로를 따라 나오는데, 검은색 돛을 둘씩이나 달았으며, 다른 배들은 날개처럼 벌려 층각선을 호위하면서 노를 재촉하였습니다.

우리 전선들이 4면으로 포위하여 재빨리 공격하였습니다. 거북선은 층각선 아래를 들이받고 위로 총통을 쏘아 누각을 깨뜨렸으며, 여러 전선이 화전火箭으로 비단 장막과 베 돛을 쏘아 맞혔습니다. 그러자 맹렬한 불길이 일어났으며, 누각에 앉아 있던 왜장은 화살을 맞고 떨어졌습니다.

정신없는 상황을 틈타, 다른 왜선 4척이 북쪽으로 달아나기에 신과 이억기가 여러 장수를 둘로 나누어 또 완전히 포위하자, 적선에 타고 있던 많은 왜적이 물에 뛰어들거나, 해안 기슭으로 숨거나, 산으로 올라가 북쪽으로 도망갔습니다. 우리 군사들이 추격하여 머리 43급級을 베고, 왜선은 전부 불살라 버렸습니다. 그리고 배 한 척을 남겨 왜적들이 돌아갈 길을 열어놓았습니다.

6월 6일 이른 새벽 방답첨사 이순신李純信이 '당항포에서 산으로 올라간 적들이 틀림없이 우리가 남겨둔 배를 타고 새벽녘에 몰래 나올 것이라'하며, 전선을 이끌고 바다 입구로 가서 적들을 전부 포획하고 다음과 같이 보고하였습니다.

"오늘 새벽 당항포 바다 어귀에 매복했었는데, 예상대로 왜선 1척이 나오기에 습격하였습니다. 배에 탄 왜적은 거의 100여 명이 있었는데, 우리가 지자총통과 현자총통을 쏘고, 연이어 장편전長片箭과 철환, 질려포(蒺藜砲, 마름쇠를 발사하는 포), 대발화大發火 등을 쏘고 던졌더니, 허둥지둥 도망가는 것을 쇠갈고리로 끌고 바다 가운데로 나오는 동안 절반 정도는 이미 물에 뛰어들어 죽었습니다. 그런데 24~25세 정도의 왜장은 용모가 건장하고 위엄이 있었으며 화려한 군복에 칼을 들고 남은 부하 8명을 지휘하며 항전하였는데 조금도 두려워하지 않았습니다. 첨사 이순신이 활을 쏘았지만 10여 발을 맞은 뒤에야 물에 떨어져 죽어, 곧바로 목을 베었습니다. 다른 8명은 군관 김성옥金成玉 등이 쏘아 죽인 후에 목을 베었습니다.

오전 8시경 적선을 불사른 후, 경상 우수사 원균과 남해 현령 기효근奇孝謹 등이 뒤쫓아 와서 물에 빠져 죽은 왜적을 샅샅이 찾아 목을 벴는데 50여 급級에 이를 정도로 많았습니다. 왜선의 맨 앞쪽에는 햇빛 가리개가 있는 방이 별도로 있었는데 모든 장막이 화려하였으며, 문서 가득한 상자를 보니 왜인 3,040여 명의 『군대편성표分軍件記』였습니다. 각각의 이름 아래 피를 발라 서명했는데, 이는 틀림없이 함께 피를 나누어 마시며 맹세한 문서입니다.

편성표 6축과 함께 갑옷, 투구, 창, 칼, 활과 활시위, 총통, 범 가죽
으로 된 말안장 등의 물건을 올려보냅니다.”

신이 직접 『군대 편성표分軍件記』를 살펴보니 피를 발라 서명한 흔적
이 분명하니, 그 흉악한 꼴은 말로 다 표현할 수가 없습니다. 왜군의 머
리 9급 중에 왜장의 것은 이순신李純信이 별도로 표하여 올려보냅니다.
그런데 왜인들의 깃발은 색깔이 서로 달랐는데, 옥포玉浦에서는 붉은
깃발이었고, 이번 사천泗川에서는 흰 깃발이었고, 당포唐浦는 황색 깃발
이었으며, 당항포唐項浦는 검은 깃발이었습니다. 그 이유를 생각해 보니
틀림없이 그들의 부대를 분간하기 위한 것이며, 피를 발라 맹세한 글 또
한 이와 일치하는 것으로 보아, 일찍부터 우리를 깔보아 침범하려고 준
비했다는 것을 짐작할 수 있었습니다.

6월 7일 이른 아침 출동하여 웅천 증도甑島 바다에서 진을 쳤습니다.
오전 10시경 천성과 가덕에서 적의 종적을 정탐하던 탐망 선장인 진무
이전李莖과 토병 오수吳水 등이 왜놈 머리 2급級을 베어 돌아와, “가덕
바다에서 왜인 3명이 배 한 척에 타고 있다가 우리를 보자, 북쪽으로 도
망가므로 추격하여 다 쏘아 죽이고 머리 3급을 베었습니다. 그런데 그
중 1급은 경상 우수사의 군관으로 이름을 알 수 없는 사람이 작은 배를
타고 와서 강제로 빼앗아갔습니다.”라고 하여, 특별히 술을 권하여 달
래 주고, 다시 천성 등지로 보냈습니다.
낮 12시경 영등포 앞바다에 이르렀는데, 왜 대선 5척과 중선 2척이
율포栗浦에서 나와 부산으로 도망치기에 역풍을 맞으며 노를 재촉하여

적과 서로 바라보면서 율포 근처까지 5리쯤 추격하였더니, 갑자기 왜적들이 배 안의 짐짝을 물에 던졌습니다.

우후 이몽구가 대선 1척을 바다 가운데에서 온전히 사로잡아 머리 7급을 베었고, 또 1척은 뭍에서 끌고 나와 불살라 버렸습니다. (중략) 나머지 빈 배 1척은 바다 가운데서 모두 힘을 합쳐 불살라버렸습니다. 이리하여 한 놈도 빠짐없이 목이 잘리거나, 물에 빠져 죽었습니다.

6월 9일, 이른 아침 배를 출발하여 웅천에 이르러 진을 치고, 작은 배들을 가덕, 천성, 안골포, 제포 등지로 나누어 보내 적의 자취를 살피게 하였으나 찾을 수 없었습니다. 당포에 이르러 밤을 보냈습니다.

6월 10일, 미조항彌助項 앞바다에서 우수사 이억기, 원균 등과 진을 파하고 각각 돌아왔습니다. (중략)

이제까지 적을 무찌를 때, 남해 동쪽의 웅천 등 7~8개 고을에서는 남녀노소 피난민들이 산과 계곡에 숨어 적선을 추격하는 우리 수군을 바라보고 기뻐하지 않는 사람이 없었으며, 내려와 적의 행방을 알려주기도 하였습니다. 그 모습이 몹시 비참하고 불쌍하여 왜선에서 얻은 쌀과 포목 등의 물건을 나누어 주었습니다.

그중에 우리나라로 귀화한 향화인向化人과 어민들은 그들 가족, 이웃, 친척들과 함께 여수 본영으로 들어오는 자가 끊이지 않았습니다. 지금까지 들어온 인원이 거의 200명에 이릅니다. 이들이 각자 제 직업을 하면서 오래도록 편안히 살게 하고자, 본영 가까운 장생포長生浦 등으로 보냈습니다. 그리고 장수들에게 왜선에 포로로 잡혀있는 우리나라 사람을 찾아 생환하게 하는 것은 왜적의 목을 베는 것과 다름없으니 '왜선을 불사를 때 각별하게 찾아서 구하고 함부로 죽이지 말라.' 지시하고 약속하였습니다.

격파한 왜선은 모두 72척이며, 왜군의 머리 88급級은 왼쪽 귀를 잘라 소금에 절여 궤짝에 넣어 올려보냅니다. 신이 처음 여러 장수와 군졸 등에게 약속할 때 "공로와 이익을 탐내어 먼저 머리를 베려고 다투다가 도리어 죽고 다치는 사례가 많으니, 쏘아죽였으면 굳이 머리를 베지 않아도 싸움에 힘쓴 자를 공로에서 으뜸으로 논論하겠다." 거듭 강조했기에 네 번을 싸우는 동안, 죽인 왜적은 많았지만, 머리 벤 것은 많지 않습니다.

그러나 경상 우수사 원균은 접전한 다음 날 협선挾船을 보내 왜적의 시체를 찾아 거의 다 목 베어갔습니다. 그리고 경상도 연해안의 포작인(鮑作人, 어민)들이 화살에 맞아 죽은 왜적의 머리를 베어서 신에게로 많이 가져 왔지만, 타도의 대장으로 그것을 받는 것은 사리에 맞지 않으니 원균에게 갖다 바치라고 타일러 보냈습니다.

원균과 이억기 등 여러 장수가 목 벤 것이 거의 200급입니다만, 떠내려가서 베지 못한 것도 많고, 목을 벤 것 중에도 물에 빠뜨린 것이 많습니다. 왜적의 물품 중 의복 이외에 미곡, 포목 등의 물품은 군사들에게 나누어 주기도 하고, 군량으로 보충하였습니다. 그리고 왜적의 군용 물품 중에 중요한 것은 뽑아내어 별지에 자세히 기록하였고, 우후 이몽구가 찾아낸 왜장의 칠갑함에 들어있던 부채 금단선金團扇과 방답첨사 이순신이 찾아온 왜장의 『분군건기分軍件記』6축軸도 아울러 봉하여 올려보냅니다.

접전할 때, 사졸士卒로서 화살이나 철환을 맞은 사람 중, 우리 배의 정병正兵 김말산金末山, (중략) 등은 철환을 맞아 죽었으며, 흥양1호선 사부 목자牧子 손장수孫長水는 뭍으로 올라간 왜적을 추격하여 목을 베려다가 칼에 맞아 죽었고, 순천1호선 사부 보인保人 박훈朴訓, (중략) 등은 화살에 맞아 죽었으며, 순천1호선 사부 유귀희柳貴希, (중략) 등은 철환을 맞았으나 중상에 이르지는 않았으며, 방답첨사 솔종率奴 언용彦龍, (중략) 등은 화살에 맞았으나 중상에 이르지는 않았습니다.

위의 사람들은 화살과 철환을 무릅쓰고 돌진하다가 죽거나 다쳤으므로 시체는 별도의 작은 배에 실어 고향으로 보내 장사 지내게 하였고, 그들의 처와 자식들은 휼전恤典으로 돌보아 주라고 하였습니다. 중상이 아닌 자들은 약물을 지급하여 충분히 치료하도록 일렀으며, 여러 장수에게는 "한번 이겼다고 소홀하게 생각지 말고 군사들을 위로하고 전선을 다시 정비해 두었다가 급보를 듣는 즉시 출전하되 처음과 끝을 한결같이 하도록 하라."라고 엄하게 이르고 진을 파했습니다.

중위장 권준, 전부장 이순신, 중부장 어영담 등 여러 장수는 분연히 제 몸을 돌보지 않고 끝까지 힘써 싸웠습니다. 이뿐만 아니라 여러 관원과 군사들도 앞다투어 적진으로 돌격하였습니다. 공로를 논하는 일을 조정의 명령을 기다려 결정하려면 왕복하는 동안에 시일이 늦어지고, 더구나 행재소行在所는 멀리 떨어져 있을 뿐만 아니라 길이 막혀 왕래할 수 없으니, 극악한 도적이 물러가지 않았다 하여 상 줄 시기를 넘길 수는 없는 일입니다. 우선 공로를 참작하여 1, 2, 3등으로 나누어 별지에 자세히 기록하였습니다. 당초에 신이 약속하였으므로 목 벤 수에도 불구하고 힘써 싸운 사람을 1등급으로 결정하였습니다.

● 『거북선』을 만들다

이순신 장군을 이야기할 때 빠지지 않는 것이 거북선이다. 장군이
전쟁을 대비하여 모든 면을 치밀하게 계획하고 준비했지만, 그중 가장 큰 프
로젝트Project가 거북선을 만든 것이다. 장계 보고에서 장군은 새로 만든 거
북선의 모양과 기능을 설명하고, 첫 번째 출전에서 어떤 역할을 했는지 상세
히 기록하였다.

거북선을 누가 만들었는지에 대한 기록은 없다. 장군을 중심으로 여러 사
람이 참여했을 것으로 추측되는데, 당시 이에 깊이 관여한 것을 알 수 있는
기록이 실록에 있다. 1606년(선조 39년) 12월 24일 당시 삼도통제사였던 이
운룡의 보고다.

> "나주 사는 전 현령 나대용羅大用의 상소 내용에, (중략) 신묘년
> (1591년) 연간에는 수사 이순신의 감조전선출납군병군관監造戰船出
> 納軍兵軍官이 되었다."

나대용의 신묘년 직책의 뜻을 풀어 보면 틀림없이 거북선 제작에 깊이 관
여했을 것이다. 거북선 제작에 관여했을 것으로 보이는 또 한 사람은 조방
장 정걸丁傑이다. 정걸은 당시 78세로 이순신 장군보다 31살이나 많았다. 그
동안 수사水使, 병사兵使 등 수 많은 관직을 거쳐 이미 은퇴한 상태였으나 장

군의 부탁으로 조방장이 되었던 것 같다. 현직에 있는 동안 을묘왜변이 일어나자 해남, 강진 등에 출몰한 왜구를 무찌르는 등 실전 경험이 많았으며, 판옥선을 실제 개발했다고 알려진 분이다. 판옥선 수명이 3~4년이었다고 하니, 판옥선도 많이 제작했을 것이고, 장단점도 잘 알았을 것이다. 그러니 판옥선을 기반으로 만든 거북선 제작에 깊이 관여하였을 것이 틀림없다.

고령임에도 한참 후배인 이순신 장군의 참모를 마다하지 않고 도와주었으니, 매우 훌륭한 분이다. 또 이후 충청 수사로 임명되어서는 행주대첩 막바지에 아군이 이기는 데 결정적인 도움을 주었다. 1593년 2월 24일 선조실록 기록이다.

> 고산 현감高山縣監 신경희申景禧가 아뢰기를,
> "그날 새벽 6시경부터 오후 4시경에 이르도록 싸우느라 화살이 거의 다 떨어져 위급했었는데, 마침 충청 수사 정걸丁傑이 화살을 운반해 와서 구해주었습니다."

한성을 수복하는 과정에서도 명나라 군사들은 벽제관 패배로 군사를 후퇴시키고, 조선의 병력도 주춤하고 있었을 때, 수군을 이끌고 한강으로 올라가 왜군을 향해 포를 쏘는 등 활약하였다. 1593년 2월 25일 선조실록, 유성룡이 보고하였다.

> "15일에 충청 수사 정걸이 수군을 이끌고 곧바로 용산창龍山倉 아래에 와서 왜적을 향해 포를 쏘았는데, 강변에 진을 친 왜병은 거의 2만 명이나 되었습니다."

정걸 장군은 1595년 관직을 모두 내려놓고 2년 후 숨을 거두었다. 그는 전남 고흥군 포두면 길두리 후동마을에서 태어났으며, 돌아가신 후 포두면 안동사安洞祠에 배향配享되었다. 영광군수를 지냈던 아들 정연丁淵과 손자 정홍록丁弘祿도 의병으로 왜군과 싸우다가 순절하였다.

☞ 어깨에 관통상을 입은 이유

이번 출전에서 장군이 어깨에 관통상을 입었다. 상처가 아물지 않아 1년 이상을 고생하였다는 내용이 유성룡과 주고받은 편지 속에 나온다. 어쩌다가 관통상을 입게 되었을까.

왜군 속에 배반한 조선인이 아군을 향해 활 쏘는 것을 보고, "신이 분하여, 노를 재촉해 맨 앞으로 나가 그 배를 공격했습니다."라는 말과 "접전할 때, 적의 철환이 신의 왼편 어깨를 맞고 등을 뚫고 나갔으나 중상은 아닙니다.[13]"라는 기록으로 보아, 배반한 우리나라 사람이 공격하는 것을 보고 분노하여 적 조총 사정거리 안으로까지 돌진해 들어갔기 때문인 것 같다.

사천에서 입은 관통상과 관련하여 유성룡의 『징비록懲毖錄』등 다른 기록에는 '철환이 어깨에 박혀 피가 흘러내리는데도 아무에게도 알리지 않았으며, 전투가 끝난 후 두어 치나 깊이 박힌 철환을 빼내는 데도 아픈 표정 없이 평소와 같았다'라고 설명하고 있지만, 이는 아마도 장군을 미화하기 위한 것으로 짐작된다.

---

13) 余亦左肩 上中丸 貫于背而 不至重傷

◉ 적 수급에 집착하는 원균

　　2차 출전에서 원균과 경상우수영 군관들은 왜군의 수급을 모으기 위해 눈살 찌푸리게 하는 짓을 많이 했다. 사천 전투 다음 날에는 남겨둔 배 2척을 처리하겠다고 가서는 적선을 불태우고 죽은 왜군 3명의 목을 베었다고 했다. 또 6월 6일에는 방답첨사 이순신李純信이 전날 남겨둔 배를 처리하기 위해 이른 새벽에 당항포로 갔는데, 전투가 끝난 뒤 원균과 기효근 등이 와서 물에 빠져 죽은 왜놈 50여 명을 건져 목 베어갔다.

　더 황당한 일은 6월 7일 탐망선 보고다. 경상우수영의 군관이 목 벤 수급을 강탈해 갔다니 숫제 강도나 다름없다. 그러나 이순신 장군은 화살에 맞아 죽은 왜적의 머리를 경상도 어민들이 베어서 가져왔지만, 다른 도의 군대가 수급을 취하는 것은 옳지 않다며 원균에게로 갖다 주라고 돌려보냈다.

　원균은 영악하고 악착같이 적의 수급에 욕심을 냈다. 그리고 장군은 그런 사실을 보고 장계에 가감 없이 드러내어 기술했다. 물론 장군으로서는 그저 줍다시피 전공을 탐하는 치졸한 짓을 그냥 넘길 수 없었겠지만, 이것은 후에 원균이 장군을 원망하고 모함하는 중요한 원인 중의 하나가 되었을 것이다.

　장군은 출세를 위해 아부하거나 연줄을 대고 뇌물 바치는 분이 아니니 왕이나 신하들에게 아첨하지 않았지만, 원균은 왕과 조정 중신重臣을 포함하여 뇌물로 관리하는 자들이 많았다. 그들이 장군의 보고 내용을 원균에게 알려주지 않았을까. 틀림없이 전해주었을 것이다. 원균이 그 말을 들었을 때 어땠을까. 인간은 원래 자신의 잘잘못을 떠나 비판이나 공격을 받으면 분노하고 적개심을 품도록 만들어진 존재다.

원균이 적 수급 모으기에 집착한 이유는 무엇일까. 자신의 우수영은 비록 판옥선 4척에 불과하여 단독으로는 작전조차 수행할 수 없었지만, 누구보다 전공은 올리고 싶었기 때문이다. 비록 그것이 남의 전공을 훔치는 것이라도 말이다. 사실 남의 밥상에 공짜 숟가락 얹고 싶은 욕심은 인간의 대표적인 이기적 특성이다. 전공의 논상 기준은 목 벤 수급이다. 선조실록에는 논상 기준에 대해서 여러 논란이 끊이지 않아 기준을 보완하기도 하고, 거짓 보고로 나중에 논상이 취소되는 일도 있었다.

이처럼 예민한 군공 포상기준을 이순신 장군도 모르지 않았을 것이다. 그러나 그것 때문에 전쟁의 승패를 바꾸는 우를 범해서는 안 되기에 힘써 싸우는 것이 더 중요하다고 강조하였다. 하지만 장군도 좌수영 소속 관리와 군사들이 전공 포상을 제대로 받을 수 있도록 해줘야 했으므로 보고서에 수급을 더 많이 확보하지 못한 사유를 굳이 매번 설명하였다.

또 한 가지 중요한 것은 전공과는 오히려 반대되는 장군의 명령이다. 왜선에 잡혀있는 우리나라 사람을 구하는 것이다. 왜적의 목 베는 것과 다름없다고 강조하면서, 왜선을 불 지르기 전에 꼼꼼히 살펴서 구하고 함부로 죽이지 못하도록 한 것이다. 이는 장군의 애민정신, 생명 존중의 정신을 보여 주는 것이다. 반면 원균은 우리나라 사람을 가짜 왜군으로 만들어 전공을 올리려는 것으로 의심되는 짓까지 하였는데, 난중일기에 몇 차례나 발견된다.

☯ 피난민의 정착을 도우다

　　　　장군은 모든 전투에서 항상 척후선을 활용하여 적의 동태를 파악하고 움직였다. 아울러 당포 사는 토병 강탁姜卓이나 향화인向化人 김모 등 피난민들의 제보도 결정적인 역할을 하였다.

　　그런 피난민을 장군은 최선을 다해 보살폈다. 왜선에서 얻은 쌀과 포목을 나누어 주었고, 전라좌수영으로 찾아온 피난민은 정착할 수 있도록 도와주었다. 이와 관련된 내용이 1593년 1월 26일 장계에 있다.

> "영남의 피난민 200여 호가 본영 경내에 살고 있는데 전일 비변사 공문에 농사지을 땅이 있는 섬으로 들여보내 살게 하라 하여 돌산도로 보내 봄갈이를 시켰는데, 병조兵曹에서 '목장이 있는 곳에는 말 기르는 데 방해된다.'라며 반대하지만, 지금같이 어려운 상황에서는 백성들의 살길을 마련해줘야 하고, 농사를 짓게 하더라도 말 기르는 데는 해가 없을 것이니 허락해주시기 바랍니다."

　　이 건의는 뜻대로 이루어지지 않았다. 1593년 윤11월 17일 장계 보고에, "신의 생각으로 각 도에서 피란 나온 사람들은 살 곳도 생계를 꾸려갈 직업도 없어 불쌍합니다. 돌산도에 들어가 농사를 짓고 살도록 하여, 그 절반을 나누면 공사公私 양쪽이 모두 편리하게 됩니다."라고 하였으니, 장군은 피난민의 생계 안정에도 깊은 관심과 지원을 아끼지 않았다. 그리고 이는 군량미를 확보하는 둔전 경영으로 이어졌다.

⚫ 죽거나 다친 부하를 보살피다

　　　전투 중에 죽거나 다친 사졸±卒들에 대한 보고도 정확하고 상세하다. 그냥 사망이 아니라 철환을 맞은 사람, 뭍으로 올라간 왜적을 목 베려고 추격하다 칼에 맞아 죽은 사람, 화살에 맞은 사람 등으로 죽은 이유를 정확하게 분류하여 밝혔고, 다친 사람도 마찬가지로 그 사연을 모두 밝혀서 보고했다. 무엇보다 당시 사람 취급을 받지 못하던 노비도 사상자 명단에 사노(寺奴, 절종), **사노**(私奴, 사갓집 종) 관노(官奴, 관청 노비), 솔노(率奴, 데리고 다니는 종), 내노(內奴, 궁궐 노비), 목자(牧子, 짐승 키우는 자), 포작(鮑作, 어민) 등으로 세세하고 꼼꼼하게 빠짐없이 다 기술하였다.

　　죽은 자는 고향으로 돌려보내 장사를 지내주도록 하고, 그 처와 자식들에게는 휼전恤典을 지급하게 하였으며, 다친 자들은 약물을 주어 충분히 치료하도록 하는 등 신분의 높고 낮음에 상관없이 부하들의 아픔을 다 보살펴 주었다.

⚫ 견내량에서 왜병을 격파하다

　　　7월 4일 장군은 임진왜란의 3대 대첩 중의 하나로 불리는 한산도 대첩, 일명 견내량 전투를 치르기 위해 3차 출전에 나섰다. 1592년 7월 15일 "견내량에서 왜군을 격파한 보고見乃梁破倭兵狀"를 보자.

　　7월 4일, 저녁 본도 우수사 이억기와 약속했던 곳에 도착하였으며, 5일에는 서로 만나 다시 약속하였습니다. 그리고 7월 6일 출발하여 노량露梁에 도착하였더니, 경상 우수사는 깨진 것을 수리하여 전선 7척을 이끌고 그곳에 있었습니다.

7월 7일, 동풍이 강하여 항해가 어려웠습니다. 고성 당포에 이르니 날이 저물어 나무를 하고 물도 긷고 있는데, 산으로 피난 갔던 목동 김천손金千孫이 급히 달려와, "적의 대소 선박 70여 척이 오후 2시경 거제와 고성의 경계인 견내량見乃梁에 머무르고 있습니다."라고 하여 여러 장수에게 마음을 단단히 먹도록 하였습니다.

7월 8일, 이른 아침 적선이 정박한 곳으로 갔더니 멀리 왜 대선 1척, 중선 1척이 선봉으로 나와 우리를 살펴본 뒤 돌아가기에 쫓아 들어갔더니 대선 36척과 중선 24척, 소선 13척이 정박해 있었습니다. 하지만 그곳 견내량은 지형이 좁고 험하며 암초가 많아 판옥선은 서로 부딪히기 쉬워 싸우기가 여의치 않았습니다. 그뿐만 아니라 적이 힘에 부치면 육지로 도망갈 수도 있어, 한산도 쪽 넓은 바다로 끌어내 완전히 사로잡을 계획을 세웠습니다. 한산도는 거제와 고성 사이에 있어 사방으로 헤엄쳐 나갈 길도 없고, 혹시 섬으로 도망가더라도 굶어 죽게 될 것이 분명했습니다.

먼저 판옥선 5, 6척을 시켜 선봉을 쫓아 공격할 것처럼 하였더니 적의 여러 배가 한꺼번에 돛을 달고 쫓아 나왔습니다. 우리 배가 일부러 물러나 돌아 나오자, 왜적들도 뒤쫓아 바다 가운데로 나오므로, 학익열진鶴翼列陣으로 일시에 진격하여 각각 지자, 현자, 승자 등 각종 총통을 쏘아 먼저 2, 3척을 깨뜨렸더니 적들은 사기가 꺾여 도망치려 하였습니다. 여러 장수와 군관 등이 앞다투어 돌진하면서 화살과 철환을 마구 발사하여 적의 배를 불사르고 사살하기를 한 번에 거의 다 해치워 버렸습니다.

순천부사 권준은 제 몸을 잊고 먼저 돌진하여 층각왜대선層閣倭大船 1척을 깨뜨렸으며 왜장을 비롯하여 머리 10급을 베고, 우리나라 남자 1명을 산채로 빼앗았습니다. (중략) 그 나머지 대선 20척. 중선 17척. 소선 5척 등은 좌·우도의 여러 장수가 힘을 합해 불살라 깨뜨렸으며, 화살에 맞아 물에 떨어져 익사한 자는 그 수를 헤아릴 수도 없었습니다.

그리고 왜인 400여 명은 기진맥진하여 배를 버리고 한산도로 도망쳤고, 나머지 대선 1척, 중선 7척, 소선 6척 등은 접전할 때 뒤에 멀리 떨어져 있다가, 우리 수군이 배를 불태우고 목 베어 죽이는 것을 보고는 도망쳤습니다.

7월 9일, 가덕으로 가려는데 탐망군이 "안골포에 왜선 40여 척이 정박하고 있습니다."라고 보고하여, 이억기, 원균과 함께 토벌계획을 의논했습니다.

7월 10일, 이른 새벽에 출항하여, 이억기에게 "안골포 바깥에서 진을 치고 있다가 만일 싸움이 시작되면 복병을 남겨두고 달려오라."라고 약속했습니다. 신臣은 학익진으로 먼저 나갔고, 원균을 뒤따르게 해 안골포에 도착했습니다. 멀리 선창에는 대선 21척, 중선 15척, 소선 6척이 정박해 있었습니다. 포구의 지형을 살펴보니 바다가 좁고 얕아서 바닷물이 빠지면 육지가 되니 판옥선이 드나들기가 쉽지 않았습니다. 그래서 여러 번 유인하였으나 그들의 선발부대 전선 59척이 한산도에서 불타 죽었으므로 여차하면 육지로 도망갈 계획으로 험한 곳에 배를 매어두고는 겁내어 나오지 않았습니다. 할 수 없이 여러 장수에게 번갈아 들어가서 각종 총통과 장전, 편전 등을 쏘도록 하였으며, 이억기가 복병을 두고 달려와 합동으로 공격하니 세력은 배가 되었습니다.

층각 대선과 2층 대선의 왜적들이 거의 다 죽거나 다쳤습니다. 그러자 적은 층각 대선에서 죽거나 다친 놈을 작은 배로 모두 실어내고, 다른 배의 왜적을 다시 층각 대선으로 옮겨 합쳤습니다. 그러기를 종일 계속하였는데 그 배 또한, 거의 다 부서지자 살아남은 왜적들은 모두 육지로 올라갔습니다. 상륙한 적들을 미처 다 잡지 못했는데 배를 모두 태워버리면 산속에 숨은 수많은 백성이 궁지에 몰린 도적들에게 고기밥이 되는 화를 면치 못할 것이기에 잠시 1리쯤 물러나서 밤을 보냈습니다.

7월 11일, 이른 아침에 되돌아가서 포위하려 했으나, 왜적들이 밤을 틈타 허겁지겁 닻을 자르고 도망가버렸습니다. 어제 싸웠던 곳을 자세히 살펴보니, 12곳에 죽은 놈들을 모아 불태웠는데 그때까지도 다 타지 않고 남은 뼈와 손발이 어지럽게 흩어져 있었습니다. 성 안팎에는 피가 흘러 땅에 가득했고 곳곳이 붉은색으로 물들어 왜적이 얼마나 죽고 다쳤는지 다 셀 수도 없었습니다. (중략)

7월 12일, 아침 10시경 한산도에 도착하니 그곳으로 도망갔던 왜적들이 연일 굶어서 걸음조차 잘 걷지 못하고 피곤하여 해변에서 졸고 있는 것을 거제도의 군사와 백성들이 벌써 머리 3급을 베었고, 나머지 400여 명도 벗어나거나 숨을 데 없는 '새장 속의 새' 신세였습니다.

신과 이억기는 지원군으로 군량이 이미 떨어졌고, 또한 금산의 적이 이미 전주에 이르렀다는 전통이 잇따라 들어와서, 한산도로 올라간 왜적들은 거제 군사와 백성들이 힘을 합쳐 머리를 베고 그 수를 알려달라고 원균과 약속하고 7월 13일 좌수영으로 돌아왔습니다.

 신의 여러 장수가 벤 머리 90급의 왼쪽 귀를 잘라 소금에 절여 상자에 넣어 보냅니다. 신이 처음 약속할 때, 공로를 탐하여 머리 베는 것을 다투다 보면 거꾸로 죽거나 다치는 사례가 많으니, 적을 죽였다면 머리를 베지 않아도 공로를 으뜸으로 삼겠다고 두 번 세 번 거듭 공언했습니다. 그런 까닭으로 머리 벤 수는 많지 않습니다. 그러나 경상도의 여러 장수는 소선을 타고 뒤에 있으면서 싸움을 지켜보다가, 30여 척을 깨부순 뒤에 구름처럼 몰려들어 머리를 베었습니다.

 대략 신의 장수들과 원균, 이억기 등의 장수들이 벤 목이 250급에 이릅니다. 하지만 바다에 빠져 죽은 왜적이나 물에 빠뜨려 잃어버린 왜적의 머리가 얼마나 많은지 모릅니다. 왜적의 물건 중 중요하지 않은 옷과 쌀, 베 등은 군사들에게 나누어 주어 위로하고, 군용 물품 가운데 중요한 것은 뽑아내어 뒤에 조목조목 기록했습니다.
 왜의 물건은 조정과 통하는 모든 길이 끊어졌고, 또 험하여 올려보내지 못하고 모두 좌수영에 두었습니다. 맞붙어 싸운 장사와 군사 중에 영 2호선 진무 순천 수군 김봉수, (중략) 등 19명은 철환에 맞아 죽었습니다. 그리고 신이 탄 배의 격군 토병 김국, (중략) 등 134명은 철환을 맞았으나 중상은 아닙니다. 위의 사람들은 화살과 돌을 무릅쓰고 (중략) 중상이 아닌 사람들은 약물을 대주어 충분히 치료해주도록 특별히 엄하게 지시하였습니다.

☯ 원균, 새장에 갇힌 적을 놓아 보내다

한산도로 도망가 포위만 하고 있어도 모두 잡을 수 있는 왜적 400명은 원균에게 잡도록 했으나, 원균은 이들을 놓쳐버렸다. 이를 분하고 아까워하는 장군의 장계가 1592년 9월 10일 "포위되었던 왜병이 도망하여 돌아간 보고被圍倭兵逃還狀"이다.

> 지난 7월 8일 한산도 앞바다에서 접전할 때 화살에 맞은 왜적 400여 명이 그 섬으로 올라갔습니다. 외딴섬이기에 새장 속에 갇힌 새와 같아서 10일이 지나면 굶어 죽을 것이 분명했습니다. 그래서 우수사 원균에게 사면을 포위해 남김없이 붙잡아 베고 통지해줄 것을 약속하고, 신臣과 우수사 이억기는 진을 파하고 군대를 되돌렸습니다. 그런데 나중에 원균은 '적선이 많이 온다.'라는 헛소문을 듣고 포위를 풀고 가버렸기 때문에 왜인들이 뗏목을 만들어 타고 거제로 다 건너갔다고 합니다. 솥 안에 든 물고기가 결국 새나갔으니 원통하고 분합니다.

다 잡은 거나 마찬가지인 왜적을 놓아 보냈으니 통탄할 일이다. 장군으로서는 당연히 분통이 터질 일이고 왕에게 보고해야 할 중요한 사항이다. 이 문제는 조정에서 사실 확인 등을 통해 문책했어야 할 일이지만 왕이 피난 중이라 경황이 없었기 때문인지, 보고를 못 받았는지 아무런 후속 조치가 없었다. 그러나 이 보고 또한, 나중에 원균이 장군에게 원한 품을 일이다.

⦿ 형평 잃은 논상(論賞)

　　초유사 김성일과 관찰사 김수金睟는 원균이 전선과 병기고를 모두 불태웠다고 보고했으며, 이순신 장군도 전투 등에서 보인 원균의 실상을 매번 장계로 보고했으니, 장군이 승리에 절대적인 역할을 했다는 것을 모를 수는 없었을 텐데, 선조실록의 논상 기록을 보면 이상하다.

1592년(선조 25년) **8월 24일**, 비변사가 아뢰기를 "경상 수사 원균의 승첩 보고는 바로 얼마 전 이순신이 한산도 등에서 승리한 것과 같은 것입니다. 싸움에 임해서는 앞서는 자와 따라가는 자가 있고, 공에는 대소가 있어서 차등이 있기 마련입니다. 그러나 이곳에서는 확실히 알기가 어려운 일입니다. 적을 벤 것으로만 대략 논하면, 힘을 다하여 혈전했음에는 의심이 없습니다. 다시 1등으로 이바지한 자는 마땅히 별도로 포상褒賞하여야 할 듯합니다. 첨사 김승룡, 현령 기효근은 특별히 당상堂上에 올리고, 현감 김준계는 3품으로 승서陞敍하고, 주부 원전은 5품으로 승서하고, 우치적 등 4인은 6품으로 승서하고, 이효가 등 13인은 공로에 맞는 관직을 제수하소서. 만호 한백록韓百祿은 공이 가장 많은데 탄환을 맞고도 나아가 싸우다가 싸움이 끝난 후 오래지 않아 결국 죽었습니다. 지극히 슬프고 애처로운 일이니, 또한 당상堂上으로 추증하소서. 배지인과 박치공은 3급을 베고 왜적 한 명을 사로잡았으니 6품으로 승서함이 어떠하겠습니까?"

하니, 답하기를,

"이에 의하여 조처해야 한다. 원균에게는 가자加資하지 않는가?"
하였는데, 회계回啓하기를,
"원균은 이미 높은 가자를 받았고, 지금 이 전투승리의 공은 이
순신이 으뜸이므로 원균에게는 가자할 필요가 없을 듯합니다." 하
였다.
1592(선조 25년) 9월 1일, 승정원에 전교하였다. "원균과 이억기
는 이순신과 공이 같은 사람들이다. 품계를 높여 주고 글을 내려
아름다움을 포장褒章하라."

이억기는 처음 4월 30일 출발하겠다고 약속하였으나 오지 않았으니 눈치
를 보며 출발하지 않은 것이다. 그리고 2차 출전에도 6월 3일까지 오도록 약
속을 했으나, 원균의 요청이 긴급하여 5월 29일 좌수영이 단독으로 먼저 출
전을 하면서 빨리 뒤따라오라 공문을 보냈지만 6월 4일 오후에야 나타났다.

원균은 처음에는 전선이 3척이었다가 견내량 전투에서야 비로소 7척이 되
었다. 그러니 전투는 전라 수군이 중심이 되어 수행할 수밖에 없었다. 원균은
싸우는 것보다, 전투가 끝난 뒤 적 시체를 건져 목 베는 데에 더 관심이 많았
으며, 심지어 남의 공을 빼앗아가기까지 하지 않았는가.

장군의 보고 장계를 제대로 보았다면, 수군의 앞날을 위해서라도 원균에 대
해서는 실태를 확인하여 오히려 징계 등의 조처를 했어야 옳았음에도 불구하
고, 비변사조차도 멀리 있는 이곳에서는 자세히 알 수 없는 일이라면서 원균
무리의 만행을 덮어버리고 있다. 이뿐만 아니라 선조는 이순신이나 원균, 이억
기가 다 공을 똑같다면서 원균에게는 왜 품계를 올려주지 않느냐 묻고 있다.

이때부터 아니 처음부터 이미 선조는 원균에게 조건 없는 사랑을 보여 주고 있었다. 원균이 장군을 모함하기 이전부터도 선조는 원균을 편애하고 있었다. 신상필벌信賞必罰이 엄정해야 나라의 기강이 바로 서는 법인데 이래서야 무슨 일인들 바로 될 것인가. 장군에게 고난의 길은 이때부터 이미 시작된 것이다.

☞ 부산포 해전, 적의 심장을 공격하다

4차 출전은 적의 심장부라고 할 수 있는 부산포를 공격한 작전이다. 이 전투는 이순신 장군의 자체 평가와 조정의 평가가 극명하게 엇갈리고 있다. 적의 수급을 많이 베지 못해서일까. 아군의 피해가 상대적으로 많았기 때문이었을까. 1592년 9월 17일 장계 "부산 왜병을 격파한 보고釜山破倭兵狀"를 보자.

경상도 연해안으로 세 번 가서 적을 무찌른 뒤로 가덕 서쪽에는 적의 그림자가 완전히 끊어졌습니다. 그러나 각 도에 가득 찼던 적들이 점차 내려오고 있다고 하니 그들이 물러나 숨을 때를 이용하여 수륙의 군사가 합동으로 공격하기 위하여, 본도 좌·우도의 전선 74척과 협선 92척을 더욱 엄하게 정비하여 지난 8월 1일 좌수영 앞바다에서 진을 치고 거듭 약속했습니다. (중략)

8월 29일, 닭이 울 때 출항하여 날이 밝을 무렵 김해, 양산 두 강 앞바다에 도착하였더니, 낙오된 왜적 30명이 대선 4척과 소선 2척을 타고 양산에서 나오다가 동래 땅 장림포長林浦 근처 바다에서 멀리 있는 우리 수군을 보고는 배를 버리고 육지로 도망갔습니다. 경상 우수사 원균의 수군이 배를 깨부수고 불살랐는데, 좌별도장인 신의 우후 이몽구도 대선 1척을 쳐부수고 머리 1급을 베었습니다. 김해, 양산 두 강으로 군사를 나누어 들어가려 했으나, 강 입구가 너무 좁아서 판옥선 같은 큰 배가 싸우기에는 여유가 없었습니다. 어두워질 무렵 가덕 북쪽으로 되돌아와 밤을 지내면서 원균, 이억기 등과 밤새도록 대책을 세웠습니다.

9월 1일, 닭이 울 때쯤 출항하여 오전 8시경에 몰운대를 지나가는 데 갑자기 동풍이 불고 파도가 거세어 간신히 배를 제어하였습니다. 화준구미花樽龜尾에서는 왜 대선 5척을 만나고, 다대포에서는 왜 대선 8척을, 서평포西平浦에서는 왜 대선 9척을, 절영도絕影島에서는 왜 대선 2척을 만났는데 모두가 기슭에 줄지어 정박하고 있었습니다. 그래서 3도의 여러 장수와 조방장 정걸 등이 남김없이 쳐부수었으며, 배 안에 실린 왜놈들의 물건과 전쟁 기구도 그들이 찾아가지 못하도록 모두 불태웠습니다. 왜놈들이 멀리서 우리의 위세를 보고 산으로 올라 가버려 머리를 베지는 못하였습니다. 절영도 안팎을 모조리 수색하였으나 왜군의 종적이 없었으므로 작은 배를 부산 앞바다로 급히 보내 적선을 찾아 자세히 살피라고 하였더니, "대략 500여 척이 선창 동쪽 산 아래 해안에 열 지어 정박해 있으며, 선봉 왜 대선 4척이 초량草梁에서 나오고 있습니다."라고 하였습니다. 신이 곧 원균·이억기 등과 의논하여, 지금 만일 공격하지 않고 군사를 돌린다면 틀림없이 왜적이 우리를 가벼이 여길 것이라 판단되어, 독전기督戰旗를 휘두르며 진격을 명령하였습니다.

우부장 녹도 만호 정운, 거북선 돌격장 신의 군관 이언량, 전부장 방답첨사 이순신, 중위장 순천부사 권준, 좌부장 낙안군수 신호 등이 먼저 돌진하여 선봉의 대선 4척을 깨부수니, 적들은 헤엄쳐 뭍으로 도망갔고, 뒤에 있던 우리의 여러 배가 승리한 기세를 몰아 깃발을 올리고 북을 치면서 장사진長蛇陳으로 돌진했습니다.

부산진성 동쪽 산에서 5리쯤 떨어진 언덕 아래 세 곳에 정박한 왜선이 대·중·소선을 합해 모두 470여 척이었는데, 우리의 위세를 보고 두려워 감히 나오지 못하였으므로 여러 전선이 곧장 그 앞으로 돌진하자, 배 안과 성안, 산 위의 소굴에 있던 적들이 모두 산으로 올라가 6곳에서 우리를 내려다보며 철환과 화살을 빗발처럼 우박처럼 쏘았습니다. 편전片箭 쏘는 자는 모두 우리나라 사람 같았으며, 혹은 대철환大鐵丸을 쏘기도 하였는데, 큰 것은 모과木果만 하였으며, 혹은 수마석(水磨石, 몽돌)을 쏘기도 하였는데, 크기가 사발鉢塊 만한 것이 우리 배에 많이 떨어졌습니다. 그러자 여러 장수가 한층 더 분개하여 천자·지자 총통에다 장군전將軍箭, 피령전皮翎箭, 장·편전長片箭, 철환鐵丸 등을 일제히 쏘며, 종일 교전하니 적의 기세는 크게 꺾였습니다. 삼도의 여러 장수가 힘을 모아 적선 100여 척을 쳐부수었고, 화살에 맞아 죽은 왜적들을 토굴 속으로 끌고 들어간 것도 많았습니다. (중략)

9월 2일, 진을 파하고 본영으로 돌아왔습니다. (중략) 무릇 4차례를 출전하고 10번 정도를 싸워 모두 다 승리하였습니다만 장사將士들의 공로를 논한다면 이번 부산의 싸움보다 더 큰 것은 없을 것입니다. 이전에는 적선의 수가 많아도 70여 척을 넘지 않았으나 이번에는 400여 척 속으로 돌진하여 종일 맹렬하게 공격하여 100여 척을 깨뜨려 적을 두려움에 떨게 하였으니 비록 머리 벤 것은 없지만 힘써 싸운 공로는 전보다 훨씬 더 큽니다. 전례에 따라 공로 등급을 나누어 별지에 기록하였습니다. (중략)

녹도 만호 정운은 전쟁이 일어나자 충의忠義가 넘쳐 적과 함께 죽기로 맹세하였는데, 이전의 세 번 출전에서도 항상 먼저 돌격하였습니다. 이번 부산에서도 죽기로 돌진하다가 적의 큰 철환이 이마를 뚫어서 죽었습니다. 너무나 참혹하고 애통하여 별도로 전담 장수를 정하여 각별하게 장례를 치르도록 하였습니다. 아울러 그 후임으로 무예와 지략 있는 사람을 즉시 임명하여 보내주시기 바랍니다. 우선 신의 군관 전 만호 윤사공尹思恭을 임시 장수로 정하였습니다.

접전할 때 철환을 맞아 전사하거나 중상인 군사로는 방답1호선 사부 순천 수군 김천회金千回 (중략) 등은 철환을 맞아 전사했습니다. 신의 배 격군 토병 절종 장개세張開世 (중략) 등은 철환을 맞았으나 중상에 이르지는 않았습니다. 신의 배 토병 수군 김영견金永見 (중략) 등은 화살을 맞아 조금 다친 것 이외에는 달리 상한 사람이 없습니다.

☻ 최고의 성과, 최악의 평가

4차 출전인 부산포 해전은 적의 본영인 부산에서 적선 100여 척을 깨부수고 불태웠다. 장군이 보고에서 밝혔듯이 이보다 더 큰 전투와 공로가 없었지만, 실록은 의외의 평가를 했다. 심지어 선조실록에는 부산포 해전에 대한 기록조차 없다. 선조수정실록 1592년 8월의 기록을 보자.

이순신李舜臣 등이 부산에 주둔하고 있던 적을 공격하였으나 이기지 못하였다. 왜병이 해상 전투에서 여러 번 패하자 부산, 동래에 모여 웅거하면서 전함을 벌여놓고 항구를 지켰다. 순신이 원균과 함께 진격하였으나 적이 군사를 거두어 전투에 응하지 않고 높은 곳으로 올라가 총을 쏘므로 우리 수군은 육지로 오르지 못하고, 빈 배 4백여 척만 태워버리고 퇴각하였다. 이때 녹도 만호 정운鄭運이 탄환에 맞아 전사했는데 순신이 몹시 마음 아파했다.

선조수정실록은 상당한 시간이 지난 후에 작성되어서인지 불태운 적선의 숫자도 다르고, 이기지 못한 전투로 기록하고 있다.

난중일기는 임진년(1592년) 8월 29일부터 1593년도 1월까지 기록이 없다. 이 기간에 일어난 이순신 장군의 행적은 장계 보고를 통해서만 일부 알수 있을 뿐이다. 그중 9월 11일 녹도 만호 정운을 이대원 사당에 함께 배향해주기를 청하는 장계가 있다. 이 장계 말미末尾에 방답첨사 이순신은 공로가 탁월함에도 포상자 명단에서 빠졌으니 추가로 포상해줄 것을 건의하는 내용이 들어있다. 이것이 받아들여져 이후 이순신李純信은 정3품 절충장군折衝將軍으로 가자加資를 받게 되고 1594년 4월에는 구사직具思稷에 이어 충청수군절도사가 되었다.

제 2 장

부산포 해전 이후의
여러 일들

🕐 쫓기는 임금에게 물품을 올려보내다

1592년 9월 18일 장계에 임금이 머무는 행재소行在所에서 쓸 종이를 넉넉히 올려보내라는 명령에 따라 장계를 가지고 가는 편에 장지壯紙 10권을 보낸다는 내용이 있다.

9월 25일에는 정사준을 시켜 임금이 피난한 행재소로 군량을 배에 실어 보낸다는 장계도 있다. 화살 만드는 대나무와 지난번에는 장지壯紙 10권만 보냈는데, 이번에는 여러 가지 종이와 진상 물품도 함께 보낸다고 하였다. 정해진 군량 이외에 정사준 등이 추가로 마련한 곡식도 아울러 보낸다고 하였다. 그러나 이것은 행재소로 가지 못하고 다시 돌아왔다.

12월 25일 장계를 보면 황해도의 물길이 험한 데다, 정사준이 추위에 병을 얻어서 가지 못하고 되돌아왔다는 내용이 있다. 그래서 이번에는 그의 동생인 정사횡鄭思竑을 시켜 올라가도록 했다고 하였으며, 또 이순신 장군과 순천부사 권준이 따로 진상하는 물품도 실어 보낸다고 보고하고 있다.

적과 싸우고 있는 변방의 장수가 쫓겨 다니는 왕의 살림을 걱정하여 필요한 물품을 보내주니 주객이 바뀐 것이다. 그런데도 왕은 원균을 더 사랑하였으니, 이러한 장군의 충성된 마음을 선조는 어떻게 받아들였을까.

🕐 병역의무를 가족과 친척에 연대책임 지우는 문제

1592년 12월 10일 장군은 '병역의무를 가족과 친척에게 연대책임 지우지 말라'는 명령을 취소해달라고 장계를 올렸다.

"수군 전속지역 군역 대상자를 전쟁 초기에는 근왕병으로 뽑아 올라갔고, 또 이번에는 권율이 정예 군사로 뽑아 올라갔으며, 의병장들도 군사를 모집하여 데려갔고, 징집관원인 소모사召募使도 무리하게 할당하여 군사를 데려가니 민심이 아주 나빠졌습니다. 이 때문에 민심을 안정시키고자 '가족과 친척에 대해 군역의 연대책임을 지우지 말라'는 전하의 명령이 있었습니다만, 이렇게 되면 수군을 보충할 방법이 없습니다. 비변사에서는 수군을 강화하기 위해 배를 더 만들라고 하였는데, 수군이 없다면 배를 더 만드는 것이 무슨 소용이 있겠습니까. 그러니 난이 평정될 때까지는 그 시행을 유보하여 주십시오."

이 건의는 받아들여졌으나 이듬해 독운어사 임발영이 내려와 종전의 명령을 고수하니 1593년(선조 26년) 4월 10일, 다시 연대책임을 거듭 청하는 장계를 올려 허락을 받는다.

그러나 그해 12월 25일 세자로부터 또 '연대책임을 지우지 말라'는 지시를 받았고, 1594년(선조 27년) 1월 5일 그 명령을 취소해달라는 장계 보고를 올린다. 답답한 일이다. 그러나 병력의 확보와 관련한 문제는 이뿐만이 아니었다.

◈ 수군전속(全屬) 고을에 관한 문제

장군은 1593년 4월 6일 "수군 소속 고을의 수령들을 수군에 전속시켜달라는 장계"를 올리는데, "흥양 현감 배흥립은 육전陸戰에 차출 되어

갔고, 보성군수 김득광은 두치豆恥에 복병장으로 갔다 왔으며, 녹도 만호 송여종은 군량 운반 차사원差使員으로 올라가 아직 돌아오지 않았으니, 이렇게 되면 수군과 육군의 전속지역을 분리한 의미가 없다."라며, 수군 전속지역은 전적으로 수전만 담당하도록 감사와 병사 등에게 지시해달라고 요청하였다.

1593년 9월 4일 "수전과 육전에 대하여 조목별로 진술하는 장계條陳水陸戰事狀"에서는 수륙전의 특징을 설명하면서, "수군 소속 바닷가 고을의 장정들과 군량을 수군에 전속시켜 줄 것, 충청·전라·경상을 합하여 250척의 전선을 보유할 수 있도록 해줄 것, 둔전 경영을 허락하여 스스로 군량을 확보할 수 있도록 해줄 것, 전선의 총통을 지원해줄 것, 수군 대장의 지휘·명령권이 약하니 감사監司나 병사兵使처럼 권한을 강화해 줄 것" 등을 건의하였다.

1593년 윤11월 17일 "바닷가 군병과 식량, 군기물을 수군에 전속시켜 달라는 장계請沿海軍兵糧器全屬舟師狀"에서는 각 도 수군의 어려운 사정을 아래와 같이 자세히 설명하였다.

"전라도는 관찰사 이정암이 군사 편제를 바꾸면서 좌도 5개, 우도 14개이던 수군 소속 고을을 좌도 5개와 우도 5개만 남겼으며, 그리고도 수군 소속 고을에서 여전히 육군 군량을 징발하고 있습니다. 좌·우도에서 추가 건조한 전선은 150척이며 사협선도 150척이니 필요한 인원은 29,000명인데 충당할 방법이 없습니다.

경상우도는 온전한 곳이 남해현 하나인데 육군과 수군이 번갈아 징발하여 남은 백성이 거의 없습니다. 그 밖의 고을에 남은 백성들은 수산물 채취와 고기잡이로 목숨을 잇고 있는데 이들까지 잡아 수군으로 편입하고 있으며, 이마저도 육군에서 일부를 징발하고 있습니다. 추가 건조한 전선은 40여 척이며, 사협선도 40척으로 수군은 6,000여 명이 필요하지만 충당할 방법이 없습니다.

충청도는 수사 정걸이 신과 함께 있으면서 우후 원유남에게 두 번 세 번 독촉하였으나 아직 오지 않았으며, 수사가 구사직으로 바뀐 후 전선 60척과 사후선 60척을 추가로 건조하여 군량과 무기를 갖추어 1월까지 오라고 수차례 공문을 보내고, 경고장까지 보냈는데도 아직 답이 없습니다."

그런데 며칠 지나지 않은 윤11월 21일에 또, "수군 소속 고을에는 육군을 배정하지 말아 달라는 장계請舟師所屬邑勿定陸軍狀"를 올린다. 이 장계를 올리게 된 연유를 설명해주는 기록이 있다. 선조실록 윤11월 9일, 좌의정 윤두수가 명나라 총병 유정의 지시를 왕에게 보고한 내용이다.

"적이 우리 천총千總·파총把總 4인을 죽였으므로 분하여 못 견디겠다. 적을 죽이는 날에는 왜의 심간心肝을 베어내어 썰어 먹겠다." 하고는 눈을 부릅뜨고 성을 내더니 한참 뒤에 그쳤습니다. 경상도의 1만 5천의 군사와 양호兩湖의 1만 6백과 평안도의 1천과 황해도의 6백과 경기·강원도에서 각각 4백을 뽑아내어 각각 한 달의 양식을 가지고 임시로 들여보내도록 도원수가 이미 영을 내었고, 신들도 바로 조처하고 있습니다.

장군은 수군의 뽑아 보낼 수 없는 사유를 아뢰고 이를 취소해달라고 요청하였다. 또 1593년 12월 29일에는 세자에게도 삼도 수군 소속 고을의 장정, 군량,

무기 등을 수군에 전속시켜 달라고 건의하였다. 장계를 올리게 된 사유만 보자.

> "전란 이후 징병 대상자가 수군 군역 회피를 위해 옮겨 다니며
> 사는데, 수령들은 그들이 도망쳤다면서 찾아내지 않고 있습니다.
> 남원 같은 곳은 기피자가 1,000여 명에 이르고, 옥과, 남평, 창평,
> 능성, 광주 등은 혹은 700~800여 명, 혹은 300~400여 명씩이나
> 되니, 추가로 건조한 전선의 격군은 고사하고 기존 전선의 사부와
> 격군조차 충당할 수 없습니다.

이렇게 장군은 미움받기를 각오한 듯 계속하여 요청 장계를 올리지만 끝내
관철되지 않았다. 이때 빼앗겼던 수군전속 고을을 되찾은 것은, 명량해전이
끝난 그해 겨울이 되어서야 겨우 이루어졌다.

☞ 유황 지원요청과 염초 제조

1593년 1월 26일 이순신 장군은 왕에게 유황을 내려보내 달라
는 장계 보고를 올린다. 계속되는 출전으로 화약을 많이 썼고, 전라도의 순찰
사, 방어사, 소모사, 소모관, 의병장과 경상도 순찰사, 수사 등의 요청이 번거
로울 정도로 많아 비축된 것이 바닥을 드러내었으며, 화약에 필요한 염초는
좌수영 군관인 훈련원 주부(종6품) 이봉수李鳳壽가 신묘한 제조방법을 알아내
어 1,000근을 끓여 각 고을에 나눠주었는데, 석유황石硫黃은 마련할 곳이 없
으니 100여 근을 내려보내 달라는 것이었다.

육군은 수군 소속 고을에서 군인이나 군량까지 수시로 빼앗아갔지만, 장군은 그들에게 화약도 지원하고, 전마戰馬 활용에도 도움을 주는 등 다방면으로 지원하였다. 전란 동안 장군은 선조에게 물품 지원요청을 거의 하지 않고, 대부분 스스로 해결했다. 그런데 이 유황만은 한 번 더 요청하는데, 같은 해 윤11월 17일 장계에서 200여 근을 더 보내 달라 하였다.

염초 관련 기록은 선조실록 여러 곳에 나오는데, 1592년 7월 24일 신점申點이 사은사謝恩使로 명나라에 다녀오면서 남은 여비로 염초 200근을 사 왔다. 이후 1593년 1월 28일 선조가 비망기로 염초 관련 지시를 하였다.

그런데 이 지시가 제대로 이루어지지 않았는지 1593년 2월 20일에는 선조가 "염초를 만드는 제도는 또 어떻게 하는가?" 하니, 이원익이 "바닷물의 흰 거품을 많이 모아다가 굽는다고 합니다."라고 답하자, 선조가 "그것은 소금 굽는 것이지 어찌 염초 굽는 것이겠는가?"라고 나무란다.

1593년 3월 5일에는 좌의정 윤두수를 면대하여서도 "염초 만드는 법을 가르쳐 달라고 청하도록 하라"고 하였다. 또 3월 11일에는 생포한 왜인에게 염초 굽는 방법을 알아내라고 지시하였다. 3월 27일에는 염초 굽는 법을 배워온 통역관 표헌表憲에게 자급을 올려주라고 하였으며, 6월 16일에는 항복한 왜인을 영변으로 보내 염초와 조총을 만들게 하라 하였다. 9월 8일 비망기로 내린 지시 중에도 염초에 관한 내용이 있는데, 9월 25일에도 바닷물로 염초 만드는 법을 배워오는 자에게는 크게 포상하겠다 하였다.

이게 무슨 영문인가? 전라좌수영에서는 이미 자체적으로 염초를 제조하고 장계로 보고까지 했는데, 왕은 어찌 계속 염초 타령만 하고 있는가. 혹시 보고를 못 받은 것일까. 이봉수의 공은 묻혀 버린 것인가.

선조실록에서 이봉수의 기록을 찾아보니, 1602년 4월 2일 그가 충청 병사로 임명된 사실이 나왔다. 아마도 염초를 제조한 공으로 당상관이 되고, 이때 병마절도사에 임명된 것으로 보인다. 그러나 그해 6월 16일에 그는 다시 파직되고 만다. 기록을 보면 역량 부족이라기보다 기득권 세력의 따돌림 때문으로 보인다.

☯ 의병을 모집하여 수륙으로 활용하다

1593년 1월 26일 보고 장계를 보면 의승병과 의병을 모집하여 순천과 광양 등의 요충지要衝地를 지키도록 육군을 지원한 내용이 나온다.

"작년(1592년) 8~9월경에 근처 각 고을에 공문을 보내 여러 절에 숨어 있는 승려들과 병적에 들어있지 않아 한가한 자들을 찾아내 석주, 도탄, 두치 등지를 지키도록 하고자 하였는데, 소문을 듣고 금방 승려 등이 기꺼이 모이니 많게는 400여 명 가까이 되었습니다.

그중 순천 사는 승려 삼혜三慧는 시호별도장犲虎別都將, 흥양 승려 의능義能은 유격별도장遊擊別都將, 광양 승려 성휘性輝는 우돌격장右突擊將, 광주 승려 신해信海는 좌돌격장左突擊將, 곡성 승려 지원智元은 양병용격장揚兵勇擊將으로 임시 임명하였습니다.

따로 더 모집하였더니 구례 진사 방처인房處仁, 광양 한량 강희열姜姬悅, 순천 보인 성응지成應祉 등이 사람들을 모아 각각 군사를 일으키니, 방처인은 도탄, 강희열과 승려 성휘 등은 두치, 신해는

> 석주, 지원은 운봉의 팔량치八良峙로 보내 관군과 힘을 합쳐서 요
> 충지를 지키도록 하였습니다.
> 성응지는 순천부 성을 수비하도록 했고, 승려 삼혜는 순천의 진
> 에 머물도록 했으며, 승려 의능은 전라좌수영을 지키게 하면서 왜
> 적의 기세에 따라 육전이나 수전으로 나가도록 했습니다."

 장군은 의병과 의승병을 모집하여, 수군보다는 오히려 육군에 더 많은 인
원을 투입하였으니, 수군전속 고을 장병까지 수시로 빼가는 육군 장수들과는
달랐다. 호남의 길목을 지키고 방어하는 것이 얼마나 중요한지 누구보다 잘
알았기 때문이다. 하지만 누가 이런 장군의 마음을 알아주었을까.

● 마음 급한 선조의 명령 남발

 명나라 제독 이여송이 군사를 이끌고 들어와 1월 9일 개성을 수
복하였다. 그러자 선조는 전쟁을 곧 끝낼 수 있다고 판단하였는지, 잇따라 선
전관을 보내 왜군을 공격하라고 지시하였다. 1593년(선조 26년) 1월 9일 선
조실록의 기록이다.

> 상이 승정원에 전교하였다. "평양의 적이 이미 소탕되었으니 적
> 의 귀로에 있는 군사를 정비하여, 수군에게 수전으로 습격할 것을
> 영호남 수사에게 즉시 선전관을 보내 지시를 내려라."

장군은 1593년 1월 22일, 1월 25일, 2월 17일 이렇게 세 차례나 같은 지시를 받는다. 그토록 소망하던 명군이 참전하여 평양을 수복하니 선조는 이제 왜군이 추풍낙엽처럼 무너지리라 생각했던 것일까.

그렇다면 선조는 적을 몰라도 너무 몰랐다고밖에 볼 수 없다. 왜군은 전쟁이 시작되자 20일 만에 한성을 점령하였고, 함경도를 넘어 여진까지 넘볼 정도로 전력이 막강했다. 그런데 평양을 내줬다고, 갈팡질팡 순식간에 무너져 일본으로 도망가리라고 생각하였단 말인가. 아니면 명나라 군대에 대한 기대가 너무 컸던 것일까. 이렇게 상황파악을 제대로 못 한 선조의 무리한 명령에 따라 전라 좌·우도의 수군들이 총동원되었다.

하지만 손쉽게 평양을 수복하고 의기양양 남쪽으로 내려가던 이여송은 1월 27일 벽제관 전투에서 크게 패배하여 평양으로 돌아가 버린다. 그러니 2월 17일에 받은 지시는 1월 29일에 내려온 것으로 벽제관 패배 보고를 받지 못한 상태에서 내려온 것이다. 전쟁 상황이 바뀌었다면, 이를 변방 장수들에게 알리고 출동 중단 등의 조치를 했었어야 하지만, 그런 후속 조치는 없었다.

선조는 임진왜란 초기 왜적에 쫓겨 의주까지 도망가면서도 무조건 공격하라는 명령을 내려 닦달한 결과, 임진강과 대동강에서 아군의 패배를 자초했다. 참으로 한심한 왕이다.

◉ 말 한마디로 일어난 선위소동

이렇게 제대로 된 상황파악도, 전장의 장수에 대한 배려조차 없이 명령만 남발하는 선조지만 자신에 대한 비판은 조금도 허용하지 않았다. 그

대표적인 사례가 임진·정유 양란 중에 일으킨 수차례의 선위소동이다. 곤란하거나, 섭섭하거나, 심신이 괴롭거나, 명나라 조정에서 지적을 받거나, 심지어 신하들의 반응을 떠보려고까지 선위소동을 일으켰다. 그중 신하의 말 한마디로 선위소동을 일으킨 다음 사례를 보면, 선조가 어떤 사람인지 아는 데 도움이 될 것이다.

선조실록 1592년(선조 25년) 10월 18일, 선조가 비망기로 비변사에 5가지 지시를 내렸는데 말미末尾에 "나는 머지않아 물러날 것이니 대신들은 깊이 생각해서 잘 시행하라."라는 말이 있었다.

다음날 대신들과 회의하는 자리에서 좌의정 윤두수가 "어제 비망기를 보니 감격스러움을 이기지 못하여 무어라 말씀드려야 할지 모르겠습니다. 그런데도 물러나겠다 하시니, 전하의 의향이 어디 있는지 모르겠습니다. 선왕들이 물려준 나라를 우리가 망쳤으니 어떤 어려움을 무릅쓰더라도 회복해야 할 것입니다. 그런데 어찌 이런 때에 한가한 곳으로 물러나 앉아 마음을 가다듬어 정신을 수양하려 할 수 있습니까."라고 했다. 그러자 회의가 끝난 뒤에 바로 선조가 왕위를 물려주겠다는 선위 전교를 내린다.

> "금방 인견할 때 정신이 아득하였다. 이제 다시 생각 해보니 좌상은 내가 물러나고 싶다 한 말을 마음을 가다듬어 정신을 수양하려 하는 것이라고 했는데 이는 크게 잘못된 말이다. 나의 뜻은 조금도 거기에 있지 않다. 나라를 망친 군주는 다시 보위寶位에 오를 수 없다."

그러자 윤두수가 선위의 뜻을 거두시라고 간청하였다. 말 한마디도 자신의 마음에 거슬리면 신하를 겁박하는 무기로 선위 카드를 꺼내 들었으니, 조정의 신하들로서는 임금 대하는 것이 살얼음판 걷는 것 같았을 것이다. 이런 분위기에서 무슨 충언忠言이 나오고, 충신忠臣이 곁에 있을 것이며, 정사政事가 제대로 이루어질 수 있을 것인가.

◐ 웅천 전투 관련 난중일기

이 출전과 관련한 전체적인 작전에 대한 장계는 1593년 4월 6일 작성된다. 같은 시기의 난중일기는 2월 1일부터 3월 22일까지 기록이 있다. 보고 장계에 없는 내용을 소개한다.

1593년 2월 3일, 맑았다. 여러 장수가 모였으나, 보성군수 김득광은 도착하지 않았다. 순천부사 권준과 낙안군수 신호, 광양 현감 어영담과 한동안 의논하고 약속했다. 이날 영남에서 온 향화인 김호걸과 나장 김수남 등이 '명부에 기재된 수군 80여 명을 도망갔다'라고 보고하였는데, 이는 뇌물을 받고 도망가는 수군들을 방치放置하여 붙잡지 않은 것이다. 그래서 군관 이봉수와 정사립 등을 은밀히 보내 도망갔던 70여 명을 붙잡아와서 각 배에 나누어 배치하고 김호걸과 김수남은 바로 처형했다. 저녁 7시부터 비바람이 크게 불어 배를 간신히 지켰다.

2월 5일, 경칩이라 대장기大將旗에 제사를 지냈다. 아침을 먹고 대청으로 나갔더니 보성군수 김득광이 밤새 육지로 달려왔다. 마당에 붙잡아 놓고 '기한 어긴 죄'를 조사하기 위해 심문했더니 "순찰사 권율과 도사 최철견 등이 명나라 군사에게 물품과 음식물을 대는 차사원差使員 임무를 주어 강진·해남 등의 고을로 불려갔다."라고 했다. 이 또한 공무였기에 대장代將과 도훈도, 색리(아전) 등의 잘못만 따졌다.

2월 8일, 맑았다. 아침에 영남 우수사 원균이 배로 왔다. 전라 우수사가 기한을 넘겨 기회를 잃었다고 강하게 비난하면서, 지금 즉시 자기 혼자 먼저 출발하겠다고 했다. 나는 애써 말리면서 오늘 낮에는 도착할 것이니 기다리자고 했다. 낮 12시경 정말로 이억기가 돛을 펼치고 오니 모두 멀리서 바라보고 기뻐하였다. 그런데 40척이 채 안 되는 배만 이끌고 왔다.

원균이 이제 전선이 어느 정도 갖추어진 것일까. 그래도 단독 출전하기는 어려웠을 텐데, 만용蠻勇을 부리니 '개구리 올챙이 적 생각 못 한다.'라는 속담이 생각나게 한다.

1593년 2월 14일, 맑았다. 아침을 먹고 삼도 장수가 모여 회의를 하는데 영남 우수사 원균은 병으로 불참했다. 홀로 전라 좌·우도의 여러 장수와 회의를 했다. 그런데 우후 이몽구가 술에 취해 말을 함부로 했다. 그 기막힌 꼴을 어찌 다 말하랴. 어란만호 정담수와 남도포 만호 강응표도 같이 취해 있었다. 대규모 적을 무찌르기 위한 전략회의를 하는 때, 저렇게 취하도록 마시니 그들의 사람됨은 말로 다 할 수가 없다. 통분을 이길 수 없다.

2월 20일, 새벽에 출항하자 동풍이 약간 불더니, 적과 싸울 때는 바람이 세게 불어 배들이 서로 부딪치고 깨어질 지경이라 배를 조종할 수가 없었다. 곧 호각을 불게 하고 초요기를 올려 싸움을 중지시키니, 여러 배가 다행히 크게 깨지지는 않았다. 그러나 흥양의 한 척, 방답의 한 척과 순천의 한 척, 좌수영의 한 척이 서로 들이받아 구멍이 났다.

2월 22일, 새벽에 먹구름이 끼어 어두웠고 동풍이 세게 불었다. 적 무찌르는 일이 급하므로 출항하여 사화랑沙火郎에 도착하여 바람 멎기를 기다렸다. 이윽고 바람이 수그러져 노를 재촉하여 웅천에 도착했다. 진도 지휘선 한 척이 적에게 잡혀 위험하게 되었는데 우후가 곧장 달려가 구해내었다. 그런데 경상 좌위장과 우부장은 이를 보고도 못 본 체하며 끝내 구하러 들어가지 않았다. 할 말이 없다. 말로 표현할 길이 없다. 통분하고 통분하다. 경상 우수사에게 이를 따졌다. 탄식할 일이다. 오늘의 분함을 어찌 말로 다 하겠는가. 모두 경상 우수사 때문이다.

진도 지휘선의 사고 수습과정을 보면 경상우수영의 관리들은 전라도 수군이 지원하러 온 것에 대한 고마움 따위는 전혀 없는 듯하다. 아니 아예 '전라도의 수군을 같은 편으로 생각하지 않는다'라는 생각마저 든다.

1593년 2월 28일, 맑고 바람도 없다. 우리 배가 김해강 아래 독사이목禿沙伊項으로 향하는데, 우부장이 변고를 알리므로, 여러 배가 돛을 달고 급히 달려가 작은 섬을 에워싸고 보니, 원균의 군관과 가덕 첨사의 사후선 등 두 척이 섬에서 들락날락하는데, 그 정황이 황당했다. 두 배를 잡아 원 수사에게 보냈더니, 바로 수사가 크게 성을 냈다고 했다. 군관을 보냈던 이유가 어부들의 수급을 수색하여 가져가려고 한 것이었다.

생업 중인 어부를 찾아 죽여 수급을 취하려 했는지, 죽은 어부 수급을 취하려 했는지, 일기의 내용만으로는 알 수 없으나 정말 어이없는 일이다.

3월 2일, 종일 비가 왔다. 배 덮개 아래에 웅크리고 앉았으니, 온갖 생각이 가슴을 쳤다. 이영남과 이여념이 와서 원균 영감의 비리를 들어보니, 한탄스러워 탄식만 더 할 뿐이다.

3월 4일, 날이 갰다. 우수사 이억기가 와서 종일 이야기했다. 원균도 왔다. 순천부사는 병으로 매우 아프다고 했다. 들으니, 이여송은 함경도의 왜적이 설한령雪寒嶺을 넘었다는 소문을 듣고 송도에서 평안도로 다시 돌아갔다고 한다. 아프고 괴로움을 이길 수가 없다.

당시 함경도로 올라갔던 가등청정의 왜군은 두만강을 넘어 한때 여진까지 진출하기도 했으며, 설한령을 넘어 평안도로 온다는 소문이 파다하였다. 이 때문에 선조도 두려워하여 이미 수복된 평양 입성을 건의하는 대신들과 명나라 군문의 수차례 권유에도 가지 않았다. 그러면서도 후퇴하려는 이여송 제독에게는 평양을 떠나지 말도록 사정을 하였다. 부끄러움을 모르는 왕이다.

1593년 3월 6일, 맑았다. 새벽에 출항하여 웅천에 이르니 적의 무리가 바쁘게 육지로 도망가서 산 중턱에 진을 쳤다. 군관 등이 철환과 편전을 비처럼 쏘았더니 죽는 자가 매우 많았다. 사천 여자 1명을 빼앗아 왔다. 칠천량에서 잤다.

3월 10일, 맑았다. 아침을 먹고 출항했다. 행재소(行在所, 왕이 피난 가서 머무는 곳)에서 내려와 사량蛇梁으로 가던 낙안 사람이 와서, "명나라 군사가 이미 송도에 도착했지만 연일 비가 와서 도로가 질척거려 행군하기 어려우니, 날이 개기를 기다렸다가 서울로 들어가기로 약속했다."라고 하였다. 이 말을 들으니, 뛸 듯한 기쁨을 이길 수 없다. 첨사 이홍명이 와서 봤다.

3월 15일, 맑았다. 우수사 이억기가 와서 여러 장수와 활을 쏘는데, 우리 편 장수들이 이긴 것이 66푼이다. 저물 무렵부터 비가 많이 쏟아지더니 밤새도록 퍼부었다.

3월 16일, 저녁나절에 맑아졌다. 여러 장수가 또 활을 쏘았다. 우리 장수들이 30여 푼 이겼다. 원균도 왔다가 많이 취해서 돌아갔다.

3월 17일, 맑았으나 종일 거센 바람이 불었다. 우수사 이억기와 함께 활을 쏘았다. 자세가 엉성하니 우습다.

전쟁 중에도 날씨 등으로 전투를 할 수 없을 때는 재미와 훈련을 겸하여 '활쏘기 시합'을 하였다. 이제 전반적인 웅천의 전투상황을 1593년 4월 6일 "왜적 토벌 보고討賊狀"로 보자.

● 웅천 전투 장계 보고

　　　　명나라 군대가 평양을 소탕한 뒤, 도망치는 적의 물길을 끊는 일로 선전관 채진과 안세걸이 5일 사이에 거듭 내려왔습니다. (중략) 그런데 웅천熊川에 주둔한 왜적은 부산으로 가는 길목의 험한 곳을 점거하여, 배를 감추어 두고 소굴을 많이 만들었습니다. 이들을 먼저 제거해야 우리가 부산으로 갈 수 있기에 2월 10일과 12일, 18일, 20일에 복병을 두고 유인하기도 하고, 또 드나들면서 싸움을 걸었으나 왜적들은 바다로 나오지 않았습니다. 매번 가볍고 빠른 배로 포구에 갑자기 나타났다가 뒤쫓으면 곧바로 그들의 은신처로 들어갔습니다.

왜적들은 동쪽과 서쪽의 산기슭에 보루를 쌓고 나누어 주둔하고 있는데, 깃발을 많이 꽂아놓고 철환을 빗발치듯 쏘는 등 교만하게 설치고 있어, 우리는 배를 위衛 단위로 함대를 나누고 대오를 맞추어, 좌우에서 일제히 들어가며 총통과 화살을 번갈아 쏘았습니다. 하루에도 두세 번씩 거듭하면서 쏘아 죽이니, 엎어져 넘어진 놈의 수가 부지기수였으며, 이로 인해 왜적의 기세가 크게 꺾였습니다.

18일 좌별도장이며 신의 군관인 주부主簿 이설과 좌돌격 거북선장 주부 이언량 등이 적선 3척을 끝까지 쫓아가서 왜적 100여 명을 다 쏘아 죽였는데, 그중에 금빛 투구에 붉은 갑옷을 입은 자가 큰 소리로 노를 재촉하다가 피령전皮翎箭을 맞고 배 안에서 엎어졌습니다. 배도 완전히 사로잡을 뻔했는데 너무 깊숙이 들어 가버려 끝까지 쫓아가지는 못하였고, 임치통선(臨淄統船, 영광 지휘선)이 곁에서 싸움을 돕다가 물에 빠진 왜놈 머리 1급을 겨우 베었습니다. (중략)

2월 22일 삼도 수군에서 각각 가볍고 흠 없는 배를 5척씩 내어, 모두 15척으로 번갈아 왜선 정박한 곳으로 들어가 지자·현자 총통을 쏘아 절반은 깨부수고, 또 많이 죽였습니다. 그리고 신이 모집한 의승병義僧兵과 삼도三道의 용감한 사부射夫들을 10여 척의 전선에 태워 동쪽으로는 안골포, 서쪽으로는 제포에 상륙시켜 진陣을 쳤습니다. 왜적들은 바다와 육지에서 교대로 공격을 받게 되니, 이리저리 정신없이 달리며 대응하였습니다. 의승병 등은 창과 검을 휘두르며, 총통과 화살을 쏘아 왜놈들을 무수히 맞췄습니다. 비록 왜적 머리 벤 것은 없지만 우리 군사도 다친 사람이 없습니다.

사도첨사 김완과 우별도장이며 신의 군관인 훈련원 정 이기남이 왜적에게 잡혀있던 웅천 수군 이준연李准連과 양인 여자 매염梅染, 소금 굽는 염간鹽干 윤생允生, 김해 양인 여자 김개金介, 거제 양인 여자 영대永代 등 5명을 빼앗아 와 문초했더니, "최근의 전투로 왜인은 화살과 철환에 맞은 중상자가 얼마인지 모르며, 죽은 자도 많았는데 차례로 불태웠습니다. 도장都將이라 불리는 왜군 장수가 전사하자 왜적들이 통곡하였습니다. 1월 말부터는 소굴에 전염병이 크게 번져 죽는 자도 잇따르고 있습니다."라고 하였습니다.

여러 장수가 이 말을 듣고 날카로운 기세가 더하여 "바다와 육지에서 승리할 때가 이날이다"라며, 좌도의 발포 통선장인 군관 이응개와 우도의 가리포 통선장 이경집 등이 서로 다투어 돌진하여 적선을 깨뜨렸지만, 돌아 나오다가 두 배가 서로 부딪쳐 방패가 부서져 떨어지자 적 철환을 피하려고 한쪽으로 몰리는 바람에 그만 배가 전복되었습니다. 배에 있던 군사 일부는 헤엄쳐서 육지로 올라갔는데, 집으로 도망간 자도 있어 지금 색출하고 있습니다. (중략)

2월 28일과 3월 6일 다시 나가 포환과 화살, 돌 등을 전보다 훨씬 더 많이 쏘았으며, 산기슭에 있는 왜적에게 비격진천뢰飛擊震天雷를 쏘았는데 터지니 많이 죽고 다치자, 시체를 끌고 황급히 도망치는 자들은 낱낱이 셀 수조차 없었습니다. 그러나 왜적은 육지에 있고, 우리는 배에 있었기 때문에 머리를 베지는 못하였습니다. (중략)

대개 이런 전란을 당하면 비록 임금의 명령이 분명하게 전달되지 않았더라도 신하 된 자로서 마땅히 왜적의 달아나는 길을 살피고, 되돌아가는 길을 끊어서 한 척의 배도 돌아가지 못하도록 맹세해야 할 것입니다. 하지만 저희가 바다로 나온 지 벌써 두 달이 넘었으나 천자의 군대 소식은 아득하여 전혀 없고, 왜적들은 여전히 여러 곳에 웅거하며 진을 치고 있습니다.

지금 농사철을 맞아 비가 흡족하게 내렸지만, 연해안 각 진鎭의 사람들은 다 바다에 나와 있습니다. 전라 좌·우도 수군 4만여 명은 다 농민인데 농사일을 그냥 이렇게 버려둔다면 가을 추수는 전혀 기대할 수가 없을 것입니다. 더욱이 우리나라 8도 중에 오직 이곳 호남만이 조금 안전하여 군량이 모두 여기에서 나오는데, 도내 장정들은 모두 바다와 육지 싸움에 나왔으며, 노약자까지 군량 운반에 동원되어 남은 일꾼이 없으니, 봄 석 달이 지나도록 들판은 쓸쓸하고 고요하기만 합니다. 이런 상황이 계속된다면 백성들이 생업을 잃을 뿐만 아니라, 전쟁 물자마저 의지할 곳이 없게 될 것이므로 너무도 안타깝고 걱정이 됩니다. 그러나 사부와 격군들을 번갈아 보내 농사를 짓도록 하고 싶어도 대신 복무할 사람이 없습니다.

사람 살아가는 도리가 영영 끊어지고, 더구나 전염병마저 사납게 번져 죽는 자가 잇따르고 있으니, 이런 상황에서는 설사 명나라 군대가 남쪽으로 내려온다고 하더라도 달아나는 적을 막고 섬멸하기는 어렵습니다. 그래서 번갈아 돌려보내 농사를 짓도록 하고, 또 병든 군졸을 치료하며 군량도 준비하고, 무기와 전선을 정비하며 명나라 군대 소식을 살피고 있다가 기회가 되면 다시 달려오기로 이억기와 약속하고, 4월 3일 진을 파하여 본도로 돌아왔습니다.

이 장계 마지막, 진陣을 파하는 이유에 대한 보고는 수군의 현실을 상세하게 설명하면서도 매우 조심스럽고 간절하다. 아마 선조로부터 돌아가는 적을 모조리 죽이라는 명령을 수차례 받았기 때문에 군대를 철수하는 것이 매우 부담스러웠던 것 같다.

그런데 선조는 이 장계가 흡족했을까? '방귀 뀐 놈이 성낸다.'라는 옛말이 있다. 인간은 자신이 잘못했더라도 그것을 지적받으면 화부터 내고 보는 것이 그 본성本性이다.

살다 보면 흔히 겪는 일 중에 아랫사람이 윗사람의 잘못을 지적하였다가 오히려 윗사람에게 뜻하지 않는 야단을 맞는 경우가 많다. '왜적이 쫓겨 내려올 거라 하셨는데 아무리 기다려도 소식이 없다.'라는 장군의 장계를 받았을 때, 한 편으로는 무안한 마음이 들 수도 있었겠지만, 불쾌하게 생각하지 않았을까.

☕ 왜군의 경성 철수

1593년 5월 2일, 맑았다. 선전관 이춘영李春榮이 전하의 지시를 가져 왔다. 대략 '숨어 있는 적의 길을 끊고 죽여라'라는 내용이었다. 보성군수 김득광과 발포만호 황정록이 와서 모였다. 나머지 장수들은 기일을 미루어 모이지 않았다.

선전관 이춘영이 가지고 온 왕명의 전후 사정을 정리하면 다음과 같다. 명군 최고 지휘관인 경략經絡 송응창과 책사인 유격遊擊 심유경이 왜군과 강화를 추진하였다. 왜군은 경성을 철수하면서 사로잡힌 왕자들과 심유경 등 명나라 관리들을 볼모로 데려가고, 송응창은 이여송 제독에게 철수하는 왜적을 사로잡거나 공격하지 말도록 지시하는 패문牌文을 보낸다.

그런데 4월 26일 송응창은 이전의 명령을 번복하여 '왜적을 토벌하라'라는 공문을 다시 보냈다. 왜냐하면, 왜군이 철수하면서 사로잡힌 왕자와 배신(陪臣, 왕자를 모시는 신하)을 죽산이나 충주 등지에서 풀어주겠다고 약속했으나 이행하지 않았기 때문이다. 이 공문을 받고 같은 날 선조는 즉시 선전관 이춘영을 이순신 장군에게 보내 왜적을 토벌하라고 한 것이다.

● 충청 수군의 지원을 요청하다

1593년 5월 10일, 흐렸다. 아침에 출항하여 견내량에 도착했다. 얼마 후 선전관 고세충高世忠이 전하의 분부를 전했는데 "부산으로 나가서 돌아가는 왜적을 무찌르라"라는 것이었다.

5월 11일, 맑았다. 선전관 고세충이 돌아갔다. 영등포永登浦 정탐인이 와서 보고하기를, "가덕도 앞바다에 적선이 200여 척 정박하여 드나들고 있으며, 웅천은 전과 같다"라고 했다. 선전관이 돌아갈 때 현 상황을 적은 장계를 주어 보냈다.

이날 장군이 올려보낸 "충청 수군의 지원을 요청하는 장계請湖西舟師繼援狀 一"를 요약하였다.

> 전라 좌·우 수군은 전과 같은 규모로 5월 8일 견내량에 도착했습니다. (중략) 경상도는 재물이 다 없어졌고, 또 명나라 군사 뒷바라지로 격군을 충당할 길도 없습니다. 전선은 겨우 정비했으나 사부와 격군이 굶주리고 지쳐 배를 부릴 형편이 못됩니다. 그래서 당장 도망치는 대규모의 적을 차단하고 싶어도 군사의 위세가 외롭고 허약하니 지극히 답답하고 염려가 됩니다. 또 적이 달아나 돌아가는 것이 늦을지 빠를지도 예측하기 어렵습니다. 그러니 충청도 수군이 모두 밤낮없이 뒤따라와 협력하여 적을 섬멸하여 하늘에 닿은 치욕을 씻도록 해주시기 바랍니다.

장군은 1593년 5월 14일 "충청 수군의 지원을 요청하는 장계請湖西舟師繼援狀二"를 또 올려보낸다. 이에 따라 충청 수사 정걸이 6월에 내려왔다. 그때의 일기를 보자.

1593(선조 26년) **6월 1일**, 맑았다. 충청 수사 정걸이 왔다. 정 영감과 함께 걸으면서 이야기하였다. 저녁밥을 대접하며 황정욱黃廷彧, 이영李瑛에 대해 들으니, 강변에 도착하여 같이 이야기했다고 하였다. 한심스러움을 이기지 못하겠다.

충청 수사 정걸과 이야기 중에 나온 황정욱과 그의 아들 황혁은 왕자 순화군을 모시고 함경도로 피난 갔으나 횡포를 부리다가 회령에서 국경인 등의 모반으로 사로잡혀 왜군에게 넘겨져 끌려다니다가, 부산에서 6월 20일 방면되었는데 정걸과 강변을 걸으면서 이야기를 했다니 의아하다. 하지만 왜적이 경성을 내주고 퇴각하기 전에 정걸 장군이 수군을 이끌고 용산창에서 왜군에게 포를 쏘는 등 공격했다는 기록으로 보아, 이 와중에 은밀하게 서로 만났을 것이다. 이영李瑛도 함경도 남병사로 왜군에게 사로잡혀 그들과 함께 포로가 되어있었다.

☯ 원균의 망언(妄言), 망동(妄動)

1593년 2월 23일, 흐렸으나 비는 오지 않았다. 이른 아침 소비포 권관 이영남, 영등포 만호 우치적, 사량 만호 이여념 등이 와서 봤다. 원 수사의 흉험凶險함은 말로 다 못하겠다. 형용할 수가 없다.

이영남, 우치적, 이여념 등은 경상우도 수군의 관리들이다. 아마도 원균의 지나친 점을 하소연하러 온 것 같다. 얼마나 지나치게 했기에 부하 장수들이 상관의 일을 장군에게까지 와서 고해바쳤을까. 이때부터 원균의 몽니가 시작된다. 자신이 뇌물 등으로 구워삶아 놓은 조정의 신하들로부터 장군이 자신의 잘못을 지적했다는 것을 전해 들었기 때문일 것이다.

5월 8일, 흐렸지만 비는 오지 않았다. 새벽에 출항하여 사량蛇梁 바다에 이르니 만호萬戶 이여념이 나왔기에 우수사 원균이 있는 곳을 물었다. 창신도昌信島에서 군사들이 미처 모이지 않아 배를 타지 못했다고 했다. 곧바로 당포唐浦에 이르렀더니 이영남이 와서 보았다. 원균의 많은 거짓됨을 상세히 말했다. 잤다.

출전하는데 군사가 모이지 않았다는 것은 명령계통에 문제가 있는 것이다. 관내 수령들이 원균의 명령을 듣지 않았다. 화가 난 원균은 불응하는 수령들에게 죄 줄 것을 조정에 요청한다.

5월 13일, 맑았다. 밤에 들으니 경상 우수사 원균에게 선전관 도언량都彦良이 왔다고 했다. 저녁이 되니 바다의 달빛은 배에 가득 찼는데 홀로 앉아 이리저리 뒤척이니, 온갖 시름이 가슴을 쳐서 자려고 해도 잘 수가 없었다. 닭이 울 무렵에야 얼핏 잠이 들었다.

5월 14일, 맑았다. 선전관 박진종朴振宗이 왔다. 같은 시각에 선전관 영산령寧山令 예윤禮胤이 또 전하의 분부를 가져 왔다. 그들에게 피난 중인 조정의 일과 명나라 군사들이 하는 짓을 들으니 통탄을 금할 수가 없다. 우수사 이억기의 배에 옮겨 타고 선전관과 이야기하며 술을 몇 잔 돌렸는데, 원균이 와서 심하게 술주정을 했다. 배 안의 장수와 군사들이 괴로워 분노하지 않는 이가 없었다. 그럴듯하게 속이는 것은 말로 다 할 수가 없다. 영산령이 취해 쓰러져 인사불성이 되었다. 우스운 일이다. 저녁에 두 선전관은 바로 돌아갔다.

13일 원균에게 갔던 도언량은 오지 않고, 원균이 술주정과 속이는 말을 한 것으로 보아, 도언량이 원균에게 장군을 험담하고 고자질한 것은 아닐까.

1593년 5월 15일, 맑았다. 아침에 낙안군수 신호가 왔다. 얼마 후 윤동구가 그의 상관인 원균의 장계 초본을 갖고 왔는데, 거짓으로 속이는 것이 이루 다 말할 수가 없다.

임금에게 보고하는 장계에 얼마나 어이없는 말이 많았으면, 얼마나 제 상관의 잘못이 심하다고 생각했으면 초본을 가져와 장군에게 보여 주기까지 했을까.

5월 21일, 이영남이 왔다. 원균이 거짓말로 공문을 보내 대군大軍이 동요했다. 군대 안에서 거짓으로 꾸미고 이렇게 속이니, 흉측하고 어긋남은 말로 다 할 수가 없다. 밤새 광풍과 함께 비가 내렸다.

원균이 보낸 거짓 공문이 어떤 것인지는 알 수 없으나, 같은 날 선조실록에 있는 원균의 장계에는 왜적의 전선이 1만여 척에 이른다는 등 지나치게 과장한 부분이 있다.

�);; 정철총통을 개발하다

1593년 5월 12일, 맑았다. 새로 만든 정철총통正鐵銃筒과 흑각궁(黑角弓, 물소 뿔로 만든 활), 과녁, 화살을 비변사에 보냈다.

정철총통은 이순신 장군의 좌수영에서 개발한 것이다. 이날 비변사에 보냈고, 장계 보고는 1593년 9월 4일에 올린 것으로 기록되어 있다.

신은 여러 번 큰 싸움을 하면서 왜인들의 조총을 많이 얻었는데, 항상 눈앞에 두고 그 신묘한 이치를 알려고 노력했습니다. (중략) 그래서 늘 조총을 만들고자 했는데, 신의 군관 훈련원 주부 정사준鄭思竣이 교묘한 방법을 생각해 대장장이 낙안 수군 이필종李必從과 순천 사노비 안성安成, 김해 절 노비 동지同之, 거제 절 노비 언복彦福 등을 거느리고 정철을 두드려 만들었는데 몸체가 매우 정교하고, 철환이 세차게 나가니 힘이 조총과 똑같습니다.

심지 구멍에 불붙이는 도구는 조총과 약간의 차이가 있으며 며칠 안으로 완성될 것입니다. 만드는 방법도 그렇게 어렵지 않아서 수군 소속의 각 고을과 포구에서 먼저 만들도록 했습니다. 그리고 한 자루는 전前 순찰사 권율에게 보내어 각 고을에서도 만들도록 했습니다.

정철조총 다섯 자루를 올려 보내드립니다. 엎드려 바라건대 조정에서 각 도와 고을에서도 제조하도록 명령을 내려 주십시오. 그리고 감독한 군관 정사준과 제조한 대장장이 이필종 등에게 특별히 상을 내려 주신다면, 모두 감동하여 이를 본받아 다른 무기도 만들게 될 것입니다.

정철총통의 개발 책임자였던 정사준 등에 대한 포상 관련 기록은 실록에서 찾을 수가 없다. 그런데 1599년(선조 32년) 8월 6일 선조실록에 정사준이 전란

후에 결성현감結城縣監에 임명되었으나 사리사욕을 채우고, 백성을 학대했다 하여 파직되었다는 기록이 있다. 결성현감으로 임명된 것은 총통 개발의 공으로 추정되며, 파직된 것은 기득권 세력들의 견제와 시샘 때문 아니었을까.

🔘 원균의 화전(火箭) 욕심, 기효근의 여자 욕심

1593년 5월 27일, 영남 병사의 답장이 왔는데, 수사 원균이 경략經略 송응창이 보낸 화전火箭을 혼자 쓰려고 한다고 했다. 가소롭고 가소롭다.

5월 30일, 종일 비가 내렸다. 오후 4시경 잠깐 개다가 도로 비가 왔다. 우수사 원균은 경략 송응창이 보낸 화전을 나누어 주라는 병사의 공문을 강하게 거부하며 혼자만 쓰려고 무리한 말을 많이 했다. 가소롭고 우습다. 명나라의 고관이 보낸 화전火箭 1,530개를 나누지 않고 혼자 독차지하려고 하다니 그 계략은 말로 다 할 수가 없다.

남해 현령 기효근奇孝謹의 배가 내 배 옆에 정박했는데, 배 안에 어린 계집을 태우고 남이 알까 두려워하였다. 가소롭다. 나라가 이리 위급한 때에 미녀를 태우고 다니니 그 마음 쓰는 것을 뭐라 표현할 수가 없다. 그 대장인 원元 수사도 그와 같으니, 어쩌나 어찌해야 하나.

송 경략이 보낸 화전은 결국 원균이 독차지한 듯하다. 힘으로 뺏을 수도 없으니 어쩔 도리가 없는 일이다. 예나 지금이나 지나치게 욕심부리는 자들이 하는 행태는 하나도 다르지 않다. 군사도 전선도 부족하여 단독으로는 전투

할 형편조차 안되지만 좋은 무기는 무조건 독차지하려 하니 욕심의 끝판을 보여 주고 있다.

또 기효근과 원균 등 경상 우수영 관리들은 전선에 까지도 여자를 태우고 다니며 색을 밝히니, 전란을 겪고 있는 나라의 장수로서 있을 수 없는 일이다.

● 명나라 지휘부의 갈등

　　　　1593년 6월 7일, 흐렸다. 저녁에 본도 우수영의 우후 이정충이 와서 봤다. 서울 소식을 낱낱이 전하는데, 증오와 탄식이 나오는 것을 이길 수가 없다.

　6월 9일, 맑았다. 접반관接伴官의 공문이 왔는데, 이여송 제독李提督이 충주에 이르렀다고 했다.

　당시 명군 지휘부의 상황을 보면, 왜군을 추격하지 말라던 경략 송응창이 다시 공격하라고 명령하자 이여송 제독은 상주까지 내려갔다가 다시 충주로 퇴군했다. 퇴군 이유가 '경략 송응창은 뒤에서 관망만 하면서 자신에게만 나아가라고 재촉한다.', 또 '대장을 지붕도 없는 곳에 앉아 있게 하는 등 조선이 자신을 박대하고 있다.'라면서 불쾌해하였고, '군량이 떨어졌으니 군량 수송이 쉬운 곳으로 가겠다.' 핑계를 대며 충주로 갔다. 그러자 송응창은 제독이 자신의 명령을 듣지 않는다며 오유충, 유정, 낙상지 등을 직접 지휘하겠다고 하였는데, 유정은 "나는 이여송의 지휘를 받는 사람이다."라고 제독의 편에 서는 등 명나라 장수들 간에 불화가 일어났다.

6월 13일, 맑았으나 늦게 잠깐 비가 오다가 그쳤다. 명나라 사람 왕경王敬과 이요李堯가 와서 수군의 상황을 살폈다. 소문에 들으니, 이여송 제독이 나가 치지 않아서 명나라 조정에서 문책을 받았다고 했다. 그들과 이야기하는 가운데 느껴지는 게 많았다.

선조실록 1593년 6월 4일의 기록을 보면, 경략 송응창의 접반관 윤두수가 선조를 면대하여, '송응창이 장수와 관리들이 명령을 듣지 않아 보고하여 죄주고, 아울러 새로운 군사를 청하려 한다.' 했다 하였다.

☻ 무턱대고 싸우러 가자는 원균

1593년 6월 5일, 종일 비가 내렸다. 비가 퍼붓듯이 쏟아지니 사람들이 감히 머리 내밀기가 어려웠다. 경상 수사 원균이 웅천의 적도들이 혹 감동포甘同浦로 들어올 수도 있으니 들어가 치자고 공문을 보냈다. 그 음흉한 꾀가 가소롭다.

이순신 장군은 늘 정확한 정보를 바탕으로 작전을 전개했는데 들어올 가능성만으로 들어가 치자는 원균의 공문은 뜬구름 잡는 소리이며, 거기에는 원균의 계략이 숨어 있다고 생각한 것 같다.

6월 10일, 맑았다. 저녁에 영등포 탐망꾼이 와서 "웅천의 적선 네 척은 일본 본토로 돌아갔고, 또 김해 어귀에 적선 150여 척이 나타났는데

19척은 일본 본토로 돌아가고, 나머지는 부산으로 갔다."라고 했다. 새벽 2시경에 온 원 수사의 편지에, "내일 새벽에 나아가 싸우자."라고 했다. 그 흉악하고 음험하여 샘내는 꼴을 말로 표현할 수가 없다. 밤이 늦어 답장은 보내지 않았다.

아마 원균도 150여 척이 김해 어귀에 나타났다는 보고를 받고 이런 공문을 보낸 것 같다. 웅천에 있는 왜적 때문에 부산으로의 출병이 어려운 것을 모르지 않으면서 출병하자 하니 장군이 어이없어하는 것이다. 이와 관련하여 원균도 웅천의 왜적에 막혀 부산으로 갈 수 없다고 보고한 내용이 1593년(선조 26년) 6월 3일 선조실록에 나온다. 그러니 이는 의도적으로 장군의 심기를 자극하는 몽니 짓이다.

6월 11일, 비가 오락가락하였다. 아침에 적을 토벌하자는 공문을 작성하여 영남 우수사 원균에게 보냈더니, 술에 취해 인사불성이었다고 한다. 그래선지 답장이 없었다.

전날 새벽 2시경에 받은 공문에 적을 토벌하러 가자고 했으니, 원균이 공문 작성한 시점도 늦은 밤이었을 텐데 아침에 인사불성이라면 밤새 술을 마셨다는 이야기다. 전날 밤 만취 상태에서 술김에 부하에게 공문을 만들게 한 것이 아닌가 싶다.

🌀 2차 진주성 전투 시작되다

　　1593년 6월 16일, 비가 잠깐 왔다. 해 질 무렵 낙안군수 신호를 통하여 진해의 보고서를 얻어 보니, 함안에 있는 각 도의 대장들이, '왜놈이 황산동黃山洞으로 나와 군진軍陣을 쳤다'라는 말을 듣고 모두 물러나 진양과 의령을 지킨다고 하니, 놀라움을 이길 수 없다. 저녁 8시경 영등포 탐망꾼이 와서, "김해·부산에 있던 적선 무려 500여 척이 안골포, 제포 등지로 들어왔다."라고 보고했다. 다 믿을 수는 없지만, 당연히 적도들이 세력을 합쳐 침범하려는 계략이 없지 않을 것이다. 그래서 우수사 이억기와 충청 수사 정걸에게 연락하였다. 밤 10시경 대금산 탐망꾼이 와서 보고하는 것도 마찬가지여서, 송희립宋希立을 경상 우수사에게 보내 의논케 하니, "내일 새벽에 군사를 거느리고 오겠다."라고 하였다. 적의 모의는 헤아리기가 어렵다.

　　선조실록 6월 12일과 15일 왜적들이 대부분 귀환했다는 경상좌도 순찰사 한효순의 두 차례 보고가 실려 있는데, 이들이 일본으로 간 것이 아니라, 모두 이곳 웅천熊川으로 이동한 것이다. 이렇게 경상도의 왜군들이 진주성을 공격하기 위해 바닷가에 주둔한 병력 일부를 제외하고는 모두 배를 타고 웅천으로 이동하였다.

　　6월 17일, 비가 오다 개다 하였다. 이른 아침에 경상 수사 원균, 우수사 이억기, 충청 수사 정걸 등이 와서 의논했는데, '함안에 있던 여러 장수가 진주로 물러가 지킨다.'라는 말이 과연 사실이었다. 조붕趙鵬이 창원에서 와 전하기를, '적세가 엄청나게 크고 강하다'고 했다.

☯ 적선 500여 척, 웅천으로 모이다

1593년 6월 24일, 비가 내렸다. 식후에 비가 많이 오고 바람도 세게 불었는데 저녁까지 계속되었다. 저녁에 영등포 탐망꾼이 와서 "적선 500여 척이 23일 밤중에 소진포蘇秦浦로 모여 들어왔는데, 그 선봉은 칠천량漆川梁까지 도착했다."라는 것이었다. 저녁 8시경 대금산 탐망꾼의 보고도 역시 영등포 탐망꾼과 같았다.

경상좌도 쪽의 왜군 대부분이 배를 타고 웅천으로 몰려왔다. 그러니 웅천의 안골포나 제포에 배를 다 정박할 수 없어 군사들은 웅천에 상륙하고, 왜선들은 영등포, 소진포, 칠천량 등 주변의 항구에 정박한 것이다.

왜군이 진주를 공격하는 이유와 관련하여 경상우병사 최경회崔慶會가 보고한 내용이 있다. 이 내용은 전투가 시작되기 전에 보낸 것인데, 선조실록에는 7월 10일에 실려 있다.

"신은 황진黃進 등과 함께 물러나 진주를 지키고 있고, 권율 등은 의령을 지키고 있습니다. 19일 박진 등의 비밀 전통에 의하면, 파총把摠 장홍유張鴻儒에게서 받은 심 유격沈遊擊의 편지에, '일본이 진주를 공격하려는 것은, 지난해 저들이 살육당한 것을 분하게 여겨서이다. 그리고 송 노야宋老爺의 금약禁約의 명이 분명히 있는데도 어찌하여 귀국 병사들은 풀 베는 일본 군사를 자주 죽였는가? 관백이 보낸 글에 「저들이 대명大明과의 약속을 따르지 않았으니 너희들도 진주를 격파하여 지난날의 수치를 씻도록 하라.」 하였으나, 내가 선봉 소서행장, 대총병 우희다수가宇喜多秀家, 부총병 삼성三盛 등에 재삼 만류하였다. 내 말을 듣고 저들이 관백에게 문서는 보냈지만, 회신이 오려면 10일 이상 걸릴 것이니, 아마도 늦어서 낭패를 볼 것이다. 또 내 말이 절박한 것을 보고 행장이 정색하여, 「이번에 진주로 가는 우리 일본 군대가 30만 명이나 되니 아마 당해내지 못할 것이다. 은밀히 편지를 보내 진주 백성들에게 미리 예봉을 피하게 하라. 그러면 우리 일본 군대도 성이 텅 비고 사람이 하나도 없으면 곧 철병하여 동쪽으로 돌아올 것이다.」 하였다. 이는 선봉 행장의 말이므로 믿을 수 있으니, 조선의 장령將領들도 이를 알아야 할 것이다.'라고 했습니다."

글 중에 "송 노야의 금약의 명이 분명히 있는데도 어찌하여 귀국 병사들은 풀을 베는 일본 군사를 자주 죽이는가?"라는 말이 있는데, 이는 1592년 9월 심유경이 평양성에서 소서행장과 50일간의 휴전을 합의하면서 성 밖 10리 이내에서는 왜군이 풀을 벨 수 있도록 허용하였는데, 조선에서 이를 어기고 풀 베는 왜군을 죽인 일을 말한다. 또 "은밀히 편지를 보내 진주 백성들에게 미리 예봉을 피하게 하라."는 말이 있는데, 이 글을 당시 전라 순찰사였던 권율도 함께 본 것 같다. 권율은 어떻게 했을까. 7월 10일 선조실록에 있는 의병장 김천일의 보고서다.

"신이 이달 14일에 진주성에 도착하였는데, 목사 서예원徐禮元이 중국군 뒷바라지하는 일로 나갔다가 저물어서야 돌아왔습니다. 그와 함께 변란에 대처하는 군사 일을 상의하여 결정하였습니다. 15일에 전라 병사 선거이宣居怡, 조방장 이계정李繼鄭, 충청 병사 황진黃進, 조방장 정명세鄭名世, 경기 조방장 홍계남洪季男, 경상우병사 최경회崔慶會, 복수 의장復讐義將 고종후高從厚 등이 잇따라 달려왔습니다. 다음날 전라 순찰사 권율이 전라도 병사와 모든 장령將領을 성 밖으로 나오도록 명령하여 여러 장수가 일시에 달려 나가 버리니 성중城中이 두려움에 휩싸이고 약해졌습니다. 신이 최경회, 황진 등과 병사를 수습하였으나 겨우 3천 명에 불과합니다. 성안은 넓은데 이처럼 적은 군사로는 방어가 쉽지 않으니 지극히 우려됩니다. 진주는 전라도를 지켜 막는 곳인데, 순찰사와 그 부하들은 방어를 포기하고 산음山陰으로 옮겨 갔으니 극심하게 우려됩니다."

6월 16일 권율은 진주성에 모인 장수들과 회의를 하여 행장의 권유대로 성을 비우자고 했을 것이다. 그러나 서로 의견이 맞지 않았던 것 같다. 그래서 자신 휘하의 군사들만 성 밖으로 데리고 나간 것이다.

하지만 왜적이 진주로 공격하러 온다는 것을 권율이 알았으니 체찰사와 조정에 시급히 보고했었어야 한다. 그러나 선조실록을 보면 조정에서는 진주가 함락된 날에서야 비로소 왜군의 진주성 침공 사실을 안 것으로 되어있다. 권율은 왜 그랬을까.

6월 25일, 큰비가 종일 왔다. 우수사 이억기와 적 토벌에 대해 의논하는데, 가리포첨사 구사직도 왔다. 영남 수사 원균도 와서 상의했다. 소문에 "진주는 성이 포위되었으나 아무도 감히 나가 싸우지 못한다."라고 했다. 연일 비가 내려 적도들이 물에 막혀 날뛰지 못하는 것을 보니, 하늘이 호남지방을 도와주는 것이다. 다행 다행이다.

　6월 26일, 큰비가 오고 남풍이 세게 불었다. 복병선이 와서 "왜적의 중선과 소선 각 한 척이 오양역烏楊驛 앞까지 왔다."라고 했다. 호각을 불어 닻을 올리고 모두 적도赤島로 가서 진을 쳤다. 저녁에 김붕만金鵬萬이 진주의 적정을 살피고 와서 "무수한 적도들이 진을 합하여 동문 밖에 있는데, 연일 비가 많이 와서 물에 막혔음에도, 지독하게 날뛰며 싸우고 있으나 적진이 큰물에 잠기게 되면 군량과 구원병을 지원하는 길이 없어지니, 만약 대군이 힘을 합친다면 한꺼번에 섬멸할 수 있다."라고 하였다. 당연히 양곡이 끊어졌고, 우리 군사는 편히 앉아서 고달픈 적을 맞는 것이니, 그 기세가 마땅히 백승百勝을 할 수 있을 것이다. 하늘의 도움이 순조로우니, 수로의 적은 합해서 500, 600척이 오더라도 우리 군사를 당해 낼 수 없을 것이다.

　6월 27일, 비가 오락가락하였다. 낮 12시경 적선 두 척이 견내량에 나타났다고 했다. 출항하여 나가 보니, 이미 달아나고 없었다. 그래서 불을도弗乙島 바깥 바다에 진을 쳤다. 아침에 순천부사 권준과 광양 현감 어영담을 불러와서 군사 문제를 논의했다. 충청 수사 정걸이 그의 군관을 시켜 흥양 군량이 떨어졌으니 3섬을 꾸어 달라고 하여 꾸어 주었다. 들으니 강진의 배가 적과 싸우고 있다고 했기 때문이다.

　이날 전라도 순찰사 권율은 진주성의 전쟁 상황을 보고한다. 선조실록 7월

12일에 실려 있다.

> "영남의 흉적이 6월 22일 진주를 공략하고 사방으로 흩어져 분
> 탕질을 쳤습니다. 24일에는 진주를 3겹으로 포위하고 대나무 다
> 리竹橋를 만들거나, 대나무 마루竹栿를 만들기도 하였으며, 혹은
> 높은 나무로 임시 누각假樓을 만들기도 하였는데, 그 누각 위에는
> 100여 명이 설 수 있으며, 포 쏘는 소리가 멀리 사경四境까지 들렸
> 고, 남강 건너편에는 수를 알 수 없을 정도로 많은 진陣을 쳤습니
> 다. 진주의 접전이 오늘까지 7일이나 되었습니다."

권율이 비록 심유경의 말을 전해 듣고 진주성 안에 있던 수하 군사들을 모
두 데리고 나왔다 하더라도 생사의 갈림길에 선 진주성 도와줄 방법을 어떻
게든 찾았어야 했다. 그런데 이 보고에는 본인이 어떻게 하겠다는 말이 없다.
아무런 대책도 없이 상황 보고만 하는 권율은 도대체 무슨 생각이었을까.

6월 28일, 비가 오락가락하였다. 어제저녁에 강진의 탐망선이 왜적과
싸운다는 소식을 들었다. 그래서 출항하여 견내량에 도착하니, 왜적들
이 멀리서 우리 군사를 보고는 놀라 황급히 달아났다. 물길과 바람이 반
대 방향이라 돌아올 수가 없었다. 그대로 머물러 밤을 지내고 새벽 2시
경 불을도弗乙島로 돌아왔다. 원 수사와 우수사 이억기가 같이 와서 군
사 일을 의논했다.

⚫ 진주성이 함락되다

1593년 6월 29일, 맑았다. 서풍이 잠깐 불더니 영롱한 색의 광명이 비쳤다. 순천부사 권준과 광양 현감 어영담이 왔다. 어란만호於 蘭萬戶 정담수와 소비포 권관 이영남 등이 왔다.

이날 진주성이 함락되었다. 서풍이 불고 영롱하게 비친 광명은 진주성에서 죽은 영혼들이었을까. 이날 선조실록의 기사에 '명군 책임자 송응창은 왜군이 수륙으로 전라도를 침범하려 한다고 하면서 제독 이여송의 말은 듣지 말고, 유정의 지휘에 따르라'라고 하였으니, 명군은 책임자들의 불화로 지휘체계가 제대로 작동하지 않았다. 또 다른 명나라 장수들은 병을 핑계로 싸움을 피하고 있다고 하였다.

7월 1일, 맑았다. 밤기운이 몹시 서늘하니 잠을 이루지 못했다. 나라 걱정에 마음이 조금도 놓이지 않아 홀로 봉창 아래에 앉아 있으니, 온갖 생각이 다 일어난다. 초저녁에 선전관이 임금의 유지有旨를 가지고 왔다.

이날 선전관 유형이 가져온 선조의 지시에 대한 장군의 회답 장계가 있다.

> 신은 지난 5월 7일에 바다로 나왔습니다. (중략) 지난 6월 15일 창원의 왜적이 함안으로 옮겨간 뒤 16일에는 적선 무려 800여 척이 부산과 김해에서 웅천, 제포, 안골포 등지로 와서 정박했습니다. 왜적이 바다와 육지에서 함께 일어나는 것은 서쪽을 침범하려

는 것이라 이억기·원균과 함께 요충지인 견내량과 한산도 바다에 열을 지어 진을 쳤습니다. (중략)

6월 26일에는 선봉의 적선 10여 척이 견내량을 향해 오다가 신 등의 복병선에 쫓겨 가고는 다시 나오지 않고 있는데, 틀림없이 우리 수군을 유인하여 에워쌀 계략입니다. 신 등의 생각은 중요한 길을 굳게 지키면서 피로에 지친 적의 선봉을 먼저 깨뜨리면, 비록 100만 명이라도 물러나 숨기 바쁠 것입니다.

이순신 장군은 왜군이 수륙으로 전라도를 침범할 것으로 판단한 것이다. 아무리 많은 왜선이 왔다고 해도 견내량을 굳건히 지킨다면 승산이 있다고 생각하였다. 그러나 왜군은 진주성 공격에 모든 역량을 쏟았다. 그러니 정박한 배에는 최소한의 병력을 남겨두었을 것이다. 만약 장군에게 권율이 신속하게 통지하여 장군이 이 사실을 간파했었다면 틀림없이 그들을 공격했을 것이고, 많은 왜선을 격파하여 치명적인 피해를 줄 수도 있었을 것이다.

그렇지만 진주 문제는 근본적으로 명나라 군대나 도원수, 순찰사, 그리고 의병 등 육군들이 책임지고 적극적으로 지원하고 싸웠어야 했다. 그러나 실제 진주 근처에 있었던 군대는 선거이宣居怡, 이천李薦, 홍계남洪季男 등의 군사가 전부였으며, 그나마도 진주성에서 멀리 떨어진 산청군의 단성丹城과 단계丹溪 지역에서 진을 치고 관망만 하고 있었다. 실록 7월 21일 유성룡의 진주성 패전 종합 보고가 있다.

"진주의 함락이 비록 강대한 적 때문이기는 하지만 우리 쪽 잘못된 대응도 개탄스럽습니다. 신이 서울에 있을 적에 진주목사 서예원徐禮元이 함창咸昌에 명군 지대 차사원明軍支待差使員으로 와 있어, 즉시 공문을 보내 속히 돌아가게 하였습니다. 그런데도 적이 가까이 왔다는 소식을 들은 뒤에야 겨우 성으로 들어갔으니, 방비 등의 일을 미리 조처하지 못한 것이 그 잘못의 첫째이고, 또 여러 장수가 한 성안에 많이 모이다 보니 통제하는 사람이 없어 각각 제 주장만 고집하여 분란을 일으킨 것이 그 잘못의 둘째이며, 또 장수들이 처음에 경솔하게 함안으로 나가 진을 치고 있다가 적병이 크게 이르자 패하여 도망해 돌아오니 적이 승기勝機를 타도록 한 것이 셋째이며, 의령의 정암진鼎巖津에 진陣을 치고 굳게 지켰다면 적이 사면四面에서 진격하지는 못했을 것인데, 모두 버리고 떠났으므로 적병이 수륙으로 함께 진격進擊하였고, 진주가 함락되기 전에 벌써 의령, 삼가, 단성, 진해, 고성, 사천 등지로 적이 구름처럼 모여 구원병의 길이 막힌 것이 잘못의 넷째입니다.

최원, 선거이 이하 여러 장수의 군사가 모두 도피하고 한 사람도 오지 않았습니다. 진주 사람들이 밤낮으로 구원을 갈망하며 하늘에 빌었지만 끝내 한 명도 오지 않아 드디어 함몰되었으니, 온 성안이 도륙된 참상은 차마 말할 수 없습니다. 장수들이 진주 함락 소식을 듣고 모두 무너지고 흩어져 지나는 고을마다 창고의 곡식을 어지럽게 노략질하였는데, 최원의 군사가 일으킨 난리가 더욱 심했다 하니 매우 가슴 아픕니다."

경악할 일은 진주성을 지원하러 온 조선의 육군이 지원은 하지 않고 멀리서 지켜보다가 함락 소식에 저절로 무너졌고, 거기다가 도망가면서는 지나는 고을마다 약탈을 일삼았다는 것이다. 내 나라 군대가 이 모양이니, 무슨 염치로 명나라 군대가 도와주지 않는다고 비난할 수 있을 것인가. 참담하기 짝이 없는 일이다.

7월 2일, 맑았다. 해 질 무렵 김득룡金得龍이 와서 진주가 불리하다고 전했다. 놀라고 염려됨을 이길 길이 없다. 그러나 그럴 리가 만무하다. 이건 반드시 어떤 미친놈이 잘못 전한 말일 것이다. 어두울 무렵 원연元埏·원식元埴이 와서 군사에 관한 극단적인 말을 하니, 우습다. 참으로 가소롭다.

7월 3일, 맑았다. 적선 몇 척이 견내량을 넘어오고, 한편으로는 육지로도 나오고 있었다. 통분하다. 우리 배들이 추격하니 도망쳐 버려 도로 물러 나와서 잤다.

7월 4일, 맑았다. 흉악한 적 수만 명이 죽 벌여 서서 기세를 과시했다. 참으로 통분하다. 저녁에 거을망포巨乙亡浦로 물러나 진을 치고 잤다.

7월 5일, 맑았다. 새벽에 탐망꾼이 와서 "적선 10여 척이 견내량을 넘어온다."라고 했다. 여러 배를 한꺼번에 출항시켜 견내량에 이르니, 적선은 허겁지겁 달아났다. 진주가 함락되었다는 보고가 광양에서 또 왔다. 두치豆恥에 복병한 성응지와 이승서李承緖가 보낸 것이다. 저녁에 거을망포巨乙亡浦로 돌아와 밤을 지냈다.

7월 7일, 맑았다. 순천부사 권준과 가리포첨사 구사직, 광양 현감 어영담이 와서 군사 문제를 의논했다. 각각 가볍고 날랜 배 15척을 뽑아 견내량에 탐색하러 나갔으나, 왜적의 종적이 없다고 했다. 거제에서 사로잡혔던 한 사람을 데려와서 왜적의 소행을 물으니, "흉적들이 우리 수군의 위세를 보고 달아나려고 하였다"라고 하고, 또 "진주가 이미 함락되었으니, 전라도까지 넘어갈 것이다."라고 했다. 이 말은 속이는 말이다.

이미 이때는 진주성 함락의 목적을 달성한 왜적들이 각자의 소굴로 다시 돌아간 후였으니 왜선의 종적이 없는 건 당연하다. 그러나 왜적이 전라도를 침략하지 않았음에도, 광양과 순천 등은 전쟁보다 더 참혹한 난리를 맞게 된다. 일기를 따라가 보자.

● 광양과 순천이 불타다

1593년 7월 8일, 맑았다. 조붕趙鵬이 남해로 왕래하는 사람에게서 들으니, "적이 광양을 친다는 소문에 광양 사람들이 벌써 고을 관청과 창고에 불을 지르고 약탈했다."라고 하였다. 해괴함을 이길 길 없다. 순천부사 권준과 광양 현감 어영담을 바로 보내려고 하다가, 소문이라 믿을 수 없어 이들을 머무르게 하고 사도 군관 김붕만金鵬萬을 보냈다.

7월 9일, 맑았다. 남해 현령 기효근이 와서, "광양·순천이 이미 다 불타고 약탈당했다."라고 했다. 그래서 광양 현감 어영담과 순천부사 권준, 송희립, 김득룡, 정사립 등을 보냈다. 이설李渫은 어제 먼저 보냈다. 소문을 듣고 있자니 고통이 뼛속으로 들어와 말을 못 하겠다.

이 밤, 바다의 달은 청명하고, 티끌 하나 일어나지 않네.
물과 하늘은 일색一色이고, 서늘한 바람이 언뜻 부는데.

홀로 뱃전에 앉았으니, 온갖 근심이 가슴을 치미네.

밤 1시경 여수 본영 탐후선이 들어와, "실은 왜적이 아니고, 영남의 피난민들이 왜놈 옷을 입고 광양으로 들어가서 여염집에 마구 불을 질렀다."라고 했다. 그렇다면 이건 기쁘고 다행한 일이 아닐 수 없다. 진주가 함락되었다는 말도 헛소리라고 하였다. 그러나 진주의 일만은 그럴 리가 만무하다. 닭이 벌써 운다.

진주가 함락되고, 거기다 광양까지 혼란이 이어지고 있으니 이순신 장군이 받고 있을 마음의 부담이 얼마나 크고 힘들었을까. '닭이 벌써 운다.'라는 글 속에서 밤을 꼬박 새우며 걱정하는 장군의 모습이 그려진다.

7월 10일, 맑았다. 김붕만이 두치에서 돌아와 말하기를, "광양의 왜적들은 사실이다."라고 했다. 다만, 왜적 100여 명만이 도탄陶灘에서 광양을 침범했는데, 총통은 한 발도 쏘지 않았다고 했다. 왜놈이라면 어찌 포를 쏘지 않았겠는가. 저녁에 오수吳水가 거제 가삼도加參島에서 와서 "적선이 안팎에서 보이지 않는다"라고 했다. 또 말하기를, "사로잡혔다가 도망쳐 나온 사람이 적의 무리가 무수히 창원 등지로 가더라."라고 했다. 그러나 남들이 하는 말이라 다 믿을 수는 없다.

7월 11일, 맑았다. 아침에 늦게 와 기한을 어긴 이상록李祥祿이 먼저 간 여러 장수에게 명령을 전하러 나갔다가 돌아와, "적선 10여 척이 견내량에서 내려온다." 하여 닻을 올려 출항하니, 적선 5~6척이 벌써 진영 앞까지 왔다. 추격하자 바로 달아나 도로 넘어갔다.

사도첨사 김완이 돌아와서, 적이 두치를 건넌 것은 헛소문이고, 광양 사람이 왜놈 옷으로 바꿔 입고 저들끼리 난을 일으킨 것이라 하며, 순천과 낙안은 벌써 약탈이 다 끝났다고 했다. 통분을 이길 수가 없다. 저녁에 오수성吳壽成이 광양에서 와서, "광양에 적이 왔다는 것은 모두 진주에서 온 피난민과 그 고을 사람들이 흉계를 꾸민 것이었습니다. 관청 창고는 텅 비고 마을은 적막하여 종일 돌아다녀도 사람을 만나지 못했습니다. 순천이 가장 심하고, 그다음은 낙안입니다."라고 했다.

이날을 전후로 올린 것으로 추정되는 원균의 보고 장계 2건이 7월 15일 선조실록에 실려 있다. 첫 번째는 적선 수백 척이 몰려오는 데 경상우수영에는 군량이 없다는 내용이다. 그런데 일기에는 군량을 얻어갔다는 내용이 수차례 나온다. 군량이 없다고 할 것이 아니라 전라도에서 지원받고 있다고 보고해야 하는 것 아닐까. 두 번째는 이순신 장군이 관장하는 순천, 광양 지역의 분란을 보고한 것인데, 그 의도가 매우 의심스럽다.

7월 12일, 맑았다. 가리포 진무鎭撫가 와서, "사량蛇梁 앞바다에서 잘 때, 왜적들이 우리나라 소선小船을 타고 우리 옷으로 바꿔 입고, 마구 들어와 포를 쏘며 약탈해 가려 했다."라고 하였다. 그래서 곧바로 가볍고 날랜 배 3척씩, 모두 9척을 보내면서 달려가 잡아 오도록 단단히 일렀다. 또 배 3척씩을 더 내어 착량窄梁으로 보내 요새를 방어하고 오라고 했다. 광양 일은 헛소문이라는 보고서가 또 왔다.

7월 13일, 맑았다. 늦게 여수 본영 탐후선이 들어와, '광양과 두치豆恥 등에는 적의 흔적이 없다'라고 했다. 흥양 현감이 말하기를, '두치豆恥의 일은 헛소문이며, 장흥 부사長興府使 류희선柳希先이 겁을 내 산성 창고의 곡식을 모두 나누어 주었다고 했다.

광양, 순천 등의 난리에 원인을 제공한 자가 누구였으며, 어떻게 시작되었는지 알 수 있는 선조실록의 기사가 있다. 1593년 9월 6일 도체찰사 유성룡의 보고다.

"진주성이 함락되었을 때 전라도 복병장인 장흥 부사 유희선柳希先이 두치진豆恥津을 지키고 있었는데, 적병은 애당초 그 나루를 건너지도 않았으며 나루의 물은 바다에 잇닿은 곳이라 매우 넓어 배가 없이는 적병이 백만이라도 건널 수 없다고 합니다. 그런데도 유희선은 소문만 듣고 도망갔으며, 광양과 순천 지경을 지나면서 '적이 오고 있다'라고 크게 외쳐 광양, 순천이 일시에 무너져 흩어졌고, 이 때문에 난민들이 창고에 불 지르고 노략질하여 남은 것이 없게 되었다고 합니다. 더구나 낙안·강진·구례·곡성까지 하나같이 동요되도록 하여, 오랫동안 지켜와 웅장하고 부유했던 지역을 무고하게 잿더미로 만들어 버렸으니, 저만 살려고 도망가면서 무리를 현혹眩惑한 죄는 만 번 죽어도 속죄가 어렵습니다."

7월 14일, 맑더니 늦게 가랑비가 내려 먼지를 적셨다. 몸이 몹시 불편하여 온종일 신음했다. 순천부사 권준이 들어와 장흥의 허망한 일을 전하고, 순천의 일에 대해서는 형언形言을 하지 못했다. 함께 점심을 먹고 그대로 머물렀다. 진을 한산도 두을포豆乙浦로 옮겼다.

7월 15일, 맑았다. 늦게 사량蛇梁의 수색토벌선과 여도 만호 김인영金仁英, 순천 지휘선 소속 김대복金大福이 들어 왔다.

가을 기운이 바다로 들어가니 나그네 회포 어지럽고 어지럽다.
나 홀로 봉창 아래 앉았으니 마음은 실마리부터 지극히 아픈데
달빛이 뱃전에 들어오니 정신과 기운은 맑고 서늘하다.
자려 해도 잠들지 못하더니 벌써 닭이 우는구나.

7월 18일, 맑았다. 몸이 불편하여 앉았다 누웠다 했다. 신경황이 두치荳恥에서 와, 적이 왔다고 했던 헛소문에 관한 것을 전했다.

7월 19일, 맑았다. 순천부사 권준과 이영남李英男이 와서, "진주, 하동, 사천, 고성 등지의 적은 이미 다 돌아갔다."라고 했다. 저녁에 진주에서 피살된 장수와 군사들의 명부를 광양 현감 어영담이 보내 왔는데, 보니 아프고 참담함을 이길 수가 없다.

7월 20일, 맑았다. 탐후선이 여수 본영에서 들어왔는데, 병마사의 편지와 공문, 명나라 장수의 보고문이 왔다. 그 내용이 괴상하고 괴상하다. 두치荳恥의 적을 명나라 군사가 몰아내어 달아나 돌아갔다 하니, 허망한 거짓말에 말이 안 나온다. 상국上國 사람이 이러니 다른 사람들에게 어찌 그만하라고 하겠는가. 통탄 통탄할 일이다.

광양, 순천, 낙안 등지에서 일어난 난리에 명나라 군대가 공짜 숟가락을 얹었다. 진주가 함락될 때는 수수방관하던 자들이 아무 거리낌 없이 거짓말로 공로를 만들어내고 있으니 어이없는 일이다.

● 원균의 이상한 짓과 계속되는 음해

　　　1593년 7월 21일, 맑았다. 경상 우수사 원균과 우수사 이억기, 충청 수사 정걸丁傑이 함께 와서 적 토벌하는 일을 의논하는데, 원 수사의 말은 흉악하게 속이고 지극히 예의가 없다. 이런 사람과 일을 함께 하여 뒷걱정이 없을지 모르겠다. 그의 아우 원연이 뒤따라 와서 군량을 얻어갔다.

　7월 28일, 맑았다. 수사 원균은 흉악하게 속이고 예의가 없다. 사도첨사 김완이 복병했을 때에 잡은 포작(鮑作. 어민) 10명이 왜놈 옷으로 바꿔 입고, 하는 소행이 빈틈없고 꼼꼼하여 엄중히 따져 물으니, "경상 우수사가 시킨 일이다."라고 했다. 곤장 10여 대를 치고 풀어주었다.

　원균은 어민을 열 명이나 왜놈 옷을 입혀 무슨 일을 하려고 했을까. 빈틈없고 꼼꼼한 소행이 무엇인지 설명이 없어 판단은 어렵지만, 옷을 바꿔 입힌 것으로 볼 때 예사롭지 않다. 혹시 왜적으로 몰아서 죽이고, 전공으로 보고하려 한 것일까? 전에도 이와 비슷한 일이 있었으니 그 속내가 의심스럽다.

　8월 2일, 맑았다. 아침을 먹은 뒤 마음이 뭉친 듯 답답하여 닻을 올려 포구로 나갔다. 우수사 이억기가 전하기를, 원균이 '내가 도리에 어긋나는 일이 많이 했다'라며 망언을 했다 하였다. 다 망령妄靈되니, 어찌 상관할 것인가.

　8월 6일, 맑았다. 저녁에는 경상 우수사 원균이 오고, 우수사 이억기, 충청 수사 정걸도 와서 의논하는데 우수사 원균은 말이 자주 바뀌어 모순되니 탄식이 절로 나온다. 저물 때 비가 잠깐 내리다 그쳤다.

8월 7일, 아침에는 맑더니 저물 무렵 비가 내렸다. 저녁에 경상 우수사 군관 박치공朴致恭이 와서 전하기를, "적선들이 물러갔다"라고 했다. 그러나 원균 수사와 그의 군관은 항상 헛소문을 가까이하는 사람들이라 믿을 수가 없다.

8월 8일, 맑았다. 우수사 이억기가 으슥한 포구로 가서 수사 원균을 만났다고 한다. 우습다.

8월 9일, 맑았다. 복병을 한꺼번에 보내기로 하였는데 영남 수사 원균이 약속보다 먼저 복병을 보냈다고 한다. 놀라고 놀랄 일이다.

8월 19일, 맑았다. 아침을 먹고 원균 수사가 있는 곳으로 가서 내 배에 옮겨 탈 것을 청하였다. 우수사 이억기, 충청 수사 정걸도 왔다. 원연도 함께 이야기했다. 말하는 가운데 수사 원균은 음흉하여 도리에 어긋난 일이 많았다. 그렇게 허위로 꾸며 속이니, 말로 다 형언할 수가 없다. 원균 수사 형제가 옮겨 간 뒤에 천천히 노를 저어 진으로 돌아왔다.

8월 26일, 비가 오다 개다 했다. 경상 우수사 원균이 왔다. 조금 있으니 우수사 이억기와 충청 수사 정걸도 같이 모였다. 원균이 술을 먹고 싶다 해서 간단히 마련해 주었더니, 엉망진창으로 취해 망발妄發하여 음흉하고 이치에 어긋나니, 해괴한 일이다.

8월 28일, 맑았다. 경상 우수사 원균이 왔다. 흉악하고 속이는 말을 많이 내뱉었다. 지극히 해괴한 일이다.

8월 30일, 맑았다. 경상 우수사 원균이 와서 영등포로 가자고 독촉하였다. 참으로 음흉스럽다고 할만하다. 그가 거느린 25척의 배는 모두 다 내보내고, 단지 7~8척만을 가지고, 이같이 말하니, 그 마음 쓰고 일하는 것이 이런 식이다.

9월 6일, 맑았다. 식후에 우수사 이억기의 배로 가서 종일 이야기하였는데, 거기서 원균의 음흉하고 이치에 어긋난 일을 들었다. 가소롭다.

◉ 수군의 어려움을 왕에게 호소하다

1593년 8월 19일 장군은 "왜적의 정세를 진술하는 보고陳倭情狀"를 하는데 왜적의 동향분만 아니라 수군의 어려움을 함께 보고하고 있다. 요약하였다.

> "왜적이 웅천 3곳, 거제 3곳에 성을 쌓고 집을 지었다"는 말은 붙잡혔다가 도망쳐 돌아온 봉사 제만춘이 진술과 거의 들어맞습니다. "본토에서 군량과 의복 등을 연이어 날라 온다."라고 하는 등 왜적들의 정황을 보면, 겨울 지낼 뜻이 드러나니 통분하기 그지없습니다.
>
> 왜적들은 바다와 육지에서 함께 공격해야만 무찔러 없앨 수 있습니다. 그래서 육군과 서로 공문을 보내 약속했습니다. 그러나 명나라 군대는 지원을 요청할 길이 없어 매우 답답합니다.
>
> 또 수군은 바람의 힘이 아직 세지 않은 8~9월 이전이라야 적을 제압할 수 있는데, 점점 바람이 거세지고 파도가 산더미 같이 일어나면 배를 제어하기 어렵게 되니 참으로 민망합니다.

수군이 먼바다에 주둔한 것이 벌써 5개월이나 되니 군사들의 마음은 이미 풀어졌고, 전염병으로 한 진陣의 군졸 대부분이 병에 걸리니, 죽는 사람이 잇따르고 있습니다. 양식도 떨어져 굶주리니, 굶주림 끝에 병에 걸리면 반드시 죽습니다. 군사는 매일 줄지만 이를 충당할 사람은 없습니다.

신의 수군만 계산해도 사부와 격군을 합쳐 본래는 6,200여 명이었습니다만 그중 작년과 올해의 전사자와 2~3월부터 오늘까지 병사病死한 자를 모두 합하면 600여 명에 이릅니다. 그런데 이들은 몸이 건강하고 씩씩하여 활을 잘 쏘고 바다 일에도 익숙한 토병土兵과 어민입니다.

겨우 살아남은 군사도 아침저녁으로 먹는 것이 2~3홉도 되지 않아 굶주림과 피곤함이 극에 달하니 활 당기고 노 젖는 일을 감당할 수 없습니다. 당장 대규모 적을 마주한 이때, 세력이 이토록 극심하게 약하게 되니 답답하고 염려되는 사연을 도원수 권율과 순찰사 이정암 등에게 두 번 세 번 문서로 보고하였습니다. 순천, 낙안, 보성, 흥양 등 고을의 군량 680여 섬을 지난 6월쯤 날라와서 다 나누어 먹였습니다.

전라도도 겉보기와 달리 전란이 2년이나 계속되니 빈껍데기입니다. 남은 것까지 모두 명나라 군사 뒷바라지로 들어가니 시들고 병듦이 난리 겪은 땅보다 오히려 더 심각합니다. 남쪽으로 내려온 명나라 군대는 마을을 드나들며 백성들의 재물을 강제로 빼앗고 들판의 곡식을 망쳐 그들이 지나간 곳마다 무너지니, 백성들은 소문만 듣고도 다른 지역으로 달아나고 있습니다.

지난 7월 4일에는 광양 경계 두치豆恥의 복병장伏兵將 장흥 부사 류희선 등이 함부로 움직이며 뜬소문을 퍼뜨려, 광양, 순천, 낙안, 보성, 강진 등지의 해안가 백성들이 난을 일으켜 관청 창고를 부수고, 곡물과 노비, 공물 베(貢布) 등을 훔쳐 가고, 문서는 모두 잿더미가 되는 등 그 피해가 전쟁이 있었던 땅보다 심하니, 그 후로는 수군 군량조차 의지할 곳이 없습니다. 그래서 명나라 군사의 군량이라도 형편에 따라 변통해 날라다 쓰려고 생각하고 있습니다. 왜적의 세력은 전보다 배나 활활 타오를 뿐 돌아갈 기약은 없는데, 군량을 더 마련할 길이 없습니다.

이렇게 바다 위에서 굶주리고 병든 군사로는 저 소굴에 있는 왜적 공격하는 계책을 아무리 짜 봐도 방법이 없습니다. 지극히 답답하고 통분한 정황을 우선 간략히 보고합니다.

9월 3일, 맑았다. 순찰사 이정암의 편지가 왔는데, 군사의 일가족 등을 절대 침해하지 말라고 하였다. 이는 새로 부임하여 사정을 미처 살피지 못하고 하는 말이다.

9월 7일, 맑았다. 순찰사 이정암에게 폐단을 진술하는 공문과 군대 나누는 것을 개편하는 일에 대한 공문을 만들어 보냈다.

9월 3일 순찰사 이정암의 편지를 받고 지난번 왕에게 보고했던 내용을 공유하는 것이다. 순찰사의 뜻과 다른 내용이 많았을 텐데 이정암은 이를 어떻게 받아들였을까. 이듬해인 1594년 5월 20일 일기에 "호남 관찰사 이정암

李廷馣이 나를 나라의 허물로 만드니 많이 서운하다."라는 기록이 있다.

☞ 선조의 수군 위로와 삼도수군통제사 임명

　　　원균과의 불화가 계속되자, 조정에까지 수군 진영의 불협화음이 들려오기 시작했는지 이를 확인하려는 의도가 느껴지는 기록이 있다. 1593년 9월 6일 선조실록이다.

> 　　선조가 비망기로 일렀다. "삼도三道의 수사水使를 오래도록 바다에 머물게 하고서도 조정에서는 한 번도 사절使節을 보내 위문한 적이 없으며, 군중軍中의 소식도 까마득히 모르고 있다. 따라서 가령 군중에서 불만이 있다 하더라도 알 방법이 없다. 그러니 지금 즉시 교서教書를 작성하고 선전관을 보내 알려서 그들의 고생을 위로하는 한편, 군중의 사정과 적세賊勢를 고루 물어보게 하라. 장수와 군졸들에게는 어떤 물품을 주는 것이 합당合當할지도 참작해서 아뢰라."

　"군중의 소식을 전혀 모르니 군중에서 불만이 있다 하더라도 알 방법이 없다.", "군중의 사정과 적세를 고루 물어보게 하라."는 말 등으로 보아, 수군 진영의 문제를 확인하려는 뜻이 드러난다. 비망기 끝에 병사들에게 위로 물품을 준비하라 했는데, 이와 관련하여 내려온 물품을 나눠주는 기록이 윤11월 17일 "전라좌수영으로 복귀하는 보고還營狀" 속에 나온다.

"무지한 군졸들은 편한 것만 생각하여 원망의 말을 자주 하지만, 신은 명나라 군사는 만리타국에서 모진 고생을 하면서도 왜적을 무찌르려 하는데, 너희는 왜적의 피해를 아침저녁으로 당하면서도 편안함만 추구하니 잘못된 것이다. '임금님이 수군의 고생을 걱정하여 베 12동을 상으로 내려 주셨으니 은혜가 지극하다.' 하며, 한 자 한 자 잘라서 똑같이 나눠 주었습니다."

이런 불화의 조짐이 삼도 수사들 간의 지휘권 분쟁 때문이라 판단하였는지, 근본적으로 지휘권의 일원화가 필요함을 느낀 것인지, 이때 왕은 이순신 장군을 삼도수군통제사로 임명한다. 9월 12일 장군을 삼도수군통제사로 임명하는 『수삼도통제사교서授三道統制使敎書』를 작성하였고, 교서 받은 날은 1593년 10월 1일이다.[14]

통제사로 임명되기 2달 전쯤 난중일기에 꿈 이야기가 나오는데, 장군의 삼도수군통제사 임명을 암시하는 것이라고 사람들은 풀이한다.

1593년 8월 1일, 맑았다. 새벽꿈에 큰 대궐에 이르렀는데 모양이 마치 서울 같았다. 기이한 일이 많았다. 영의정이 와서 인사하여 나도 답례하였다. 전하께서 파천하신 일을 이야기하다가 눈물을 뿌리며 탄식하는데, 적의 형세는 이미 꺾였다고 하면서 서로 의논할 때, 좌우로 무수한 사람들이 구름같이 모이는 것을 알게 되었다.

---

14) 출전, 난중일기. 박종평. 2018년

장군이 통제사로 임명된 소회所懷를 왕에게 아뢰는 것도 윤11월 17일 "전라좌수영으로 복귀하는 보고還營狀" 속에 나온다.

> "뜻하지 않게 이제 『겸 삼도통제사 임명兼三道統制使之命』이 보잘것없는 신에게 닥치니 놀랍고 두려워 떨리는 것이 죽기보다 더하여 감당할 수가 없습니다. 신처럼 용렬하고 짧은 재주로는 결코 감당할 수 없음이 분명합니다. 입이 마르는 신의 괴로움이 이로 말미암아 더욱 심해졌습니다."

☯ 둔전책과 이순신 장군의 둔전 보고

1593년(선조 26년) 10월 17일 비변사에서 군량 문제와 관련하여 둔전책屯田策 시행을 건의하였다. 이것은 1월 26일 이순신 장군이 보고한 장계를 반영한 것이다.

요약하면, 이순신의 장계에 따라 각도에 둔전을 경영하도록 지시하였으며, 수확이 많은 사람을 도마다 한 명씩 선발하여 포상하도록 팔도 감사에게 지시하였다는 내용이다. 그러자 선조는 뜻은 좋지만, 백성들의 피해가 커질 것이고, 포상은 허위가 발생할 수 있다며 반대하였다. 왕은 아무 대안도 없이 반대만 하고 있다.

하지만 둔전 경영은 부족한 군량 확보에 효과적이었을 뿐만 아니라, 백성들의 생계까지 해결할 수 있는 위민 정책이다. 이와 관련하여 1593년 윤11월 17일 장군의 "둔전 설치 요청 장계請設屯田狀"를 보자.

여러 섬 목장의 빈 땅을 내년부터 순천과 흥양의 유방군留防軍으로 개간하여 농사짓도록 허락해주신 것을 감사와 병마사에게 공문으로 보냈습니다. 그런데 순찰사 이정암이 "순천부 유방군은 광양 두치豆恥에 신설되는 첨사진僉使鎭 방비를 시킬 계획입니다."라고 하니, 돌산도突山島 개간할 사람을 징발할 길이 없습니다. 신臣의 생각으로는 피난민들은 살 곳도 생업도 없으니, 이 섬으로 불러들여 경작하게 하고, 수확의 절반을 가지게 한다면 공사公私 간에 편리할 것입니다.

　흥양현 유방군은 그곳의 도양장道陽場에 들어가 농사짓게 하고, 그 나머지 땅은 백성들에게 주어 수확의 절반을 소작료로 내게 하고, 말들을 절이도折爾島로 모으면, 말 기르는 데도 손해가 없고 군량에도 도움이 될 것입니다. 전라 우도 강진의 고이도古爾島와 해남 황원목장黃原牧場도 토지가 비옥하며, 1,000여 섬 종자를 뿌릴 수 있는 농사지을 땅이 있습니다. 하지만 유방군의 투입은 감사나 병마사가 해야 할 일입니다. 농사철은 다가오는데 아직 시행한다는 소식이 없으니 참으로 걱정이 됩니다. 전라도 순찰사와 병마사에게 다시 분부를 내려 주시기 바랍니다.

　돌산도 둔전이 오래 묵어 있어 개간하고자 장계를 올렸습니다만 군사들이 곳곳에 보초를 서고 있어 농사를 짓지 못하고 있습니다. 여수 본영의 둔전 200마지기는 늙고 약한 군사를 뽑아 농사를 지었는데 중품 벼 500섬을 수확하여 종자로 쓰기 위해 순천창順天倉으로 들였습니다.

이 장계에 대한 비변사의 회신과 그에 따른 사후 조치의 보고 장계가 1594년 1월 1일, "흥양 목장 감목관 교체 요청 장계請改差興陽牧官狀"이다.

> 둔전 경영에 대한 장계를 올렸더니, 다음과 같은 비변사의 공문이 내려왔습니다.
>
> "예로부터 전쟁이 계속되면 군량 공급이 가장 어렵다고 했습니다. (중략) 올해 농사로 정조 500섬을 거두었다 하니 내년 종자는 충분히 갖추었습니다. 이와 같은 둔전 경영을 임금님께 허락받았으니 살펴서 시행하십시오."
>
> 이에 따라 돌산도에는 송성宋晟, 도양장은 이기남李奇男을 농사 감독관으로 임명해 보냈으며, 전라 우도의 화이도와 황원곶 등지는 정경달을 보냈습니다. 그런데 순찰사 이정암이 보내온 공문에 "둔전관屯田官을 돌산도의 감목관이 겸임하도록 했다."라고 했습니다. 그런데 순천 감목관監牧官은 교체되어 새로 올 사람이 아직 도착하지 않았고, 흥양의 감목관 차덕령車德齡은 지위를 남용하여 온 고을 백성들의 원성을 받고 있다고 합니다. 그러니 차덕령을 신속히 교체하여 주시기 바랍니다.

⦿ 삼도수군통제사 힘 빼기

1593년 윤11월 6일 선조실록에는 비변사가 통제사 이순신 이하 수사에게 죄 줄 것을 건의하는 내용이 나온다.

> "도원수 권율의 장계를 보니 '출몰하는 적선賊船이 4~5척인 경우는 무찌를 수 있는데도, 좌·우도의 수사가 모두 잊은 듯 버려두니, 통제사 이순신李舜臣 이하 수사를 모두 추고推考하여 죄주도록 명하소서.' 하였습니다. (중략)" 하니, 상이 따랐다.

뜬금없이 이 무슨 말인가. 늘 탐망꾼과 복병을 배치하여 경계하고 있는데 어떻게 이런 일이 있을 수 있단 말인가. 또 장군이 10월 1일 통제사 임명을 받았으니 군령의 위엄은 더 높아지고 통제력도 더 강해졌을 텐데 갑자기 소규모 적선에는 대응하지 않는다고 하니, 그 저의가 의심스러운 보고다. 그런데 얼마 후 충격적인 실록의 기록이 보인다. 12월 1일 비변사의 보고이다.

> "도원수 권율權慄의 장계 내용을 보니, 도원수는 육전陸戰을 중히 여기고 있습니다. 그러나 통제사 이순신李舜臣은 전일 조정에서 연해안의 수령들을 옮기지 말라는 지시가 있었는데도 진주晋州 등 4~5개의 고을 수령들까지 바다에서 근무하도록 하였다고 합니다. 수군이 적의 무리를 차단하는 것도 중요하지만, 진주 등은 요충지로써 적과 진을 맞대고 있는데, 바다 근무를 시킨 것은 진실로 승산勝算이 아닙니다. 대저 도원수가 수군과 육군을 모두 관장하여 완급과 이해를 보아가며 편의에 따라 조처하도록 하라고 지시하는 것이 어떠하겠습니까?" 하니, 상이 따랐다.

누군가 계획적으로 수군통제사 힘 빼기를 하는 것 같다는 음모의 느낌을 지울 수 없다. 장군은 본인의 소속인 전라도에서조차 순찰사 이정암의 수륙군 관할管轄 조정에 따라 9개 고을을 뺏겨 수군 병사 충당조차 제대로 하지 못하고 있는데, 통제사로 임명되자마자 진주 등 4~5개 고을 수령에게 바다 근무를 시켰다니 믿을 수가 없다. 어쨌든 이러한 이유로 통제사의 권한은 도원수의 지휘를 받도록 축소되었다. 아이러니한 것은 나중에 통제사가 된 원균은 이 때문에 도원수에게 불려가 곤장을 맞게 되고, 그 화풀이로 모든 수군을 이끌고 부산으로 나갔다가 칠천량에서 패전하고 죽음을 맞게 된다.

☯ 삼도 수군을 번갈아 쉬게 하라

굶주림과 전염병으로 고생하는 수군 병사들을 반반씩 번갈아 각각 본영으로 돌아가서 쉬게 하도록 허락되었다. 그래서 1593년(선조 26년) 윤 11월 17일 "전라좌수영으로 복귀하는 보고 장계遐啓狀"를 올린다.

> 지난 10월 9일 내려보내신 서장에 "수군을 두 부대로 나누어 번갈아 집으로 돌려보내 쉬게 하고, 옷과 양식을 갖추게 하라." 하셨는데 경상도와 전라좌도는 가까워 번갈아 쉬게 했지만, 전라우도는 거리가 멀어 쉬지 못하였으므로 11월 1일 우수사 이억기와 31척을 돌려보내면서 내년 1월 15일 전에 돌아오라 하였습니다. 그러나 50척은 항상 머물게 하여 변란에 대비하도록 하였습니다. (중략)
>
> 신은 좌수영의 전선 추가 건조와 군사 징발, 군량 점검, 군사 배치 개편하는 일을 우선 처리하기 위하여 본영으로 갔다가 다시 돌아오겠습니다. 신이 없는 동안은 경상 우수사와 순천부사, 가리포

첨사 등에게 비상사태에 대비하도록 하였습니다.

이날 올린 장계는 8건이다. 앞에서 살펴보지 않은 것만 보면, 11월 3일 내려온 선조의 지시에 따라 조총 30자루를 조정에 올려보내는 내용, 전선에 설치할 화포 제작에 필요한 철을 납부納付하고 병역 면제를 원하는 자들이 있으니, 이를 시행할 수 있도록 공문을 내려 달라는 것, 쉬고 있는 정경달丁景達을 문신 종사관으로 임명해줄 것을 청하는 글, 마지막은 왜군 포로가 진술한 왜의 정황에 대한 보고이다.

실제로 장군이 전라좌수영으로 복귀한 날은 12월 12일이다. 이때 여수 본영에서 어머니와 함께 새해를 맞이하였다. 그날의 일기를 보자.

1594년 1월 1일, 비가 퍼붓듯이 내렸다. 어머니를 모시고 같이 한 살을 더하게 되니, 난리 중에도 다행한 일이다.

1월 11일, 흐렸으나 비는 오지 않았다. 아침에 어머니를 보기 위해 배를 타고 바람 따라 바로 고음천古音川에 도착했다. 남의길, 윤사행尹士行, 조카 분芬도 함께 어머니 앞에 갔으나 아직 주무시고 일어나지 않으셨다. 큰 소리를 내는 바람에 놀라 깨어나셨다. 기력은 약하고 숨이 금방이라도 넘어갈 듯 깔딱거리니, 돌아가실 때가 가까워진 것 같아 눈물이 절로 흐르니 감출 수가 없었다. 그러나 말씀에 착오는 없으셨다. 적 토벌이 급하여 오래 머물 수가 없었다.

1월 12일, 아침을 먹고 어머니께 하직을 고하니, "잘 가거라. 부디 나라의 치욕을 크게 씻어야 한다."라고 두 번 세 번 타이르시며, 조금도 떠나는 것을 싫어하거나 탄식하지 않으셨다.

1월 14일, 흐렸으며 바람도 세게 불었다. 아침에 조카 뇌蕾의 편지를 보니, 아산牙山의 산소에서 설 제사를 지낼 때, 무려 200여 명의 유랑민 이 산을 둘러싸고 음식을 달라며 덤볐다고 했다. 놀라운 일이다.

백성들의 삶이 얼마나 비참했었는지 알 수 있는 기록이다. 굶주린 사람들 에게 무슨 예의가 있을 것인가. 살기 위한 그들의 몸부림과 아우성이 들리는 듯하다.

☯ 수군 병력 확보에 전력을 다하다

어려운 현실 속에서도 장군은 수군 병사를 충당하기 위하여 최선 을 다하였는데, 특히 지방관이나 아전에게 군법을 엄정하게 적용하였다. 이 로 인해 백성들의 원성을 받기도 한다. 이에 관한 일기를 모았다.

1594년 1월 6일, 비가 왔다. 동헌에 나가 남평南平의 도병방都兵房을 처형했다.

1월 8일, 맑았다. 남원南原의 도병방을 처형했다.

1월 18일, 맑았다. 사량 만호 이여념李汝恬과 원균 수사의 군관 전윤田 允이 와서 봤다. 전윤이 말하기를 "거창에서 수군을 붙잡아 오는데 도원 수 권율이 중간에서 막으려 했다."라고 하였다. 가소롭다. 자고로 공을 시기하는 것이 이와 같으니 무엇을 한탄할 것인가.

이때 군사 징발하는 문제는 수륙의 군대 간에 거의 쟁탈전에 가까운 상황이었던 것 같다. 1594년 4월 20일 장군이 올린 장계 내용 중에는, "수령들에게 아무리 공문을 보내도 군사를 뽑아 보내지 않으니 군관을 보내 직접 찾아 잡아 오도록 했었는데, 수령들이 다른 곳에 부탁해서, 오히려 군관들을 잡아 가두니 전령 군관들이 헛되이 오갈 뿐입니다."라는 내용이 있다.

1월 24일, 맑고 따뜻하다. 격군의 일을 들으니, 흥양 고을 아전들의 간악한 짓은 이루 말할 수 없었다. 전령을 보내 불러 모을 군사 144명을 찾아내 붙잡아 오게 하고, 현감 배흥립에게는 독촉하는 전령을 보냈다.

1월 30일, 흐리고 바람이 세게 불다가 늦게 개었다. 미조항 첨사가 와서 보고하고 돌아가는 편에 잡아 온 평산포 도망 군사 3명을 맡겨 보냈다.

2월 1일, 맑았다. 이경복李景福, 노윤발盧潤發, 윤백년尹百年 등이 도망 군사를 싣고 육지로 가던 배 8척을 붙잡아 왔다.

2월 2일, 맑았다. 순창과 광주 색리(色吏, 아전)들을 처벌했다.

2월 7일, 맑은데 서풍이 세게 불었다. 이경복李景福을 격군 붙잡아 오는 일로 내보냈다.

3월 3일, 맑았다. 경상 우후 이의득이 와서, "수군을 많이 잡아 오지 못했다고 그의 수사 원균에게서 매 맞고, 또 발바닥까지 맞을 뻔했다." 하니, 참으로 놀라운 일이다.

위와 같이, 수군 자체적으로 군사 확보를 위해 노력하였으나 여의치 않아, 1594년 1월에는 "군사 징발에 협조하지 않는 수령들에 대한 징계 요구 장계 關防守令依軍法決罪狀"를 올린다.

전란 이후 군 복무 기피자 수가 남원은 1,856명, 남평은 591명, 옥과는 313명인데 모두 병부조차 전혀 보내주지 않았습니다. 그 래서 신이 군관을 보내 수령들을 잡아 오도록 했으나, 남원 부사 조의趙誼는 순찰사 이정암에게 보고했고, 옥과 현감 안곡安鵠은 차 사원差使員이라 핑계를 대고, 남평 현감 박지효朴之孝는 병을 핑계 로 아무도 오지 않았습니다. 남평의 유위장과 향소의 색리, 남원 부의 도병방 등은 죄에 따라 처벌했습니다. 위 세 고을 수령들의 죄상에 대해 각별하게 처리하여 주시기 바랍니다. 기타 광주, 능 성, 담양, 창평 등도 군 복무 기피자 수가 많게는 200여 명에 이르 는데도 관리들이 움직이지 않고 있습니다. 이들도 함께 조사하여 죄를 다스려 주시기 바랍니다.

◈ 진중(陣中)에서 과거를 보게 해주십시오

1593년 12월 29일 장군은 "진중에서 과거시험을 실시할 수 있 도록 요청하는 장계請於陣中試才狀"를 올렸다. 그 이유는 12월 27일 전주에 서 세자가 주관하여 치른 과거시험이 있었는데, 수군은 시험장과 멀리 떨어 져 있어 응시할 수 없었기 때문이다. 이 장계가 허락되어 1594년 4월 진중 에서 과거시험 치렀다.

그런데 1594년 2월 4일 일기에 '순찰사 이정암은 이는 매우 잘못된 것이니 허물을 조사해야 한다.'라고 했다 하였다. 원래 과거시험은 왕의 권한이다. 이 전의 사례가 있었다고 하나, 이를 근거로 수군 진중에서도 시험실시를 허락해

달라는 요청에 대해 선조가 기쁘게 받아들였을까. 어쨌든 시험은 허락되었고, 1594년 4월 11일 "무과 별시를 실시한 보고 장계設武科別試狀"를 올렸다.

'이번에 좌수사가 전하에게 품의稟議를 요청한 건에 대하여 전하의 분부를 내려보냅니다. "전주에서 문·무과 합격자를 이미 발표하였으니 계속 과거科擧를 보게 하는 것은 거북한 일입니다. 그러나 수군이 몇 년을 고생했는데 그들만 과거를 볼 수 없었으니 정황상 애매한 일이며, 영남의 도원수 진에서 실시한 과거시험도 전주에서 한꺼번에 발표하지 않았으니, 나누어 선발하는 것은 다르지 않습니다. 장계에 따라 말 타고 활 쏘는 것은 제외하고 편전과 철전鐵箭으로 시험을 보게 하되, 뽑는 인원은 100명으로 하는 것이 어떻겠습니까." 이렇게 건의하였더니 전하께서 허락하셨습니다. 참고하여 시행하십시오.'

위 공문에 따라 무과 별시의 문관 참시관參試官 임명을 위해 도원수에게 공문을 보냈더니, 삼가 현감 고상안을 보내주셨습니다. 시험관은 신臣과 전라 우수사 이억기, 충청 수사 구사직, 참시관은 장흥 부사 황세득, 고성 현령 조응도, 삼가 현감 고상안, 웅천 현감 이운룡 등입니다.

이달 4월 6일 과거 시험장을 열고, 철전鐵箭은 5시 2순(총 10발)에 두 발 이상 명중한 사람, 편전은 5시 1순(총 5발)에 한 발 이상 명중한 사람으로 하되, 활 쏘는 방식에 따라 나누어 시험을 치렀습니다. 합격자 100명은 1, 2, 3등으로 나누고, 사는 곳과 하는 일, 성명, 아버지 이름과 나이 등을 함께 별도의 장계에 기록하여 올려보냅니다.

1594년(선조 27년) **9월 13일**, 맑고 따뜻했다. 저녁에 하천수가 장계 회답과 홍패 97장을 가지고 왔다.

9월 15일, 맑았다. 새로 합격한 사람들에게 홍패를 나누어 주었다.

☙ 한산진으로 복귀하다

1594년 1월 17일에 장군은 여수의 전라좌수영을 출발하여 한산진으로 돌아오면서 임금과 동궁에게 복귀 보고를 하였다. 그 속에 자신은 35척의 전선을 추가 건조하였으나, 군사를 충당하지 못해 18척만 거느리고 복귀한다는 것과 전라 우도의 원만한 전선 건조를 위해 순찰사 이정암에게 지시를 내려달라는 내용이 있다. 복귀하는 때의 일기를 보자.

1월 17일, 새벽에는 눈이 왔고, 늦게는 비가 왔다. 이른 아침에 배에 올랐더니, 아우 여필과 여러 조카, 아들 등이 배웅했다. 조카 분芬과 아들 울蔚만 데리고 배를 띄웠다. 오후 네 시쯤에 와두瓦豆에 도착했는데 역풍에다 물이 빠져 배를 몰 수 없었다. 닻을 내리고 잠시 쉬었다가 오후 6시경 다시 닻을 올려 노량에 도착했다.

1월 18일, 맑았다. 새벽에 떠날 때는 역풍이 세게 일었다. 창신昌信에 이르니 순풍이 불어 돛을 올려 사량蛇梁에 도착하였더니 다시 역풍이 세게 불었다.

1월 19일, 흐리다가 늦게 맑았다. 바람이 세게 불더니 해 저문 뒤에는 더 심해졌다. 아침에 출항하여 당포 바깥 바다에 이르러, 바람을 따라 돛을 반쯤 올렸더니 순식간에 한산도에 도착하였다. 활터 정자에 올라앉아 여러 장수와 더불어 이야기했다. 저녁에 경상 우수사 원균이 왔다. 소비포 권관 이영남에게서 영남 여러 배의 사부와 격군이 거의 다 굶어 죽게 생겼다는 말을 들으니, 참혹하여 차마 들을 수가 없었다. 수사 원균, 공연수孔連水, 이극함李克諴이 곁눈질해뒀던 여자와 모두 함께 관계했다고 하였다.

영남의 여러 배의 사부와 격군이 다 굶어 죽게 생겼다는 이영남의 보고와 원균 등이 한 여자를 윤간輪姦한 사건이 묘하게 대비된다. 군사들이야 죽든 말든 배부른 장수들이 저지른 짐승 같은 짓은 아무리 생각해도 용서할 수 없는 일이다.

● 당항포 해전과 금토패문(禁討牌文)

1594년 2월 13일, 맑고 따뜻했다. 오후 6시경 첫 나발을 불고 출항하였다가 한산도로 돌아올 때, 경상 우수사의 군관 제홍록諸弘祿이 삼봉三峯에서 와서, "적선 8척이 춘원포春元浦에 들어와 있으니 들이칠 만하다"라고 했다. 그래서 바로 나대용을 원균元均에게 보내, "작은 이익을 보고 들이치다가 큰 이익을 이루지 못할 수 있다. 다시 적선이 많이 나오면 그때 기회를 보아 무찌르자."라고 했다.

이때 적을 치라는 임금의 명령이 또 내려왔다. 때를 맞춘 듯 왜적의 동향도 심상치 않았다. 이에 적정을 예의 주시하던 장군은 3월 초 작전을 개시했다. 당항포 해전이다. 1594년 3월 10일 보고한 "당항포에서 왜적 깨뜨린 일을 보고하는 장계唐項浦破倭兵狀"이다.

3월 3일 오후 2시경 고성 경계 벽방碧方 탐망장 제한국이 급히 달려와, "동틀 무렵 대선 10척, 중선 14척, 소선 7척이 영등포에서 나왔는데 21척은 고성 경계 당항포唐項浦로, 7척은 진해 경계 오리량吾里梁으로, 3척은 저도猪島로 갔습니다."라고 하였습니다. 신은 경상 우수사 원균, 전라 우수사 이억기 등에게 이를 알리고, 한편으로 순찰사 이빈李薲에게도 이전의 약속에 따라 군마를 거느리고 달려와 육지의 적을 쳐서 사로잡도록 통보하였습니다. 저녁 8시경 한산도에서 출발하여 어둠을 타고 몰래 이동하여 밤 10시경 거제 내해의 지도紙島 바다에서 밤을 지냈습니다.

4일 이른 새벽 전선 20여 척은 견내량에 머물러 비상사태에 대비하게 하고, 삼도의 가볍고 빠른 배와 장수 31명을 선발, 조방장 어영담을 인솔 장수로 정해 당항포와 오리량 등 적선이 정박한 곳으로 몰래 신속하게 보냈습니다.

왜선 10척이 진해 선창에서 나와 기슭을 끼고 가는 것을 조방장 어영담이 장수들을 이끌고 한꺼번에 들어가 좌우에서 협공하였더니, 6척은 진해 경계 읍전포邑前浦, 2척은 고성 경계 어선포於善浦, 2척은 진해 경계 시구질포柴仇叱浦에서 육지로 도망가버려 배만 모두 깨부수고 불태웠습니다.

녹도 만호 송여종은 왜선에 붙잡혀 있던 고성 정병 심거원沈巨元, 진해 관노 여종 공금孔今, 함안 양인 여자 남월南月 등을 빼앗았습니다. 그리고 붙잡혀 있었던 다른 2명은 왜적이 이미 머리를 베어 버리고 갔습니다. 당항포에 정박했던 왜선 21척은 멀리 타오르는 불길을 보고 육지로 올라가 진을 쳤기에, 순변사 이빈에게 다시 독촉하는 공문을 보내고, 어영담이 여러 장수와 들어가려 하였는데, 마침 썰물이 되었고 해도 저물어 당항포를 가로막고 지키며 밤을 보냈습니다.

5일 이른 새벽 신과 이억기는 큰 바다에서 비상사태에 대비하여 진을 치고, 어영담이 장수들을 거느리고 당항포로 들어가니 왜적은 다 달아나 숨었고, 왜선 21척은 기와와 왕죽王竹을 가득 싣고 정박해 있어 깨부수고 불태워 없앴다고 했습니다. 바다와 육지에서 협력했다면 거의 다 죽여 없앨 수 있었으나, 서로 멀리 떨어져 있어 새장 속에 갇힌 형국의 적을 완전히 붙잡지 못하니 통분합니다.

6일에는 고성 경계 아자음포阿自音浦에서 출발하여 돛을 펼치고 나가, 거제 흥도胸島 앞바다를 향할 때, 남해 현령 기효근이 보고하기를, "왜선 1척이 영등永登에서 나와 건너편 육지로 올라갔는데, 명나라 군사 2명과 왜놈 8명이었습니다. 패문牌文을 지닌 명나라 군사를 함께 실어 보냅니다."라고 했습니다. 패문에 회답한 내용은 별도의 장계로 올립니다. (중략)

다만 "경상 우수사 원균은 적선 31척을 모두 그 도의 장수들이 불태워 없앴다고 공문을 작성해 보냈다" 하여, 모든 진의 장수와 군사가 터무니없이 여기고 있습니다. 조정에서 헤아려 시행해주십시오.

마지막 부분은 원균의 지나침을 다시 확인할 수 있는 대목이다. 삼도의 수군이 모두 출전했는데 모든 공적을 자기 부하들의 것으로 보고를 올렸다니, 욕심도 이런 욕심이 없다. 그리고 통제사가 중심이 되어 추진한 전투 결과보고를 부하 장수가 별도로 올렸다는 것도 황당한 일이다. 다음은 담종인의 금토패문禁討牌文 관련 "왜적의 정황을 보고하는 장계陳倭情狀"이다.

이달 3월 6일, 거제읍巨濟邑 바다 가운데 흉도에서 남해 현령 기효근의 긴급보고를 받았는데, (중략) 신이 확인해보니, 명나라 도사부都司部 담종인譚宗仁의 『왜적 토벌을 금하는 패문』이었습니다.

『왜적 토벌을 금하는 패문禁討倭賊事牌文』
(명나라 도사 담종인)

"조사한 바에 따라, 명나라 도사부는 황제의 분부를 받들어 앞서 알립니다. (중략)

최근 보고에 따르면, 조선의 병선이 일본 진영 가까이 주둔하여 땔나무 자르는 사람을 죽이고 배를 불태우니, 일본의 여러 장수가 당신들과 서로 죽기로 싸우고자 했으나, 명나라 도사부와 고니시 유키나가 장군이 거듭 금지하여 군사를 일으키지 않았습니다. 이에 전투를 금하는 패문牌文을 보내니 마땅히 따라야 합니다. 이 패문을 조선의 각 관리는 받들어야 합니다.

당신들 각 병선은 본래 있던 지방으로 빨리 돌아가고, 일본 진영에 가까이 머물러 시끄럽게 하거나 시빗거리가 생기지 않도록 하십시오. 만약 이곳에 머물러 다시 왜인들을 죽이고 배를 뺏는다면, 명나라 도사부는 곧바로 송 경략(宋經略, 송응창), 고 총독군문(顧總督軍門, 시랑 고양겸), 제독 이여송과 총병 유정에게 공문을 보낼 것입니다. 당신들 국왕에게까지 공문이 전달되어 엄격한 조사가 이뤄지게 된다면, 분란 일으킨 죄를 피할 수 없게 될 것입니다.

명나라 도사부에서 삼가 타이르니, 패문이 도착하면 곧바로 문서로 답장하고, 위 패문을 받들어 시행하십시오."

명나라 사람을 불러들여 이를 가지고 온 까닭을 물어보니, 작년 11월에 담 노야譚老爺 등이 웅천에 도착해 지금까지 명나라 조정의 강화 승낙을 기다리고 있는데, 최근 왜인들이 조선 수군의 위세에 겁먹어 도사 노야老爺에게 간곡히 빌어 패문을 작성해 보낸 것이라고 했습니다. (중략)

패문에 대한 회답을 작성해주면서 겉으로는 싸움을 중지할 뜻을 보이되, 다시 적의 정황을 살피고 기회를 틈타 무찌를 생각입니다. 그들에게 다음과 같이 회답하였습니다.

『'왜적 토벌을 금하는 패문禁討倭賊事牌文'의 답장』
(삼도 수군통제사 이순신)

"조선국 신하 등은 삼가 명나라 선유도사宣諭都司 대인 앞으로 답장을 올립니다. (중략)

이번 달 3일에 선봉선先鋒船 200여 척을 이끌고, 거제로 곧바로 들어가 근거지를 모조리 없애고, 차례로 다 죽여 씨를 남기지 않으려고 했습니다. 왜선 30여 척이 고성에서 진해 땅으로 몰려와 여염집을 불태우고 재물을 빼앗고, 백성을 마구 죽였으며, 또 많은 사람을 잡아갔습니다. 기와를 가져가고, 대나무를 잘라 배에 가득 실었습니다. 그 정상을 따져보면 더욱더 통분합니다. 그 배들을 깨뜨려 불태우고 흉악한 무리를 쫓기 위해 공격하려 할 때, 뜻밖에 도사 대인의 선유宣諭 패문이 진에 도착했습니다.

받들어 두 번 세 번 읽었는데, 자상하고 간절함이 지극했습니다. 다만 패문에서, '일본의 여러 장수가 마음을 기울여 복종하지 않는 자가 없고, 모두 무기를 거두어 전쟁을 중지하고 본국으로 다 돌아가려고 합니다. 당신들의 각 병선은 본래 있던 지방으로 빨리 돌아가고, 일본 진영 요새에 가까이 머물러 시빗거리가 생기지 않도록 하십시오.'라고 하셨습니다.

왜인들이 견고하게 점거한 거제, 웅천, 김해, 동래 등의 지역은 모두 우리 땅입니다. 그런데도 '우리가 일본 진영 요새를 가까이 한다.'라고 하신 것은 무슨 말입니까. '우리에게 본래 있던 지방으로 빨리 돌아가라'라고 하셨는데, '본래 있던 지방'이 어디를 두고 하는 말씀인지 모르겠습니다. (중략)

그러나 대인의 가르침을 감히 어길 수 없으니, 잠시 일정한 기간 자세히 살펴보겠습니다. 우리나라 왕세자께도 급히 보고하겠습니다. 삼가 엎드려 바라오니, 대인께서도 이 뜻을 널리 알려, 하늘 거스르는 길과 따르는 길을 알게 해주시면 천만다행입니다. 삼가 죽음을 무릅쓰고 답합니다."

위의 담 도사譚都司라는 사람이 언제 웅천熊川으로 내려왔는지 회답해 달라는 공문을 도원수 권율에게 보냈습니다. 그리고 명나라 군사와 같이 나왔던 상주에 사는 사노비 희순希順은 왜어倭語를 잘해 통역을 겸하여 나왔습니다. 명나라 군사에게 희순은 못 데려간다고 이치를 들어 타일렀습니다. 그래도 의심하기에 "항복을 빌러 여기에 온 것인데, 우리나라 사람을 그곳으로 데리고 갈 수 있겠는가."라고 말했더니, 명나라 군사는 말문이 막혀 그대로 두고 돌아갔습니다. 그래서 희순을 심문審問하여 진술을 받았는데, 그 내용은 다음과 같습니다.

"상주尙州 서문 밖에 사는 사람으로 1593년 4월경 서울에서 내려오던 왜적에게 붙잡혀 부산에 도착했습니다. 그 뒤에 왜놈들이 진주성을 함락시키고 부산으로 되돌아왔으며, 같은 해 7월쯤 명나라 군사 15명이 한꺼번에 웅천으로 와서 지금까지 진에 머무르고 있습니다. (중략) 왜장이 저에게 '너는 조선 진으로 가서 일본 사람들은 싸우려 하지 않는데, 조선은 왜 싸우려고 하는가. 등등의 일을 말하라'라고 해서 나왔습니다. (중략)

작년 11월경, 늙은 명나라 장수 1명(심유경)이 웅천 진에 도착하여 머물러 있다가 서계(書啓, 강화문서)를 지니고 왜인 3명과 함께 명나라로 출발하였습니다. 그 왜인들이 돌아오면 왜적들은 전부 일본으로 돌아간다고 했습니다. (중략) 새로운 왜는 혹은 20명, 혹은 30명이 실려 왔고, 나머지 다른 일은 속기 쉽고 어리석은 사람이라 정확하게 알지 못합니다."

희순은 적에게 오래 잡혀있어 교활히 모의하는 실정을 상세히 알고 있음에도 반복하여 다그쳐 물어도 실토하지 않았으며, 적에게 돌아가려는 생각이 말과 얼굴에 나타나기에 엄한 형구刑具를 갖춰 대략 진술을 받았으나, 꾸미는 모습이 많이 있었습니다. 비록 적의 수하로 있었다 하더라도 이미 돌아왔는데 머무를 생각이 없으니, 그가 나라 배반한 죄는 잠시도 기다려줄 수 없습니다. 그러나 다시 물어볼 일이 있을 듯하여 흥양현에 가두었습니다. 조정의 명령을 기다립니다.

● 수군병영에 전염병이 창궐하다

이때 이순신 장군은 매우 아픈 상태에서 출전했다. 한 달 이상 아팠다. 그런 중에서도 장군의 책임감과 강한 의지를 볼 수 있는 사연이 있다. 작전을 종료하고 돌아오는 날의 일기다.

1594년 3월 7일, 맑았다. 몸이 극도로 불편하여 돌아눕기도 어렵다. 그래서 아랫사람을 시켜 패문의 답글을 작성하게 했더니 글 모양이 제대로 갖춰지지 않았다. 또 경상 우수사 원균이 손의갑孫義甲을 시켜 작성해왔는데 그것도 매우 맞지 않았다. 나는 억지로 일어나 앉아 글을 만들어 정사립鄭思立에게 이를 쓰게 하여 보냈다.

이때 장군의 병은 전염병이었다. 전염병에 관련 일기를 1594년 1월부터 모았다.

1594년 1월 20일, 맑았으나 바람이 세게 불었다. 병으로 죽은 자들 장사지낼 차사원差使員으로 녹도 만호 송여종을 정하여 보냈다.

1월 21일, 맑았다. 저녁에 녹도 만호 송여종이 와서 병사病死한 시체 214명을 거두어 묻었다고 보고하였다.

1월 22일, 맑았다. 날씨가 따뜻하고 바람도 없다. 녹도 만호 송여종이 병사한 시체 217명을 거두어 묻었다고 했다.

1월 30일, 흐리고 바람이 세게 불다가 늦게 개었다. 바람이 조금 잠잠해졌다. 몸이 몹시 불편하여 종일 땀을 흘렸다.

2월 20일, 안개비가 걷히지 않았다. 오전 10시경 상쾌하게 맑아졌다. 몸이 불편하여 종일 나가지 않았다.

2월 21일, 맑고 따뜻했다. 몸이 몹시 불편하여 종일 신음했다.

3월 6일, 맑았다. 몸이 몹시 괴로워 앉고 눕기도 불편하였다.

3월 8일, 맑았다. 병세는 별로 차도가 없다. 기운이 더 떨어져 종일 아프고 괴로웠다.

3월 9일, 맑았다. 몸이 잠시 나아져 따뜻한 방으로 옮겨 누웠다. 아프지만 다른 증세는 없다.

3월 10일, 맑았다. 병세는 차츰 나아지는데, 열이 치올라 그저 찬 것 마시고 싶은 생각뿐이다.

3월 11일, 종일 큰비가 오다가, 어두울 무렵에는 개였다. 병세가 훨씬 나아졌고 열도 내렸다. 참으로 다행이다.

3월 12일, 맑았으나 바람이 세게 불었다. 몸이 매우 불편하다.

3월 13일, 맑았다. 병은 차도가 있으나 기력이 매우 떨어졌다.

3월 14일, 비가 계속 내렸다. 몸은 나았지만, 머리가 무겁고 불쾌하다.

3월 15일, 비는 그쳤으나 바람이 세게 불었다. 종일 신음했다.

3월 16일, 맑았다. 몸이 매우 불편하다.

3월 17일, 맑았다. 몸이 완전히 회복되지는 않았다.

3월 18일, 맑았다. 몸이 몹시 불쾌하다.

3월 19일, 맑았다. 몸이 불편하여 종일 신음했다.

3월 20일, 맑았다. 몸이 불편했다.

3월 21일, 맑았다. 몸이 불편하다.

3월 22일, 맑았다. 몸이 약간 나아진 것 같다.

3월 23일, 맑았다. 기운이 여전히 불편하다.

3월 24일, 맑았다. 몸이 조금 나아진 것 같다.

3월 25일, 맑았다. 늦게 활터 정자에 올라갔는데 몸이 몹시 불편하여 일찍 숙소로 내려왔다.

3월 27일, 흐렸으나 비는 오지 않았다. 몸이 좀 나은 것 같다. 조카 봉峯이 저녁에 몸이 불편하다고 했다.

3월 28일, 종일 비가 내렸다. 조카 봉峯의 병세가 더 나빠졌다. 몹시 걱정된다.

3월 29일, 맑았다. 봉이 중병을 얻어 돌아가 밤새 걱정했다.

4월 1일, 맑았다. 장흥 부사 황세득, 진도군수 김만수, 녹도 만호 송여종이 여제(厲祭. 전염병 귀신 제사)를 지낸다고 보고하고 돌아갔다.

4월 3일, 맑았다. 여제를 지내고, 삼도의 군사들에게 술 1,080 동이를 먹였다.

4월 5일, 흐렸다. 새벽에 최천보崔天寶가 죽었다.

4월 8일, 맑았다. 몸이 아팠지만, 저녁에 시험장으로 올라갔다.

4월 9일, 맑았다. 조방장 어영담魚泳潭이 세상을 버렸다. 통탄함을 어찌 말로 다 할 수 있으랴.

이때 얼마나 많은 군사가 전염병으로 앓고 죽었는지 알 수 있는 글이 있다. 1594년 4월 20일 "군 입대자를 누락시킨 여러 장수의 죄를 청하는 장계請罪闕防諸將狀"속에 있다.

> 1월부터 4월까지 전염병으로 전라좌도는 사망자가 606명이고, 앓고 있는 사람이 1,373명입니다. 전라우도는 사망자가 603명이고, 앓고 있는 사람이 1,878명이며, 경상우도는 사망자가 344명이고, 앓고 있는 사람이 222명이며, 충청도는 사망자가 351명이고, 앓고 있는 사람이 286명입니다. 삼도를 합친 사망자 수는 1,904명이고, 앓고 있는 사람은 3,759명입니다.

장군 자신도 전염병으로 고통받았고, 또 수많은 군사가 앓고 죽어가는 속에서도 왜적 토벌을 위해 출전하였다. 하지만 『금토패문』으로 더는 전투를 계속할 수 없는 상황이 되었다. 어쩌면 당시 수군의 상황에서는 오히려 다행한 일이다. 장군이 전염병에 걸려 고생한 내용은 4월 25일부터 또 나온다.

4월 25일, 맑았다. 꼭두새벽부터 몸이 아주 불편하여 종일 괴롭고 아팠다. 밤새도록 앉아서 앓았다.

4월 26일, 맑았다. 통증이 극심하여 거의 정신을 차릴 수 없었다.

4월 27일, 맑았다. 통증이 잠깐 덜하여 숙소로 내려갔다.

4월 28일, 맑았다. 몸 아픈 것이 많이 덜 하였다.

4월 29일, 맑았다. 몸이 상쾌해진 것 같다. 오늘 전라우도에서 삼도의 군사들에게 술을 먹였다.

5월 1일, 맑았다. 종일 땀을 쏟듯이 흘렸더니 몸이 좀 나아졌다.

전염병과 관련하여 의원을 보내 달라고 장계로 요청하였다. 언제 올렸는지는 확인할 수 없으나 서울에서 의원이 내려왔다는 일기가 있다.

7월 5일, 맑았다. 심약(審藥, 종9품 의원)이 내려왔는데 매우 용렬庸劣하여 한숨이 나온다.

◉ 도원수 권율을 만나 오해를 풀다

이순신 장군이 통제사가 된 이후, 원균의 장군에 대한 음해는 더욱 심해졌는데 왕과 조정뿐만 아니라 도원수나 체찰사, 어사, 선전관 등에게도 계속한 것 같다. 일기에 도원수가 장군을 만나 오해 푸는 내용이 나온다.

1594년 8월 12일, 흐렸으나 비는 오지 않았다. 아침에 도원수의 군관 심준沈俊이 전령을 가지고 왔는데, 군사 약속을 직접 만나서 논의하고 싶으니 오는 17일 사천으로 나와 기다리라고 했다.

8월 15일, 맑았다. 식사 후 출항하여 경상 수사 원균과 함께 월명포月明浦에 이르러 잤다.

8월 16일, 맑았다. 아침을 먹고 돛을 올려 사천 선창에 이르니, 기직남奇直男이 곤양 군수 이광악과 함께 와 있었다.

8월 17일, 흐리다가 저물 무렵 비가 왔다. 도원수가 낮 12시경 사천에 도착하여 군관을 보내 불렀다. 도원수가 있는 사천 현감 기직남의 거처로 갔다. 교서에 숙배한 뒤에 공사 간의 예를 마치고, 그대로 함께 이야기하였더니 오해가 많이 풀리는 얼굴빛이다. 원균 수사를 몹시 책망하니, 원 수사는 머리를 들지 못했다. 우습다. 가지고 간 술을 마시자고 청했다. 8순배 돌리니 도원수가 몹시 취하여 상을 물리고 헤어졌다. 숙소로 돌아왔다.

8월 18일, 흐렸으나 비는 오지 않았다. 아침 식사 후 도원수가 다시 청하여 가서 이야기했다. 또 간단한 술상을 차리니 잔뜩 취해서 보고하고 돌아왔다. 원균은 취해 드러누워 일어나지 못하여 오지 못했다. 나만 곤양 군수 이광악, 거제 현령 안위, 소비포 권관 이영남 등과 배를 돌려 삼천포에 도착하여 묵었다.

8월 19일, 맑다가 저녁에 잠깐 비가 왔다. 새벽에 사량蛇梁 후면에 도착하였으나, 원균 수사는 아직 오지 않았다. 칡을 60동이나 캐니, 그제야 원균 수사가 왔다. 늦게 출항하여 당포唐浦에서 잤다.

8월 20일, 맑았다. 새벽에 출항하여 진중陣中에 도착했다.

☯ 아내의 병 걱정과 임금의 질책

1594년 8월 27일, 맑았다. 아침에 아들 울蔚의 편지를 보니 아내의 병이 위중하다고 했다. 그래서 아들 회薈를 내보냈다.

8월 30일, 맑고 바람조차 없다. 이날 아침 탐후선이 들어왔는데, 아내의

병이 몹시 위독하다고 했다. 이미 생사가 결정이 났는지도 모르겠다. 나랏일이 이 지경에 이르렀으니, 다른 일은 생각할 겨를이 없다. 그러나 아들 셋에 딸 하나가 어찌 살아갈 것인가. 가슴이 쓰리고 아프다. 김양간金良幹이 서울에서 영의정과 병조판서 심충겸沈忠謙의 편지를 가지고 왔는데, 분노하는 뜻이 많이 들어있었다. 원 수사의 일은 지극히 해괴하다. 나더러 머뭇거리며 앞으로 나아가지 않는다고 하였다 하니, 천년을 한탄할 일이다.

9월 1일, 맑았다. 이른 아침에 손 씻고 고요히 앉아 아내의 병세를 점쳐보니, 중이 환속하는 것과 같다고 나왔다. 다시 쳤더니, 의심이 기쁨을 얻은 것과 같다는 괘가 나왔다. 아주 좋다. 또 병세에 대한 소식이 올지를 점쳤더니, 귀양 땅에서 친척을 만난 것과 같다는 괘가 나왔다. 이 역시 오늘 중에 좋은 소식을 들을 조짐이다.

9월 2일, 맑았다. 저녁에 탐후선이 들어왔는데, 아내의 병이 좀 나아졌으나, 원기가 몹시 약하다고 하니 염려스럽다.

9월 3일, 이슬비가 내렸다. 새벽에 임금님 비밀 유지有旨가 들어왔는데, "바다와 육지의 여러 장수가 팔짱만 끼고 서로 바라보면서 의분義憤하여 세우는 계책은 한 가지도 없고, 토벌하러 나갈 계획도 없다."라고 했다. 3년 동안이나 바다에 나와 있는데 그럴 리가 만무하다. 여러 장수와 맹세하기를 죽음으로 원수 갚을 뜻으로 하루하루 보내지만 적이 험한 토굴에 웅거하고 있어 경솔히 나가 치지 못한 것이다. '적을 알고 나를 알면 백 번을 싸워도 위태롭지 않다.'[15]라고 하지 않던가.

---

15) 知彼知己 百戰不殆

갑자기 임금의 질책이 내려왔다. 지난 영등포 해전이 중단된 것은, 명나라 도사 담종인의 『금토패문』 때문임을 보고했었고, 그 이후로는 전투를 전개할 수 없다는 사실을 잘 알고 있을 텐데 이유가 무엇이었을까. 아마도 8월 30일 일기와 관련이 있는 것 같다. 원균이 선조에게 "이순신이 머뭇거리며 앞으로 나아가지 않는다."라고 보고하여 이런 왕의 질책이 내려온 것 아닐까.

9월 4일, 맑았다. 늦게 경상 수사 원균이 와서 이야기하자고 했다. 그래서 활터 정자로 내려가 앉아 활을 쏘았다. 원균 수사가 9푼을 져 술 취해서 갔다. 피리를 불다가 밤이 깊어 파했다. 또 불편한 일이 있었다. 우습다.

원균이 와서 이야기를 청했다니 뭔가 매우 아쉽거나 부탁할 일이 있었을 텐데 무슨 일인지는 알 수 없지만 불편한 일이 있었다고 한 것으로 보아, 원균에게 불리한 일이 있었던 것 같다.

제 3 장

장문포 해전과
칠천량 패전까지

● 윤두수와 권율, 장문포 해전을 추진하다

선조실록에 왕은 1594년 6월 18일 편전便殿에서 '왜적에 대해 수륙 공격을 시험 해보고 싶다'라고 하였다. 그러자 유성룡 등이 좋은 계책이라고 맞장구를 치면서도 수군의 전염병 문제와 이순신의 명령이 수령들에게 먹히지 않는 것, 장수들 간 불화 등의 문제가 있다고 하였다.

그러나 이어서 비변사의 수륙합동 공격전략에 대한 보고가 있었고, 이를 실행하기 위한 것으로 보이는, '장문포 왜적 공격계획'을 당시 삼도 체찰사였던 좌의정 윤두수가 보고하였다. 1594년 9월 27일 선조실록이다.

> "전쟁이 발발한 지 3년이 되어 피폐하니 지키느라 힘을 나누어 쓰는 것보다는, 힘을 모아 한번 싸우는 것이 나을 것입니다. 이기면 하늘의 도움이고, 지더라도 종묘사직에 할 말이 있을 것입니다. 그래서 도원수와 의논하여 수군은 동쪽으로, 육군은 남쪽으로 공격하려 합니다."

싸움은 시작하기 전에 이미 이길 수 있다는 확신이 있을 때 시작해야 한다. 그런데 군 최고 지휘관이 승리에 대한 확신도 없이 이기면 하늘이 도움이고 지더라도 종묘사직에 할 말이 있다니, 어떻게 싸움을 이렇게 시작할 수 있는지, 도무지 이해가 되지 않는다. 그런데 실록 9월 28일 비변사의 건의에 답하는 선조의 발언은 경악을 금치 못하게 한다.

> 비변사가 아뢰기를, "임금이 걱정하는 말에 구애되어 사기를 잃

지 않도록 격려하는 것이 어떻겠습니까?"라고 하자, 선조가 하는 말이 "예전에는 징을 울려서 싸움에 이긴 자도 있고, 복이 있는 사람은 신명神明도 도왔으니, 혹 만분의 일이라도 가망은 있는 일이다. 병가의 승패는 알 수 없는 것이다. 적賊을 토벌한다고 하는데 어찌 막겠는가. 싸움은 장군의 재량에 맡겨야 한다. 단지 적에게 잡혀 멸망을 재촉하지 않을까 염려스러울 뿐이다. 대개 적은 대비가 철저한데 우리는 그렇지 못하다. 적은 필시 4~5만이 넘을 것인데 오합지졸 3천으로 적을 섬멸하겠다니 괴이하고 괴이한 일이다. 내 구구한 뜻을 다 말할 수는 없고 다만 하늘에 빌 뿐이다." 하였다.

선조의 말은 어이가 없다. 어찌 왕이라는 자가 이런 말을 할 수 있단 말인가. 10월 1일 선조실록에는 도원수 권율이 수륙합동 공격을 지휘하기 위해 9월 22일 사천으로 출발한다는 보고가 실려 있다. 일기로 전황을 살펴보자.

1594년 9월 22일, 아침에 활터 정자에 앉았다. 도원수의 비밀편지가 왔는데, 27일에 군사를 출동하기로 정했다고 했다.

9월 25일, 맑으며 바람이 조금 멈췄다. 첨지 김경로가 군사 70명을 거느리고 들어왔다. 저녁에 첨지 박종남朴宗男은 군사 600명을 거느리고 들어왔다. 조붕趙鵬도 왔다.

9월 26일, 맑았다. 새벽에 곽재우郭再祐, 김덕령金德齡 등이 견내량에 도착하였는데, 박춘양朴春陽을 보내 건너온 까닭을 물었더니, 수군과 합세할 일로 도원수 권율의 명령을 받아서 왔다고 하였다.

9월 27일, 아침에 맑더니 저물녘에 잠깐 비가 내렸다. 여러 배가 일제히 출항하여 적도狄島 앞바다에 대었다. 첨지 곽재우, 충용장 김덕령, 별장 한명련韓明璉, 주몽룡朱夢龍 등이 와서 약속하고 각각 원하는 곳으로 갈라 보냈다. 저녁에 전라 병사 선거이宣居怡가 도착하여 좌수영 본영의 배를 타게 했다. 저물 무렵 체찰사의 군관 이천문李天文, 림득의林得義, 이홍사李弘嗣, 이충길李忠吉, 강중룡姜仲龍, 최여해崔汝諧, 한덕비韓德備, 이안겸李安謙, 박진남朴振男 등이 왔다. 밤에 잠깐 비가 내렸다.

9월 29일, 맑았다. 출항하여 장문포 앞바다로 돌격해 들어가니, 적들은 험준한 곳에 웅거하여 나오지 않는다. 누각을 높이 만들어놓았으며 양쪽 봉우리에 보루堡壘를 쌓고는 나와 항전하지 않을 전략이었다. 선봉 적선 2척을 공격했더니, 육지로 도망가서 다 숨어버렸다. 빈 배들만 쳐부수고 불태웠다. 칠천량에서 밤을 지냈다.

10월 1일, 새벽에 출항하여 장문포에 도착했더니, 경상 우수사 원균과 우수사 이억기가 장문포 앞바다에 머물러 있었다. 내가 충청 수사 이순신, 선봉의 여러 장수와 함께 곧장 영등포로 들어갔더니, 흉악한 적들은 바닷가에 배를 대놓고 한 놈도 나와 항전하지 않았다. 저물 무렵 장문포 앞바다로 돌아와서, 사도 2호선이 육지에 배를 거는 사이에 적 소선小船이 바로 들어와 불을 던졌다. 비록 불은 나지 않고 꺼졌지만, 매우 통분하다. 전라 우수사 군관과 경상 우수사 군관에게는 그 실수에 대해 간단히 지적했지만, 사도蛇島 군관에게는 그 죄를 무겁게 다스렸다. 밤 10시경 칠천량으로 돌아와서 밤을 지냈다.

10월 3일, 맑았다. 직접 여러 장수를 거느리고 일찌감치 장문포로 가서 종일 싸우려 했으나 적들이 항전하러 나오지 않았다. 날이 저물어 칠천량으로 돌아와서 밤을 지냈다.

10월 4일, 맑았다. 곽재우, 김덕령 등과 함께 약속하고, 군사 수백 명을 뽑아 상륙하여 산으로 올라가게 하고, 선봉을 먼저 장문포로 보내어 들락날락하면서 싸움을 걸도록 했다. 늦게 중군을 거느리고 나가 수륙이 서로 호응하니, 적들이 갈팡질팡하며 기세를 잃고 이리저리 황급히 움직였다. 육군은 적이 칼 휘두르는 것을 보고는 곧 배로 내려왔다. 돌아와 칠천량에 진을 쳤다.

10월 6일, 맑았다. 일찍 선봉을 장문포의 적 소굴로 보냈더니, 왜놈들이 패문을 써서 땅에 꽂았는데, "일본은 명나라와 화친을 의논할 것이니, 서로 싸울 것 없다."라는 것이었다. 왜놈 한 명이 칠천도 산기슭에서 와서 투항하므로, 곤양 군수가 잡아 와서 물어보니 영등포의 왜적이었다. 흉도로 진을 옮겼다.

10월 7일, 맑았다. 전라 병사 선거이, 곽재우, 김덕령 등이 나갔다. 띠풀 183동을 베었다.

왜놈의 패문을 보고 싸움을 그만둘 것이었다면 육군은 도대체 왜 온 것인가. 지난번 영등포 전투에서도 똑같은 일이 있었다. 그때는 명나라 도사 담종인이 패문을 보내 막았지만, 이번에는 왜놈들이 일방적으로 써서 땅에 꽂은 것에 불과한 것이 아닌가. 그것을 보고 돌아갈 것이었다면 애당초 시작하지 말았어야 했다. 또 육군은 지휘부가 현장에서 판단하고 결정했어야 했는데, 도대체 체찰사와 도원수는 어디에서 무엇을 하고 있었을까. 선조실록 1594년 10월 11일 경상도 순변사 이빈李贇의 보고다.

"도원수 권율의 전령傳令에 '9월 27일 수륙이 합세하여 거제트濟

의 적병을 공격할 것이니 각 진영의 여러 장수는 병사 중에 정예精
銳를 뽑아 장수를 정하여 보내도록 하라. 분군分軍 등에 관한 일은
순변사가 전담하여 조처하되 함안咸安 등지에도 복병을 두어 적의
동태를 관망하여 뜻밖의 일에 대비하도록 하라.'고 하였기에, 경상
도 조방장 곽재우郭再祐를 장수로 정하고, 김응함金應諴·장의현張義
賢·백사림白士霖·주몽룡朱夢龍·나승윤羅承胤·김덕령金德齡·한
명련韓明璉과 승장僧將 신열信悅 등에게 군사 650명을 거느려 보내
면서 기회를 보아 적을 공격하여 기필코 큰 공을 세우도록 특별히
타이르고, 신은 전라 병사 이시언李時言과 나머지 군사를 거느리고
함안 등지에 복병하여 변에 대비하고 있습니다."

장문포는 거제도에 있다. 섬에 있는 적을 공격하는 데 작전 수뇌부인 체찰
사는 움직이지도 않고, 도원수는 사천에 있고, 군사 배치 등 실무 책임자인
순변사는 함안에 있으면서 겨우 군사 650명을 보냈다니 말문이 막힌다.

1594년 10월 8일, 맑고 바람조차 없었다. 아침에 출항하여 장문포
적의 소굴에 이르니, 적들은 여전히 나오지 않았다. 군대의 위세만 보
인 뒤에 흉도로 되돌아왔다가 그대로 출항하여 한산도에 일제히 이르
니, 밤은 벌써 자정이 되었다. 흉도에서 띠풀 260동을 베었다.

10월 9일, 맑았다. 아침에 정자로 내려오니 첨지 김경로, 첨지 박종
남, 조방장 김응함, 조방장 한명달韓命達, 진주목사 배설裵楔, 김해 부
사 백사림白士霖이 함께 와서 보고하고 돌아갔다. 김경로와 박종남은
종일 활을 쏘았다. 박자윤朴子胤은 마루방에서 자고, 나는 춘복春福과

함께 갔다. 김성숙金惺叔은 배로 내려가 갔다. 남해 현령, 하동 현감, 사천 현감, 고성 현령이 보고하고 돌아갔다.

10월 10일, 맑았다. 아침에 나가 장계초고를 수정했다. 박자윤과 곤양 군수 이광악은 그대로 머물러 떠나지 않았으며, 흥양 현감 배흥립, 보성군수, 장흥 부사 황세득은 보고하고 돌아갔다.

10월 12일, 맑았다. 아침에 장계 초고를 수정하였다. 경상 수사 원균이 적 토벌한 일에 대한 장계 보고를 직접 올리겠다고 하면서 공문을 만들어 와서 주었다.

원균이 장계를 어떻게 쓰려고 이럴까. 지난번 영등포 전투에서 삼도 수군의 공을 모두 경상우수영의 공으로 보고했었는데 말이다. 1594년(선조 27년) 10월 8일 선조실록에 기록된 원균의 장계 보고를 보자.

"9월 29일부터 10월 2일까지 장문포場門浦에서 싸운 경과는 이미 보고 드렸습니다. 2일 해 뜰 무렵 장문포의 적은 100여 명인데 세 곳에 깃발을 걸고 수없이 총을 쏘아 대어 우리 군사들이 종일 맞붙어 싸우다가 어두워져서 외질포外叱浦에 진을 쳤습니다.

3일 아침 장문포에서 적을 공격했는데 적진 근처 마초가 무수히 쌓여 있어 지키는 놈을 쫓고 불을 질렀더니 밤새도록 탔습니다. 신이 다시 이순신, 곽재우, 김덕령과 상의하여 수륙합동 공격을 계획하고 거제 출신 사수射手 15명을 뽑아 길잡이를 시키고, 신의 수군 중에서 육지 싸움 자원병 31명을 뽑아 곽재우의 지휘를 받도록 했습니다.

4일 새벽 6시경에 화전火箭과 현자·승자총통을 쏘면서 정예선精
銳船을 적 소굴로 보내 공격할 기세를 보였으나 성문을 굳게 닫고
나오지 않아 섬멸하지 못해 통분하였습니다. 육군은 도원수 권율
에게 보고하기로 하고 7일 돌아갔으며, 신과 수군은 외질포에 그
대로 있습니다.

5일 사후선으로 적의 동태를 파악하게 하였는데 6일 사후장伺
候將 원사웅元士雄과 조준표曹俊彪 등이 보고하기를 '사후선 4척이
오비질포吾非叱浦에서 적선 2척을 만났는데 돌진해 들어가니 반
은 이미 배에서 내렸고 나머지 반은 물속으로 뛰어들었습니다. 우
리의 집중사격으로 다친 왜병이 많았는데 배에서 내린 30여 명이
총을 쏘면서 저항하여 수급首級을 베지는 못하였고, 다만 적선 2
척을 불태우고 돌아왔다고 하기에 불탄 적선을 끌고 오라고 했습
니다. 7일 오비질포에 도착하니 왜적 5~6명이 방황하고 있어 추
격하다 한 명이 항복하여 데리고 왔으며, 타다 남은 적선 2척도
끌고 왔습니다.

신의 중위장 곤양 군수 이광악李光岳은 6일 해변에서 한 명을 생
포하였고, 선봉장 웅천 현감 이운룡李雲龍은 적진에 들어가 왜인
이 쓴 작은 판을 탈취해 와서 통제사 이순신에게 보내면서 한산으
로 돌아가 진을 치고 사변에 대비하도록 지휘하였습니다.

원균의 보고를 보면 열심히 싸웠다고 주장하고 있으나, 이렇다 할 전공戰功
은 없다. 그리고 마치 자신이 전투를 총지휘한 것처럼 장계를 올렸다. 웃기는
건 이운룡이 왜인이 쓴 작은 판을 탈취해왔다고 하는데 이것은 금토패문으로

적이 우리에게 보라고 꽂아놓은 것이다. 그런데 이를 마치 싸워서 빼앗은 것처럼 쓰고 있다. 또 6일 곤양 군수 이광악이 1명을 사로잡았다고 했는데, 선조실록에는 "투항하겠다고 약속하는 것을 만인이 보았는데도 이광악이 돌진하여 사로잡았다 하였습니다."라고 기록되어 있다.

이순신 장군은 이 전투에 처음부터 수동적으로 끌려다닌 느낌이다. 장계 보고조차 원균이 쓰겠다고 하여, 실제와 다르게 보고했다. 장군이 그 내용을 몰랐는지, 아니면 알았지만 어쩔 수 없었는지는 알 수 없다. 어쨌든 뭔가 찜찜한 구석이 많은 사건이다.

이미 보고했다는 9월 29일부터 10월 2일까지 내용은 일기와 실록의 기록에 큰 차이가 있다. 난중일기에는 10월 1일 장문포 앞바다에서 적이 사도 2호선에 불을 던졌으나 다행히 불은 나지 않고 꺼졌다고 기록하고 있으나, 선조실록 11월 19일 경상도 관찰사 홍이상의 장계 보고를 보면, "1일 미시에 왜선倭船 3척이 나와 사도 병선兵船이 매여 있는 곳을 범하여 배꼬리에 불을 지르고 또 군졸 한 명을 베고 갔다. 그날 저녁 적선賊船이 몰래 나와 포를 쏘아 우리 군사들이 매우 당황했다. 이때 전라수군全羅水軍의 사후선伺候船 3척이 실종되었으며 그 배의 병졸은 거의 다 죽었다. 적이 재차 사도의 선박을 범하여 모두 불태웠다. 미처 도피하지 못한 경계병은 모두 피살被殺되었다."라고 기록하고 있다. 장군이 일기의 내용을 실제와 달리 썼는지 실록의 기록이 잘못되었는지는 알 수 없다.

1594년 10월 16일, 맑았다. 순무어사 서성이 해 질 무렵 이곳에 왔다. 우수사 원균元均과 함께 이야기하다가 밤이 깊어서 헤어졌다.

10월 17일, 맑았다. 아침에 어사가 있는 곳으로 사람을 보냈더니, 아침 먹고 당연히 올 것이라고 했다. 늦게 우수사 이억기가 왔다. 어사도 와서 조용히 이야기하는데 경상 수사 원균의 속이는 일에 대한 말을 많이 했다. 지극히 해괴하다. 원균도 왔다. 그 흉악한 형상은 말로 다 할 수가 없다.

10월 21일, 맑다가 조금 흐렸다. 종사관, 우후 이몽구, 발포만호 황정록이 나갔다. 투항해 온 왜놈 3명이 원균 수사에게서 왔기에 심문하였다. 밤에 비가 조금 내렸다.

10월 22일, 흐렸다. 의능宜能과 이적李迪이 나갔다.

● 장문포 전투에 대한 선조의 이중성

10월 22일 승병장 의능과 이적이 나가는 것으로 장문포 전투에 관여한 군사들은 모두 돌아갔다. 이 전투와 관련한 원균의 결과보고가 있기 전인 1594년 10월 11일 왕이 신하들과 토론을 하였는데 선조의 발언이 놀랍기만 하다.

상이 이르기를,

"이제 순변사 이빈의 장계를 보니, 왜적을 치는 것이 이처럼 쉽단 말인가. 이렇게 해서 큰 공을 이룰 것을 기대하니, 과연 그렇게 쉽다면 무슨 걱정이 있겠는가."

하니, 성룡이 아뢰기를,

"육전으로 웅천熊川이나 김해金海의 적병을 공격하는 것이 아니라, 수륙의 군대를 연합하여 거제를 도모한다고 합니다."

하자, 상이 이르기를,

"전일 조승훈祖承勳을 망치고 유격 사유史儒를 죽인 자가 바로 이빈이다. 그가 거느린 군대가 겨우 5백이라 하는데, 노루나 사슴을 사냥한다고 해도 5백 명을 가지고서야 제대로 되겠는가."

하였다. 성룡이 아뢰기를,

"거제의 적병은 수군만이 공격할 수가 있습니다."

하니, 상이 이르기를,

"수군이라면 비록 거제를 탈환하여 점거하지는 못한다고 하더라도 적선賊船을 불태워 버릴 수는 있기에 전부터 비변사에서도 지시하였었다. 이번 거사 시기에 대해서 나는 전혀 몰랐는데, 묘당(廟堂. 의정부)에는 은밀히 통지해 왔었는가?"

하자, 성룡이 아뢰기를,

"신들도 몰랐습니다."

하였다. 상이 이르기를,

"옛날에는 용병用兵하려면 천지天地에 제사하여 고하기도 하였는데, 조정에 품稟하지도 않고 경솔하게 거사하니 어찌 성공할 리가 있겠는가. 한 번의 웃음거리도 못 된다." 하고는 지도를 가져다 보이니, 성룡 등이 손가락으로 짚으면서 아뢰기를,

"영등永登과 거제巨濟 사이는 수로水路의 넓이가 겨우 벽란도碧瀾渡 정도입니다."

하였다. 상이 이르기를,

"진군進軍할 기일은 당기거나 물리기 어려우니 27일 거사한 것이

분명한데 변보邊報가 언제나 올지 모르겠다."

하니, 성룡이 아뢰기를,

"만일 승첩을 하였다면 쉬이 알게 될 것입니다."

하였다. 상이 이르기를,

"내 들으니 병법에 '군대가 열 배면 포위한다.'라고 하였는데 이 번의 거사는 어떠한가? 경들은 생각하는 바를 각각 말하라."

하니, 성룡이 아뢰기를,

"만일 수군으로 거제에 접근하고 정병을 뽑아 보내 매복해 있다가 공격하면, 적병은 배가 불탈까 두려워하고, 또 식량 보급로가 끊길 까 걱정하여 먼저 동요하게 될 것이니 그렇게 되면 해볼 만합니다."

하고, 정곤수鄭崑壽는 아뢰기를,

"먼 데서 요량하지 못하겠습니다."

하고, 최황崔滉은 아뢰기를,

"버마재비가 수레바퀴를 버티는 것과 같으니 스스로 약한 것만 내보일 뿐입니다."

하고, 김수金睟가 아뢰기를,

"신은 성을 공략하는 일은 해낼 수 없으리라 생각합니다."

하였다. 상이 이르기를,

"나는 본래 겁이 있어 이 일을 들은 뒤로는 잠자리가 편치 못하 여, 전일前日에 나의 뜻을 비변사에 하서下書하였다. 만일에 패하였 다면 우리나라뿐만 아니라 중국에도 피해를 준 것이며, 다행히 작 은 승첩을 올렸다면 중국은 반드시 '조선의 병력만으로도 해낼 수 있으니 구태여 우리 군대를 출동할 것 없다'라고 할 것이고, 적병이 것인데, 무슨 말로 대답을 하겠는가."

하였다. 성룡이 아뢰기를,

"권율은 그래도 험한 곳을 잘 점거하였기 때문에 행주幸州의 전투에서 살상한 적병이 매우 많았습니다."

하니, 상이 이르기를,

"경은 체찰사의 장계를 보았는가? '험지를 점거하는 계책은 백성들이 반드시 따르지 않을 것이기 때문에 결코 시행하기가 어렵다.'라고 하였다. 이는 적병을 방어할 의사가 없는 것이다."

선조의 말은 기가 막힌다. 이 작전은 앞에서 보았듯이 본인이 모두 보고받았던 일이 아니던가. 거기에 덧붙이기를, "지난봄에 자신이 수륙으로 공격을 해야 한다."라고 했다면서 흔쾌히 승낙하였다. 자신이 했던 말은 다 숨기고, 전투결과도 오기 전에 이겨도 문제고, 져도 문제라고? 그렇다면 선전관을 보내 잘 해보라고 하지는 말았어야 했다. 최소한 '싸우겠다는 것을 어찌 말리는가.'라고는 하지 말았어야 했다. 아니 그만두라고 말렸어야 했다. 왕이 신하 뒤통수를 제대로 치고 있다.

체찰사로 내려온 좌의정 윤두수가 의욕적으로 추진했던 장문포 전투는 결과적으로 별 소득이 없었다. 그런 데다 실상을 왜곡하는 보고 등 거짓이 더하여진 이상한 전투였다.

선조실록 10월 14일 선조는 신하들을 인견하여 장문포 전투결과를 논의하면서 "당초에 나는 패할 줄 알았으나, 적을 토벌하려는 마음은 취할 만하다. 비변사에서는 과히 책망하지 말고 별도로 뒷일을 잘 수습하라."라고 하였다.

그런데 다음날 병조 좌랑 김상준이 구례에서 돌아와 선조에게 충격적인 이야기를 전했다. 이번 공격을 소서행장小西行長에게 알렸고, 행장이 허락하여 공격하였다는 것이다. 적진을 공격하는데 적장의 허락을 받았다는 말은 적장과 작전을 논의하였다는 말 아닌가. 이러고도 승리할 것을 기대했다는 말인가.

그러자 10월 20일부터 좌의정 윤두수를 탄핵하는 건의가 빗발치듯 올라오고, 선조는 10월 30일 결국, 윤두수에 대한 탄핵을 받아들이게 된다. 그런데 11월 22일부터는 또 권율과 이순신도 잡아 와 심문해야 한다는 건의가 같이 올라와, 11월 28일까지 계속되었으나 선조는 받아들이지 않았다. 왜 거짓 보고한 원균은 쏙 빠졌을까.

☯ 항왜(降倭)를 받아서 관리하다

난중일기 1594년 11월부터 항왜가 진으로 들어오는 날이 많다. 이때부터 이순신 장군이 항왜를 모아서 관리하였다. 1594년 9월 14일, 이와 관련한 기사가 선조실록에 있다.

> 비변사가 아뢰기를, "항왜降倭를 처음에는 깊고 외진 곳에 들여보내려고 해서, 모두 서울로 올려보낸 뒤에 평안도와 함경도로 보냈습니다. (중략) 지금 이후로는 항왜降倭 중에 재능이나 기예가 있고, 공순恭順하여 부릴 만한 자는 진중陣中에 남게 하고, 나머지는 무기를 거두고 한산도閑山島로 들여보내 격군格軍으로 삼게 하며, 정상이 의심스러운 자가 있는 경우 장수들로 하여 즉시 조처하게

하소서." 하니, 상이 따랐다.

수군이 병사를 충당하기 힘들어하니 부릴 가치가 없는 항왜를 격군으로 활용하자는 것이다. 수군으로서는 부족한 격군을 충당하기 위해 어쩔 수 없이 그들을 받을 수밖에 없는 일이지만 이들은 문제를 일으킬 개연성이 매우 높다. 하지만 이순신 장군은 이들을 잘 관리하였다. 일기의 관련 내용만 추렸다.

1594년 11월 3일, 김천석金天碩이 비변사 공문을 가지고 투항해온 야여문也汝文 등 3명을 데리고 진에 도착했다.

11월 4일, 투항해온 왜인들에게 적의 상황을 물었다.

11월 5일, 순변사 이일이 그의 군관을 시켜 투항해온 왜인 13명을 압송했다.

11월 7일, 항복해온 왜인 17명을 남해로 보냈다.

11월 13일, 도원수가 방어사 군관을 시켜 항왜降倭 14명을 보내왔다.

11월 14일, 아침에 우병사 김응서가 항왜 7명을 자신의 군관을 시켜 보내와서 곧 남해현으로 보냈다.

11월 27일, 식후에 대청에 나가 앉아 있다가 좌도와 우도로 나누어 보낸 항왜를 모두 모아 총 쏘는 연습을 시켰다.

1595년 1월 7일, 남해에 있는 항왜 야여문也汝文 등이 와서 인사했다.

1월 9일, 식사 후 야여문也汝文 등을 남해로 돌려보냈다.

3월 17일, 늦게 우수사 이억기가 달려와 견내량의 복병한 곳으로 와서 항복한 왜인 심안은이沈安隱己를 심문했더니 그는 영등에 주둔했었고, 그의 장수 심안둔(沈安頓, 시마즈 요시히로)이 아들(島津忠恒, 시마즈 다다

쓰네)에게 진영을 맡기고 가까운 시일 내에 본국으로 돌아갈 것이라 했다고 하였다.

4월 24일, 낮 12시경 강천석이 달려와, "도망한 왜놈 망기시로望己時老는 풀숲에 엎드려 있다가 잡혀 왔고, 다른 한 놈은 물에 빠져 죽었다."고 했다. 곧 그놈을 압송해 오게 하고, 삼도에 갈라 맡긴 항왜들을 모두 불러 모아 곧 머리를 베라고 하였더니, 망기시로는 조금도 두려워하는 빛이 없이 죽으러 나왔다. 참으로 독한 놈이다.

5월 21일, 아침에 나가 공무를 보는데, 항왜들이 와서, "동료 중에 산소山素란 놈이 흉측한 짓을 많이 하여 죽이겠다."라고 했다. 그래서 왜놈을 시켜 목 베게 했다.

1595년 11월 1일, 항왜들에게 술을 먹였다.

11월 16일, 항왜 여문연기汝文戀己, 야시로也時老 등이 와서, "왜인들이 도망가려 한다."라고 보고했다. 그래서 우수사 우후 이정충을 시켜 잡아다가 주모자 준시俊時 등 2명의 머리를 베었다.

11월 19일, 이른 아침에 도망갔던 왜놈이 스스로 와서 인사했다.

11월 25일, 늦게 경상 우후 이의득이 와서 항왜 8명이 가덕도에서 왔다고 전했다.

11월 26일, 항왜 8명과 이들을 꾀어낸 김탁金卓 등 2명이 왔다.

11월 30일, 남해에 있던 항왜 야여몬也汝文, 신시로信是老 등이 왔다.

⚫ 원균, 충청병사로 가다

　　　　원균의 이순신 장군에 대한 공격은 계속되었다. 그런데 장문포 전투 이후에는 둘 사이의 불화를 조정에서 매우 심각하게 인식하였다. 1594년 11월 28일과 12월 1일 선조실록의 기록을 보면 두 사람이 공로가 크지만 서로 헐뜯고 있어 원균을 교체해야 한다는 의견이 있다고 보고하자, 왕은 '내 생각에는 이순신이 대장으로 한 짓이 잘못된 것 같다'라면서 원균을 옹호하였다.

　또 원균이 군율을 범하여 조사 중인데, 충청 병사로 올려 임명하는 것이 옳지 않다는 의견도 있다고 하자, 왕은 '군율 범한 것으로 따진다면 오히려 이순신의 죄가 더 크다'라고 하였다.

　이후 얼마간의 논란 끝에 결국, 원균은 충청 병사로 임명되었다. 이 교체 명령은 원균이 문책을 받아 쫓겨 가는 인사가 아니라 둘을 떼어 놓는 목적의 인사이다. 올려 임명한다는 비변사의 말에서도 알 수 있듯이 원균은 오히려 상위 직책인 충청 병사로 간 것이다.

　1595년 1월 14일, 맑았다. 동풍이 세게 불었다. 몸이 불편하여 누워 끙끙 앓았다. 새 경상 우수사 선거이가 병이 걸려 사직원을 내 진주목사 배설이 임명되었다고 했다.

　2월 20일, 맑았다. 우수사 이억기, 장흥 부사 황세득, 조방장 신호가 와서 이야기하는데 원균의 악하고 못된 짓을 많이 전했다. 기가 막힐 일이다.

　원균이 이순신 장군을 음해한 내용 중에는 없는 말을 지어내어 퍼뜨린 것이 많았을 것이다. 그중 하나가 윤휴尹鑴의 『백호전서白湖全書』 '통제사 이충무공 유사'에 나온다. 원균이 "순신은 바다에 오래 주둔하면서 군사와 백성들의 마음을 얻었는데, 사람들이 해왕海王이라 부르니 국가에 해를 끼칠까 두렵다."라고 했다 하였다. 그러자 임금이 이를 의심하여 이원익에게 은밀히 살피게 하였고, 이원익이 두 차례나 비밀보고 장계를 올려 이순신의 충성심을 보고하였다는 내용이 나온다.

윤휴가 이 글을 쓴 때가 이순신 장군이 돌아가시고 한참 뒤라 실제로 원균이 이런 유언비어를 유포했는지는 알 수 없으나 가능성은 충분히 있다. 그리고 이런 말은 선조에게 두고두고 잊히지 않는 말이었을 것이다. 선조가 끊임없이 원균을 두둔하고 장군을 의심하면서 탓하였던 중요한 이유 중의 하나가 아니었을까.

2월 27일, 한식寒食이다. 맑았다. 원균이 포구에서 수사 배설과 교대하려고 여기에 이르렀다. 교서에 숙배하라고 했더니 불평하는 얼굴빛이 많았으나, 두 번 세 번 타일러 억지로 이행하게 했다고 하니 너무도 무식하여 우습다. 나는 처음부터 알았지만 참으면서 불러와 대비책을 물었다. 해 저문 뒤 파하고 돌아왔다. 그 모습을 어찌 다 말할 수 있을까.

이렇게 하여 말도 많고 탈도 많았던 장문포 전투는 윤두수가 좌의정과 삼도 체찰사에서 해임되고, 원균은 이순신을 음해하면서 갈등을 일으키다가 충청 병사로 전출되는 것으로 끝났다. 선조가 원균을 충청 병사로 올려보내면서도 미안했던 것일까. 지나칠 정도로 배려하였다. 1595년 4월 3일 선조실록이다.

상이 승정원에 전교하였다. "원균의 장계를 살펴보니 전마戰馬를 얻고자 하였다. 이번에 내구마內廐馬 2필을 보내 1필은 원균에게 보내고 1필은 군영에서 길러 전쟁에 쓰도록 하라."

내구마는 임금이 쓰기 위해 기르는 말인데, 특별한 공이 있는 신하에게 하사하기도 하였다. 그런데 분란을 일으켜 전출되는 사람에게 한 필도 아니고 두 필을 주었다는 것은, 그 아끼는 마음이 어떤지 알 수 있다. 그런데도 이순신 장군은 자신이 선조의 총애를 받고 있다고 생각하고 있었으며, 진심으로 나라를 걱정하고 있다. 일기에 나오는 장군의 소회를 보자.

1595년 5월 29일, 비바람이 종일 퍼부었다. 사직社稷의 위엄과 영령들의 도움으로 겨우 조그만 공을 세웠음에도 불구하고, 임금의 총애와 영광이 너무 커서 분에 넘친다. 장수의 직책을 띤 몸으로 티끌만 한 공로도 바치지 못하면서 입으로만 교서를 떠들고 있으니, 얼굴에는 군사들 보기에 부끄러움만 있을 뿐이다.

1595년 7월 1일, 잠깐 비가 내렸다. 홀로 수루에 기대어 생각하니 나라 형세가 마치 아침이슬같이 위태롭다. 안으로는 정책을 결정할 대들보 같은 인재가 없고, 밖으로는 나라 바로잡을 주춧돌 같은 인물이 없으니, 나라의 운명이 어찌 될지 알 수가 없다. 마음이 괴롭고 어지러워 종일 엎치락뒤치락했다.

☯ 남해현령 기효근 이야기

　　　　　남해 현령 기효근을 사형하라는 명령이 내려왔는데 얼마 후, 그대로 유임되는 사건이 일기에 있다. 어찌 된 것일까.

1595년(선조 28년) **4월 20일**, 맑았다. 이영남이 장계 보고의 회답回答을 가져 왔는데, 남해 현령을 효시하라고 했다.

4월 22일, 맑았다. 오후에 미조항 첨사 성윤문, 웅천 현감 이운룡, 적량 만호 고여우, 영등포 만호 조계종과 두 조방장이 함께 도착했다. 그래서 정사준이 보낸 술과 고기를 먹으면서 남해 현령이 군령을 어겼으니 효시하라는 글을 함께 보았다.

6월 13일, 흐렸다. 남해 현령 기효근이 그대로 유임되었다고 한다. 기가 막히는 일이다.

　이렇게 사형 선고를 받았다가 아무 일 없었던 것처럼 직책을 유지했던 기효근은 1597년 정유재란 때 병으로 물러나면서 고향으로 돌아가던 중 왜군을 만나 어머니와 함께 바다에 몸을 던져 자살했다고 한다. 어떻게 그는 이렇게 극적으로 벗어났을까. 비결이 자못 궁금했다. 그런데 그 답이 1608년 5월 16일 광해군일기에서 발견되었다.

　양사가 합사하여 아뢰기를, "신臣들이 기자헌奇自獻의 죄상을 한 달이 넘도록 논하였습니다. 그런데 성상께서는 굳게 거부하는 답변만 내리시니, 이는 단지 지난 조정의 대신이라는 이유로 주저하고 어렵게 여기시는 것입니다.

대체로 자헌은 심술이 음흉하고 속임수가 많으며, 맡은 일을 탐욕스럽게 멋대로 합니다. 조진趙振에게는 죄를 만들어 죽이고 살리는 것을 조종하였고, 기효례奇孝禮의 공을 몰래 수록하여 공신 토지는 자신이 차지하였으며, 관직을 팔아 뇌물을 받았고, 땅을 빼앗아 집을 짓기도 했습니다. 온 나라 사람들의 분노가 날이 갈수록 더욱 격렬해지니 흔쾌히 허락하소서. 【기효례는 일찍이 남해 현령南海縣令으로 이순신李舜臣이 적을 토벌할 때 법을 어겨 죽게 되었는데 그가 음식으로 원균元均에게 아첨하여 죽음을 면하였다. 그런데 자헌은 그를 한 집안이라는 이유로 선무공신宣武功臣에 수록시켰다.】

위의 기효례가 기효근이다. 기효근은 1595년 5월 사형을 선고받았으나 원균의 도움으로 죽음을 면하였고, 친척인 기자헌은 죽은 기효근을 이용하여 공신 토지를 챙긴 것이다. 원균은 사형을 선고받은 기효근의 죄를 없던 일로 해줄 수도 있을 만큼 막강한 후원자가 있다는 것을 알 수 있다. 조선 시대 지방관의 사형은 왕만이 결정할 수 있었다.

● 비변사 낭청 조형도의 음해

1595년 5월 19일 선조실록, 비변사가 아뢰기를, "본사의 낭청郎廳인 조형도趙亨道가 영남을 다녀와서 문서로 보고한 내용에 '한산도의 수군 격군 1명에게 하루에 주는 쌀은 5홉이고 물은 7홉이다. 그런데 한번 배를 타면 교체되어 돌아갈 길이 없으며, 병이 들면 물에 밀어넣어 버리고, 굶주리면 산기슭에 죽게 내버려 두니 한산도 온 지역이 귀신 동네와 같다.'라고 하였습니다. 가장 흔한 물까지도 홉으로 계산하여 나눠주는 지경에 이르렀는데 이것은 예전에도 들어보지 못하였습니다. 배고픔과 갈증이 한꺼번에 덮치면 죽는 것이 괴이한 일은 아니며, 사람의 기氣를 상하게 하는 참혹한 상황은 차마 말로 설명할 수가 없습니다.

형도가 하는 말을 자세히 들어보니, 섬 안에는 샘이 많지 않고 또 진영과 멀리 떨어져 있어 물을 길어오기에 불편하므로, 일상생활에서도 늘 물이 떨어질까 걱정되어 마음대로 쓰지 못하고, 얼굴을 씻거나 옷을 빨지 못하여 더러운 냄새에 찌들고, 서캐(이)가 물고 역질疫疾이 생겨 그로 인하여 죽는 것이라 합니다.

이는 모두가 주장主將이 사졸을 돌보지 않고 동고동락의 의리를 모르는 탓이니, 옛날 장수들이 종기를 빨아주고 술 나누어 먹던 일과 다릅니다. 이러고서도 병사들에게 적개심에 불타 죽음을 무릅쓰고 싸우려는 마음을 일으키고자 한다면 어려운 일 아니겠습니까.

지난번 조정에서도 이를 염려하여 이미 지시 문서를 보냈는데 아직도 시행하지 않아 바다에서 고생하는 병사들이 조금도 전하의 덕을 입지 못하게 하고 있으니 매우 잘못된 일입니다. 지금부터는 각별하게 배고프지 않도록 하고 목마름도 구제하게 하여, 여러 진영 수군들의 남은 목숨을 보전하게 하라고 도원수와 통제사에게 타이르심이 어떻겠습니까?" 하니, 상이 그대로 따랐다.

조형도가 장군의 진영에 온 기록은 3월 11일과 13일, 15일 일기에 나온다. 2월 27일 원균이 충청 병사로 떠나고 난 직후에 온 것이다.

3월 11일, 사도시(司䆃寺, 궁궐의 쌀, 간장 등을 관리하는 부서) 주부 조형도趙亨道가 와서 경상좌도의 왜적 정세와 항왜降倭들의 말을 전하였는데, 풍신수길이 출병한 지 삼 년이 지나도 끝내 효과를 보지 못하자, 군사를 늘려 부산에다 진영을 설치하려고 하며, 3월 11일 바다를 건너오기로 벌써 결정되었다고 했다.

3월 13일, 저녁 식사 후에 조형도가 와서 보고 돌아갔다.

3월 15일, 식사 후 조형도가 보고하고 돌아갔다.

1595년 6월 9일, 맑았다. 저녁에 도원수 권율의 군관 이희삼李希參이 임금님의 분부를 가져 왔는데, 조형도趙亨道가 모함하는 장계를 올렸기 때문이다. 수군 한 사람에 양식 5홉씩과 물 7홉씩이라고 없는 것을 꾸며서 보고하였다고 했다. 인간의 일이란 참으로 놀랍다. 천지에 어찌 이처럼 속이는 일이 있단 말인가.

조형도는 장군의 진영에 와서 왜국의 동향을 알려주는 척하며 좋은 인상을 주고 떠났지만, 조정으로 돌아가서는 장군을 음해하고 공격한 것이다. 공교롭게도 원균이 충청 병사로 전출한 직후에 왔으므로 혹시 원균이 뒤에서 조종하였거나 그에게 매수된 자가 아니었을까. 앞뒤 정황情況으로 미루어 볼 때 매우 의심스럽다.

● 배반했다 돌아온 자들의 선처를 건의하다

　　　　1595년 6월 14일 선조실록, 통제사 이순신의 급보, "경상도 수군 윤업동柳業同 등 4명이 적에게 투항했다가 도망하여 본진本陣으로 돌아왔기에 적의 정세를 문초問招했더니, '저희는 창선도昌善島에 사는 어민으로 지난 2월 굶주림을 견디지 못해 가덕도加德島 왜군 진영의 막사로 들어갔습니다. 그런데 모든 출입과 음식이 자유롭지 못했고 가재도구를 빼앗기도 하였으며, 혹은 처자를 사로잡아 일본에 이송하고 조금만 뜻에 안 맞으면 살육이 잇따르므로 부득이 이번 4월 6일 밤에 처자를 데리고 도망쳐 돌아왔습니다. 우리나라 사람들이 요사이 적의 정세를 보고 다 탈출하려는 생각이 있지만 애초에 투항한 죄 때문에 주저한다.' 하였습니다. (중략) 다만 투항한 백성들이 서로 이어 탈출해 오는 이런 때 갑자기 중률重律로써 다스리는 것은 실로 좋은 계책이 아닙니다. 그래서 본래 살던 곳으로 돌려보내어 당분간 위로하고 달래는 뜻을 보였습니다." 하니, 상이 비변사에 내렸다.

　　사람이란 본래 자신의 이익을 위해 움직이는 존재다. 이익이 없다면 떠나거나 반항하게 되어있는 것이다. 나라를 유지維持하려면 백성이 가장 중요하다. 그들이 한때의 어려움 때문에 나라를 등졌다고 하여 무조건 배척만 한다면 그 나라는 미래가 없다. 장군은 그들을 품어주어야 한다는 것을 알아 적절히 조치하였다. 이 때문인지 이후에도 배반했던 사람들이 돌아온 기록이 일기에 나온다.

9월 3일, 웅천의 적에게 투항하여 붙었던 사람 공수복孔守卜 등 17명을 달래어 데리고 왔다.

9월 27일, 안골포 사람으로 왜적에게 부역했던 230여 명이 왔다. 배는 22척이라고 안골포 만호 우수禹壽가 와서 보고했다.

10월 6일, 이날 사로잡혔던 사람 24명이 나왔다.

◑ 체찰사 이원익의 수군 점검

윤두수가 장문포 해전의 책임을 지고 체찰사에서 해임되자, 평안도 관찰사로 있던 이원익을 우의정으로 임명하고 이어 체찰사도 겸하도록 하였다. 난중일기에 이원익이 수군 진영을 점검한 내용이 나온다.

1595년 8월 19일, 날씨가 활짝 개었다. '체찰사 이원익이 21일에 진주성에 도착하는데, 군사에 관한 일을 묻기 위해 나를 데리러 체찰사 군관이 들어온다.' 하였다.

8월 20일, 맑았다. 종일 체찰사 전령을 기다렸으나 오지 않았다. 밤 10시경 전령이 들어왔다.

8월 22일, 맑았다. 이른 아침 여러 종류의 공문을 만들어 체찰사에게 보냈다. 아침밥을 먹고 걸어서 사천현泗川縣에 이르렀다. 오후에 진주 남강에 도착하니, 체찰사는 벌써 진주에 들어왔다고 했다.

8월 23일, 맑았다. 새벽에 체찰사 이원익의 처소로 가서 조용히 이야기해보니 그는 백성의 고통을 덜어주려는 생각이 많았다. 늦게 들으니 진주에서 전사한 장수와 군사를 위로하는 제사를 지낸다고 하여, 나는 김응서金應瑞와 같이 촉석루에 가서 장병들이 패전하여 죽은 곳을 보았다. 참담한 아픔을 이길 수가 없었다. 얼마 후 체찰사가 나에게 먼저 가서 배를 타고 소비포에 정박하여 기다리고 있으라고 했다. 돌아와서 배를 타고 소비포로 가서 정박했다.

8월 24일, 맑았다. 새벽에 소비포 앞에 도착하니, 고성 현령 조응도趙應道가 인사했다. 체찰사 이원익과 체찰부사 김늑金玏, 종사관 노경임盧景任이 늦게 도착하여 소비포 앞바다에서 그대로 잤다.

8월 25일, 맑았다. 일찍 식사하고 체찰사와 체찰부사, 종사관과 내 배를 함께 타고 오전 8시경 출항하였다. 뱃전에 서서 여러 섬과 진영陣營이 설치된 곳, 진을 합칠 곳, 접전하였던 곳 등을 손가락으로 가리키면서 종일 의논했다. 저녁에 진중陣中에 도착하여 여러 장수가 교서에 숙배하고 공사례를 한 다음 파했다.

8월 26일, 맑았다. 저녁에 체찰부사 김늑과 서로 만나 정답게 이야기했다.

8월 27일, 맑았다. 군사 5,480명에게 특식을 먹였다. 저녁에 상봉上峯에 올라가 적진敵陣이 있는 곳과 적이 다니는 길을 손가락으로 가리켜 보였다.

이때 군사들에게 제공한 특식에 관련한 글이 이분李芬의 『이충무공행록』에 있다.

진陣의 형세를 두루 살펴보고 돌아가려 할 때 공이 청하여 말하기를, "군사들은 마음속으로 상공께서 잔치를 베풀어 주시고, 상을 주실 것이라 여길 것입니다. 그런데 이제 그렇게 해주지 않는다면 군사들이 실망할 것이 걱정입니다."라고 했다. 상공이 말하기를, "이는 아주 옳은 말씀입니다. 그런데 내가 미리 준비해오지 못했으니 이를 어찌합니까?"라고 했다. 공이 말하기를, "제가 상공을 위해 벌써 마련해두었습니다. 상공께서 허락하신다면, 마땅히 상공의 명령으로 음식을 먹이도록 하겠습니다."라고 했다. 상공이 매우 기뻐하여 마침내 큰 잔치가 열렸다. 온 군사가 발을 구르며 기뻐했다.

군사들의 사기를 올리면서도 체찰사를 배려하는 장군의 마음 씀씀이가 느껴진다. 이후 이원익은 1595년 12월에 다시 한번 더 이순신 장군을 삼천포에서 만나고, 이듬해인 1596년 윤8월 14일부터 관내 순시를 함께 돌기도 하였다.

8월 28일, 맑았다. 이른 아침 체찰사 이원익과 체찰부사 김늑, 종사관 남이공南以恭과 함께 수루에 올라가 앉아 여러 폐단에 대해 의논했다. 밥 먹기 전에 뱃전으로 내려와 배를 타고 나갔다.

◉ 원균은 충청 병사로 어떻게 근무했나

이순신 장군과의 갈등으로 충청 병사로 임명되어 간 원균은 어떻게 근무했을까. 선조실록 1595년 8월 15일, 사헌부에서 원균을 탄핵하였다.

"충청 병사 원균은 사람됨이 지나치게 넘치는 데다 욕심이 많고 잔인하며 난폭하기까지 합니다. 5~6월에 입대한 군사를 기한이 되기도 전에 군역을 풀어주고, 그 대가로 씨 콩을 받아 모두 곡물 창고로 실어 갔습니다. 또 사리에 맞지 않게 형벌을 집행하고 잔혹한 일을 자행하여 죽는 자가 계속 나오고, 병을 얻어 죽는 자도 많아서 원망하고 울부짖는 소리가 한 도道에 가득합니다. 이와 같은 사람은 통렬히 다스리지 않을 수 없으니 파직하고 다시는 등용하지 마소서. 하니, 상이 답하기를, "원균은 사람 됨됨이가 지나치지 않다. 이런 때 명장을 이처럼 해서는 안 된다. 윤허하지 않는다." 하였다.

선조는 단호하게 원균은 지나치지 않다며 변호해주고 있다. 원균의 어떤 잘못도 선조의 마음에는 들어오지 않는 듯하다. 다시 1596년 1월 12일에 사헌부에서 원균을 탄핵하였다.

"각도의 병사兵使에게는 본래 종사관從事官이 없는 법인데, 충청 병사 원균元均은 전 군수郡守 최덕순崔德峋을 종사관의 명칭을 붙여 수행하도록 장계로 요청하여 거느리고 갔으니, 이는 법규에 어긋나는 처사로 지극히 잘못된 것입니다. 덕순은 연줄을 대어 이 소임을 맡았으나 하는 일 없이 많은 폐단을 끼치고 있습니다. 원균은 허물을 물어 조치하고, 최덕순의 종사관 칭호를 없애소서." 하니, 상이 이르기를, "병사는 허물을 물을 수 없다. 칭호를 없애는 일은 아뢴 대로 하라." 하였다.

법규에는 종사관을 둘 수 없는 병마절도사에게 종사관을 거느릴 수 있도록 왕이 원균에게만 특별히 허락하였다. 1596년 5월 7일 왕이 별전에서 행한 신하들과의 대화에서도 원균에 대한 지적이 나왔다.

하고, 윤형尹泂이 아뢰기를,

"신이 충청도 남포藍浦에 있을 때 보니, 부역賦役이 많아서 백성들이 편히 살지 못했습니다. 관청의 말馬을 힘든 일에 부리는 것은 말할 것도 없고, 포수砲手·살수殺手를 한꺼번에 뽑아내고, 선봉先鋒을 가려 뽑아 보내는 등 여러 가지 일이 계속 몰렸기 때문에, 상당산성上黨山城 쌓는 일은 여건에 따라야 함에도 병사 원균은 피폐하거나 부유한 것을 고려하지 않고 고을마다 2~3백 명을 차출하도록 부역을 독촉하였습니다. 그러다 보니 정착하지 못한 자는 죄다 떠나고, 겨우 남은 자도 앞으로는 더 남아있지 못하게 되었습니다. 아무리 성을 견고히 쌓아도 백성이 원망하고 배반한다면 누구와 함께 지키겠습니까. 더구나 이 농사철에 백성들이 명령 따르기에 급급해 농사를 짓지 못하니 원망이 극도에 이르렀습니다. 우선 농한기를 기다려서 하는 것이 마땅합니다. 빨리 비변사를 시켜 될 수 있는 대로 잘 처치하게 하는 것이 어떠하겠습니까?"

백성들의 원망이 극도로 일어났던 이 상당산성은 도대체 어떻게 지었길래, 곧바로 무너지게 된다. 원균은 1596년 8월 4일 전라 병사로 교체되었다. 이

때 원균이 선조에게 인사를 하러 왔다. 선조실록 8월 11일 기록이다.

> 전라 병사 원균元均이 엎드려 절하며 하직을 고하니, 상이 일렀
> 다. "경卿이 나라를 위해 힘을 다하니, 정성 어린 충성과 용맹은
> 옛사람도 비할 자가 드물다. 내 일찍부터 아름답게 여겨 왔지만
> 돌아보니 아무것도 보답한 것이 없었다. 이제 또 멀리 떠나니 친
> 히 접견하여 전송하려 했었는데 때마침 기운이 편치 못하니 그렇
> 게 하지 못하겠다. 내가 타는 좋은 말 한 필을 내려 나의 뜻을 표
> 하니 경卿은 받으라."

원균은 충청도에서 학정과 무리한 부역으로 탄핵을 받았지만, 왕은 그를 파직하지 않고 전라 병사로 자리만 바꾸어주었다. 그리고 전라 병사로 가는 이번에도 또 내구마 한 필을 하사하였다. 원균에 대한 선조의 사랑과 배려는 지극하다.

☯ 이억기에게 진심으로 사과하다

1596년 2월 28일, 맑았다. 늦게 나가 앉아 있으니 장흥 부사 배흥립과 체찰사 이원익의 군관이 왔다. 배흥립이 말하기를, 군관은 자신을 잡으러 왔으며, 또 전라 수군 중 우도 수군을 전라 좌·우도로 왔다 갔다 하면서 제주와 진도를 지원하라고 했다 하였다. 우스운 일이다. 조정에서 세운 계책이 어찌 이럴까. 체찰사의 계책이 어찌 이리 쓸모가 없

는가. 이러니 나랏일을 어찌할 것인가.

이날 일기와 관련된 일을 왕이 신하들과 의논하였다. 선조실록 1596년 1월 17일 기록이다.

상이 이르기를,

"적이 만일 제주를 빼앗아 점거한다면 말할 수 없는 상황이 된다. 지난번에 새로 급제한 100명을 보냈으나 방어에 보탬이 되겠는가. 제주가 육지처럼 쉽게 점령할 수는 없지만 적이 전함戰艦 1,000척으로 곧장 침입 상륙하여 영책營柵을 설치하고 지구전을 편다면 우리나라 병력이 어떻게 당해내겠는가. 비변사는 필시 계획하여 조치해 놓았을 것이다."

하자 성룡이 아뢰기를,

"비변사는 조치한 일이 없습니다. 들으니, 제주는 군량이 떨어졌다는데, 전라도는 한산도에만 치중하고 제주는 아예 제쳐놓았습니다. 적이 만약 이곳에 웅거한다면 비단 우리나라가 당해낼 수 없을 뿐 아니라 중국까지도 순식간에 배를 타고 갈 수 있습니다. 적이 이러한 형세를 모두 알고 있으니 더욱 염려됩니다."

만약 왜적이 제주도를 점령하고, 바다로 바로 중국을 침략하는 것이 유리했다면 굳이 조선으로 쳐들어 왔을까. 또 이미 조선과 전쟁 중인 현 상황에서 제주도를 점령하여 중국과의 전선戰線을 하나 더 만드는 것이 왜국에 과연 유리할까. 아무리 왜적이 군사·경제적으로 여력이 있다 하더라도 그것을 선택할 가능성이 있을까. 또 조선도 육지에서 벌이는 왜와의 싸움조차 힘에 부치는데, 명나라 안위를 걱정할 처지였을까. 제주도를 지원한다고 병력을 나누려는 것이 제대로 된 판단이었을까.

2월 30일, 맑았다. 아침에 정사립鄭思立을 시켜 보고문을 써서 체찰사 이원익에게 보냈다. 해 질 무렵 우수사 이억기가 보고하기를, "벌써 바람이 따뜻해졌고, 계책에 호응하는 것이 시급하니 소속 부하를 거느리고 전라우도로 가고자 한다."라는 것이었다. 그 마음 먹는 것이 몹시도 해괴하여 그의 군관과 도훈도에게 장 70대를 때렸다. 몸이 몹시 불편하여 밤새도록 식은땀을 흘렸다.

이순신 장군은 이날 체찰사의 지시에 대한 회답 공문을 발송했다. 공문을 보내자마자 우수사 이억기가 군사를 데리고 돌아가겠다 하니, 그만 참지 못하고 이성을 잃었다. 삼도 수군을 총괄하는 장군으로 자신의 권위가 체찰사에 의해 무너진 것에 대해 화가 났을 것이다. 아무리 체찰사라 하더라도 수군 병력의 이동을 통제사와 사전 상의조차 없이 결정하였으니 말이다.

그렇다 하더라도 체찰사에게 공문을 보냈으니 회신이 온 후에 돌아가더라도 늦지 않다고 이억기를 좋게 타일렀더라면 좋았을 것이다. 그리고 우수사도 장군과 먼저 상의하면서 장군의 의견을 확인했었더라면 좋았을 것이다. 어찌 되었든 상관인 체찰사의 지시를 따르려는 부하에게 장을 70대씩이나 처벌했으니 지나친 면이 있다.

3월 3일, 맑았다. 일찍 송희립宋希立을 우수사 이억기에게 보내 뉘우치는 뜻을 전하니, 친절하게 대답하더라고 했다. 땀에 젖었다.

　장군은 우수사의 군관 등에게 장杖을 친 것에 대해 송희립을 보내 사과의 뜻을 전했다. 장군이 하급자인 우수사에게 사과한 것이다. 당시는 상급자의 횡포가 횡행하던 때라는 걸 감안하면 장군의 성숙한 인간성을 엿볼 수 있는 부분이다. 공감 리더십이 대세인 요즘도 상급자가 자신의 잘못을 인정하는 것이 쉬운 일은 아닌데 말이다.

　3월 5일, 맑다가 구름이 끼었다. 새벽 3시에 출항하여, 해 뜰 무렵 견내량의 우수사 이억기가 복병한 곳에 도착하니 마침 아침 먹을 때였다. 밥 먹고 난 뒤에 서로 보고서 망령된 처사였다고 다시 말하니, 우수사는 모두 다 이해한다고 했다. 이로 인하여 함께 술을 마셨다. 매우 취하여 돌아 나오다가 우후 이정충에게 들어가 꽃 아래서 조용히 이야기하였다. 취하여 넘어지는 것도 깨닫지 못했다. 비가 쏟아져 먼저 배로 내려가니 우수사는 인사불성으로 취하여 그대로 누워있었다. 말을 붙일 수 없어 그냥 돌아왔다. 우습다.

　장군보다 16살 아래인 우수사에게 사과하는 전령을 보내고도 모자라다 생각하여 직접 찾아가 잘못을 진심으로 사과하였다. 취하여 자신이 넘어지는 것도 모를 정도로 마셨다고 하니 그 마음이 어떠했을지 절절하게 느껴진다.

　3월 9일, 아침에 맑다가 저물 무렵 비가 내렸다. 우수사 우후 이정충과 강진 현감 나대용이 돌아가겠다 하여 술을 먹였더니 몹시 취했다. 우수사 우후는 취하여 쓰러져 돌아가지 못했다. 저녁에 경상 좌수사 이운 룡이 왔기에 작별의 술잔을 나누었더니 취하여 대청에서 엎어져 잤다. 끼어서 함께 잤다. (介與之共)

'介與之共'을 "개介란 이름의 여자와 잤다."라고 잘못 해석하는 사람들이 있 으나, '끼어서 함께 잤다.'라고 해석하는 것이 옳다. 이정충은 전라우수영 복 귀 문제로 쌓인 마음의 앙금을 푸느라 많이 마셔 술에 취해 쓰러졌고, 이운룡 은 경상 좌수사로 영전榮轉하여 떠날 예정이라 이별의 술을 마셨다. 장군도 많이 마셨을 것이다. 그리고 며칠 동안 심신이 힘들었다. 땀에 젖었다는 글 로 보아 몸 상태도 매우 나빴을 것이다. 그런 상황에서 함께 술 마신 부하들 은 대청에 쓰러져 자도록 두고, 따로 여자와 잠자리를 할 수 있었을까. 상상 의 지나침을 넘어 장군을 폄훼하기 위한 억측이다.

3월 12일, 맑았다. 저녁에 소국진蘇國秦이 체찰사에게서 돌아왔는데, 회답에 우도 수군을 본도로 보내라는 것은 본뜻이 아니라 하였다. 우습 다. 그편에 들으니 원흉元兇은 장 40대를, 장흥 부사 배흥립은 20대를 맞았다고 했다.

우수영 군사의 복귀 명령을 취소한다는 체찰사의 공문이 왔다. 장군이 복 귀시킬 수 없는 이유를 소명한 것에 대한 회신이다. 그런데 충청 병사 원균은 무슨 잘못으로 장 40대를 맞았을까.

3월 21일, 종일 큰비가 내렸다. 저녁 8시경 설사를 하고 심하게 토했다. 밤 12시경이 되자 조금 가라앉았다. 몸을 이리저리 뒤척이며 앉았다 누웠다 했다. 반대 의견을 주장한 것이 후회스럽기 그지없다.

체찰사의 명령에 반대하는 공문 보낸 것을 두고두고 후회하는 것이다. 이를 보면 장군이 원칙에 철저하고 타협을 모르는 성격이지만, 한편으로는 매우 소심하고 세심한 사람이란 것을 알 수 있다.

3월 26일, 맑고 남서풍이 불었다. 체찰사 이원익의 전령이 왔는데, "전일 우도 수군을 돌려보내라 한 것은 회답을 잘못한 탓이다."라고 하였다. 우습다.

체찰사도 그 공문 보낸 것을 후회하고, 또 장군이 마음 상했을 것에 많이 염려하고 있다. 두 사람이 다 남 배려하는 것이 비슷하다. 장군도 그렇게 느꼈는지 '우습다'라고 썼다.

◓ 기선(騎船) 3척을 보내다

1596년 7월 9일, 맑았다. 늦게 경상 수사 권준이 와서 통신사가 타는 배인 기선騎船에 쓸 돗자리 돛, 풍석風席을 마련하기 어렵다고 여러 번 말했다. 빌려 쓰고자 하는 뜻이 그 말 속에 보였다.

조선 통신사通信使가 일본으로 타고 갔던 배는 특수하게 제작된 당시로는 대형 선박으로 기선騎船이라고 불렀으며, 평저선平底船으로 돛은 돗자리로 만들어 달았다고 한다. 일기 내용으로 보아, 이 배를 마련하는 임무가 처음에는 경상 수사 권준에게 부여된 듯하다.

7월 10일, 맑았다. 늦게 체찰사 이원익의 전령이 들어와서 "첨지 황신黃愼이 명나라 사신을 따라가는 정사正使가 되고 권황權愰이 부사副使가 되어 가까운 시일 안에 바다를 건너갈 것이니, 기선騎船 3척을 정비하여 부산에 정박시키라"라고 했다.

7월 11일, 맑았다. 아침에 체찰사에게서 받은 전통문의 배와 관련한 공문을 만들어 봉인하여 보냈다. 늦게 경상 수사 권준이 와서 바다 건너 갈 격군과 뒤따라 갈 것들에 대해 의논했다.

7월 12일, 새벽에 비가 잠시 내리다 곧 그치고 무지개가 한참이나 서 있었다. 부산으로 실어 보낼 흰쌀 20섬, 중쌀中米 40섬을 차사원 변익 성邊翼星과 군관 정존극鄭存極이 받아 갔다.

7월 13일, 맑았다. 명나라 사신을 따라갈 우리나라 사신들이 탈 배 세 척을 정비하여 오전 10시경 떠나보냈다.

기선騎船의 성능과 관련하여, 당시 강화회담을 위해 일본으로 가는 중국 사신과 함께 봉명사신으로 다녀온 황신이 1596년(선조 29년) 12월 21일 선조를 알현謁見하여 나눈 대화다.

상이 이르기를,
"그대가 출입할 때 모두 우리나라 배를 탔었는가?"

하니, 황신이 아뢰기를,

"신의 처음 생각에는 왜선倭船이 필시 우리 배보다 우수하리라 여겼으므로 부산에서부터 일기도一崎島에 도착하기까지는 모두 왜선을 탔으나, 거기서부터 적관赤關까지는 우리 배를 타고 갔고 돌아올 때도 우리 배를 탔습니다."

하였다. 상이 이르기를,

"판옥선板屋船이던가?"

하니, 황신이 아뢰기를,

"이순신李舜臣이 감독하여 만든 배로 왜선의 제도를 모방한 것입니다. 신이 일본에서 돌아올 때 부산으로 건너려고 하니, 여러 왜인이 말하기를 '역풍逆風이 부는 것 같으니 틀림없이 부산에 바로 도착할 수 없다.' 하였습니다. 다시 우리 사공에게 물어보니 건널 수 있다고 하여 왜인들이 강하게 말렸으나 듣지 않았습니다. 바다를 반쯤 건너자 왜인들이 기뻐하며 '이제는 건널 수 있겠다.' 하였습니다. 밤중이 되어서야 부산에 도착하였는데, 부산 진영의 왜인들이 보고는 깜짝 놀랐습니다.

☞ 고을 순시와 축수연(祝壽宴)

이때 이순신 장군으로서는 가장 오랫동안 관내 고을을 순시하였다. 체찰사 이원익과 함께 한 길이라 마음도 편했을 듯하다. 그러나 이 순시가 끝나고 몇 달 후에는 '왕을 기망欺罔하였다.' 하여 잡혀가니, 어쩌면 이때가 장군의 인생에서 가장 좋았던 시간이 아니었을까 싶다. 일기의 주요 내용을 따라 가보자.

1596년(선조 29년) 윤8월 11일, 맑았다. 체찰사 이원익을 기다려 모시는 일로 출항하여 당포에 이르니 8시경 체찰사를 찾으러 갔던 사람이 돌아와서, 14일에 출발하여 간다고 하였다.

윤8월 12일, 맑았다. 종일 노를 재촉하여 10시경 어머니 앞에 도착하였더니 백발이 성성하신데 나를 보고 놀라 일어나셨다. 숨결이 멈출 듯하니 하루 견디기가 어려우실 것 같다. 눈물을 머금고 서로 붙들고 밤새워 기쁘시도록 위로하며 그 마음을 풀어 드렸다.

윤8월 13일, 맑았다. 아침밥을 곁에서 모시고 드시게 하니 매우 기뻐하시는 빛이다. 저녁나절에 하직 인사를 여쭙고 본영으로 왔다. 오후 6시쯤 작은 배를 타고 밤새도록 노를 바삐 저었다.

윤8월 14일, 맑았다. 새벽에 두치豆恥에 이르니, 체찰사 이원익과 부찰사 한효순은 어제 벌써 도착하여 잤다고 하였다. 점검하는 곳으로 쫓아가다 소촌김村 찰방察訪을 만나고 일찍 광양현에 도착했다. 지나온 지역 일대가 쑥만 가득하니, 그 참담함을 차마 볼 수가 없었다.

윤8월 17일, 맑았다. 늦게 낙안에 이르니 이호문李好問, 이지남李智男 등이 와서 보고, 나쁘고 병든 것은 수군에 전속시키는 것이라 진술했다.

윤8월 19일, 맑았다. 출발하여 녹도鹿島로 가는 길에 도양道陽의 둔전을 자세히 살펴보았다. 체찰사가 크게 기뻐했다. 녹도에 도착하여 잤다.

윤8월 22일, 맑았다. 늦게 자려고 병영으로 들어가 원균과 서로 만났다. 밤새 이야기했다.

윤8월 24일, 나는 부찰사 한효순과 같이 가리포로 갔더니, 우수사 우후 이정충이 역시 먼저 와 있었다. 남쪽 망대로 같이 올라가니, 좌우에 적들의 길과 여러 섬을 역력히 헤아릴 수 있었다. 진실로 한 도의 요충지다. 그러나 지극히 형세가 외롭고 위태로우므로 부득이 이진梨津으로 옮겨 합치기로 했다. 병영에 도착하니 원균이 기록할 수 없는 흉한 짓을 했다.

윤8월 25일, 일찍 떠나 이진梨津에 이르러 점심을 먹고 곧 해남으로 갔다. 어느 틈에 날이 저물어 횃불을 밝히고 걷고 또 걸어, 밤 10시경에야 겨우 해남현에 이르렀다.

9월 6일, 맑았다. 무안의 일로 가는 것을 체찰사에게 보고하고 길을 떠났다. 고막원古莫院에 도착하여 점심을 먹은 후에 나주 감목관 나덕준羅德駿이 따라와서 서로 만났다. 이야기하는 중에 의분義憤이 일어나는 일이 많아서 그와 오랫동안 이야기하였다. 저물어서 무안에 도착하여 잤다.

9월 8일, 맑았다. 오늘은 나라의 제삿날(世祖)인데 새벽 아침밥상에 고기를 썼기에, 먹지 않고 도로 내놓았다. 아침을 먹고 길을 떠나 감목처監牧處에 이르니 감목관과 영광군수가 함께 있었다. 국화꽃밭으로 들어가 술 몇 잔을 마셨다. 저물어서 동산원東山院에 도착하여 말에게 꼴을 먹였다. 다시 말을 재촉하여 영광 임치진臨淄鎮에 이르니, 이공헌李公獻의 여덟 살짜리 딸과 그 사촌의 계집종 수경水卿이 함께 와서 인사했다. 이공헌을 곰곰이 생각하니 참혹한 마음을 이길 수가 없었다. 수경은 원래 이염李琰의 집에서 내버린 것을 이공헌이 얻어 기른 것이다.

9월 9일, 맑았다. 일찍 일어나서 임치 첨사 홍견洪堅을 불러 방비책을 물었다. 아침밥을 먹고 뒤쪽에 있는 성城으로 올라가 형세를 살펴보고 동산원東山院으로 돌아왔다. 점심을 먹고 함평현咸平縣에 이르렀다. 도중에 한여경韓汝璟을 만났으나, 말 위에서는 만나 보기 어려움을 타일러 함평으로 들어갔다. 함평 현감 손경지는 경차관敬差官을 마중하러 나갔다고 했다.

9월 12일, 바람이 세게 불고 비도 많이 내렸다. 늦게 출발하였다. 도중에 십 리쯤 가니 냇가에 이광보李光輔와 한여경韓汝璟이 술을 가지고 와서 기다리고 있었다. 그래서 말에서 내려 같이 이야기를 하는데, 비바람이 그치지 않았다. 안세희安世熙도 왔다. 저물 무렵에 무장茂長에 도착하였다. 여진女眞.

이 '여진女眞'이라는 글을 보고 '여진과 잤다'라고 해석하는 사람들이 있다. 여진이 무슨 뜻인지 이런저런 추론들이 있지만, 난중일기에는 해석이 모호하거나 불가능한 것들이 많다. 이것도 그중의 하나로 봐야 한다. 일기 끝에 따로 써놓은 글이라 우리가 알 수 없는 어떤 의미가 있겠지만, 진중陣中에서도 여자를 꺼리는 분이 체찰사와 관내 순시하는 도중에 '여진'이란 이름의 여인과 잤다고 의심하는 것은 지나친 억지다.

9월 13일, 맑았다. 이중익李仲翼과 이광축李光軸이 같이 와서 이야기했다. 이중익이 매우 궁색하다는 말을 많이 하여 옷을 벗어주고, 종일 이야기했다.

9월 17일, 맑았다. 체찰사와 부찰사는 입암산성立巖山城으로 가고, 나는 혼자 진원현珍原縣에 도착하여 진원 현감과 같이 이야기했다. 종사관

도 왔다. 저물어서 관청 안으로 들어가니 오랫동안 못 봤던 조카딸 2명이 나와 앉아 있었다. 정자로 돌아 나와 진원 현감과 조카들과 함께 밤새 이야기했다.

9월 19일, 바람이 세게 불고 비도 많이 내렸다. 이날 아침 광주 목사 최철견이 와서 함께 아침을 먹었다. 이어 술이 나와 밥은 먹지 않고 술에 취했다. 광주 목사 별실에 들어가 종일 몹시 취했다. 오후에 능성 현령 이계령李繼怜이 들어와 창고를 봉하면서 체찰사가 광주 목사를 파면시켰다고 했다. 최철견의 딸 귀지貴之가 와서 잤다. (崔女貴之來宿)

'최철견의 딸 귀지가 와서 잤다'는 이 문장도 귀지와 장군이 같이 잔 것으로 해석하는 사람들이 있는데, 어이없고 한심한 해석이다. 장군과 술자리 하는 중에 최철견이 광주 목사에서 파면당하여 창고를 봉하는 등 집안이 온통 혼란한 때에 도대체 어떻게 그 딸과 같이 잔다는 의심을 할 수 있는가. 이는 시집간 딸이 아버지를 보러 친정에 와서 자는 것을 관찰자의 눈으로 기록한 것이다.

9월 24일, 맑았다. 일찍 출발하여 병사 선거이宣居怡의 집에 이르니, 선거이의 병이 중하여 매우 위험하니 걱정이다. 저물어서 낙안樂安에 도착하여 잤다.

9월 25일, 맑았다. 고을 아전과 선중립宣仲立의 죄를 따졌다. 순천에 도착하여 순천부사 배응경裵應褧과 더불어 취하며 이야기했다.

9월 26일, 맑았다. 일이 있어 머물렀다. 저녁에 순천부順天府 사람들이 소고기와 술을 차려 놓고 나오기를 청했으나 사양했다. 이어서 부사

府使까지 간청하기에 잠깐 마시고 파했다.

장군은 백성들에게 군역을 심하게 요구하였으니 미안하기도 했을 것이고, 또 전란으로 어려운 백성들에게 피해를 주고 싶지도 않았을 것이다. 그래도 백성들이 기어코 대접하려 하는 것은 그들이 장군에게 느끼는 고마움이 남달랐기 때문이다.

9월 27일, 맑았다. 일찍 출발하여 어머니를 뵈러 도착했다.

10월 3일, 맑았다. 새벽에 배를 돌려 어머니를 모시고 지휘선 일행과 더불어 여수 본영으로 돌아와 종일토록 받들어 모셔서 즐겁게 해드렸다. 이 또한 행복이다.

10월 7일, 맑고 온화했다. 일찍 수연상壽宴床을 차렸다. 종일토록 지극히 즐거우시니, 다행 다행이다.

여수에 내려오신 이래 처음으로 장군이 모친을 위한 수연상을 차린 것이다. 머지않아 돌아가실 것이야, 이때는 몰랐겠지만 얼마나 다행한 일인가.

10월 8일, 맑았다. 어머니께서 몸이 평안하시니 다행 다행이다.

10월 9일, 맑았다. 종일 어머니를 모셨다. 내일 진陣으로 돌아가는 것 때문에 어머니 얼굴에 서운함이 많으셨다.

10월 10일, 맑았다. 새벽 1시경 뒷방으로 갔다가 2시가 못 되어 수루방으로 돌아왔다. 정오에 말씀드리고 출발했다. 오후 2시경 배에 올랐다. 바람 따라 돗자리 돛을 달고 밤새 노를 재촉하여 갔다.

☯ 이순신과 원균은 어떤 사람인가?

원균은 충청 병사, 전라 병사를 하는 중에도 왕과 조정 신하들에게 끊임없이 이순신 장군을 음해하고 비난했다. 이에 따라 선조의 장군에 대한 의심과 불만도 점점 커졌던 것 같다. 이를 알 수 있는 왕과 조정 신하들 간의 대화가 여러 번 있었다. 먼저 1596년 10월 5일 왕이 도체찰사 이원익과 대화한 내용이다.

상이 이르기를,

"통제사 이순신은 힘써 종사從事하고 있던가?"

하니, 이원익이 아뢰기를,

"그 사람은 모자라지 않아 힘써 종사하고 있었고, 한산도에는 군량도 많이 쌓였다고 합니다."

하였다. 상이 이르기를,

"처음에는 왜적을 부지런히 잡았는데, 후에 들으니 태만한 마음이 없지 않다고 하였다. 사람 됨됨이가 어떠하던가?"

하니, 이원익이 아뢰기를,

"소신의 소견으로는 많은 장수 중에 가장 쟁쟁한 자라고 여겨집니다. 그리고 전쟁 동안 처음에는 열심히 하였으나 나중에 태만하였다는 것에 대해서는 신이 알지 못하는 바입니다."

하였다. 상이 이르기를,

"절제節制할 만한 인재人才이던가?"

하니, 이원익이 아뢰기를,

"소신의 생각으로는 경상도의 여러 장수 중에 순신이 최고입니다."

누군가가 왕에게 장군을 비난하면서 "처음에는 싸움을 열심히 했지만, 이제는 태만해졌다."라고 말했다는 것이다. 또 '절제할 만한 인재이던가'라는 말은 반역을 의심하는 말인 듯하다. 이때 이미 왕은 장군을 강하게 불신하고 있음을 알 수 있다. 다음은 1596년 10월 21일 경연에서 신하들과 대화한 내용이다.

원익이 아뢰기를,

"전투에 임할 때와 평상시는 같지 않습니다. 원균 같은 사람은 성질이 매우 거세어 상사가 문서로 통제하려고 하면 반드시 서로 다투고 시끄럽게 합니다만 전투에 임해서는 제법 기용할 만하다고 합니다."

하였다. 상이 이르기를,

"원균에 대해서는 계미년(1583년)부터 익히 들어왔다. 나랏일에 매우 정성을 다하고 또 죽음을 두려워하지 않는다고 하였다."

하니, 원익이 아뢰기를,

"원균은 전공戰功 때문에 인정하는 것이지 그렇지 않다면 결코 기용起用해서는 안 되는 인물입니다."

하고, 김순명金順命이 아뢰기를,

"충청도 사람들은 매우 불편하게 여긴다고 합니다."

하였다. 상이 이르기를,

"융통성이 없어서 그런 것이다."

하니, 원익이 아뢰기를,

"원균에게 군사를 미리 주어서는 안 되고, 전투에 임했을 때 주어서 돌격전을 하게 해야 합니다. 평상시에 군사를 거느리게 하면 반드시 원망하고 배반하는 자들이 많을 것입니다."

하였다. 상이 이르기를,

"전일前日에 원균이 탐욕스럽다 하는 대간의 논박이 있었다. 원균은 지극히 청렴한데 어째서 탐욕스럽다 하는가?"

하니, 김수金睟가 아뢰기를,

"전에 조산 만호造山萬戶로 있을 때 어사 성낙成洛이 장계로 표창하였습니다."

하자, 원익이 아뢰기를,

"원균이 어찌 지극히 청렴하기까지야 하겠습니까."

하였고, 조인득趙仁得이 아뢰기를,

"소신이 일찍이 종성鍾城에서 그를 보니, 비록 만군萬軍 앞에서도 종횡으로 돌진하려는 의지가 있었고, 행군行軍도 매우 성실하였습니다. 부정을 탐하는지는 모르겠습니다."

하였다. 상이 이르기를,

"이 같은 장수는 많이 얻을 수 없다."

하니, 원익이 아뢰기를,

"이후로 어떻게 될지 알 수 없습니다."

선조는 원균에 대한 신하들의 어떤 지적에도 흔들리지 않고, 그가 청렴하고 용감하며 쉽게 얻을 수 없는 훌륭한 장수라고 무한히 신뢰하고 있다. 다음은 같은 해 11월 7일 대신들과의 논의 과정에 나온 내용이다.

　상이 이르기를,

　"원균은 어떠한 사람인가?"

　하니, 유성룡이 아뢰기를,

　"원균은 제 몸을 잊고 용감히 싸우는 것은 장점이지만, 지친 군졸을 달래는 것은 감당할 수 없으니, 이 일은 쓸 수 있는 다른 사람이 있다면 그를 써야 합니다."

　하고, 정탁이 아뢰기를,

　"수전이 그의 장기이니, 이제 단점을 버리고 장점을 쓰는 것보다 더 나은 것은 없습니다."

　유성룡이 아뢰기를,

　"원균이 힘껏 싸운 것은 사람들이 모두 알지만, 수전한 뒤로 지금까지 잘못하여 영남의 수군 중에는 원망하고 배반하는 자가 많으므로 원균에게 맡기는 것은 불가합니다. 더구나 이순신과 원균의 사이가 나쁜 것도 조정에서 아는 바입니다. 소신이 수륙에는 차이가 있지만, 서로 도와야 한다며 두 사람을 모아 의논했으나 원균은 발끈하여 노기怒氣가 있었습니다."

　하니, 상이 이르기를,

　"이순신도 그러하던가?"

　하자, 이원익이 아뢰기를,

　"이순신은 스스로 변명하는 말이 별로 없었으나, 원균은 기색이 늘 발끈하였습니다. 과거에도 장수들의 공 다툼이 있었지만, 원균은 심하였습니다. 소신이 올라온 뒤에 들으니, 원균이 이순신에 대하여 분노에 찬 말을 심하게 많이 하였다 합니다. 이순신은 결코 한산에서 옮겨서는 안 됩니다. 옮기면 일마다 다 잘못될 것입니다. 원균은 그대로 병사兵使로 있도록 하소서. 조정에서 여러 가지로 타일러도 뜻을 바꾸지 않기에, 소신이 이런 위급한 때에는 마음을 합하여 서로 도와야 한다고 말했으나, 원균은 노기를 풀지 않으니, 어렵지 않겠습니까."

하니, 상이 이르기를,

"난처한 일이다."

하였다. 윤두수가 아뢰기를,

"원균은 소신의 친족인데, 신은 오랫동안 그 사람을 보지 못하였습니다. 아마 이순신이 후배인데도 지위는 원균보다 위에 있어 발끈하고 노여움을 품는 것이니, 반드시 조정에서 헤아려 조처措處해야 할 것으로 압니다.

하니, 상이 이르기를,

"내가 전에 들으니, 처음 군사를 청한 것은 사실 원균이 한 것인데 조정에서는 원균이 이순신만 못하다고 말하니 원균이 노하게 되었다 하고, 또 들으니 원균은 적을 사로잡을 때 선봉이었다 하였다."

하였다. 유성룡이 아뢰기를,

"원균은 가선嘉善이 되었을 뿐인데 이순신은 정헌正憲이 되었으므로, 바로 이 때문에 원균이 화를 내는 것입니다."

하니, 상이 이르기를,

"내가 들으니, 군사를 청하고 바다에서 싸운 데는 원균의 공이 많고 이순신은 따라간 것이라 하였다. 또 들으니, 왜자倭子를 잡은 것은 이순신이 많지만, 이긴 것은 원균이며 실제 성공은 원균으로부터 시작되었다 하였다.”

하였다. 이원익이 아뢰기를,

“소신이 원균에게 공은 이순신보다 나을 수 없다고 좋게 말하니, 원균이 ‘이순신은 물러가 구원하지 않다가 천 번 만 번 불러서야 비로소 진군하였다.’ 하였는데, 원균은 침범당한 지방에 있었기에 오직 적을 치는 것만 바랬으나, 이순신이 원균과 동시에 출전할 수 없는 것은 당연한 일입니다.”

하고, 이덕열이 아뢰기를,

“이순신은 15번을 부른 뒤에야 비로소 나가서 적선 60척을 잡고는 자기 공으로 먼저 보고하였다 합니다.”

하고, 이원익이 아뢰기를,

“적선이 호남으로 돌진해 오면 세력이 강해질 것을 염려하였기 때문에 아주 늦게 간 것은 아닙니다. 원균은 당초에 많이 패하였으니, 이순신이 따라가 옆에 서 있거나 손수 잡지 않았더라도 부하들이 잡은 것만 해도 더 많습니다. 목 벤 것만을 논하여도, 원균보다 많습니다.”

하고, 정탁이 아뢰기를,

“그들이 공 다투는 것을 보면 두 장수가 다 잘못을 면할 수 없지만, 이순신 역시 가볍지 않은 장수이니, 화해하게 하고 책임을 맡긴 뒤에 공을 세우도록 하는 것이 어떠하겠습니까?”

하고, 이원익이 아뢰기를,

"원균은 당초에 많이 패하였지만, 이순신은 홀로 패하지 않고 공이 있었으니, 다툼의 시작이 이 때문에 일어났습니다."

토론 내용을 보면, 유성룡도 원균이 힘껏 싸웠다고 생각하니 실상을 잘 모르고 있다. 이순신 장군의 장계조차 제대로 안 본 것이다. 정탁도 원균의 장기가 수전이라고 잘못 알고 있다. 선조는 원균이 군사 청한 것까지 공이라 추켜세우고, 싸움에서는 선봉에 섰으며 이순신 장군은 따라갔다고 하였다. 무엇보다 황당한 궤변은 '왜군 잡은 것은 이순신이 많지만, 승리는 실제로 원균으로부터 시작되었다'라는 말이다. 이 사람의 정신세계는 이해하기가 어렵다.

오로지 이원익만은 원균이 처음에 많이 패하였음을 분명하게 지적하였으며, 이순신 장군만이 홀로 패하지 않고 공이 있다는 진실을 설명하고 있다. 선조와 상당히 많은 조정 신하들이 장군을 음해하는 원균의 주장에 의도적으로 동조同調하고 있음을 알 수 있다. 다음은 11월 17일 체찰사 이원익과 대화한 내용이다.

이원익이 아뢰기를,
"큰 배로는 물마루를 넘어올 수 없으므로, 저들이 다 새로 만들었으나 우리 배만 못합니다만, 튼튼하지는 않아도 바다 건너는 데 편리하도록 만들었기 때문입니다. 그들의 기술이 매우 정교하다 해도 수군은 겁을 냅니다. 그들의 배는 매우 얇으므로, 우리 배와 부딪치면 모두 부서집니다. 원균은 수군으로 용감히 싸웠으므로, 윤두수가 신에게 반드시 그를 쓰게 해야 한다고 하였는데, 소신도 반드시 그렇게 하려 합니다."

하자, 상이 이르기를,

"두 장수가 서로 사이가 좋지 않으니, 일이 어떻게 될 수 있겠는
가. 원균은 끝내 이순신李舜臣의 부하가 되려 하지 않고 매우 미워
한다." 하였다.

체찰사 이원익도 이제 원균을 쓰겠다고 선조에게 약속하였다. 이원익도 왕
과 조정 신하들의 주장에 설득된 것일까. 그러자 선조가 둘 사이가 나쁜데 어
쩔 것이냐 라고 묻는다. 왕의 진의眞意를 알 수가 없다. 원균에 대해 이렇게
훌륭한 사람이 없다면서 꼭 써야 한다고 주장하더니, 이제 쓰겠다고 하니 두
사람이 불화하니 어쩔 거냐며 시비를 하고 있다. 도대체 어쩌라는 말인가.

우리도 가끔 반대만 하는 사람들을 만난다. 어떤 말에도 반대만 하는 자기
모순을 전혀 잘못되었다고 생각하지 않는 사람, 그들과는 대화를 멈추어야
한다. 그런데 한 나라의 지도자가 이런 사람일 경우에는 나라 꼴은 엉망이 되
고, 국민은 너무도 부끄럽고 참담하게 된다.

☯ 왜군 재침의 조짐에 피난 걱정부터

1596년 9월 4일 사신 황신黃愼이 왜장 평조신平調信 등과 함께
배를 타고 바다를 건너갔다. 그러나 왜는 조선이 벼슬 낮은 자를 사신으로 보
냈다 하여 그를 만나주지도 않았다. 그리고 관백은 "길을 빌려 명에 조공하
려 하였는데 조선이 허락하지 않았으니, 무례가 심하다고 하였으며, 또 명나

라 사신이 올 때도 황신이 늦게 와 약속을 어겼으니, 전쟁으로 승부를 내야 겠다"라고 하였다는 비밀 장계가 황신에게서 온다. 이런 내용이 퍼져 서울이 뒤숭숭했다. 선조실록 1596년 11월 13일의 기록이다.

김응남이 아뢰기를,

"적이 아직 바다를 건너오지도 않았는데 인심이 먼저 동요하여 중국 사신의 양식을 마련하는 군사까지도 다 달아나고, 장흥고長興庫도 종이를 바치지 않아 공적인 일이 다 막히니, 서울 사람 놀라는 것이 이보다 심할 수가 없습니다. 이 때문에 사람들이 일제히 동문에서 경성京城을 지켜달라 호소하고 있습니다."

하고, 윤두수가 아뢰기를,

"대가大駕가 파천播遷하면 오히려 임진년보다 못할 것이니, 내전內殿은 나가더라도 위에서는 반드시 성城 지킬 생각을 하셔야 하겠습니다. 해주海州로 가면 조정이 멀어 명령이 통하지 않습니다. 내전이 먼저 강화江華로 가고 형세가 어쩔 수 없게 될 경우, 강화로 가서 머무르시면 험한 곳을 차지할 수 있을 것입니다. 거기 오래 머물 수 없으면 뱃길로 해주로 갈 수도 있으며, 아산창牙山倉 곡식도 날라 올 수 있을 것입니다. 또 포수砲手는 처자도 강화도에 두어야 하겠습니다. 신이 밤새 자지 못하고 생각해 봤는데 국가 대계로 보면 강화도가 낫겠습니다. 비변사 당상의 뜻도 이러합니다."

왜군이 다시 쳐들어온다는 소문으로 도성都城이 흉흉해지고 있다. 그런데 임금과 신하들은 왕이 어디로 피신할 것인가부터 논의한다. 일단 싸워보고 안되면 가야 한다, 해주로 갈 것이냐, 강화로 갈 것이냐. 임금이나 신하라는 사람들이 한심하고 한심하다. 백성들이 불안에 떠는 것은 왕이나 신하가 동요하기 때문이다. 임금과 신하가 죽기로 싸운다는데 백성들이 어찌 불안할 것인가. 이 한성 혼란의 원인이 되었던 것이, 통신사 황신이 보고한 일본의 침략계획이다. 선조실록 1596년 12월 21일 기록이다.

1. 조선이 왕자를 일본으로 보낸다면 군사를 철수할 것이다.
1. 조선은 중국의 지시에 따라 움직이니 중국을 다녀오려면 몇 달 걸릴 것이다. 내년 2월까지 기한을 주겠다.
1. 청정은 1~2월경에 바다를 건널 것이고, 대군은 3~4월경에 부산에 도착할 것이다.
1. 다시 싸운다면 먼저 전라도를 침범할 것이다.
1. 조선 수군의 배가 견고하나 작은 배 5~6척이 일시에 붙어 싸운다면 격파할 수 있다.
1. 전라도를 침범하고 다음에는 제주도를 취할 것이다.
1. 요시라要時羅가 말하기를, "관백關伯이 인심을 잃어 3~5년이면 지금의 형세를 보전할 수 없을 것이니, 회유책을 써서 시간을 끌면 후환이 없을 것이다."
1. 평행장이 말하기를, "관백은 나를 선봉으로 삼을 것이니 교전을 하더라도 통지할 일이 있으면 나에게 하는 것이 좋을 것이다."

⚓ 부산 왜영 방화사건

　　이 사건은 이순신 장군이 잡혀가는 이유 중의 하나로 언급되는 것이다. '왕을 기망欺罔한 죄'로 알려진 부산 왜영 방화사건에 대한 실록의 기록을 보자. 먼저 명나라 관원인 도사 호응원의 화재보고가 있었고, 이어 이순신 장군의 장계와 병조정랑 김신국의 보고가 있었다.

> **1597년 1월 1일**, 12월 27일에 성첩成貼한 통제사 이순신의 서장, "신 휘하의 거제 현령 안위安衛 및 군관 급제及第 김난서金蘭瑞, 군관 신명학辛鳴鶴이 여러 차례 비밀리 모의하여 은밀히 박의검朴義儉을 불러 함께 의논했습니다. 같은 달 12일, 김난서 등이 야간에 서북풍이 크게 불어오자 불을 질렀습니다. 불길이 크게 번져 적의 가옥 1천여 호와 화약 창고 2개, 군기軍器와 잡물 및 군량 2만 6천여 섬이 든 창고가 다 타고, 왜선 20여 척 역시 잇따라 탔으며, 왜인 24명이 불에 타 죽었습니다. (중략) 일본을 갔다 온 경상 수영 도훈도都訓導 김득金得이 부산에 있으면서 그날 밤 불타는 모습을 보았는데, 이달 12일 10시경 부산의 왜적 진영 서북쪽 가에서 불이 시작되어 적의 가옥 1천여 호 및 군기軍器와 잡물·화포·기구器具·군량 창고가 빠짐없이 잿더미가 되었다고 하였습니다. 그러자 왜적들이 서로 모여 울부짖으며 말하기를 '본국本國의 지진 때도 집이 무너져 죽은 자가 많았는데, 이번에 이곳에서 또 불 난리로 이 지경이 되었으니, 우리가 어디서 죽을지 모르겠다.'라고 했다 합니다. 이 말을 다 믿을 수는 없지만, 그럴 리가 없는 것도 아닙니다.

안위 · 김난서 · 신명학 등이 성심으로 힘을 다해 일을 성공시켰으니 매우 가상합니다. 앞으로 이러한 기밀機密한 일이 한 번에 그치지 않을 것이니 특별히 논상하여 향후를 위하여 격려하소서."

이순신 장군은 안위 등의 방화했다는 보고를 받았지만, 처음에는 선뜻 믿기지 않았던 것 같다. 그러다 직접 목격한 김득이 와서 그날 밤 화재와 일어난 피해 내용을 보고하니 사실이라고 믿을 수밖에 없었을 것이다. 다음은 1597년 1월 2일 이조좌랑 김신국의 보고 내용이다.

"지난날 부산의 적 소굴 불태운 사유를 통제사 이순신이 이미 장계로 보고하였다고 합니다. 그런데 도체찰사都體察使 이원익李元翼이 거느린 군관 정희현鄭希玄은 조방장으로 오랫동안 밀양密陽 등지에 있었는데, 적진을 드나드는 사람 중에는 정희현의 심복이 된 자가 많습니다. 적의 진영을 불태운 일은 모두가 이원익이 정희현에게 명하여 이룬 것입니다. 정희현의 심복인 부산 수군 허수석許守石은 적진을 마음대로 출입하는 자로 그의 동생이 부산영釜山營 성 밑에 살고 있는데, 그가 주선하여 성사될 수 있었습니다. 정희현이 밀양으로 가서 허수석과 몰래 모의하여 기일期日을 약속해 보내고 돌아와 이원익에게 보고하였습니다. 날짜를 기다리고 있을 때 허수석이 급히 부산 왜영에서 와 불태운 곡절을 보고하였으며, 명나라 사람의 보고도 잇따라 도착하였습니다. 그래서 이원익은 허수석이 했다는 것을 확실히 알게 된 것입니다.
이순신의 군관은 부사副使의 복물선(卜物船, 짐 나르는 배)을 운반하는 일로 부산에 도착했었는데 마침 적의 영이 불타는 날이었고, 그가 돌아가 자기의 공이라고 이순신에게 보고한 것일 뿐 이순신은 애초에 이번 일의 사정을 모르고 급보한 것입니다.

허수석이 상으로 벼슬을 바라고 있고 이원익도 허수석을 의지해 다시 일을 도모하려 하고 있습니다. 그렇다고 지금 갑자기 상으로 벼슬을 내리면 누설될 염려가 있으니, 이런 뜻으로 타이르고 은냥銀兩을 후히 보내주소서. 조정에서 만일 이런 곡절을 모르고 이순신이 장계로 보고한 사람에게 먼저 벼슬을 베푼다면, 허수석은 반드시 시기하는 마음을 일으키게 될 것이고, 적들이 그런 말을 들으면 방비를 더욱 엄하게 할 것입니다. 그렇게 되면 앞으로 도모할 일을 시행할 수 없을 것입니다. 그래서 이원익이 신에게 이를 아뢰도록 한 것입니다. 또 이번 비밀리에 의논한 일은 이미 이원익의 장계에 있기에 문서 보고는 하지 않습니다.”

이 두 기록을 살펴보면 둘 다 '카더라 통신'이다. 실제 불 지른 사람이 누구인지 증명이 안 된다. 이순신 장군은 거제 현령 안위가 보고한 내용을 고한 것이고, 병조정랑 신명학도 정희현의 보고를 옮긴 것에 불과하다. 이 일을 문제 삼고자 한다면 누구의 말이 옳은 것인지에 대한 검증과 확인이 좀 더 필요하다.

이순신 장군은 이 사건이 보고받은 내용이며 직접 확인한 것이 아니었으므로 '이 말은 믿을 수 없지만, 그럴 리가 없는 것도 아닙니다.'라고 하여 정확하지 않을 수 있음을 염두念頭에 두고 보고하였다. 그러나 김신국은 '허수석의 동생이 스스로 했다고 주장'하는 말을 허수석이 정희현에게 전달한 것에 불과한데도, 마치 틀림없는 사실인 것처럼 확정하여 보고함으로써 장군과 장군의 부하를 거짓말쟁이라고 주장하고 있다.

그런데 이와 관련하여 눈여겨볼 선조실록의 기록이 있다. 1597년 2월 8일 왕이 심유경의 전별연餞別宴에서 한 대화 내용이다. 이야기 도중에 주변을 물리고 두 사람만이 은밀하게 대화를 나누었다.

선조가 심유경에게

"행장은 우리 변방 장수와 함께 은밀하게 청정을 죽이려 했었는데, 대인도 행장과 함께 청정을 은밀히 죽이려 했었습니까. 행장이 여러 차례 지시했으나, 진위眞僞를 알지 못하여 가벼이 움직이지 못하였습니다."

하자, 심유경이

"저번에도 기회가 있었으나 변방 장수가 마음대로 하지 못하고, 매번 조정에 아뢴 뒤에 하게 되니, 왕복하는 사이에 일이 늦어져 기회를 잃었습니다. 체찰사가 시행할 일이 있으면 품의 없이 시행하도록 하는 것이 어떻겠습니까."

하니, 선조가

"그곳에서 청정을 제거할 일이 있겠소이까. 제거하려면 행장과 화친和親하여 서로 통해야 할 것입니다."

하자, 심유경이

"행장에게 그러한 생각이 없지 않고, 청정 역시 그러한 뜻이 있어 서로 몰래 죽이려 하는데, 병영兵營을 태운 것도 사람들 말이 청정의 짓이라고 합니다. 저 역시 그런 생각이 있었고, 상서尙書가 일찍이 저에게 밀서를 보냈는데 역시 그런 뜻이었습니다. 제가 내려가서 도모하겠습니다.

　그러니까 부산 왜영 방화사건은 청정과 행장이 서로 다투는 과정에서 청정
이 은밀히 일으킨 것으로 의심된다는 말이다. 그렇다면 실제 방화는 누가 했
을까. 이순신 장군의 부하나 허수석의 동생 둘 다일 수도 있고 둘 다 아닐 수
도 있다. 방화는 청정의 부하가 저지르고, 양쪽에다 '너희가 했다고 보고하
라.'라고 했을 수도 있다는 말이다. 아니면 청정 부하들과 함께 둘 다 방화를
했을 수도 있을 것이다.

　이 사건은 청정의 지시로 일으키고, 그 정보를 이순신 장군과 체찰사, 양쪽
에 주어 둘 다 자신이 한 것으로 보고하도록 한 것은 아닐까. 다시 말하자면,
청정은 자신의 경쟁자인 행장에게는 치명타를 안기고, 가장 두려운 이순신
장군도 제거하기 위해 조선 내부에 분란을 일으키려 한 것일 수 있다는 말이
다. 이중으로 정보를 제공하여 서로 반목하도록 하는 반간계反間計 말이다.

　선조가 심유경의 말을 듣고 이를 눈치챘었다면 장군을 잡아 오라는 바보
같은 명령은 하지 않았을 것이다. 그게 아니면 반간계임을 알고 있었다 하더
라도 백성들에게 신망이 두터운 장군을 제거하고, 자신에게 충성(?)하는 원
균으로 통제사를 바꿀 좋은 빌미라고 생각했을 수도 있을 것이다.

☀ 돌아온 가등청정, 그리고 반간계

　　　1596년 12월 5일 선조가 승정원에 지시하기를 '가등청정이 1~2
월 사이에 나온다고 하니 통제사에게 혹 정탐꾼을 보내 살피거나, 혹 왜인에

게 뇌물을 주어 그가 나오는 때를 알아내어, 해상에서 요격하도록 하라'고 하면서, "다만 바다 건너오는 날을 알기 어려울 따름이다."라고 했다.

12월 16일에는 비변사에서 "우리나라가 믿는 것은 오직 수군뿐인데 전선의 수도 적고 격군格軍도 크게 줄었습니다. 하지만 군사를 보충하고자 하여도 방법이 없습니다. 육군과 공·사 천민을 징발하여 필요한 때 이용하고 원래대로 복귀하게 하거나, 남해현의 군사들에게 요역徭役을 감면해주고 수군만을 돕도록 하는 것도 좋겠습니다."라고 하여 왕의 허락을 받는다. 그러나 이 방안은 탁상공론에 불과하다. 공·사 천민이든, 남해현 백성이든 육군에 소속된 군사를 수군에 줄 리가 없기 때문이다.

그리고 해를 넘겨 1597년 1월 21일 가등청정이 돌아왔다는 체찰사의 보고가 올라온다. 다음날인 1월 22일 전라 병사 원균의 장계가 올라오는데, 불안한 왕의 마음에 한 줄기 빛과 같은 내용이다.

"우리나라 군대의 위엄은 오로지 수군에 달려 있습니다. 신의 어리석은 생각에 수백 명의 수군으로 영등포永登浦 앞으로 나가 몰래 가덕도加德島 뒤에 주둔하면서 가벼운 배를 뽑아 삼삼오오 짝을 지어 절영도絶影島 밖에서 무위武威를 떨치고, 100여 명이나 2백 명씩 큰 바다에서 위세를 떨치면, 청정淸正은 평소 수전水戰이 불리한 것에 겁먹고 있으니 군사를 거두어 돌아갈 것으로 생각됩니다. 원하건대 조정에서 수군을 보내 바다 밖에서 맞아 공격해 적이 상륙하지 못하게 한다면 반드시 걱정이 없게 될 것입니다. 이는 신이 쉽게 말하는 것이 아니라 이전에 바다를 지킨 경험이 있어, 이런 일을 잘 알기 때문에 이제 감히 잠자코 있을 수가 없어

우러러 아룁니다." 하였다.

'이전에 바다를 지킨 경험이 있어, 이런 일을 잘 알기 때문에'라는 말은 마치 자신이 과거 수군 장수로 큰 전과를 올린 것처럼 떠벌이는 것이다. 실제로는 스스로 군영을 불태우고 배도 가라앉히고, 이순신 장군의 뒤를 따라 다니며 죽은 왜군 시체를 건져 목 베는 것이나 하지 않았던가. 그런 자가 이렇게 모함하여 수군통제사가 된다 해도 그 직책을 어떻게 감당하려고 이러는지 알수가 없다.

'내가 해봐서 아는데'라는 이 말은 요즘도 대통령이 되려는 자들 몇몇이 단골로 써먹는 말이다. 그들은 돈과 권력 등 인간의 욕망을 자극하여 당선되었다. 지나고 봤더니 그들은 모두 시민의 이익보다 자신의 욕심을 위해 대통령이 되었고, 제 주머니 채우기에 나라를 이용한 자들이었다. 원균과 똑같은 자들이다.

이어서 불 난 데 기름을 붓는 보고가 올라온다. 1월 23일 황신黃愼과 경상우병사 김응서가 거의 같은 내용으로 청정이 돌아왔다는 보고를 하였다. 김응서의 보고 내용이다.

> "도원수의 말이 '이달 6일 평행장 처소에 야생 학鶴 한 마리와 매鷹子 1련連을 신의 전사戰士 송충인에게 주어 들여보냈더니, 17일에 돌아와, 「12일에 풍세風勢가 순조로워 청정 휘하의 왜선 150여 척이 서생포로 나왔고, 청정이 거느린 왜선 130여 척은 출발한 뒤에 풍세가 동북에서 불어 거제도巨濟島로 가지 못하고 가덕도에 정박하였다가, 14일에 다대포로 가서 진영 만들 장소를 보았다.」'

고 와서 보고했다.

　그러나 우리나라 수군은 정돈되지 않아 맞아 치지 못하였는데, 풍세가 순하지 않았던 것은 실로 하늘이 도와준 것인데, 사람이 일을 못 해 기회를 잃었으니 분한 심정을 이기지 못하겠다. 행장 역시 매우 안타까워하며 「그대 나라는 일을 매양 그렇게 하니 후회해도 소용없다. 청정이 이미 바다를 건너왔으니, 전날 내가 한 말이 청정의 귀에 들어갈까 걱정된다. 모든 일은 비밀로 하도록 하자.」 하였고, 또 「이 뒤에도 할 일이 있으니 그대는 갔다가 다시 돌아오라.」 하였기에 즉시 들여보내 다시 그 실정을 알아내어 긴급보고하려 한다. 대개 우리나라는 일을 이처럼 지체하여 만에 하나도 성사하지 못하니, 다만 민망하고 답답할 뿐이다. 송충인이 돌아올 때 평경직平景直이 말하기를 「정성正城은 관백과 친한 사람이다. 병사兵使는 호표피虎豹皮나 매鷹子를 그 사람에게 보내 양국 사이의 일을 도모할 수 없는가?」 하였다.'라고 하였습니다."

　행장은 마치 청정이 오는 날을 가르쳐 준 것처럼 송충인을 나무라고 있다. 그리고 청정의 귀에 들어갈까 걱정된다면서 입단속까지 하고 있다. 그러면서 또 할 일이 있으니 다시 오라고 하였다. 이는 앞으로도 계속해서 조선을 이용하겠다는 계산이 깔려 있다. 그러나 조선의 장수들은 저들에게 이용당하는 줄도 모르고 정유재란이 일어날 때까지 바보처럼 계속 끌려다니게 된다. 거기다가 왜장들에게 야생 학이나 호랑이 가죽, 매 등 그들의 기호품까지 채워주었다. 왜군 장수들은 꿩 먹고 알 먹는 상황인 것이다.

　결국, 왜적은 왕의 마음까지도 움직였으니, 1597년 1월 23일 선조는 신하

들과 논의하여 바다 건너는 청정을 막지 못하였다며 이순신 장군에게 책임을
뒤집어씌워 버렸다.

　이산해가 아뢰기를,

　"이후에는 힘껏 수군을 조치措置해야만 믿을 수가 있습니다. 신이
지난번 충청도에 있을 적에 마침 원균을 만났습니다. 그가 말하기
를 '왜적을 무서워할 것이 무엇인가?' 하기에 신은 처음 듣고는 망
령되다 여겼습니다. 그런데 지금에 와서 보니 수군을 믿고 그런 말
을 했음을 알게 되었습니다."

　하였다. 상이 이르기를,

　"왜장이 손바닥 보이듯 가르쳐 주었는데도 해내지 못했으니, 우
리나라야말로 천하에 용렬한 나라이다. 지금 장계를 보니, 행장 역
시 조선의 일은 매양 그렇다고 조롱까지 하였으니, 우리나라는 행
장보다 훨씬 못하다. 한산도의 장수는 편안히 누워서 어떻게 해야
할지를 몰랐었다."

　하니, 윤두수가 아뢰기를,

　"이순신이 왜구를 두려워해서 그런 것은 아닙니다. 실제로는 나
가 싸우는 것에 싫증이 난 것입니다."

　하고, 이산해가 아뢰기를,

　"이순신은 정운과 원균이 없으니 움직이지 않는 것입니다."

　하고, 김응남은 아뢰기를,

　"정운은 이순신이 나가 싸우지 않으므로 참斬하려 하자 이순신이
두려워 마지못해 억지로 싸웠으니, 해전에서 이긴 것은 대개 정운

이 격려해서 된 것입니다."

하였다. 상이 이르기를,

"이번에 이순신에게 어찌 청정의 목을 베라고 바란 것이겠는가. 단지 배로 시위하며 해상을 순회하라는 것뿐이었는데 끝내 하지 못했으니, 참으로 한탄스럽다. 이제 도체찰사의 장계를 보니, 시위할 약속이 갖추어졌다고 한다."

하고, 상이 한참 동안 한탄하다가 길게 한숨지으며 이르기를,

"우리나라는 이제 끝났다. 어떻게 해야 하는가, 어떻게 해야 하는가."

격군을 채우지 못해 판옥선 등 군선을 충분히 운용할 수 없었던 조선 수군의 현실에서 청정이 1~2월에 바다를 건너온다는 정보를 행장이 주었다고 하지만, 그가 어느 날 바다를 건널지는 알 수 없는 일이었다. 선조도 언제 건너올지 모르니 그것이 문제라고 하지 않았던가.

대규모 전선 운용이 어려운 장군으로서는 다대포나 절영도 등 부산 인근에 정박할 수 있는 진영을 구축하거나, 아니면 청정이 바다 건너오는 때를 1~2일 전에는 정확하게 알아야 바다에서 요격할 수 있었을 것이다. 그렇지 않고 왕의 말대로 언제 올지 모르는 적을 위협하기 위해 함대를 이끌고 수시로 부산까지 가서 시위하는 것은, 오히려 적에게 우리의 전력을 노출하여 공격을 받을 수 있는 위험한 행위가 된다.

이런 상황을 전반적으로 고려해보면 행장이 주는 정보라는 것은, 우리를 이간시키려는 의도가 있음이 분명하다. 적의 반간계에 제대로 걸린 것이다.

☯ 이순신은 용서할 수 없다.

　　　　1597년 1월 27일, 청정을 막지 못한 이순신 장군의 죄를 확실하게 하기 위해서일까. 이날 선조는 신하들과 하루에 2번이나 만나 논의하였다. 두 차례 논의 내용이 비슷한 것으로 보아 이날 중으로 결말을 보고자 한 것이다. 두 번째 논의 내용만 보자.

　상이 이르기를,

　"전라도는 방어할 생각이 없는 듯, 수사水使는 수군을 채울 수 없다고 핑계하고 있으니, 이는 무슨 말인가?"

　하니, 유성룡이 아뢰기를,

　"임시로 군대를 모집하여 수가 차지 않으면 길 가는 사람까지도 모두 붙잡아 새끼로 묶어 보냅니다. 또 체찰사의 호령은 그런대로 따르지만, 감사監司 이하의 호령은 사람들이 따르지 않습니다. 군사적인 기회는 한시가 급한데 이처럼 늦어서 되겠습니까."

　하고, 윤두수가 아뢰기를,

　"지난번 비변사에서 이순신의 죄상罪狀을 이미 의논드렸으므로 전하께서도 이미 아시지만, 이번 일은 온 나라 인심이 모두 분노하고 있으니, 위급할 때에 장수를 바꾸는 것이 비록 어려운 일이지만 이순신은 교체해야 할 듯합니다."

　하고, 정탁이 아뢰기를,

　"참으로 죄가 있지만 위급할 때에 장수를 바꿀 수는 없습니다."

　하자, 상이 이르기를,

"나는 이순신의 사람됨을 잘 모르겠지만 지혜가 적은 듯하다. 임진년 이후 한 번도 거사하지 않았고, 이번 일도 하늘이 준 기회를 잡지 않았으니 법 어긴 사람을 어찌 매번 용서할 것인가. 원균으로 대신해야 하겠다. 중국 장수 이 제독李提督 이하가 모두 조정을 속이더니, 우리나라에도 그걸 본받는 자가 많다. 왜영 불태운 일도 김난서金鸞瑞와 안위安衛가 몰래 약속하여 도모했다고 하는데, 이순신은 자기가 계책을 세워 한 것처럼 하니 나는 매우 온당치 않게 여긴다. 그런 사람은 비록 청정淸正의 목을 베어오더라도 용서할 수가 없다."

하였다. 이산해가 아뢰기를,

"임진년에도 원균의 공로가 많았다고 합니다."

하니, 상이 이르기를,

"공이 없었다고 할 수 없다. 앞장서서 나아가는 것을 귀하게 여기는 것은 사졸士卒들이 보고 본받기 때문이다."

하였다. 유성룡이 아뢰기를,

"신의 집이 이순신과 같은 동네에 있어, 신臣은 이순신의 사람됨을 깊이 알고 있습니다."

하자, 상이 이르기를,

"경성京城 사람인가?"

하니, 유성룡이 아뢰기를,

"그렇습니다. 성종 때 이거李琚의 자손인데, 직분을 감당할 만하다 여겨 당초에 신이 조산만호造山萬戶로 천거했습니다."

하였다. 상이 이르기를,

"글을 잘하는 사람인가?"

하니, 유성룡이 아뢰기를,

"그렇습니다. 성품이 굽히기를 좋아하지 않아 제법 취하여 쓸 만하여, 그 사람이 어느 곳 수령으로 있을 때 신이 수사水使로 천거했습니다. 임진년 신이 차령車嶺에 있을 때 이순신이 정헌正憲이 되고, 원균이 가선嘉善이 되었다는 말을 듣고는 직위가 지나치다고 여겼습니다. 무장武將은 의지와 기개가 교만해지면 쓸 수가 없게 됩니다."

하자, 상이 이르기를,

"그때 원균이 그의 동생 원전元墺을 보내 승전을 알렸기 때문에 그런 상이 있었다."

하였다. 유성룡이 아뢰기를,

"거제에 들어가 지켰다면 영등永登·김해의 적이 반드시 두려워하였을 것인데 오랫동안 한산에 있으면서 별로 하는 일이 없었고, 이번 바닷길도 역시 요격邀擊하지 않았으니 어찌 죄가 없다고 하겠습니까. 다만 교대하는 동안 일이 어려워질 것 같아 전날 그렇게 보고하였던 것입니다. 비변사가 어찌 이순신을 비호庇護하겠습니까."[16]

하니, 상이 이르기를,

"이순신은 조금도 용서할 수가 없다. 무신武臣이 조정을 가볍게 여기는 습성은 다스리지 않을 수 없다. 이순신이 조산 만호로 있을

---

16) 1차 회의에서 선조가 말하기를, "이번에 비변사가 '여러 장수와 수령들이 호령을 듣지 않는다.'라고 말한 것은 다른 데 원인이 있는 것이 아니라, 비변사가 그들을 옹호해주고 있기 때문이다. 중국 장수들이 못하는 짓이 없이 조정을 속이고 있는데, 이런 습성을 우리나라 사람들도 모두 쫓아서 하고 있다."라고 한 말에 대한 유성룡의 해명이다.

때 김경눌金景訥 역시 녹둔도에 둔전屯田 일로 마침 그곳에 있었는
데, 이순신과 김경눌은 평소 사이가 좋지 않았다. 이순신이 밤중
에 호인胡人 하나를 잡아 김경눌을 속이니, 김경눌은 바지만 입고
도망하기까지 하였다. 김경눌은 허술한 사람이라 그처럼 위태로운
곳에서도 경계하지 않았지만, 같은 변방의 장수로 서로 희롱해서는
안 되는 것이다. 내가 그런 일을 일찍이 들었다."

하였다. 이정형이 아뢰기를,

"이순신이 '거제도에 들어가 지키면 좋은 줄은 알지만, 한산도는
선박을 감출 수 있는 데다가 적들이 깊고 얕은 것을 알 수 없고, 거
제도는 만灣이 비록 넓기는 하나 선박 감출 곳이 없을뿐더러 또 건
너편 안골安骨의 적과 상대하고 있어 들어가 지키기는 어렵다.'라고
하였으니, 그 말이 합당한 듯합니다."

하니, 상이 이르기를,

"들어가 지키는 것이 어렵다고 했는데, 경의 생각은 어떤가?"

하자, 이정형이 아뢰기를,

"신 역시 자세히 알 수가 없습니다. 그 사람의 말이 그렇습니다.
원균은 사변이 일어난 처음에 강개慷慨하여 공을 세웠지만, 군졸을
돌보지 않아 민심을 잃었습니다."

하였다. 상이 이르기를,

"성품이 그처럼 포악한가?"

하니, 이정형이 아뢰기를,

"경상도가 어려워진 것은 다 원균으로 말미암은 것입니다."

하였다. 상이 이르기를,

"우상右相이 내려갈 때 원균은 적과 싸울 때나 쓸 만한 사람이라 하였으니, 여기에서 짐작할 수 있다."

하니, 김응남이 아뢰기를,

"인심 잃은 것을 문제 삼아서는 안 되며, 수군에 써야 합니다."

하였다. 상이 이르기를,

"원균은 자기 소견대로만 하고 고칠 줄을 모른다. 체찰사가 비록 논리적으로 설득하고 타일러도 고치지 않는다고 한다."

하니, 유성룡이 아뢰기를,

"대개 나라를 위하는 데는 성심이 있습니다. 상당산성 쌓을 때는 움막을 만들어 자면서까지 역사를 감독해 수축하였습니다."

하고, 이산해가 아뢰기를,

"상당산성을 수축할 때에 강압적으로 공사를 감독했기 때문에 원망하는 사람이 많았습니다."

하고, 이정형이 아뢰기를,

"상당산성은 이루어졌지만 도로 비에 무너지고 말았습니다."

하였다. 상이 이르기를,

"체찰사가 이순신과 원균에게 분부하는 일이 있으면, 비록 온당하지 못하더라도 이순신은 그런대로 면종面從을 하지만 원균은 화를 내며 따르지 않는다고 한다. 이는 그의 공功을 빼앗겨서인가? 원균을 좌도 수군左道水軍에 임명하고, 또 다른 사람을 시켜 두 사람을 진압하게 하는 것은 어떻겠는가?"

하니, 이정형이 아뢰기를,

"이순신과 원균은 서로 용납하지 못할 형세입니다."

하고, 김수가 아뢰기를,

"원균은 매양 이순신이 공을 빼앗았다고 신에게 말하였습니다."

하고, 이덕열이 아뢰기를,

"이순신이 원균의 공을 빼앗아 권준權俊의 공으로 삼으면서 원균과 상의하지도 않고 먼저 장계 보고한 것입니다. 그때 왜선 안에서 여인 얻은 사실을 탐지하고는 곧장 장계 보고했다고 합니다."

하였다. 상이 이르기를,

"그때 왜장倭將이 3층 누선樓船에 앉아서 관冠을 쓰고 바둑을 두고 있었는데 그 배가 매우 허술하여 우리 배와 만나 즉시 부서졌다 한다. 왜선이 지금도 그곳에 있다 하니, 배를 완전히 나포했다는 말이 반드시 거짓말은 아닌 것으로 생각된다."

하고, 또 상이 이르기를,

"전라도는 중국 사신을 접대하느라 수군과 격군이 아직 정돈되지 않았다 한다. 이런 일은 모두 이순신만을 책할 수 없다."

하니, 김수가 아뢰기를,

"불태우는 일을 이순신이 처음에 안위安衛와 밀약하였는데, 다른 사람이 먼저 불사르니 이순신이 도리어 자기의 공로로 삼은 것입니다. 하지만 그 일은 자세히 알 수가 없습니다."

하고, 이정형이 아뢰기를,

"변방 일은 멀리서 헤아릴 수 없으니, 서서히 처리해야 합니다."

하고, 김수가 아뢰기를,

"이것이 사실이라면 용서할 수는 없습니다."

하고, 유성룡이 아뢰기를,

"그 사람의 죄가 그렇기는 하나 지금부터 책망하고 격려激勵해야
합니다."

하고, 윤두수가 아뢰기를,

"이순신과 원균을 모두 통제사統制使로 삼아, 서로 협조토록 해야
합니다."

하였다. 상이 이르기를,

"비록 두 사람을 나누어 통제사로 삼더라도 반드시 조절하는 사
람이 있어야 한다. 원균이 앞장서서 싸움에 나가는데 이순신이 물
러나 구하지 않는다면 사세가 어려울 것이다."

하니, 김응남이 아뢰기를,

"그렇게 한다면 이순신을 중죄에 처해야 합니다."

하였다. 상이 이르기를,

"반드시 문관文官을 시켜 두 사람을 조절하게 하여 꺼리는 바가
있게 해야 한다. 그가 이미 통제사가 되었으니, 수군을 모아야 하는
데 어째서 정돈하지 않고 있는가?"

하니, 유성룡이 아뢰기를,

"겨울이면 격군格軍을 풀어준다고 합니다."

하고, 김수가 아뢰기를,

"으레 10월이면 격군을 풀어주는 것이 이미 관례가 되었기 때문
에 아직 정돈하지 못하고 있습니다."

하고, 윤두수가 아뢰기를,

"신이 남원南原 있을 때, 이순신이 군관을 남원에 보내 군사를 모
집하면서 병방兵房을 참斬하기까지 하여 백성들이 잇따라 소란하고

곡소리가 하늘에 사무쳤습니다. 군관을 불러 물어보았더니, 멀고 가까운 친척까지 붙잡아갔기 때문이라 하였습니다. 이로 보면 군사를 모을 때 상서롭지 못한 일이 많았습니다."

하였다. 상이 이르기를,

"원균에게 수군을 나누어 통제하게 하는 일을 판서는 어떻게 생각하는가?"

하니, 이덕형이 아뢰기를,

"그 사람이 하고자 하면 신은 마땅하다 여기나, 서로 제지하고 방해하는 걱정이 있으니, 중국 제도에 참장參將이 전쟁하면 독전督戰하는 사람이 있는 것과 같게 해야 합니다."

하고, 윤두수가 아뢰기를,

"종사관從事官으로 싸움을 감독하도록 하면 됩니다."

하였다. 상이 이르기를,

"반드시 전적으로 조절하도록 사람을 보내야 한다."

하니, 유성룡이 아뢰기를,

"한효순韓孝順에게 독전督戰하게 하면 됩니다."

하였다. 상이 이르기를,

"독전하는 사람이 한 곳에 있으면 그는 반드시 꺼리는 바가 있을 것이다. 또 병사兵使는 누구를 대신시킬 것인가?"

하니, 김수가 아뢰기를,

"그곳 인심은 나주 목사를 병사로 삼아야 한다고 합니다."

하고, 유성룡이 아뢰기를,

"달래고 타이르는 글을 내려서 두 사람을 격려해야 합니다."

하고, 이덕형이 아뢰기를,

"박진朴晉의 말로는, 이순신의 군관軍官이 원균이 있는 곳에서 돌아와서 거짓된 말로 사람들을 놀라게 하니 주장主將을 배척했다 하여 군관을 내쫓았다고 합니다. 두 사람의 사이가 점점 이렇게 되고 있습니다."

하였다. 상이 이르기를,

"우리나라 사람은 도량度量이 좁다."

하였다. 상이 이르기를,

"할 수 있는 일이라면 서둘러야 한다. 원균은 오늘 정사政事에서 해야 하는가?"

하니, 이정형이 아뢰기를,

"원균을 통제사로 하면 일이 이루어지지 않을까 염려되니, 자세히 살펴서 해야 합니다."

마지막까지 이조참판 이정형이 살펴서 해야 한다고 하였지만, 선조는 이날 바로 원균을 경상 우수사로 임명하였다. 그리고, 다음날 다시 경상도 통제사로 임명한다. 며칠 후에는 전라 좌수사 겸 삼도수군통제사로 임명하고, 2월 6일에는 이순신 장군을 잡아 오라 하였다.

☯ 이상한 출동

이순신 장군은 잡혀가기 직전 부산 앞바다로 출전하게 되는데, 이때 기록을 보면 경상우병사 김응서가 왜장과 이해할 수 없는 일을 벌이고 있다. 일단 1597년 2월 20일 권율의 보고를 보자.

"부산포의 정탐 아병牙兵 이수경李守京의 보고에 의하면 '이달 10일 오전 8시경에 우병사 김응서·통제사 이순신·우수사右水使 및 각 진陣의 여러 장수가 우리나라 배 2백여 척으로 다대포를 건너가 머물렀다.

우병사가 송충인宋忠仁·두모악豆毛岳·김아동金牙同 등을 부산포 왜장 평행장平行長에게 보내 밀약을 했다. 전날 모의하기를 「청정淸正을 부산으로 유인해 저들과 우리가 동시에 참살하고, 만약 오지 않는다면 행장이 청정의 처소로 가서 서로 이야기할 때 우리나라가 습격하여 죽인다. 배들은 부산에서 서쪽으로 10리가량 떨어진 초량항에 모여 대총통大銃筒 한 발을 쏜 뒤 그곳에 머물기로 한다.」하였다. 이를 보고한다.'라고 했습니다."

경상우병사 김응서와 평행장이 청정을 유인하여 죽이기로 하여 수군이 출동한다고 하였다. 그런데 2월 23일 권율의 보고는 내용이 사뭇 다르다.

"경상우병사 김응서의 보고에, '10일 저와 통제사, 경상 우수사가 일시에 전선戰船 63척을 거느리고 해 뜰 무렵 장문포에서 배를 띄워 오후 2시경 부산 앞바다에 정박하니 왜적이 창황히 수선을 떨며 병력 3백여 명을 내어 저항하려 하였다. 날이 저물 무렵에 수군이 절영도絶影島로 후퇴하여 정박하자 왜적들도 저들의 진으로 도로 들어갔다.

날이 어두워지자 요시라가 배를 타고 나와서 행장行長의 뜻을 전하는데 「즉시 사람을 보내 문안하고 싶었으나 다른 사람의 말이 있을까 두려워서 보내지 못했다.」 하고, 또 「내가 미리 여러 진의 왜장들에게 허세 부려 말하기를 『조선은 오랫동안 전쟁하여 용병술用兵術에 익숙하고 많은 전함戰艦을 준비하고 있으니 이길 수 있을지 알 수 없다. 청정淸正이 이번에 바다를 건너와 군사를 풀어 사람들을 죽였기 때문에 조선인들이 분노하였다. 이달 8·9·10일간에는 수군이 기필코 부산 앞바다에 정박하여 보급 길을 끊으려 할 텐데, 이후 우리들의 형세가 낭패할 것이니 어찌 걱정되지 않겠는가. 또 들으니 수군이 거의 1천여 척에 이른다고 한다.』 하였다. 그런데 지금 수군을 보니 숫자가 매우 적고 엄숙하지도 못하니 내가 퍼뜨린 말이 결국 거짓이 되어 내심 스스로 부끄러워하고 있다.

이 계책은, 청정이 처음 관백關白의 명령을 받을 때 말하기를 『조선 사람들은 이미 일본日本에 죽임을 당해 남은 병졸이 거의 없으니 내가 군사를 이끌고 다시 나간다면 어찌 왕자王子만 와서 사죄하겠는가. 땅 역시 점령해 빼앗을 수 있을 것이니 나의 조처가 어찌 행장과 같겠는가.』 하였다. 그래서 관백이 청정의 말을 믿고 강화 약속을 어겼으니 통분하다. 조선이 하루 이틀 안에 전함을 더 모아 성대한 위세를 보인다면 정성正成 등이 청정에게 『네가 조선 재침을 관백 앞에서 큰소리치고 왔으니 책임지고 속히 격퇴하라.』라고 책망한다면 그가 싸우려고 바다로 내려올 것이니, 이때 덮쳐 공격하면 될 것이다.」 하였다. 또 말하기를 「병사兵使께서 4~5일 동안 머무신다면 행장·정성 등이 한 번 나아가 뵐 것이라

했으며, 요시라도 그때 따라올 것이다.」하고, 심 유격沈遊擊의 친서 유첩諭帖을 돌려 보여 주었다.'

'대개 먼 도의 수군이 모일 기약이 없고 형세도 미치지 못하니 외로운 군사로 적지敵地에 오래 머무는 것은 좋은 계책이 아니었다. 비록 청정을 유인한다고 하더라도 최근 바람이 불순하고, 서생포西生浦 앞바다는 파도가 험하여 배가 돌아와 정박하기 어려울 것이므로 수군이 다 모인 뒤에 도모하려고 통제사와 의논하여 12일에 배를 돌렸다. 가덕도加德島 동쪽 바다에 정박했는데 왜적이 숨어서 엿보다가 초동樵童 1명을 쳐서 죽이고 5명을 잡아갔다. 통제사가 말하기를 「왜적이 우리 초동을 죽였으니 죄를 묻지 않을 수 없다.」하였는데, 저의 생각도 그러하였다. 배를 전진시키자 적들은 험한 곳에 웅거雄據하여 포를 쏘았다. 안골포 만호 우수禹壽가 배를 몰아, 항왜降倭 17명을 옮겨 태우고 적진으로 돌진하여 대포를 무수히 발사하자 왜적 10여 명이 보이는 곳에서 곧장 죽었으며, 우수 역시 왜적 1명을 사살하고 날이 저물 때 영등포永登浦 앞바다에 돌아와 사변에 대비하였다.'

'14일 오후 2시경에 요시라가 안골포에서 배를 타고 우리 진陣으로 와서 말하기를, 「오늘 청정淸正과 죽도竹島·안골포의 왜장, 행장·정성正成 등이 안골포에 모여 서로 의논하였다. 『조선 수군들이 이같이 횡행하니 공격할 수 있으면 공격하고 공격할 수 없는 경우에는 치지 말자.』라고 하니, 여러 장수가 말하기를 『중국 조정의 명령이 올 때까지 충돌하지 말 것으로 맹약문盟約文에 서명하여 관백에게 보내고 멋대로 전진하는 자는 참하자.』하였다. (중략) 그러니 이후부터 중국 조정의 명령이 있을 때까지는 충돌할 리가 만무하다. 조선 역시 수군이 진격할 능력이 어찌 없겠는가.

가덕도 왜장이 행장에게 와서 말하기를『어제 상호 교전이 있을 때 군관 6명과 졸왜卒倭 8명이 탄환을 맞아 즉사하고, 총알을 맞아 다친 자 17명은 누워있는데 생사를 예측하기 어려우니 애통함을 이루 말할 수 없다.』라고 하자, 정성과 행장 등이『이것은 너희들이 스스로 부른 화禍다. 무엇 때문에, 먼저 침범하여 노여움을 불러일으켰는가? 잡아 온 조선인을 속히 돌려보내라.』라고 하니, 즉시 보내준다고 하였다.』라고 했다. 요시라에게 다시 올 때 데리고 오라고 하자, 마땅히 데리고 올 것이라고 말했다.'

'또 비밀히 말하기를「지금 청정이 죽도 · 안골포 · 가덕도의 왜장들과 함께 모의하기를『3월 초승에 호남과 영남 두 도를 먼저 공격한다면, 조선이 왕자를 일본으로 보내는 것도 꺼리지 않을 것이다. 이 계책이 어떤가?』하니, 여러 왜장이 모두 찬성했으나 정성 · 행장 등만 불가하다고 주장했다. 이러니 백방으로 생각해봐도 청정을 정지시킬 계책이 없다.

그러니 병사께서 행장에게 서장書狀을 보내주신다면 여러 장수에게 돌려 보이고 관백關白에게 들여보내 그 계책을 막으려 한다.」하기에,「어떤 내용으로 서장을 만들어 주어야 하는가?」하고 물었더니, 그는 답하기를「서장은『이번에 배를 거느리고 온 것은 일찍이 중국 사신이 돌아올 때 관백의 서계書契를 보니, 천조가 조처할 때까지는 전쟁하지 말라는 말이 있었는데, 여러 일본 군사들이 자주 내지에 들어가서 혹 마을의 부녀자들을 겁탈하고, 혹은 인민을 살해하기도 하는 등 무시로 침범하고 있다. 이는 관백의 명령을 무시한 것이니 지극히 놀랍다. 중국 조정의 회답이 있기까지는 이와 같은 소란을 금하는 것이 어떻겠는가? 이 때문에 우리가 여기에 와서 연유를 묻는 것뿐이다.』라는 내용으로 하라.」 하였다. 그래서 서장을 만들어 주는 것이 저들을 붙들어 두는 데 관계가 있으므로 그가 원하는 대로 만들어 주었다.'

'우리 전선은 수가 단약單弱하여 서생포로 진격하여 정박할 수도 없고, 이미 청정이 출전할 의도도 없으니 여기 있더라도 아무 유익함이 없으므로 15~16일에 진으로 돌아갈 생각이다.' 하였습니다.
여러 수군 장수의 보고는 아직 보지 못했는데, 이번의 보고는 육지 정탐인偵探人들의 보고와 크게 다르니 매우 해괴합니다. 만호萬戶가 탔던 배의 실화失火 연유 및 2척의 사후선伺候船을 빼앗기고 사람들이 잡혀간 사실 등은 전혀 거론하지 않았으니 아마 숨기는 듯싶습니다. 이러한 사유는 자세히 기록하여 다시 보고하겠습니다."

앞의 보고와 이 보고를 비교하면, 처음에는 행장이 요시라를 시켜 김응서에게 '수군을 이끌고 나오면 청정을 죽일 수 있도록 적극적으로 도와주겠다'라고 하였는데, 출전하자 행장의 말은 그 전과 완전히 달라졌다. 결국, 청정을 죽일 수 있게 해준다는 행장의 꾐에 빠져 출전했다가 아무런 소득도 얻지 못하고, 오히려 저들에게 이용만 당한 꼴이 되었다.

첫째, 행장은 청정을 미끼로 조선 수군을 끌어내어 수군 전력을 파악했다. 둘째, '중국의 결정이 올 때까지 서로 침범하지 말자'라는 약속을 하게 만들어, 자신들이 남해안에 진지를 구축하는 등 싸움 준비에 필요한 시간을 번 것이다. 또한, 김응서가 써준 서신은 후에 왜군이 정유재란을 일으키고, 백성들을 닥치는 대로 죽이는 빌미가 되었다.

● 죽음의 문턱에서 살아나다

드디어 장군을 단죄하려는 절차가 진행되기 시작한다. 1597년 2월 4일 사헌부에서 이순신을 탄핵하는 건의가 올라왔다. 일단 왕은 "천천히 결정하겠다." 답하였다. 그러나 이틀 뒤인 2월 6일 장군을 체포하여 압송하라는 지시를 내린다.

> "선전관에게 표신標信과 밀부密符를 주어 보내 이순신李舜臣을 잡아 오되, 원균元均과 교대한 뒤에 잡아 오라고 말해 보내라. 또 만약 이순신이 군사를 거느리고 적과 대치하고 있다면 잡아 오기에 온당하지 못할 것이니, 전투가 끝난 틈을 타서 잡아 올 것도 말해 보내라."

조응록의 《죽계일기》에 2월 7일 의금부 도사 이결李潔이 장군을 잡아 오기 위해 출발하였다고 기록되어 있다고 한다. 장군이 한산도에서 체포되어 서울로 압송되고 의금부 감옥에 갇힐 때까지의 일은 이분李芬의 『이충무공행록』으로 보자.

1597년 2월 26일, 길을 떠났는데, 백성들이 큰길에서 빽빽이 둘러 싸 길을 막았다. 목 놓아 서럽게 울부짖으며 말하기를, "사또! 어디를 가십니까. 이제 우리는 죽었습니다."라고 하였다.

3월 4일, 저녁에 감옥으로 들어갔다. 어떤 사람이, "임금이 지금 매우 화가 나 있고, 조정의 공론이 엄중하여 앞날을 예측하기 어려우니 어찌하랴."라고 했다. 그러자 공은 평온하게 말하기를, "죽고 사는 것은 운명에 달린 것이다. 죽을 운명이면 죽는 수밖에 없는 것이다."라고 했다. 이때 임금이 어사 남이신南以信을 한산도로 몰래 보내 사정을 조사해오게 했다. 그러나 어사도 공을 모함하고자 하였기에 돌아와 아뢰기를, "들으니 청정이 바다를 건너오다가 암초에 걸려 7일 동안 움직이지 못했는데도 이순신이 붙잡지 못했다고 합니다."라고 했다.

3월 12일, 범죄사실을 진술해야 했다. 처음 공이 체포되어 오자 여러 수군 장수의 친척으로 서울에 있던 사람들은 공이 부하 장수들에게 죄 뒤집어씌울 것을 염려하고 두려워하였다. 그러나 공은 문초를 당할 때, 일의 처음과 끝을 차례로 논리정연하게 진술하였으며, 조금도 끌어들이는 말을 하지 않았으므로 모든 사람이 감탄하였다. 공이 옥에 있을 때, 우수사 이억기는 사람을 보내 서신으로 공의 안부를 물었다. 사람을 보낼 때 울며 말하기를, "수군은 머지않아 반드시 패배할 것이니, 우리는 어디서 죽을지도 알 수 없습니다."라고 했다.

한성으로 잡혀 온 지 10일째 되는 날인 3월 13일 왕은 비망기로 우부승지 김홍미에게 지시하였다.

"이순신李舜臣이 조정을 기망欺罔한 것은 임금을 무시한 죄이고, 적을 놓아주어 치지 않은 것은 나라를 저버린 죄이며, 심지어 남의 공을 가로채려고 무함誣陷하기까지 하며,【장성한 원균의 아들을 가리켜 어린아이가 공을 가로챘다고 보고하였다.】방자하고 거리낌이 없는 죄이다. 이렇게 허다한 죄상이 있으면 법이 있어 용서할 수 없으니 마땅히 법률에 따라 죽여야 한다. 신하로서 임금을 속인 자는 반드시 죽여야 하며 용서하지 않는 것이다. 장차 형벌을 끝까지 시행하여 실정을 캐어내도록 하고 어떻게 처리할 것인지를 대신들에게 물어보라."

　이순신 장군의 죄를 보자. 조정을 기망欺罔한 죄는 부산 왜영 방화사건 보고를 말하는 것인데 사실 여부를 다시 확인해야 하고, 적을 치지 않았다는 죄는 청정이 올 때 바다에서 격멸하지 않았다는 것인데 앞서 보았듯이 죄를 묻기에 지나침이 있다. 남의 공을 가로채고 무함誣陷했다는 것도 확인이 필요하다. 그런데 방자하여 거리낌이 없는 죄는 무엇을 말하는 것일까. 앞서도 언급된 적이 있었지만, 원균이 이순신은 연해 지역에서 '해왕海王'으로 불리고 있으므로 왕에게 위협이 된다고 모함했다 하였으니, 이를 말함일까. 동궁이 불러도 오지 않았다는 것을 말하는가.

　어쨌든 어느 것도 적과 마주하여 전투 중인 장수를 잡아 올 만큼 명백하게 밝혀진 중한 죄는 없다. 그러나 왕은 이미 장군을 죽이기로 작정을 한 것이다. 또 대신들에게 하문하라고 한 것은, 장군을 바로 죽이고 싶지만 마음대로 죽인다고 할 것이 부담스러우니 대신들의 동의를 받아 죽이겠다는 것이다. 그래야 나중에 비난을 받더라도 책임지는 문제가 덜할 테니 말이다. 교활한 왕이다. 그러나 그는 뜻대로 장군을 죽이지 못하고 풀어주면서 '백의종군'하라 명한다.

　그동안 장군을 살리기 위해 노력한 사람들이 있었다. 가장 강력한 후원자였던 유성룡은 자칫 자신이 해 입을 것을 걱정했던 것일까. 한마디도 도움 되는 말을 하지 못한다. 이런 상황에서 체찰사 이원익은 즉각 상소를 올려 '왜적이 무서워하는 사람은 오직 이순신 한 사람'임을 역설하고, 원균을 내려보내서는 안 된다고 하였으나, 소용이 없자 탄식하며 '이 사람이 죄를 얻었으니 나랏일이 다 끝났다.'라고 했다고 한다. (오리집. 선묘중흥지)

　병조판서 이덕형도 혼자 따로 들어가 선조에게 장군을 구하기 위해 노력했다고 하며(漢陰年譜 丁酉 2月), 또 이순신 장군의 종사관으로 활약하던 정경달 丁景達도 선조에게 직접 들어가 아뢰기를, "이순신의 나라 위한 정성과 적을 막는 재주는 옛날에도 그 짝이 없다고 봅니다. 전진을 머뭇거렸다는 것도 군사상 승산의 계획이었으니, 어찌 관망하고 형세 살핀 것을 방황하고 싸우지 않는 것이라 하여 죄로 삼겠습니까. 상감께서 만일, 이 사람을 죽이신다면 사직이 망할 것인 데야 어찌하오리까."라고 하였다. (李忠武公全書 14券 實記)

　이순신 장군이 죽음을 면하는데, 가장 도움이 되었다고 알려진 사람은 정탁이다. 대부분은 그가 신구차伸救箚 상소문으로 알려진 '논구이순신차論救李舜臣箚'를 올려 선조의 마음을 바꾸었다고 알고 있다. 그런데 정탁의 약포집藥圃集을 보면 신구차 상소문 이전에 '이순신 옥사에 대한 의견李舜臣獄事議'을 먼저 올렸고, 이어 신구차 상소문을 올리려고 준비하던 중에 백의종군 명령이 내려와 올리기를 그만두었다고 하였다.

《이순신 옥사에 대한 의견李舜臣獄事議》

저의 의견은 이러합니다. 이순신의 옥사는 일의 성격이 매우 중대하여 진실로 가볍게 논의하기 어렵거니와 처리하는 것도 관계됨이 매우 중요하다고 생각됩니다. 왜노倭奴들이 다시 준동蠢動하여 쳐들어올 때 제때 차단하지 못한 것은, 그 사이의 정세에 대해 논할 것이 있습니다. 조정의 명령이 제때 전달되었는지와 바닷바람의 형세가 순풍이었는지 역풍이었는지 모두 알 수 없습니다. 죄의 동기와 정상은 진술서에 상세하게 드러나겠지만 마음속의 생각과 실행한 행위 사이의 관계를 본다면 진실로 의심할 만한 단서가 없지 않으니, 이는 원균을 처리한 일과 마찬가지입니다. 그밖에 잘못한 일도 아마 한두 가지는 아니겠지만, 예로부터 장수 중에 덕을 온전히 갖춘 이는 대체로 드물었습니다.

그리고 옛날에도 나라에 일이 많을 때는 한 가지라도 재주가 있으면, 비록 형벌을 받은 경졸黥卒이나 개를 잡아 파는 천한 사람이라도 모두 거두어 비록 부족하더라도 애써 감싸주어 그 쓰임이 다하도록 했으니, 거기에는 뜻하는 바가 있는 것입니다.

이순신과 같은 자는 얻기가 쉽지 않습니다. 이순신은 오래 수군을 거느려 변방의 정세를 자세히 알고, 일찍이 극악한 왜적을 무찔러 위엄과 명성이 매우 높습니다. 왜노倭奴들이 수군을 가장 두려워하는 것도 이 때문입니다. 적 가운데 이순신을 도모하려는 자는 하루도 잊은 적이 없을 텐데, 황금 몇 냥조차 쓰지 않고 가만있는 동안, 우리가 하루아침에 죽여서 사람들에게 보여 준다면, 적에게 행운이 될까 두렵습니다.

이순신은 죄 때문에 이미 의금부에 송치되어있고, 죄목도 매우 중대합니다. 만약 이 때문에 끝내 죽음을 면치 못한다면 적들은 이 소식을 듣고 반드시 술자리를 마련하여 서로 축하할 것이고, 또 남방 변경의 많은 장수와 사졸들은 모두 맥이 빠지게 될 것이니, 이것이 매우 염려스럽습니다. 일개 이순신의 죽음이야 애석할 것 없으나, 국사國事에 있어서는 크게 관계됨이 있습니다.

신이 삼가 살피건대, 주나라의 형벌을 감면하는 여덟 가지 조건에 의공議功과 의능議能의 형은 대명률大明律에도 이 조목이 실려 있습니다. 신하 가운데 열 가지 악을 범한 자가 있어도 간혹 이 조목으로 용서해 주었으니 이는 고금에 통용通用되는 의리입니다.

이순신이 능력으로 이미 큰 공을 세웠기에 조정에서 통제사 칭호를 내려 주기까지 하였으니, 그의 공과 능력에 대해서는 논의할 만한 것이 있을 듯합니다. 지금 이순신을 옥에 가둔 것만으로도 법률이 매우 엄중함을 보여 주었으니, 다시 그가 공이 있고 재능이 있다는 의론議論으로 특명을 내려 사형을 감해주고, 그에게 공을 세워 스스로 보답하게 한다면, 조정에서 처리하는 도리가 마땅함을 잃지 않을 듯합니다.

신에게 부질없는 소견이 있어서 감히 이렇게 전하의 총명함을 번거롭게 하고 더럽히게 되어 황공하기 그지없습니다. 삼가 바라건대 주상 전하께서 재가하여 주십시오.

이렇게 하여 이순신 장군은 죽음의 문턱에서 다시 살아나왔다. 나라와 백성과 임금을 위해 최선을 다했음에도 죄인이 되었으며, 백의종군하여 공을 세우라는 명령을 받고 옥문을 나선 것이다. 장군의 마음이 어떠했을까. 그날의 일기를 보자.

1597년 4월 1일, 맑았다. 원문(圓門, 감옥 문)을 나왔다. 남문(숭례문) 밖 윤생간(尹生侃, 윤사행)의 사내종 집에 도착했다. 조카 봉奉, 분芬과 아들 울蔚이 윤사행尹士行, 원경遠卿과 함께 있어 대청에 앉아 오래 이야기했다. 지사 윤자신尹自新이 와서 위로하였고 비변랑 이순지李純智가 와서 봤다. 탄식이 더해지는 것을 이길 수가 없었다. 윤자신이 돌아갔다가 저녁 먹은 뒤에 술을 가지고 다시 왔다. 윤기헌尹耆獻도 왔다. 정을 담아 권하고 위로하니 험한 말도 할 수 없고, 강제로 먹이니 몹시 취했다. 이순신李純信이 또 술병을 가져와서 간절하게 정성을 다하니 함께 취하였다. 영의정 류성룡이 사내종을 보내왔다. 판부사 정탁鄭琢, 판서 심희수沈禧壽, 우의정 김명원金命元, 참판 이정형李廷馨, 대사헌 노직盧稷, 동지 최원崔遠, 동지 곽영郭嶸이 사람을 보내 문안했다. 취하여 땀이 몸을 적셨다.

4월 2일, 비, 비가 종일 내렸다. 조카들과 이야기했다. 방업方業이 음식을 매우 풍성하게 차렸다. 필공筆工을 불러 붓을 매게 했다. 어두울 무렵 성으로 들어가 영의정 유성룡과 밤새 이야기하다가 닭이 울 때 파하고 나왔다.

☉ 원균, 드디어 통제사가 되다

　　　　　원균은 자신이 그토록 원했던 3도 수군통제사가 되었다. 선조도 원균이 통제사가 된 것이 기쁘고 힘을 실어주고 싶었을까. 2월 7일 판옥선과 거북선을 많이 만들고, 사부와 격군도 지원하도록 특별히 지시까지 하였다.

　원균은 통제사로 부임하여 3월 20일 선조에게 장계를 올리는데 이순신 장군이 잡혀가기 전 김응서와 함께한 부산포 출전에 대한 것이었다. 그 내용을 보면, "장군이 위급하게 되어 안골포 만호 우수가 구해주었으며, 우리 군사가 많이 죽어 왜적의 비웃음만 샀을 뿐이다. 나주 판관 어운급이 부주의로 화재를 내 기계와 군량을 태웠으니 죄 주어야 한다."라는 내용이었다.

　이 출전은 김응서의 요청으로 간 것이다. 돌아오는 길에 우리나라 아이가 죽고 잡혀가는 것을 눈앞에서 보았으니, 장군이 분하여 위험을 무릅쓰고 적을 공격한 것이다.

　그런데 원균은 이를 마치 아무 소득 없이 손실만 본 사건인 것처럼 보고하였다. 그 속마음은 무엇일까. 이미 죄인이 되어 잡혀간 장군을 더 궁지로 몰아붙이려는 의도였을 것이다. 그의 살기殺氣가 느껴진다. 끝을 보고 싶었을 것이다. 그는 장군이 백의종군 중일 때도 모함을 계속하였으며, 전쟁 중임에도 엄청난 뇌물을 바쳤다는 기록이 일기에 있다.

　　1597년 5월 8일, 맑았다. 원元이 온갖 계략으로 나를 모함하니 이 또한 운수다. 신고 실어 서울로 보내는 짐은 서로 이어지고, 그렇게 해서 힐뜯는 것은 날로 더 심해질 것이니, 그저 때를 잘못 만난 것이 한스러울 뿐이다.

🌑 이상한 승전(勝戰)

        1597년 3월 24일 선조실록, 3월 19일 발송한 도원수 권율의 보고에, "전라 우수사 이억기李億祺가 보고하기를 '3월 8일 왜선倭船 대·중·소 3척이 거제 기문포器問浦에 와서 정박定泊 상륙上陸하였다 하여 통제사 원균이 수군을 거느리고 9일 이른 아침 기문포에 당도하여 보니, 왜선 3척이 해안에 매여 있었는데 왜적은 모두 상륙하여 산기슭에는 밥 짓는 연기가 일어나고 있었고, 왜적 3~4명이 칼을 번뜩이며 언덕 위에 서 있었다. 통제사가 항왜 남여문南汝文 등을 보내 회유誨誘하게 하였더니, 숨어 있던 왜적 20여 명이 나왔다. 남여문이 왜장을 설득하자 숨어 있던 왜적이 모두 나왔는데 대개 80여 명이었다. 안골포 만호 우수禹壽, 고성 현령 조응도, 거제 현령 안위 등이 다투어 육지로 올라가 항복을 받으니, 왜장이 그의 무리 7명을 데리고 통제사의 배로 올라왔다. 통제사가 그들에게 술을 주고 배 타고 떠날 것을 허락하였다. 왜적들은 살아 돌아가게 된 것에 기뻐하며 죽 늘어서서 절을 하고 머리를 조아리며 무수하게 고맙다는 사례를 하고, 저들의 배로 내려가서 두 배에 나누어 타고 바다로 나아갔다.

    돛을 달려는 즈음 통제사가 먼저 지자총통을 쏘고 지휘기를 흔들며 뿔피리를 부니, 모든 배가 앞다투어 공격하였다. 조응도의 배가 먼저 적선을 공격하였다. 왜적 20여 명이 조응도의 배로 올라와 싸웠는데 조응도와 사부·격군 등 많은 사람이 적의 칼날에 다치거나 물로 뛰어들어 헤엄쳐 나오기도 하고, 혹은 다른 배에 의해 구제되기도 하여 살아난 사람이 많았다. 그러나 조응도는 우수禹壽의 배가 건졌으나 잠시 후에 죽었다. 적들이 그대로 고성 배를 타고 북쪽으로 달아나자 포위하며 지자·현자 총통을 계속 쏘아 대니 좌우 방패가 다 떨어졌고, 화살이 비 오듯 하니 왜적이 어쩔 줄 몰라 허둥댔다. 임치첨사 홍견洪堅, 흥덕 현감 이용제李容濟를 시켜 당화전唐火箭과 송진 횃불 등으로 적선에 불을 질렀다. 왜적들이 모두 배에서 뛰어내려 육지를 향해 헤엄칠 때 사살하였고, 시체를 건져 목 벤 것은 모두 18급級이었다.'라고 하였습니다." 하여, 비변사에 내려 주었다.

이 전투는 매우 이상하다. 왜적에게 항왜降倭를 보내 설득하여 항복을 받고, 술까지 대접하면서 돌아가도록 허락하고는 돌아가는 적의 뒤통수를 공격했다. 무슨 싸움을 이렇게 했을까. 그리고 돌아가는 적을 공격했다면 일방적이었을 텐데 도대체 어떻게 했기에 조응도는 죽고, 배까지 빼앗겼단 말인가.

그런데도 왕은 이 보고를 받고 매우 기뻤던 모양이다. 1597년 3월 25일 선조는 비망기備忘記로 원균에게 상을 주라고 했다. 그러자 비변사에서는 나무 베러 온 왜군 죽인 것을 전공戰功이라 하는 것은 애매曖昧하다 하였다. 하지만 왕은 군대편성 기록을 보니 보통 왜가 아니라며 원균의 편을 들었다.

선조는 원균이 전공 세우기를 애타게 고대하였을 것이다. 하지만 이런 공격은 누가 보아도 야비한 행위다. 이런 짓을 탓하지 않고 오히려 승리했다며 상주려 하다니 왕은 제정신이 아니다.

그런데 1597년 3월 25일 실록에 경상우병사 김응서金應瑞가 보고하기를, 김해에 주둔하고 있는 왜장 풍무수豊茂守와 행장의 부하인 요시라要時羅가 목재벌목 왜군을 사살한 문제로 22일, 23일 우병사를 찾아와 항의하였다는 기록이 있다. 또 4월 18일 선조실록에는 이와 관련된 명나라 심유경의 말도 있다.

"부사 심유경의 차관差官이 심유경의 글을 신들에게 보여 주었 는데, '그대 나라 사람이 영세한 적들을 사살하여 수급 17개를 베 었다 하는데, 사소한 참획斬獲은 승패에 아무 보탬이 없다. 더구나 나의 행차가 남쪽 변방에 도착하기도 전에 행여 적이 이를 구실삼 아 먼저 출동하여 노략질하고 사살한다면 어찌하겠는가. 선두로 절강 병사가 잇따라 오고 있고 남쪽 소식이 다급하다면 총병 마귀 馬總兵가 또 도착할 것이니, 아직은 싸우지 말고 우리가 도착하기 를 기다리는 것이 좋겠다. 부디 이런 뜻을 절제사節制使가 즉시 국 왕에게 아뢰어 알리라.' 하였습니다." 하였는데, 비변사에 내렸다.

비변사가 회계하기를, "용병用兵은 기회를 타는 데 있습니다. (중 략) 중국 장수의 뜻은 오래 버텨 안전하게 결과를 내기 위하여 이 같이 말한 것인데, 그러나 만약 이 뜻을 생각 없이 여러 장수에게 알리게 되면 장수들이 이를 핑계로 앉아서 기회를 잃어버릴 염려 도 없지 않습니다. 싸우고 지킴의 완급緩急에 대해서는 적을 헤아 려 보고 승리를 고려하여 기회를 놓치지 않도록 하라고 다시 도 체찰사와 도원수에게 비밀히 지시하는 것이 어떠하겠습니까?" 하 니, 아뢴 대로 하라고 하였다.

비변사의 의견은 무슨 말인지 알 수가 없다. 싸우라는 것인가, 싸우지 말라 는 것인가. 싸움은 적을 알고 나를 알고, 이길 수 있을 때 시작하는 것이다. 불 공대천의 원수라도 우리가 힘이 없으면 참으면서 힘을 길러야 한다. 왜군은 전력이 강한데도 인내하며 힘을 더 축적하고 있는데, 우리는 적의 뒤통수를 치는 것으로 왜적의 심기를 건드렸다. 임진년에 이미 왜군의 전력을 경험했듯이 명나라 군사가 온다 해도 이긴다고 장담할 수 없음을 모르지 않을 텐데, 이런 도발이 어떤 결과가 될 것인지 과연 왕이나 조정은 알고도 이러는 것일까, 이런 와중에 원균의 황당한 장계가 올라오는데, 실록 4월 19일의 기록이다.

"가덕도·안골포·죽도·부산을 드나드는 적들은 서로 거리가 가까워 소리 질러 서로 의지하고 있으나 그 수가 수만에 불과하며 병력도 적은 듯합니다. 그중 안골포·가덕도 두 곳의 적은 3~4천도 되지 않으니 세력이 매우 약합니다. 만약 육군이 몰아친다면 수군의 섬멸은 대쪽을 쪼개듯이 쉬울 것이요, 그 뒤로 우리 군사가 전진하여 장수포長藪浦 등에 진을 친다면 조금도 뒤를 돌아볼 염려가 없게 됩니다. 날마다 다대포·서평포·부산포에서 군대의 위엄을 보인다면 회복의 계책이 이루어질 수 있을 것이지만, 그렇지 않고 서로 버티며 날짜만 보낸다면 일 년도 못 되어 우리 군사가 먼저 지치게 됩니다. (중략)

우매한 신하의 망령된 생각에는 우리나라 군병은 그 수가 매우 많아서 노쇠한 자를 제외하고 정병精兵만을 추리더라도 30여 만은 될 수 있습니다. 지금은 늦봄인 데다 날씨가 가물어서 땅이 단단하니 말을 달려 작전할 때는 바로 지금입니다. 반드시 4~5월 사이에 수륙의 군사를 대대적으로 출동시켜 한 번 승부를 겨루어야 합니다. 만약 시일을 지연하다가 7~8월이 되어 비가 개지 않아 땅이 질척거리면 기병이나 보병이 다 불편할 것이니, 이때는 육전陸戰도 되지 않을 듯합니다. 신이 이른바 4~5월 안에 거사하자는 것도 이를 염려하여서입니다." 하였는데, 비변사에 내렸다.

원균이 전라 병사 때 올렸던 장계에는 "가벼운 배를 뽑아 삼삼오오 짝을 지어 절영도 밖에서 무위를 떨치고, 100여 명이나 200명씩 대해大海에서 위세를 보이면, 청정淸正은 군사를 거두어 돌아갈 것으로 생각됩니다."라고 주장한 바 있다.

그런데 지금은 내용이 완전히 달라져 육군 30만 대군을 4~5월 안에 동원하여 안골포와 가덕도를 몰아쳐 주면 수군이 대쪽 쪼개듯이 쉽게 섬멸할 수 있다고 한다. 그러면 부산 등으로 나가서 공격할 수 있다고 하였다. 이게 무슨 말인가. 이것은 아무 생각 없이 마구 지껄이는 것에 불과하다. 수군의 대장이란 자가 30만이란 대규모 군사와 장비를 모으는 것이 얼마나 어려운 일인지 전혀 모르는 것처럼, 마치 간단한 일처럼 말하고 있다. 무엇보다 설사 30만 정병을 모을 수 있다 하더라도 이들을 모두 안골포 등에 집결시킨다면, 다른 지역의 방비는 어쩌라는 말인가. 해괴한 주장이다. 대놓고 싸우기 싫다고 하는 것이다.

이에 대한 비변사의 답변은 원균의 건의는 좋지만 실제로 시행하기에는 한계가 있으니 도체찰사와 도원수에게 가능성을 타진해보게 하는 것이 좋겠다는 것이다. 그런데 선조의 지시가 참으로 한심하다. '나는 안 된다고 생각하지만, 한 번 시험해보는 것도 괜찮겠다.'라고 하였다. 군사 30만을 투입하는 문제를, 전국의 군사를 모두 한곳에 모으는 문제를 아무렇지 않게 시험해보라니, 이것이 시험해 볼 일인가. 왕도 아무 말이나 막 내뱉고 있는 것이거나, 무조건 원균을 편드는 것이다.

이 글을 받은 도체찰사와 도원수는 어떤 마음이 들었을까. 선조실록 5월 8일 도원수는 비밀 장계로, "안골포와 가덕도의 적세가 고단한 것은 원균이 말한 것과 같지만 섣불리 싸우는 것은 옳지 않습니다."라고 하였다.

그리고 원균의 장계와 같은 날, 행장의 서신도 기록되어 있는데, 수신인이 조선번선대장朝鮮番船大將으로 되어있는 것으로 보아, 원균이 받아서 장계와 함께 올린 것으로 보인다. 그런데 섬뜩한 내용이 들어있다.

> "조선 번선 대장朝鮮番船大將 막하幕下에 올립니다.
>
> 전일 절도사 김응서와 굳게 약속하였기 때문에 김해진金海陣의 배와 안골포진安骨浦陣의 배, 그리고 우리 진중 오도五島의 배가 거제도에서 재목을 베었는데, 조선의 번선番船이 잘잘못을 불문하고 사람들을 죽이고 배를 빼앗아갔으니, 이것이 무슨 도리입니까? 이는 반드시 큰일에 하자가 될 것입니다. (중략)
>
> 어찌하여 약속을 어기고 신임을 잃음이 이처럼 심하십니까? 작은 이득을 위하여 큰일을 그르친다면 이는 조선의 중국에 대한 불충不忠이요, 일본의 조선에 대한 불신不信이 될 것입니다. 불충과 불신이 어찌 하늘과 땅 사이에 용납될 수 있겠습니까? 일의 시비를 명백히 기술하여 자세히 회신하여 주기 바랍니다. 헤아려 살피시기 바랍니다. 정유丁酉 4월 9일 풍신행장豊臣行長." 하였는데, 비변사에 내렸다.

이 글은 조선이 불충과 불신의 일을 했는데 왜 그랬는지 이유를 밝히라고 따지면서 왜군의 장수들이 수륙으로 공격하려고 이를 갈고 있다는 분위기를 전하며 협박하는 것이다. 그러자 비변사는 요시라 수군과는 접촉하지 말라고 했다. 이는 왜를 완전히 무시하겠다는 것이다. 그 후환을 어찌 감당하려고 이러는가.

이후 5월 11일 선조실록에는 '회신을 달라 했는데 회신이 없다면서 나포한 배를 돌려달라'고 행장이 심유경에게 또 편지를 보냈다. 행장의 서신을 본 선조가 일이 심상치 않음을 느꼈는지 비망기로 승정원에 지시를 내렸다. 그런데 왕이 내놓은 대책이라는 것이 겨우 명나라에 수군 파병을 요청하라는 것이었다. 그토록 명장이라 감싸던 원균이 못 미더웠던 것일까. 명나라 수군이 오면 해결되리라 생각하였을까. 물론 요청하면 명나라 수군이 조선을 구원하러 올 수는 있겠지만, 수군이든 육군이든 그들이 무엇 때문에 멀고 먼 남의 나라에 와서 목숨을 잃어가며 싸우고 싶을 것인가.

조선의 왕이나 신하들은 스스로 해결하지도 못하면서 긁어 부스럼만 만들고, 문제가 될 때마다 염치도 체면도 없이 오직 명나라에만 목을 매고 있으니 한심한 일이다. 그런데 이 목재벌목 왜군 공격이 결국 정유재란 발발의 계기가 되었다는 것을 알려주는 실록의 기록이 있다. 왜장의 선봉이었던 소서행장이 6월 18일 심유경에게 보낸 편지다.

"전일 천조天朝에서 조선에 지시하기를, 대신을 보내 소국小國 일본에 예의를 갖추도록 하라 하였으므로, 소인 행장은 손 씻고 받들어 풍신정성豊臣正成과 평조신平調信을 시켜 자세히 우리나라 왕에게 설명하여 처음과 끝을 다 아뢰었더니, 우리나라 왕이 말하기를, '비록 조선이 예의를 잃고 믿음을 저버렸지만, 이는 천조의 처분이니 어쩔 수가 없다. 좋든 나쁘든 우선은 천조의 명대로 교린交隣하라.' 하였습니다.

그리하여 그 일을 의논하고 있는 동안, 조선의 거제도 번선番船이 대선大船 5척을 탈취하고 2백여 명을 죽이는 사건이 일어났습니다. 여러 진영의 장수들이 서면보고를 자세히 갖춰 우리 왕에게 말하니, 우리 왕이 크게 노하여 말하기를, '천조의 처분을 듣고 싶어도 조선이 천조 황제의 명을 듣지 않고 작은 이익을 탐하여 큰 일을 실패하게 했으니, 기필코 죽은 자들을 위해 복수하고 나서 천조의 처분을 공손히 듣겠다.' 하였습니다.

이제 군사를 증강하고 군량을 운반하여 조선과 자웅을 가릴 결단을 하고자 합니다. 노야老爺께 원하오니, 우리나라에 죄를 묻지 마소서. 이는 조선이 신의를 저버렸기 때문일 뿐입니다. 나머지 사항은 조신이 마땅히 노야께 보고드릴 것입니다. 삼가 글을 올려 알립니다. 정유년 6월 2일 풍신행장豊臣行長."

물론 정유재란이 일어난 모든 책임을 원균에게 돌리는 것은 지나치다 할 수도 있을 것이다. 기본적으로 왜군은 철수 조건으로 조선 왕자의 볼모를 요구했었기 때문에 순순히 물러갔으리라 장담할 수는 없다. 그러나 풍신정성과 평조신이 적극 강화와 왜군 철수를 주장했으며, 처음 원했던 조선 왕자를 볼모로 데려오는 것은 불가능하니, 그 대신 품계가 높은 신하가 와서 사례하는 것으로 강화 조건을 완화하도록 설득했다. 그리하여 이를 명나라 조정에서도 승인하였고 수길이 이를 받아들이는 문제를 논의하는 중이었다.

일본 내부에서도 전쟁을 계속하는 것에 대해 부정적인 의견이 강하게 존재하였으니 전면전이 일어나지 않았을 수도 있었다. 그런데 벌목 왜군의 뒤통수를 친 원균의 공격이 이를 완전히 뒤엎어 버리는 상황을 만든 것이다.

왜군들은 임진년 진주성 1차 싸움에서 패한 것과 평양성 주변에서 풀 베던 왜군이 살해된 것에 분노하여, 1593년 한성에서 철수하면서 왜군 전 병력을 모아 진주성을 공격, 함락시키고 성안의 군사와 백성들을 모두 도륙하지 않았던가. 이런 전례로 보아, 원균의 목재벌목 왜군 공격을 보고받은 풍신수길의 분노는 그때보다 훨씬 더 컸을 것이다. 그 분노를 잘 보여 주는 것이 정유재란 때는 임진년과 달리 왜군이 성을 함락하자, 성안의 군사와 백성을 모두 도륙한 것이다.

☻ 친절한 왜군 장수들

　　　　　1597년 6월 14일 선조실록, 경상우병사 김응서金應瑞가 급보하기를, "이달 6일에 요시라要時羅가 신臣을 만나자고 하기에, 그가 온 까닭을 물었더니, 다음과 같이 답하였습니다. '평조신平調臣이 2일 부산에 도착하여 알려온 내용은 다음과 같다. 평조신이 일본에 갔더니, 관백關白이 「조선이 왕자를 보내는가?」 하였다. 조신이 「왕자는 결코 오게 할 수 없다.」 하니, 관백이 「그렇다면 무엇으로 강화講和하는가?」 하였다. 조신이 「대신大臣과 공물을 보내 상호 통상을 한다면 성사시킬 수 있다.」 하니, 관백이 묻기를 「조선은 네가 한 말을 허락하였는가?」 하였다. 조신이 후환을 두려워 사실대로 대답하니, 관백이 대노大怒하여 「이처럼 부실한 일을 가지고 나에게 묻느냐? 너는 목 베어야 마땅하다.」 하고는 즉시 여러 장수에게 속히 바다를 건너가도록 명하였다.'

　'장수들에게 관백이 「조선이 매번 나를 속이니 분을 참을 수 없다. 이는 전라·충청 두 도가 아직 온전하기 때문이다. 너희는 8월 1일에 곧바로 전라도로 들어가 곡식을 베어 군량을 만들고 산성을 격파하라. 지킬 수 있거든 두 도에 주둔하면서 연이어 제주도를 쳐라. 만약, 그것이 불가하면 군사를 돌려 고성固城에서 서생포西生浦까지 잇대어 진陣을 치고 조선이 강화를 애걸할 때까지 대기하라.

행장行長은 고성, 의지義智는 거제, 죽도竹島의 왜는 창원과 죽도와 부산, 다른 왜장은 기장機張, 안골포安骨浦의 왜는 가덕도, 가덕도의 왜와 청정淸正은 서생포, 이런 식으로 8개 지역에 나누어 주둔하고, 그 나머지는 다시 내륙으로 들어가라. 조선이 끝내 강화를 애걸하지 않으면 가까운 곳이나 5~6일 걸리는 지역을 수시로 침략하여 기필코 강화할 수밖에 없도록 하라. 산성은 너희가 다 죽더라도 깨뜨려야 하니, 죽을 정도로 힘을 다하라. 만약 내 말을 듣지 않으면 너희 처자妻子를 모두 죽이겠다.」라고 하였다.'(중략)

'평행장平行長이 나에게 말하기를, 「관백의 뜻은 전투 없이 조선의 지방을 뺏고자 하나, 조선이 강화를 옳게 여기지 않으니 군사의 위력을 보여 강화하려는 것이다. 이번의 거사는 전라도를 범하고 군사를 돌려 해안 지역으로 갈 것이다. 청정淸正의 무리는 경주 혹은 밀양·대구를 거쳐서 전라도로 향할 것이고, 나는 의령·진주를 거쳐 갈 것이다. 지나는 곳에 있는 산성의 노약자는 윗지방으로 보내고 장정을 뽑아 지키며 응전하라. 경상우도에서 전라도까지 청야淸野하여 새 곡식을 베어버리고 기다리면, 우리가 비록 가더라도 들에 약탈할 곡식이 없으니 군량이 떨어지면 전라도 한 곳도 다 분탕하지 못하고 바로 군사를 돌릴 것이다. 일본 사람들이 낭패한 형세가 되면, 모두가 이를 관백에게 고하게 될 것이고, 관백은 그 계획을 고집하지 못할 것이며, 예전의 조건으로 강화하

라는 말도 못 할 것이다. 이런 뜻을 여러 병사兵使에게 고하여 미리 청야清野하는 것이 어떻겠는가? (중략)

　관백의 말이 한 번 나온 이상, 다 죽더라도 반드시 깨뜨린 뒤에야 그만둘 것이다. 성 하나가 함락되고 보면 조선인은 혼백이 달아나고 흩어지니, 일본인은 실로 승승장구 이익을 다툴 것이다. 이처럼 이득을 보면 그대로 전라도에 머물면서 반드시 잠식蠶食할 계획을 세울 것이다. 그때는 조선이 강화를 청하더라도 관백은 더욱 교만한 마음이 생겨 반드시 어려운 조건을 내세워 끝없이 욕심을 채우고자 할 것이니, 관백이 자청自請했을 때 응하는 것보다 못하다. (중략)

　나는 군사를 출동시키는 날이라도 숨김없이 모두 통지할 것이니, 이런 뜻을 조선에서는 헤아려서 처리해야 한다. 만약 이런 말이 관백에게 알려지면 우리 집은 반드시 멸족되고 말 것이니, 반드시 비밀을 지키라. 조선에서 이런 기밀을 알고도 응하지 않아 일본이 이익을 보게 한다면 병화兵禍가 10년을 끌어도 끝날 기약이 없을 것이다. 나도 마음이 아파서 이런 말을 하는 것이다.」 하였다.'

　이상이 요시라가 신에게 전해준 내용이었습니다. 그리고 요시라가 제 의견을 말하기를, '뒤에 나올 군사가 15만, 이곳의 왜군이 3만, 합계 18만이다. 3~4만 명은 진영에 주둔할 것이고 그 나머지 군사는 깊숙이 들어가겠지만 잇대어 진영을 만들지는 않을 것이다. 10월 그믐께면 연해沿海의 진으로 돌아올 것인데 이후에라도 강화할 단서가 없지는 않을 것이다. 행장의 말이나 내 말은 일을 겪고 나면 증명이 될 것이다. 지금은 이미 싸울 기약이 정해졌으니 출입하기가 곤란한 형편이다. (중략) 신이 거느리고 있는 전사와 군관·항왜 및 별장別將 문신언文愼言·한명련韓明璉에게도 알려 힘을 합쳐 복병해서 잡아 죽일 계획을 하고 있습니다."

요시라의 말이나 그가 전하는 행장의 말은 왜군의 공격에 대한 정보로 겁을 주면서 몇 차례나 강화하는 것이 좋을 것이란 말을 반복하고 있다. 그런데 정유재란 때 왜군의 진로를 보면 행장과 요시라가 말한 그대로였다. 소름 끼치지 않는가. 그들은 경상, 충청, 전라를 유린蹂躪하고 돌아와 왜성에 웅거하고 있으면서 수시로 주변 지역을 약탈하여, 조선이 강화할 수밖에 없도록 압박을 계속하겠다는 것이다.

같은 날 도원수 권율이 보고한 내용도 실록에 실려 있는데, 경상우병사 김응서가 군관 정승헌鄭承憲을 김해 죽도에 주둔한 왜장 풍무수豊茂守에게 들여보내 정탐한 내용이다.

이 풍무수란 자도 강화를 하지 않아서 다시 전란을 맞게 되었다면서 강화를 은근히 종용하였다. 또 조선 성곽의 문제점을 지적하면서 왜성과 같이 두겹 세 겹으로 쌓아서 방어체계를 구축하라고 하였고, 왜군이 공성전을 어떻게 준비하고 있는지도 소상히 알려주었다.

그런데 왜 적군이 조선에 이런 호의와 조언을 할까. 저들이 적인 우리를 도와주려는 것일까. 아니다. 이는 조선과의 전쟁에서 이길 수 있다는 그들의 자신감을 드러낸 도발이다. 이런 적장들의 위협과 종용에 불안을 느낀 것일까. 1597년 6월 15일에는 선조가 왜군의 선제공격에 대비하라는 지시를 비망기로 내린다.

그동안 조선은 작은 적은 칠 수 있으면 치라고 하였다. 그런데 만약 그 때문에 명나라 군사가 아직 도착하지 않은 상황에서 왜군이 큰 싸움을 걸어온다면 조선이 혼자 싸워 이길 형편이 되지 않으니, 명나라 군사가 도착할 때까지 왜군의 도발을 지연시키기 위해서 강화하려는 것처럼 하자는 것이다. 하지만 이것도 상황의 심각함을 깨달은 명나라 오 총병吳總兵이 김명원에게 조언해서야 부랴부랴 방법을 궁리하였으니 무슨 뾰족한 수가 나오겠는가.

그런데 이것도 비변사에서는 체찰사를 시켜 양 총병과 심 유격에게 먼저 상의해서 결정해야 나중에 문제가 없을 것이라 하였다. 조선이 혼자서 할 수 있는 일은 하나도 없다. 그러면서도 목재벌목 왜군 공격을 잘했다고 칭찬하였으니, 도대체 무슨 생각으로 그랬는지 알 수가 없다. 그런데 이번에도 왕은 주도면밀한 계책이니 시험 삼아 해보라고 한다. 선조는 시험 삼아 하는 것을 참 좋아하는 왕이다.

● 칠천량 패전과 원균의 죽음

1597년 5월 13일 체찰부사體察副使 한효순韓孝純이 수군의 전력을 파악하였는데, 현재 한산의 진陣에 있는 삼도 전선은 134척이고, 격군格軍이 13,200여 명이라고 보고했다. 이는 다가올 변란에 대비하여 수군의 전력을 확인한 것으로 보이는데, 판옥선 1척에 정원이 대략 130명이니 전체 134척 중 실제 싸움에 투입할 수 있는 배는 100척 정도인 것이다.

그리고 6월 11일 원균이 지난번처럼 육군으로 안골포의 적을 공격해달라는 장계를 다시 올렸다. 그러자 비변사에서는 원균의 뜻과 도원수와 체찰사의 뜻이 서로 다르다. 군대 지휘권은 체찰사에게 있으니 체찰사의 지시를 받아야 함에도 원균은 조정에만 요청하니 체찰사의 체통이 무너지고 있다면서 명령계통을 바로 세워야 한다고 건의하여 왕의 허락을 받는다. 또 6월 26일 비변사에서는 수군 전략을 어떻게 해야 할지 보고하였다.

'배설, 이억기, 최호, 통제사 등을 중심으로 4개 부대를 만들어 한산도를 근거지로 교대로 출항하여 적을 탐망하고, 적이 우리 수군이 많다고 두려워하도록 거제에 가짜 군사를 설치하라.'

그러자 6월 28일 비변사의 수군 작전명령을 받은 도원수가 조치한 상황을 왕에게 보고하였다.

"통제사 원균은 매양 육로에서 먼저 안골포 등의 적을 치라고 미루면서 바다로 나가, 오는 적은 막을 생각이 없으니, 신은 분한 마음을 이기지 못하였습니다. 그래서 혹은 전령으로 혹은 돌려보내면서 호되게 나무랐고, 세 번이나 도체찰사가 군관을 보내기까지 하였습니다. 남이공南以恭이 체찰사의 명을 받들어 한산도에 들어가 독촉하고 나서야 어쩔 수 없이 18일에 전선을 출발시켜 크고 작은 배 100여 척이 가덕도 앞바다로 향하였으니, 이는 남이공의 힘이었지 어찌 원균의 마음이었겠습니까. 비록 그렇긴 하나 이런 식으로 계속 번갈아 교대하며 뒤에 오는 자가 나아가고 앞에 간 자가 돌아오면, 그곳의 적들이 의심하고 두려워하여 감히 바다를 건너지 못할 것이고, 혹시 돛을 달더라도 물마루에 부서질 것이니, 이곳에 있는 적들은 형세가 고단해지고 양식이 떨어져 진퇴가 궁색해질 것입니다. 이럴 때 중국군이 합세하여 진격해 들어가면 어찌 되지 않을 리가 있겠습니까. 신은 우선 사천에 머물면서 해상의 소식을 기다리겠습니다."

6월 29일에는 체찰사와 도원수의 지시에 따라 시행한 수군 작전에 대한 보고가 올라왔다. 종사관 남이공이 통제사와 함께 안골포와 가덕도 등에서 싸운 내용이었다. 이때 평산포 만호 김축은 눈 아래 탄환을 맞았고, 보성군수 안홍국이 죽었다. 또 제석 산성의 군사들을 징발하여 수군을 지원하는 내용도 있다.

비변사는 7월 10일 체찰사와 도원수의 지휘권에 힘을 실어주는 건의를 하였고, 왕도 이를 강하게 지지하였다. 그리고 "원균에게도 아울러, '전일과 같이 후퇴하여 적을 놓아준다면 나라에 법이 있고, 나 역시도 사사로이 용서하지 않을 것이다.'라고 하라." 하였다.

도원수가 왕의 태도에 고무鼓舞되었기 때문일까. 7월 11일 권율은 원균을 곤양으로 불러 곤장을 쳤다.

이렇게 도원수의 곤장을 맞은 원균은 화가 나 한산도에 있는 모든 수군을 이끌고 부산 앞바다로 출전하였다. 절영도 앞바다에서 왜군과 만났으나 왜군의 유인과 지연전략에 효과적으로 대처하지 못하고 지치게 되자 후퇴하였다. 쫓기는 상황이 된 원균의 조선 수군은 물을 구하기 위해 가덕도에 내렸다가 공격을 받았고, 다시 후퇴하여 밤을 보내기 위해 칠천량에 정박했다가 적에게 포위되었다. 또다시 적의 공격을 피해 고성 추원포로 가서 상륙하였으나

매복한 왜군에게 대패하게 된다. 7월 22일 원균과 함께 있었던 선전관 김식
金軾이 돌아와 이를 보고하였다. 이 보고를 받은 왕은 같은 날 신하들과 회의
를 열어 수군 문제를 논의하였다. 함께 들어보자.

　　상이 별전에 나아가 대신과 비변사 당상을 인견하였다. 상이 김식
의 보고서를 대신들에게 내보이면서 이르기를,
　　"수군의 전군이 대패하였으니 이제는 어쩔 도리가 없다. 대신이
명군 도독都督과 안찰按察에 가서 이 소식을 알려야겠다."
　　"충청과 전라 두 도에 남은 배가 있는가? 어떻게 할 수 없는 일이
라고 핑계만 대고 그대로 둘 수 있겠는가. 지금으로서는 남은 배를
수습하여 방어할 계책을 세우는 길뿐이다."
　　하였다. 좌우가 모두 한 마디도 말하는 자가 없어 한참 동안 침묵
이 계속되니, 상이 소리 높여 이르기를,
　　"대신들은 어찌하여 대답하지 않는가? 이대로 버려두고 아무런
방책方策도 세우지 않을 셈인가? 대답을 안 한다고 왜적이 물러나
고 군사가 무사하게 될 것인가."
　　하니, 성룡이 아뢰기를,
　　"감히 대답하지 않으려는 것이 아니고 너무도 답답하여 계책을
생각하지 못하여 미처 말씀을 못 드리는 것입니다."
　　하였다. 상이 이르기를,
　　"수군 전군이 대패한 것은 천운이니 어찌하겠는가. 원균이 죽었
더라도 어찌 사람이야 없겠는가. 다만 각도의 배를 수습하여 속히
방비해야 할 뿐이다."

"척후병도 설치하지 않았단 말인가? 왜 후퇴하여 한산이라도 지키지 못했는가?"

하니, 성룡이 아뢰기를,

"한산에 거의 이르러서 칠천도七川島에 도달했을 때가 밤 10시경이었는데 왜적은 어둠을 이용하여 잠입하였다가 불시에 포를 쏘아 우리 전선 4척을 불태우니 너무나 갑작스러운 일이라 추격하여 포획하지도 못하였고, 다음날 날이 밝았을 때는 이미 적선이 사면으로 포위하여 아군은 부득이 고성으로 향하였습니다. 육지에 내려보니 왜적이 먼저 상륙하여 이미 진을 치고 있었으므로 우리 군사는 미처 손쓸 사이도 없이 모두 죽임을 당했다고 합니다."

하였다. 상이 이르기를,

"한산을 고수하여 호표虎豹가 버티고 있는 듯한 형세를 만들었어야 했는데도 억지로 출병을 독촉하여 이와 같은 패배를 초래하게 하였으니, 이는 사람이 한 일이 아니고 실로 하늘이 그렇게 만든 것이다. 말을 해봐야 소용없지만, 어쩔 수 없는 일이라 버려둔 채 어찌 아무런 대책도 세우지 않을 수 있겠는가. 남은 배만이라도 수습하여 양호(兩湖, 전라도와 충청도) 지방을 지켜야 한다."

하니, 항복이 아뢰기를,

"지금으로서는 통제사와 수사를 차출하여 계책을 세우도록 하여 지키는 길밖에 없습니다."

하자, 상이 이르기를,

"그 말이 옳다. 적의 수가 매우 많았으니 풍파에 쓸려 죽었다는 설은 헛소리였다. 그들을 감당하지 못하더라도 한산으로 후퇴했더라면 형세가 극히 좋고 막아 지키기에도 편리하였을 것인데 이런 요새를 버리고 지키지 않았으니 매우 잘못된 계책이다. 원균이 일찍이 절영도 앞바다에는 나가기 어렵다고 하더니 이제 이 지경에 이르렀다. 내가 전에도 말했거니와 저 왜적들이 6년간을 버티고 있는 것이, 어찌 한 장의 봉전封典을 받기 위해서였겠는가. 대체로 적의 배가 전보다 대단히 크다고 하던데 사실인가?"

하니, 김응남이 아뢰기를,

"그렇습니다."

하였다. 상이 이르기를,

"대포와 화전火箭을 배에 싣고 갔는가?"

하니, 명원이 아뢰기를,

"이는 알 수 없고 김식金軾의 말에 의하면 왜적이 우리 배에 접근하여 올라오자 우리 장사들이 손 한 번 써보지도 못하고 패몰敗沒되었다고 합니다."

하고, 정광적은 아뢰기를,

"아군은 칠병포七柄砲만을 쏘았다고 하니 참으로 마음 아픈 일입니다."

하였다. 상이 이르기를,

"평수길平秀吉이 항상 말하기를 '먼저 수군을 격파한 다음에야 육군을 노획할 수 있다.'라고 했다 하더니 이제 과연 그렇게 되었다."

하니, 노직이 아뢰기를,

"9일의 싸움에서는 군졸들이 겁을 먹어 화살은 하나도 쏘지 못하였다고 합니다."

하자, 상이 이르기를,

"이미 지난 일을 논의하면 무슨 도움이 있겠는가. 한편으로 통제사를 차출하여 남은 배를 수습하면서, 한편으로는 도독부에 알리고, 또 한편으로 중국 조정에 보고해야 할 것이다."

하였다. 상이 항복에게 이르기를,

"전군이 모두 패하여 죽었는가, 혹 도망하여 살아남은 자도 있는가?"

하니, 항복이 대답하기를,

"넓은 바다라면 패전하였더라도 혹 도망하여 나올 수 있겠지만, 지금 상황은 비좁은 지역에 정박하였다가 갑자기 적선을 만났고 궁지에 몰려 상륙하였으니 대체로 전군이 패몰되었을 것입니다." 하였다.

상이 해도海圖를 살펴 항복에게 가리켜 보이면서 이르기를,

"후퇴해 나올 때, 견내량에 이르기 전에 고성에서 적병을 만나 패배를 당했단 말인가? 저쪽을 경유하였다면 한산으로 쉽게 퇴진하였을 것인데 이곳을 경유하다가 패배를 당하였는가?"

하니, 항복이 이르기를,

"그렇습니다."

하고, 성룡이 아뢰기를,

"한산을 잃는다면 남해는 요충지대인데 지금 이곳도 틀림없이 적에게 점거되었을 것입니다."

하였다. 상이 이르기를,

"영상도 남해를 근심하고 있는가?"

하자, 성룡이 아뢰기를,

"어찌 남해만 근심이 되겠습니까."

하니, 상이 이르기를,

"이 일은 어찌 사람의 지혜만 잘못이겠는가. 천명이니 어찌하겠는가."

하였다. 명원이 아뢰기를,

"장수를 보낸다면 누가 적임자가 되겠습니까?"

하고, 항복이 아뢰기를,

"오늘날의 할 일은 단지 적절한 인재 선발에 있습니다."

하니, 상이 이르기를,

"원균은 처음에는 가고 싶어 하지 않았다 한다. 남이공의 말을 들어보니, 배설도 '비록 군법에 따라 나 홀로 죽을지언정 군졸들을 어떻게 모두 사지에 넣을 것인가.'라고 했다고 한다. 대체로 모든 일은 사세를 살펴보고 시행하되, 요충지는 고수해야 옳은 것이다. 이번 일은 도원수가 원균을 독촉했기 때문에 이와 같은 패배가 있게 된 것이다.

우리나라는 지금까지 적세를 알지 못하고 입으로만 늘 당병唐兵, 당병 하였는데, 만약 왜적이 움직인다면 수천에 불과한 중국 군사가 어찌 방어할 수 있을 것인가. 그들이 이런 말을 들으면 반드시 나를 겁쟁이라 여겨 비웃음을 받겠지만, 마 도독의 군사는 만 명도 채 못 되고, 양원楊元의 군사도 3천 명 정도이니, 어떻게 남원을 지킬 수 있겠는가. 만약 적이 돌아서 호남 연해에 정박한다면 남원 지방 정도는 마치 큰길 가운데 가마를 놓아둔 것과 다름없는데 양원이 홀로 방어할 수 있겠는가. 만약 중국 군사가 많이 집결되면 서로

西路는 그런대로 보존할 수 있을지도 모르나 하삼도는 수습하기가 어려울 것이다.”

하니, 항복이 아뢰기를,

“왜적이 혹 광양·순천으로 향하면 양원 혼자는 지킬 수가 없습니다.”

하고, 성룡이 아뢰기를,

“지금은 중국의 군사를 믿을 수 없으니, 마땅히 남은 배로 강화江華 등지를 수비해야 합니다.”

하고, 윤두수는 아뢰기를,

“비록 잔여 선박이 있다 하더라도 군졸을 충당하기가 어려우니 아직은 통제사를 차출하지 말고, 각도의 수사에게 우선 그 지방의 군졸을 수습하여 각기 지방을 지키게 하는 것이 어떻겠습니까?”

하고, 성룡이 아뢰기를,

“산동山東 수군이 나온다고 하더라도 풍랑이 점점 높아질 때이므로 그들이 반드시 온다고 믿기 어렵습니다.”

하니, 상이 이르기를,

“중국군이 온다 해도 왜적이 두려워할 리가 있겠는가. 중국군이 나오기만 하면 왜군은 저절로 물러갈 것이라 많은 사람이 말하지만, 이 말은 틀린 말이다. 한담을 아무리 늘어놓는다고 해도 국가의 성패에는 도움이 안 된다. 먼저 대신이 명군 도독과 안찰에게 가서 알리고, 한편으로는 수군을 수습해야지 그밖에 다른 좋은 방책은 없다.

내 말이 지나친 염려인 듯하지만, 중국 장수들은 늘 우리 수군을 믿는다고 했는데 패전 보고를 들으면 혹 물러갈 염려가 있으니, 만약 그렇게 될 경우, 어찌해야 하는가?"

하니, 항복이 아뢰기를,

"아마도 경솔하게 물러가지는 않을 것입니다."

하였다. 상이 이르기를,

"한산은 왜적과 가까운 거리에 있으므로 외로운 군사로는 지킬 수 없을 것이니 조금 후퇴하여 전라우도를 지키게 하는 것이 좋을 것이다."

하니, 성룡이 아뢰기를,

"그렇게 하면 결국 남해를 빼앗기고 말 것입니다."

하였다. 상이 이르기를,

"내가 확실히 알지는 못하나 지금 수군이 패몰되었다는 소문이 전파되었다면 남방 인심이 이미 놀라 흔들렸을 것이니, 다시 어떻게 할 도리가 없을 것이다. 그러나 어떻게 할 수 없다고 하여 아무런 계책도 세우지 않을 것인가. 어찌 죽기만을 기다리면서 약을 쓰지 않을 것인가. 단지 '민박悶迫' 두 글자만 부르짖는다고 왜적이 물러나 도망하겠는가."

하니, 성룡이 아뢰기를,

"남해와 진도를 지키다가 감당하지 못하면 물러나서 다른 요새지를 택하여 지키는 것이 옳을 것입니다."

하자, 상이 이르기를,

"우리나라는 위로 중국이 있으니, 왜적의 소유가 될 리는 없을 것이다. 그러니 모든 일에 할 수 있는 데까지는 힘을 다하여야 할 것이다." 하였다.

선조는 칠천량 패전의 원인을 천운이라 했다가, 도원수가 억지로 출전시켜 일어난 것이라 하는 등 책임을 회피하려는 기색이 역력하다. 원균은 자신이 전라감사 때 했던 말로 인해 스스로 파멸하였으니 사필귀정事必歸正이라고 해야 할 것이다.

또 왕은 수군 패전이 몰고 올지도 모를 명군 철수를 걱정하고 있다. 결국, 이 말은 전란 동안 조선이나 명나라 군대가 모두 수군에 크게 의지하고 있었다는 사실을 인정한 것이다.

이순신 장군이 그렇게 탄탄하게 구축해놓은 수군을 싸움이라고는 제대로 해보지도 않았던, 싸움이 끝난 후 물에 떠다니는 죽은 왜군의 머리나 주우러 다녔던 원균에게 맡겨 모두 망쳐버린 것이다. 이것이 원균을 편애偏愛한 왕과 신하들의 잘못이 아니고 어찌 하늘의 뜻이란 말인가.

그런데 패배한 수군에 대한 대책으로 7월 25일 왕이 지시한 비망기는 역시 예상을 한 치도 어긋나지 않는다. 명나라에 더 많은 수군 지원을 요청하도록 하라는 지시였다.

이런 요청에 따라 계금에 이어 진린의 수군까지 오게 된다. 이렇게 투입된 명나라 수군은 이순신 장군과 조선 수군에게 엄청난 고통을 주었다. 이 또한 선조가 만드는 사단事端이다.

1597년 7월 26일 선조실록, 7월 21일에 만들어 보낸 도원수 권율의 서장에 아뢰기를, "신의 군관인 최영길崔永吉이 한산도에서 지금에야 비로소 나왔는데 그가 말하기를 '원균이 죽음을 면하여 진주로 향하면서 말하기를, 「사량蛇梁에 도착한 대선大船 18척과 전라선全羅船 20척은 본도에 산재해 있고, 한산에 살던 군인과 남녀 백성, 군기軍器와 여러 곳에서 모여든 잡선雜船 등을 남김없이 창선도昌善島에 집합시켜 놓았으며, 군량 1만여 석은 한 번에 운반하지 못하여 덜어내어 불태웠고, 격군이 도망가서 패한 배는 모두 띄울 수 있도록 육지와 연결되어 있으며, 사망자는 많지 않다.」라고 했다.' 하였습니다. 최영길을 뒤따라 올려보내겠습니다. 흩어져 도망한 배를 수습하도록 이순신을 사량蛇梁으로 들여보냈습니다."

이 보고를 보면 원균이 실제 추원포에서 죽었는지 알 수 없다. 최영길이란 군관이 원균 아닌 다른 사람을 원균으로 잘 못 본 것일까. 유성룡의 『징비록』도 원균의 생사를 확인할 수 없다고 기록한 것으로 보아, 살았을 가능성을 배제할 수는 없다. 통제사가 아닌 누가 배와 군인, 군기물, 백성 등에 대한 조치를 이렇게 상세하게 설명할 수 있단 말인가. 만약, 왜군에 의해 죽었거나 잡혀갔다면 일본 기록에라도 나올 텐데, 어디에서도 그런 기록이 나왔다는 말은 없다. 현재 경기도 평택에 있는 원균의 묘는 가묘다. 통영에 가면 추원포 바다 근처에 '목 없는 장군의 무덤'으로 알려진 '엉규이 무덤'이란 돌무더기가 있는데 향토사학자들은 이것이 원균의 무덤이라고 주장하고 있지만, 그 진위는 알 수 없다.

칠천량 패전의 책임을 물어 군법을 적용하는 문제에 대해 체찰사 이원익이 보고한 내용이 1597년 8월 5일 선조실록에 나온다. 그 내용을 보면, 수군의 패배 원인은 싸우지도 않고 달아나기에 바빴기 때문이라고 하였다. 그리고 최고 책임자인 원균을 처단해야 한다고 했다. 그러나 선조는 원균이 불복할 것을 두려워했다.

그렇다면 해전에서 원균은 어떻게 했을까. 당시 원균의 조방장으로 참전했던 김완의 기록이 있다. 그는 왜군에게 잡혀 일본으로 끌려갔다가 탈출해 돌아왔다. 1918년 우상羽祥 등 후손들이 그의 글을 모아『해소실기海蘇實紀』란 책을 발간했는데, 그 속에 나온다. 인터넷 '나무위키'에서 옮겼다.

> 7월 16일 새벽 4시경 적들이 구름처럼 몰려들어 포를 쏘아 깜짝 놀랐다. 우리 수군은 매우 급하게 되어 날랜 자들은 온천溫川으로 나아가고, 둔한 자는 미처 나가지 못해 적에게 포위되었다. (중략) 나 역시 왼쪽 다리에 탄환을 맞아 위태롭고 두려운 상황이었다. 큰 소리로 급히 "주장! 주장! 어찌 나와서 구해주지 않는 것이오!"하고 불렀다. 주장 원균은 술에 취해 높이 누워 호령만 하고, 다만 군관 김대복金大福이 편전 10여 발을 쏘았을 뿐이었다.

무릇 지휘관은 먼저 군대가 위기에 처하지 않도록 해야 하며, 만약 위기에 처했다면 죽기를 각오하고 앞장서서 싸워야 한다. 장수가 무너지면 모두 무너지기 때문이다. 그런데 원균은 저 혼자만 살려고 먼저 도망쳤다. 거기다가 전투 중에도 술에 취해 누워있었다 하니 패배는 불 보듯 뻔한 것이다. 선전관 김식의 보고에 순천부사 우치적과 도망가다가 뒤돌아보니 '원균이 맨몸으로 칼을 잡고 소나무 밑에 앉아 있었다'라고 한 것으로 보아, 그는 술에 취해 있다가 당황하여 갑옷도 입지 못하고 도망갔던 것으로 보인다.

제 4 장

백의종군과
명량해전

☯ 어머님이 돌아가시다

1597년 4월 11일, 맑았다. 새벽꿈이 괴로워 말로 다 할 수가 없다. 덕德이를 불러서 대충 말하고 또 아들 울蔚에게 이야기했다. 마음이 지극히 불안하다. 취한 듯 미친 듯 마음을 안정시킬 수 없으니, 이 무슨 징조인가. 병드신 어머니에 대한 그리움으로 눈물이 흐르는 줄도 몰랐다. 사내종을 보내 소식을 듣고 오도록 했다. 금부도사는 온양으로 돌아갔다.

4월 12일, 맑았다. 사내종 태문太文이 안흥량安興梁에서 들어와 편지를 전하는데, "어머니께서는 숨이 곧 끊어질 듯하지만, 초 9일에 모두 안흥량으로 무사히 도착했다."라고 했다. 오다가 법성포法聖浦에서 정박하여 자던 중에 닻이 떠내려가서 6일 동안 배에 머물며 서로 떨어졌다가 만났지만 무사하다고 했다. 아들 울蔚을 먼저 바닷가로 보냈다.

4월 13일, 맑았다. 일찍 아침을 먹고, 바닷가로 어머니를 마중하러 가는 길에 홍찰방洪察訪 집에서 잠깐 이야기하는 동안, 아들 울蔚이 종 애수愛壽를 보내와 "아직 배 오는 소식이 없다."라고 하였다. 또 들으니, 황천상黃天祥이 술병을 들고 변흥백卞興伯의 집으로 왔다고 했다. 홍찰방과 작별하고 변흥백卞興伯의 집에 도착했다. 잠시 후 종 순화順花가 배에서 와 어머니의 부고를 전했다. 뛰쳐나가 가슴을 치며 발을 굴렀다. 하늘에 해가 캄캄해졌다. 곧바로 게바위蟹巖로 달려갔더니 배는 벌써 와 있었다. 바쁜 길에 찢어질 듯 서럽게 울었다. 다 적을 수가 없어서 뒷날 대강대강 적었다.

4월 14일, 맑았다. 홍찰방과 이 별좌(別坐, 5품)가 들어와 곡하고 관을 장만했다. 관의 목재는 좌수영 본영에서 마련해 가지고 온 것인데, 조금도 흠난 곳이 없다고 했다.

관을 좌수영에서 가져온 것이라 했다. 모친은 왜 관을 배에 실었을까. 혹자는 모친이 자신의 몸을 누이려고 배에 실었을 것이라고 주장한다. 너무 연로하셨으니 그렇게 추측할 수도 있겠다. 그러나 모친의 입장으로 다시 생각해보자. 과연 그랬을까.

모친은 장군이 왕에게 잡혀갔을 때, 틀림없이 죽임당할 것으로 예상했을 것이다. 그렇지 않고는 적을 눈앞에 둔 수군 책임자를 잡아갈 수는 없는 일이기 때문이다. 그러니 자신보다 아들 시신을 수습하기 위해 실었다고 보는 것이 더 설득력이 있지 않을까. 가장 아끼는 아들의 주검을 직접 수습하고 싶었을 것이다. 그런데 결국 그 관을 자신이 쓰게 된 것이다.

4월 15일, 맑았다. 늦게 입관했다. 오종수吳終壽가 마음을 다하여 직접 맡아주었다. 뼈가 가루가 되어도 잊을 수가 없다. 관에 넣는 것에 후회가 없으니 이는 다행이다. 천안 군수가 들어왔다. 전경복全慶福 씨가 연일 마음을 다해 상복준비 등의 일을 진행하고 관리해주었다. 슬프고 감사하다는 말을 어찌 다 할까.

4월 16일, 궂은비가 왔다. 배를 끌어 옮겨 중방中方 앞에 대고, 영구靈柩를 상여에 올려서 집으로 돌아왔다. 마을을 바라보니 마음은 찢어지고 서러워 울음이 나오는 것을 어찌 말로, 말로 다 할 수 있을 것인가. 집에 와서 빈소를 차렸다. 비는 퍼붓듯이 오고, 나는 남은 기력을 다 썼다. 남쪽으로 갈 날은 촉박한데 어머니를 부르며 울고 또 울었다. 다만 속히 죽기를 기다릴 뿐이었다. 천안 군수가 돌아갔다.

자신으로 인해 어머니가 돌아가셨다는 죄책감이 장군을 짓눌렀을 것이다. 충성을 다한 자신에게 죄를 뒤집어씌운 왕이 아니었다면 돌아가시지 않았을 것이라는 억울함이 가슴에 가득하지 않았을까. 무고無故하게 죄인이 된 것도 억울한데 공을 세워 속죄하라는 '백의종군'의 명령을 받아 가는 중이라 초상 조차 치르지 못하는 신세니 억장이 무너졌을 것이다.

4월 17일, 맑았다. 공주에서 금오랑 서리書吏 이수영李秀榮이 와서 갈 것을 재촉하였다.

4월 18일, 비, 비가 종일 내렸다. 몸이 몹시 불편하여 손님맞이는 하지 못하고, 다만 빈소 앞에서 곡만 하다가 사내종 금수今守의 집으로 물러 나왔다. 늦게 계원들이 내가 있는 곳에 모여 계契에 관한 일을 논의하고서 파했다.

4월 19일, 맑았다. 일찍 길을 떠나며 어머니 영연靈筵에 하직을 고하며 목 놓아 울었다. 어찌하랴, 어찌하랴. 천지에 나 같은 일이 또 어디 있으랴. 일찍 죽느니만 못하다. 조카 뇌蕾의 집에 도착하여 선조 사당에 고하였다. 가다가 금곡金谷 사는 강선전姜宣傳의 집 앞에 도착하여 강정姜晶, 강영수姜永壽 씨를 만나 말에서 내려 곡했다. 보산원寶山院에 도착하니, 천안 군수가 먼저 와 있어, 냇가에서 말을 내려 쉬었다. 임천 군수 한술韓述은 중시重試를 보러 서울 가던 중에 내가 있다는 말을 듣고 들어와 조문하고 갔다. 아들 회薈, 면葂, 울蔚, 조카 해荄, 분芬, 완莞과 주부 변존서卞存緒가 함께 천안까지 따라 왔다. 원인남元仁男도 와서 보고 작별한 후에 말에 올랐다. 일신역日新驛에 이르러 잤다. 저녁에 비가 뿌렸다.

4월 21일, 맑았다. 일찍 출발하여 은원恩院에 도착하니, 김익金翼이 우연히 왔다고 했다. 저녁에 여산礪山 관노의 집에서 자는데, 한밤에 홀로 앉았으니 슬프고 서러운 마음을 견딜 수가 없었다.

4월 26일, 흐렸고 개지 않았다. 일찍 아침을 먹고 길을 떠나 구례현求
禮縣에 도착하니 금오랑金吾郎이 먼저 와 있었다. 아래에 있는 손인필孫
仁弼의 집으로 가니 구례 현감 이원춘이 급히 나와 보고는 대접하는 것이 매우 친절하였다. 금오랑 이사빈도 와서 봤다. 나는 현감을 시켜 금오랑에게 술을 권하도록 했더니, 현감이 마음을 다해 대접했다고 하였다. 밤에 앉았으니 슬프고 서러워 울음이 터지는 것을 어찌 다 말하랴!

☯ 도원수의 배려와 원균 소식

1597년 4월 27일, 맑았다. 일찍 출발하여 송치松峙 아래에 이르니 구례 현감이 점심 지을 사람을 보냈으나 돌려보냈다. 저녁에 정원명鄭元溟의 집에 도착하니 도원수 권율은 내가 온 것을 알고, 군관 권승경權承慶을 보내 조문하고 또 안부도 묻는데, 그 위로하는 말이 매우 친근하였다. 정사준도 와서 원균의 잘못과 거짓으로 뒤집어버린 상황에 대한 말을 많이 했다.

4월 28일, 맑았다. 아침에 도원수가 또 군관 권승경을 보내 문안하고 말하기를, "상중에 몸이 피곤할 것이니 기운이 회복되는 대로 나오라" 하면서, "이제 들으니 절친한 군관이 통제처統制處에 있다 하여, 공문을 보내 나오게 하였으니 데리고 가서 도움을 받도록 하라."라는 편지가 왔다.

4월 30일, 아침에 흐리다가 저물 무렵에는 비가 내렸다. 병마사 이복남李福男이 아침 먹기 전에 와서 봤는데 원균의 일에 대해 많이 말했다.

5월 2일, 늦게 맑아졌다. 도원수 권율은 보성으로 가고, 병마사 이복남은 강진 본영으로 갔다. 진흥국陳興國이 전라좌수영에서 와서 눈물을 뚝뚝 흘리면서 원균의 일을 말했다. 홀로 빈 동헌에 앉아 있으니 슬프고 서러워 울음 터지는 것을 어찌 참으랴.

5월 4일, 비가 내렸다. 오늘은 어머니 생신날이다. 슬프고 서러워 눈물이 터지는 것을 어찌 참으랴. 닭 울 때 일어나 눈물만 흘릴 뿐이다. 오후에는 비가 많이 내렸다. 정사준이 와서 종일 돌아가지 않았다. 이수원李壽元도 왔다.

5월 5일, 맑았다. 새벽꿈이 몹시 어지러웠다. 늦게 충청 우후 원유남이 와서 한산도에서 원균이 저지르는 흉악하고 그릇된 짓을 많이 전하고, 또 진중의 장졸들이 이반離叛하니, 장차 일이 어찌 될지 예측할 수 없다고 했다. 오늘이 단오절인데도 천 리 먼 낯선 곳에서 종군하느라 어머니 영전에 예를 드리지 못하고, 곡하며 우는 것도 내 뜻대로 못 하니 무슨 죄로 이런 갚음을 받는가. 나 같은 일은 고금古今에 짝이 없을 것이다. 가슴이 찢어지듯 찢어지듯이 아프다. 다만 때를 못 만난 것이 한스러울 뿐이다.

5월 6일, 맑았다. 저녁에 정원명鄭元溟이 한산도에서 돌아와 흉한 사람이 하는 짓을 많이 말했다. 우수사 이억기가 편지를 보내와 조문했다.

5월 7일, 맑았다. 서산 군수 안괄安适이 한산도에서 왔다. 흉공兇公 원균의 일을 많이 말했다. 이원룡李元龍이 수군 진영에서 돌아왔다. 안괄이 구례에 가서 조사겸趙士謙의 수절녀를 범하려 하다가 뜻을 이루지 못했다고 했다. 경악, 경악할 일이다.

5월 11일, 맑았다. 전 광양 현감 김성金惺이 체찰사의 군관이 되어, 화살대를 구하러 순천 왔던 길에 와서 보았다. 소문을 많이 전하는데, 소문이란 것이 다 흉인凶人 원균의 일이었다.

5월 12일, 맑았다. 원균에 대해 점을 쳤는데, 첫 괘가 수뢰둔水雷屯이고 변하여 천풍구天風姤가 되니, 이는 쓰임이 본체를 이기는 것이라 크게 흉하다.

5월 17일, 맑았다. 저녁에 남원 탐후인이 돌아와 전하기를, "도원수 권율이 운봉雲峯 길로 오지 않고 명나라 총병 양원楊元을 영접하기 위하여 전주로 달려갔다."라고 했다. 내가 온 것이 헛걸음이라 민망스럽다.

☯ 이원익을 만나 나라 걱정하다

1597년 5월 13일, 맑았다. 어젯밤 부찰사의 말이 "상사(이원익)가 보낸 편지에 영감(이순신)에 대한 일을 많이 탄식했었다"라고 하였다.

5월 16일, 맑았다. 저녁에 남원 탐후인이 돌아와 전하기를, 체찰사 이원익이 내일 곡성을 거쳐 여기 구례현으로 들어와 며칠 묵은 뒤에 전주로 갈 것이라고 했다.

5월 18일, 맑았으나 동풍이 세게 불었다. 충청수영 영리 이엽李燁이 한산도에서 왔기에 집으로 편지를 부탁했다. 그런데 아침에는 술을 먹고 취해 미친 듯 날뛰니 가증, 가증스럽다.

5월 19일, 맑았다. 체찰사 이원익이 여기 구례현으로 들어올 것이라 성안에 머물고 있기가 미안해서 동문 밖 장세호張世豪의 집으로 옮겨 나갔다. 저녁에 체찰사가 현으로 들어왔다. 오후 4시경 소나기가 쏟아지더니 오후 6시경에 개었다.

5월 20일, 맑았다. 체찰사 이원익이 내가 머물고 있다는 소식을 듣고 먼저 유생을 보내고 또 군관 이지각李知覺을 보내더니 조금 있다가 또 사람을 보내, "일찍 상喪 당했다는 소식을 듣지 못하였다가 이제야 비로소 듣고 놀라 애도한다." 하고, 군관을 보내어 조문하면서 저녁에 서로 만날 수 있을지 물었다. 나는 저녁에 마땅히 가서 뵙겠다고 답했다. 어두울 무렵에 들어가서 절하니, 체찰사는 소복을 입고 기다렸다. 조용히 일을 의논하니 체찰사가 개탄해 마지않았다. 밤이 깊도록 이야기하는 중에 '일찍이 임금의 유지有旨가 있었는데 미안하다는 말이 많이 있었지만, 본심이 의심스러우니 그 뜻을 알지 못하겠다.' 하였다. 또 말하기를 "흉인凶人의 하는 짓이 지극히 속이고 거짓되나 하늘이 이를 살피지 않으니 나랏일이 어찌 될지 모르겠다." 하였다.

5월 21일, 맑았다. 박천 류해柳海가 서울에서 내려와서 한산도로 가서 공을 세우겠다고 했다. 또 말하기를, 이덕룡李德龍을 고소한 사람이 의금부 감옥에 갇혀 세 차례나 형장을 맞고 다 죽게 생겼다고 했다. 놀랍고도 놀랍다. 또 과천의 좌수 안홍제安弘濟 등이 이 상공李尙公에게 말과 20살 계집종을 바치고 방면되어 가는 것을 보았다고 했다. 안홍제는 본시 죽을죄를 지은 것이 아니었는데도 형벌이 누적되어 장차 다 죽게 생기자 뇌물을 바친 후에 석방되었다는 것이었다. 안팎이 모두 바치는 물건의 많고 적음에 죄의 경중이 달려 있으니, 결말이 어떻게 될지 알 수 없다. 이는 오로지 금전金錢이면 죽은 사람도 되살릴 수 있다는 것이다.

5월 23일, 체찰사 이원익이 사람을 보내 부르므로 가서 뵙고 조용히 의논하는데, 시국의 그릇된 일에 대하여 많이 분개하며 다만 죽을 날만

기다린다고 했다. 내일 초계로 가는 일을 보고했더니 체찰사가 영수증
(帖)을 주면서 이대백李大伯이 모은 쌀 20섬을 성 밖 주인 장세휘張世輝
의 집으로 보내 달라고 했다.

5월 24일, 맑았으나 동풍이 종일 세게 불었다. 아침에 광양의 고응명
高應明 아들 고언선高彦善이 와서 봤다. 한산도의 일을 많이 전했다. 체
찰사 이원익이 군관 이지각李知覺을 보내 안부를 묻고, 이어 전하기를
경상우도의 연해안 지도를 그리고 싶으나 방법이 없으니, 본 것을 지도
로 그려 보내주면 다행이겠다고 했다. 나는 거절할 수 없어서 대강 그린
지도를 보냈다. 저녁에 비가 많이 왔다.

5월 26일, 종일 많은 비가 내렸다. 비를 무릅쓰고 막 길을 떠나려는
데, 사량 만호 변익성邊翼星이 문초 받을 일로 체찰사 앞으로 왔는데 이
종호李宗浩가 잡아 왔다. 잠시 서로 보고는 그 길로 석주관石柱關에 이르
니 비가 퍼붓듯이 쏟아졌다. 엎어지고 자빠지며 간신히 악양岳陽 이정
란李廷鸞의 집에 도착했으나 문을 닫고 거절하였다. 사내종이 쉬어 갈
집을 사방으로 찾았으나 미흡하여 잠시 쉬다가 다시 돌아왔다. 이정란
의 집은 김덕령의 아우 김덕린金德麟이 빌려 쓰는 집이다. 나는 아들 열
葆을 시켜 억지 말을 하고 들어가 잤다. 행장行裝이 흠뻑 젖었다.

5월 28일, 흐렸으나 비는 오지 않았다. 늦게 출발하여 하동현에 이르
러, 하동 현감 신진과 기쁘게 서로 봤다. 격하게 만나 성안의 별채로 안
내하였는데 간절한 정성이 지극했다. 또 원균의 미쳐 날뛰는 일에 대해
많이 말했다. 해가 저물도록 이야기했다.

6월 2일, 비가 오다 개다 하였다. 늦게 삼가현三嘉縣에 이르렀는데, 현
감 신효업이 산성에 가 있어 빈 관사에 들어가서 잤다. 종들이 고을 사

람이 지은 밥을 먹으려 하는 것을 먹지 말도록 타일렀다.

6월 3일, 비, 비가 내렸다. 아침에 들으니, 종들이 고을 사람의 밥을 먹었다고 하여 종들에게 매(笞)를 때리고 밥쌀을 돌려주었다.

☯ 도원수 진에 도착하다

1597년 6월 4일, 흐렸다가 맑았다. 일찍 떠났다. 낮에 합천 땅에 이르러 고을에서 10리쯤 떨어진 곳에 홰나무 정자가 있어 아침밥을 먹었다. 너무 더워서 한참 동안 말을 쉬게 하고 다시 5리쯤 가니 길이 두 갈래다. 한 길은 곧바로 합천군으로 들어가는 길이며, 또 한 길은 초계 가는 길이다. 강을 건너지 않고 거의 10리쯤을 가니 도원수 권율의 진이 멀리 바라보였다. 문보文珤가 숙소로 쓰는 집에 들어가 잤다.

6월 8일, 맑았다. 도원수를 마중 갔다가 도원수 일행 10여 명이 먼저 와서 봤다. 오후에 도원수 권율이 진에 도착하였기에 즉시 가서 보았다. 종사관 황여일이 도원수 앞에 있었고 도원수와 함께 이야기했다. 저물어서 돌아왔다. 몸이 매우 불편하여 저녁을 먹지 않았다.

6월 10일, 맑았다. 저녁에 종사관 황여일이 와서 보고 조용히 말하는 가운데 임진년 왜적 토벌한 일에 대해 감탄하고 좋아하지 않는 것이 없었다. 또 말하기를, 험한 곳에 산성을 쌓지 않는 것에 한탄하였고, 당면한 토벌에 대한 대비가 허술한 것 등의 일에 대해 말했다. 밤이 깊어진 줄도 모르고 돌아가는 것도 잊으면서 이야기했다.

6월 11일, 맑았다. 중복이다. 쇠를 녹이고 구슬을 녹일 것처럼 대지가 찌는 듯하다. 어제저녁 종사관과 이야기할 때, 변흥백의 사내종 춘春이 와서 집안 편지를 전해주어 어머니의 영연靈筵에 만사가 편한 줄은 알았으나, 마음의 고통을 어찌하랴. 아들 열葆이 토사곽란으로 밤새 신음했다. 가슴을 잘라내듯 아픈 것을 말로 다 할 수가 없다. 닭 울 때쯤 조금 덜하여 잠이 들었다. 이날 아침에 한산도 여러 곳에 갈 편지 14장을 썼다.

6월 12일, 맑았다. 사내종 경京과 인仁을 한산도 진으로 보냈다. 그편에 이억기, 최호, 배설, 이응표, 송여종, 김인영, 황세득, 배흥립, 김완, 안위, 조계종, 박대남, 신진, 우치적에게 편지를 보냈다. 늦게 승장 처영處英이 와서 보았는데 둥근 부채와 미투리를 바치기에 물건으로 갚아보냈다. 또 적의 사정과 원균의 일도 말했다. 오후에 들으니, 중군장 이덕필이 군사를 거느리고 적에게 갔다고 했다. 무슨 일인지 몰랐는데 도원수에게 가보니, 우병사 김응서의 보고에 부산의 적은 창원 쪽으로 떠나려 하고, 서생포의 적은 경주로 진을 옮겼다고 했다. 그래서 복병군을 보내 길을 막고 끊어 적에게 위세를 뽐내려고 간 것이라 했다.

6월 14일, 흐렸지만 비는 오지 않았다. 이른 아침 이희남이 들어와서 아산의 어머니 영연靈筵과 더불어 아래위로 다 무사하다고 하였다. 마음이 아픈 것을 어찌 말로 다 하랴. 아침 먹고 이희남이 편지를 가지고 우병사 김응서에게 갔다.

6월 15일, 맑고 흐림이 반반이다. 오늘은 보름인데 군중軍中에 있으니, 어머니 신위를 모시지도 곡을 할 수도 없다. 그리운 마음을, 이 그리운 마음을 어찌하랴. 종사관 황여일이 군관을 보내, "도원수가 산성으로 가려 한다."라고 전했다.

☯ 도원수가 삼도 수사를 독려하다

　　1597년 6월 17일, 흐렸지만 비는 오지 않았다. 서늘한 기운이 들어오니 허무하다. 밤 경치는 쓸쓸하고 고요하다. 새벽에 앉았으니 서럽고 그리운 것을 어찌 말로 다 하랴. 아침 먹고 도원수에게 가니, 원균의 정직하지 못한 것에 대해 많이 말했다. 또 비변사에서 내려온 공문을 보여 주었는데, 원균의 장계에 "수군과 육군이 함께 나가서 먼저 안골포의 적을 무찌른 뒤에야 수군이 부산 쪽으로 진군하겠으니, 안골포의 적을 먼저 칠 수 없겠는가."라고 하였다. 또 도원수의 장계에는 "통제사 원元은 전진은 하지 않고, 오직 안골포를 먼저 쳐야 한다고만 합니다. 수군의 여러 장수는 대개 딴마음을 품고 있고, 원元은 안으로 들어가 나오지 않으니, 여러 장수와 함께 대책을 전혀 합의하지 못할 것이라 분명히 실패할 것입니다."라고 하였다. 도원수에게 보고하여 이희남과 변존서, 윤선각 등을 오도록 독촉하게 했다.

　　'원元은 안으로 들어가 나오지 않으니'와 관련된 글이 윤휴의 『백호전서』 '제장전' 원균편에 있어 소개한다.

> 　　'원균이 한산도에 이르러서는 모든 일을 이순신의 규약과 반대로 하여 각 부서의 장수와 관리들을 모조리 바꾸어버렸다. 그리고 애첩愛妾을 거느리고 운주당運籌堂에 거처하면서 울타리를 안팎으로 2겹을 쳐놓아 장수들이 얼굴 볼 기회가 드물었다. 게다가 술 마시기를 즐겨 주정을 부리고 부당한 형벌을 일삼았으므로 군대 내에서 오가는 은밀한 말이, "적이 쳐들어오면 달아나는 일만

이 있을 뿐이다." 하였다. 여러 장수가 개인적으로는 조롱하고 비
웃으며, 조금도 그를 두려워하지 않았다.'

6월 18일, 흐렸으나 비는 오지 않았다. 저물 무렵 도원수가 "사천에 갈
일이 있다."라고 알려 왔다. 그래서 즉시 사복司僕 정상명을 보내 물어보
았더니, 도원수가 "수군에 관한 일 때문에 사천으로 간다."라고 하였다.

6월 19일, 새벽닭이 3번 울 때 문을 나섰는데 도원수 진에 도착할 즈
음에는 벌써 동이 터서 날이 밝았다. 진에 이르니 도원수와 종사관 황여
일이 나와 앉아 있었다. 내가 들어가 뵈었더니 도원수가 내게 원균에 관
하여 말하기를, "통제사 원균의 일은 말이 아니다. 흉물이 조정에 청하
기를 안골포와 가덕도의 적을 모조리 무찌른 뒤에야 수군이 나아가 토
벌한다고 했다 한다. 이 진심이 무엇이겠소? 질질 끌고 미루며 진격하
지 않으려는 뜻에 불과하다. 그래서 내가 사천으로 가서 세 수사에게 독
촉하겠다. 통제사 원균은 지휘하지 않겠다고 했다." 하였다. 내가 또 조
정에서 내려온 유지를 보니, "안골포의 적은 가벼이 들어가 토벌할 것
이 못 된다."라고 하였다.

6월 25일, 맑았다. 아침 먹기 전에 종사관 황여일이 와서 해전에 관한
일을 많이 말하였다. 또 말하기를, 도원수가 오늘내일 중에 진으로 돌아
온다고 했으며, 군대 일을 토론하다가 늦어서 돌아갔다. 저녁에 사내종
경京이 한산도에서 돌아왔다. 보성군수 안홍국安弘國이 적탄에 맞아 죽
었다는 소식을 들었다. 놀라움과 슬픔을 이길 수 없다. 적은 한 놈도 잡
지 못하고 두 장수를 먼저 잃었으니 가히 통탄할 일이다. 거제 현령 안
위가 미역을 실어 보내왔다.

6월 26일, 맑았다. 아산의 사내종 평세平世가 들어와서 어머니 영연靈筵이 평안하고, 집집이 위아래 사람들이 다 평안하다고 했다. 다만 석 달이나 가물어서 농사는 틀려버려 가망이 없다고 했다. 장사葬事 지내는 날은 7월 27일 또는 8월 4일 중에서 잡을 것이라 했다. 그리운 생각에 슬프고 서러운 것을 어찌 다 말하랴. 저녁에 우병사 김응서가 체찰사 이원익에게, "아산의 이방李昉과 청주의 이희남李喜男이 복병하기 싫어서 도원수 권율의 진영 근처로 피해 있다."라고 고하여, 체찰사가 도원수에게 공문을 보내니, 도원수는 무척 성내어 공문을 다시 작성하여 보냈다. 병사 김응서의 뜻을 알 수가 없다.

☯ 어머니 장사 지낼 물건을 장만하다

1597년 7월 3일, 맑았다. 새벽에 앉아 있으니 싸늘한 기운이 뼛속으로 스며들었다. 슬프고 서러운, 슬프고 서러운 마음이 한층 더했다. 제사에 쓸 유과와 밀가루를 장만했다.

7월 6일, 맑았다. 이날 제사에 쓸 중박계中朴桂 5말을 꿀에 반죽하고 밀봉하여 시렁에 얹었다.[17]

7월 7일, 맑았다. 오늘은 칠월칠석이다. 슬픔과 그리움을 어찌하랴. 꿈에 원균元均과 같이 모였다. 내가 원균의 윗자리에 앉아 음식상을 받자, 원균에게 기쁜 빛이 있는 것 같았다. 무슨 징조인지 알 수가 없다.

---

17) 중박계(中朴桂): 밀가루에 참기름, 꿀을 넣고 반죽하여 직사각형으로 큼직하게 썰어 기름에 지지는 전통 과자의 일종으로 '중배끼'라고도 부름

박영남朴永男이 한산에서 와서, 주장主將 원균의 잘못으로 대신 벌 받으러 도원수에게 잡혀 왔다고 했다.

7월 8일, 맑았다. 아침에 이방李芳이 보러 왔기에 밥을 먹여 보냈다. 그에게서 들으니, 도원수가 구례에서 이미 곤양에 이르렀다고 했다.[18]

7월 9일, 맑았다. 내일 아들 열葆을 아산으로 보내려고, 제사에 쓸 과일 봉하는 것을 살펴봤다. 늦게 윤감과 문보 등이 술을 가지고 와서 열葆과 주부 변존서 등을 전별하고 돌아갔다. 이날 밤 달빛이 대낮 같았다. 부모님이 그리워 슬피 우느라 밤새 잠을 못 잤다.

7월 10일, 맑았다. 일찍 열葆과 변존서를 보내려고 밤새 앉아서 새벽을 기다렸다. 이른 조반을 먹는데 스스로 정을 억제하지 못하고 통곡으로 보냈다. 내가 무슨 죄를 지었기에 이렇게까지 되었는가. 구례에서 구했던 말을 타고 가니 더욱 걱정, 걱정이다.

7월 11일, 맑았다. 열葆이 가는 길을 생각하니 견딜 수 없다. 더위가 너무도 심하니 걱정뿐이다.

7월 12일, 맑았다. 사내종 평세平世가 열葆을 따라갔다가 돌아왔다. 어땠는지 물었더니 잘 갔다고 하였다. 그러나 슬퍼서 탄식이 나는 것을 어찌 말로 다 하랴.

---

18) 조경남의 난중잡록(亂中雜錄), 11일 권율이 곤양에 도착하자 원균이 명령을 받고 이르렀다. 권율이 곤장을 치면서 말하기를, "국가에서 너에게 높은 벼슬을 준 것이 어찌 한갓 편안히 부귀를 누리라 한 것이냐? 임금의 은혜를 저버렸으니 너의 죄는 용서 받을 수 없는 것이다." 하고, 곧 도로 보내었다.

☀ 칠천량 패전 소식을 듣다

1597년 7월 14일, 맑았다. 새벽꿈에 내가 체찰사 이원익과 함께 어느 곳에 이르렀는데, 시체들이 쫙 깔려 있어서 혹은 밟기도 하고 혹은 목을 베었다. 오전 10시경 종사관 황여일이 정인서를 보내 문안하면서, 김해 사람으로 왜놈에게 부역했던 김억金億의 보고를 보여 주었는데, "초7일 왜선 500여 척이 부산에서 나오고, 초9일 왜선 1,000척이 합세하여 우리 수군과 절영도絶影島 앞바다에서 싸웠는데, 우리 전선 5척은 표류하여 기장의 두모포豆毛浦에 닿았고, 또 7척은 간 곳이 없다."라고 하였다. 그 말을 듣고 울분을 이기지 못하여 곧바로 군사를 점검하고 있는 종사관 황여일에게 달려가 상의하였다. 날씨가 비 올 조짐이 많아 돌아왔는데 집에 도착하자 비가 많이 왔다. 밤 10시경 맑게 개니 달빛이 낮보다 훨씬 더 밝았다. 회포를 다 어찌 말하랴.

7월 15일, 비가 오다가 맑다가 했다. 늦게 조신옥, 홍대방 등과 여기 있는 윤선각까지 9명을 불러 떡을 차려 먹었다. 가장 늦게 중군장 이덕필이 왔다가 저물어서 돌아갔다. 그에게서 우리 수군 20여 척이 적에게 패했다는 소식을 들었다. 분통, 분통이 터진다. 한탄스러운 것은 제어할 방법이 없다는 것이다. 어두울 무렵 비가 많이 내렸다.

7월 16일, 비가 오다 그치다 하면서 종일 흐리고 개지 않았다. 아침 먹고 손응남孫應男을 중군장 이덕필에게 보내 수군 소식을 알아보게 했더니 중군장이 말하기를, 좌병사의 긴급보고로 보아 불리한 일이 많다고 하면서 자세한 말은 다 하지 않았다고 하였다. 가히 탄식할 일이다. 갑자기 소나기가 쏟아졌다. 아들 열葆이 길 가며 겪을 고생이 많이 걱정되었다.

저녁에 영암군 송진면 사는 사노私奴 세남世男이 서생포에서 알몸으로 왔다. 그 까닭을 물으니, 7월 4일에 전 병마사 우후가 탄 배의 격군이 되어 5일 칠천량漆川梁에 도착하여 정박하였고, 6일 옥포에 들어갔다가, 7일에는 날이 밝기 전에 말곶末串을 지나, 다대포多大浦에 이르니 왜선 8척이 정박하고 있었다. 우리의 배가 곧장 돌격하자 왜놈들은 모두 뭍으로 올라가고 빈 배만 걸려 있어 끌어내어 불 질러버리고, 그 길로 부산 절영도 바깥 바다로 향하였는데, 무려 1,000여 척의 적선이 대마도에서 건너와 서로 싸우려는 데, 왜선이 흩어져 달아나서 끝내 죽이거나 사로잡을 수가 없었다. 세남이 탔던 배와 다른 배 6척은 배를 제어할 수가 없어 표류하여 서생포 앞바다에 이르렀는데, 상륙하다가 모두 살육殺戮 당하였다. 세남은 혼자 숲속으로 기어가 살았으며, 힘들게 고생하여 여기까지 왔다고 했다. 들어보니 너무도 놀라운 일이다. 우리나라에서 믿고 도모할 수 있는 것은 오로지 수군뿐인데, 이제는 수군마저 이같이 복구할 가망이 없게 되었으니, 생각하면 생각할수록 분하여 간담이 찢어지는 것 같았다. 선장 이엽李曄도 왜적에게 묶여 갔다고 하니, 더더욱 통탄하고 통탄할 일이다.

7월 17일, 가끔 비가 내렸다. 아침에 이희남을 종사관 황여일에게 보내어 세남世男의 말을 전했다.

7월 18일, 맑았다. 새벽에 이덕필李德弼, 변홍달卞弘達이 전하기를, "16일 새벽에 수군이 기습공격을 받아 통제사 원균, 전라 우수사 이억기, 충청 수사 최호와 여러 장수 등 많은 사람이 해를 입었고, 수군이 대패했다."라고 했다. 듣는데 통곡에 통곡을 참을 수 없었다. 잠시 후 도원수 권율이 도착하여, "일이 이같이 된 이상 어쩔 수 없다. 어쩔 수 없지 않은가."라고 말하였고, 서로 이야기하였으나 오전 10시경이 되어도 뜻을 결정하지 못했다. 말씀드리기를, "내가 연해안 지방으로 가서, 보고 들은 후에 결정하는 것이 어떻겠는가?"라고 말하니, 도원수가 기뻐하여 마지않았다. 내가 송대립宋大立, 류황柳滉, 윤선각尹先覺, 방응원方應元, 현응진玄應辰, 임영립林英立, 이원룡李元龍, 이희남李喜男, 홍우공洪禹功과 함께 길을 떠나 삼가현에 이르렀더니, 새로 부임한 삼가 현감이 나와 기다리고 있었다.

● 통제사로 다시 임명되다

      1597년 7월 21일, 맑았다. 낮에 점심 먹고 노량에 도착하니, 거제 현령 안위, 영등포 만호 조계종 등 10여 명이 와서 통곡하였으며, 피해 나온 군사와 백성들도 울부짖지 않는 이가 없었다. 경상 수사 배설은 피해 달아나 보지 못했다. 우후 이의득이 오기에 패하던 정황을 물었더니, 사람들이 모두 울면서 대장 원균이 적을 보고 먼저 육지에 내려 달아나자, 여러 장수가 따라 다투어 뭍으로 내려가서 이렇게 심하게 되었다고 이구동성으로 말했다. 말하기를, "대장이 잘못한 것이며 입으로는 형용할 수가 없고 그 살점이라도 씹어 먹고 싶다."라고 하였다. 거제 배 위에서 자면서 거제 현령 안위와 함께 이야기했다. 새벽 2시경이 될 때까지 조금도 눈을 붙이지 못했다. 그 바람에 눈병이 생겼다.

  7월 22일, 맑았다. 아침에 경상 수사 배설이 와서 보고, 원균의 패망하던 일을 많이 말했다.

8월 2일, 잠깐 개었다. 집을 홀로 지키며 앉아 있으니 그리움을 어찌 하랴. 슬프고 서러운 것을 참을 수가 없었다. 이날 밤 꿈에 임금의 명령 받을 조짐이 있었다.

8월 3일, 맑았다. 이른 아침 뜻밖에 선전관 양호梁護가 들어와 임금이 하사하는 교유서教諭書와 유지를 가지고 왔다. 명령은 겸 삼도수군통제사로 임명한다는 것이었다. 숙배하고 받들어 받았다는 보고 장계를 써서 봉하였다. 이날 길을 떠나 두치豆恥 가는 직로로 갔다. 밤 8시경에 행보역行步驛에 도착하여 말을 쉬게 하고, 새벽 1시경에 다시 길을 떠나 두치에 이르니, 날이 새려 했다. 남해 현령 박대남은 길을 잘못 들어 강정江亭으로 들어갔다. 그래서 말에서 내려 불러왔다. 쌍계동에 도착하니 길에는 어지럽게 돌이 뾰족뾰족 솟아있고, 최근 비로 물이 불어 간신히 건넜다. 석주관石柱關에 이르러 복병하며 지키는 이원춘李元春과 류해柳海를 만나 적 토벌할 일들을 많이 말했다. 저물어서 구례현에 이르니, 온통 일대가 쓸쓸하고 적막했다. 예전에 묵었던 성 북문 밖의 주인 집으로 가서 잤는데, 주인은 이미 산골로 피난 갔다고 했다.

이날 받은 임명장이 "상중에 제수하는 삼도통제사 교서起復授三道統制使教書"다. 이 속에 선조가 장군에게 사과하는 말이 들어있다.

'지난번에 직책을 교체하고 죄를 물어 백의종군을 시킨 것은 내가 지혜가 모자란 탓이며, 그로 인해 오늘의 패전으로 인한 치욕을 만나게 되었으니, 할 말이 없다. 할 말이 없다. 다시 상중에 백의종군하고 있는 그대를 삼도통제사로 임명한다.'

선조가 어쩔 수 없어 장군에게 거듭 사과하면서 통제사로 임명하기는 했지만, 장군의 재임용이 그에게는 매우 불편하고 내키지 않았던 것 같다. 그것을 알 수 있는 것이 통제사의 품계다. 종전에는 정2품 정헌대부였으나, 다시 임명하면서 내린 품계는 정3품 절충장군折衝將軍이었다.

☯ 왜군의 진격과 피난 행렬, 그리고 도망가는 아군

1597년 8월 4일, 맑았다. 고산 현감 최진강崔鎭剛이 군인 교체할 일로 와서 수군의 일을 많이 말했다. 원균이 미친 짓을 많이 했다고 했다. 낮에 곡성谷城에 이르니, 관청과 여염집이 모두 비었다. 일대가 온통 비어있어 말먹일 풀도 구하기 어려웠다.

8월 5일, 맑았다. 아침 먹은 뒤에 옥과玉果 땅에 이르니, 순천과 낙안의 피난민이 길에 가득 찼다. 가히 놀라고 놀랄 일이다. 남자와 여자가 서로 부축하며 걸어가는 것을 차마 볼 수 없었다. 울면서 말하기를 "사또가 다시 오셨으니 이제야 우리가 살 수 있는 길이 생겼다."라고 했다. 옥과현으로 들어갈 때 순천의 이기남李奇男 부자父子를 만났는데, "앞으로 어느 구덩이에 거꾸로 박혀 죽을지 모르겠다."라고 했다.

8월 6일, 맑았다. 이날은 옥과玉果에서 머물렀다. 밤 8시경 송대립이 적을 정탐하고 왔다.

8월 7일, 맑았다. 일찍 길에 올라 바로 순천으로 갔다. 옥과현과 10리쯤 떨어진 길에서 선전관 원집元潗을 만나 임금의 분부를 받았다. 길옆에서 싸리나무를 깔고 앉아 이야기했다. 병마사 이복남이 거느렸던 군사들이 모두 패하여 도로에 줄을 이어 돌아오고 있었다. 그래서 말 3필과 활, 화살을 약간 빼앗아 왔다. 곡성현 석곡石谷의 강가 정자에서 잤다.

 8월 8일, 새벽에 출발하여 곧바로 부유창으로 가던 도중에 이형립李亨立을 병마사 이복남에게 보냈다. 부유창富有倉에서 아침밥을 먹었다. 이곳은 병마사 이복남이 부하들에게 명령하여 불을 질러버려, 타다 남은 재만 있으니 보기에 처참하였다. 점심 먹고 배경남과 함께 달려 구치鳩峙에 도착했더니, 광양 현감 구덕령具德齡과 나주판관 원종의元宗義, 옥구 현감 홍요좌洪堯佐 등이 창고 바닥에 숨어 있다가 내가 말에서 내려 전령을 내렸더니, 한꺼번에 와서 절을 하였다. 내가 피하여 전전하는 것을 질책했더니, 다들 죄를 병사 이복남에게 돌렸다. 상동上東 땅에 들어가니 모든 밭이랑이 쓸쓸하고 고요한데, 오직 승려 혜희慧熙만이 와서 인사하므로 의병장 첩(帖, 사령장)을 주었다. 곧바로 길을 떠나 저물 무렵 순천에 이르니, 성 안팎으로 사람 발자취가 하나도 없어 적막했다. 그런데 관사 창고의 곡식과 무기 등은 그대로 있었다. 병사 이복남이 처치하지 않고 달아난 것이다. 참으로 놀랄 일이다. 총통 등 운반이 어려운 것은 옮겨서 깊이 묻어 표시하도록 하였고, 장전과 편전은 군관들에게 나누어 주어 지니게 하였다. 그대로 순천에 머물러 잤다.

 8월 9일, 맑았다. 일찍 출발하여 낙안군에 이르니, 오리정五里亭으로 사람들이 많이 나와 인사를 했다. 백성들이 달아나고 흩어진 까닭을 물으니, 모두 말하기를, "병마사가 적이 쳐들어온다고 퍼뜨리며 창고에 불을 지르고 달아났기 때문에 백성들도 뿔뿔이 흩어졌다."라고 했다. 관청에 도착하니 적막하여 사람 소리가 없었다. 순천부사 우치적禹致績, 김제 군수 고봉상高鳳翔 등이 산골에서 내려와 절을 했다. 병마사 이복남의 잘못된 처사를 상세히 말하면서 "그의 행동으로 짐작해보면 패망할 것을 미리 알 수 있었다."라고 했다. 관청과 창고는 모두 타버렸고 관리와 마을 사람들이 흐르는 눈물을 가누지 못하면서 말했다.

점심을 먹은 뒤에 길을 떠나 십 리쯤 가니, 길가에 동네 어른들이 늘어서서 다투어 환영하고 위로하며 음식과 술병을 바치는데, 받지 않으니 울면서 억지로 권했다. 저녁에 보성군 조양창兆陽倉에 도착하니, 사람은 하나도 없고, 곡식 창고는 봉해진 채로 있었다. 군관 4명을 시켜 지키게 하고, 나는 김안도金安道의 집에서 잤다. 집주인은 벌써 피난을 가버리고 없었다.

8월 12일, 맑았다. 아침에 장계 초안을 수정했다. 늦게 거제 현령 안위, 발포만호 소계남이 들어와서 만났다. 그들에게서 경상 수사 배설이 겁내던 형상을 들으니, 더욱 한탄스러움을 이길 수가 없었다. 권력자에게 아첨이나 하여 분수에 넘는 지위에 올랐으나, 감당해내지 못하여 나라의 일을 크게 그르치고 있는데도 조정이 성찰省察하지 않으니, 어찌하랴, 어찌하랴.

8월 13일, 맑았다. 거제 현령 안위, 발포만호 소계남이 와서 보고하고 돌아갔다. 들으니 수사 배설과 여러 장수 및 피해 나온 사람들이 머물러 있다고 했다.

☯ 신에게는 아직 12척의 전선이 있습니다

1597년 8월 14일, 아침에 각각으로 장계 7통을 봉인하여 윤선각이 지니고 올라갔다. 저녁에 어사 임몽정任夢正을 만나러 보성에 갔다가 열선루에서 잤다. 밤에 쏟아지듯 큰비가 내렸다.

이날 작성한 보고 장계 중의 한 통에 그 유명한 "今臣戰船尙有十二"란 구절이 들어있었을 것이다. 아마도 8월 7일 일기에 선전관 원집이 전한 지시가 '수군을 폐하고 육군을 도우라'라는 것이었으리라 추측된다. 이분李芬의 『이충무공행록』 속 장계 내용이다.

"임진년부터 5~6년 동안, 적이 감히 전라와 충청으로 돌격할 수 없었던 것은, 수군이 그 길목을 누르고 있었기 때문입니다. 지금 신에게는 아직 전선 12척이 있습니다. 나가서 사력死力을 다해 싸운다면 막을 수 있습니다. 지금 만약 수군을 모두 없앤다면, 적은 이를 행운으로 생각할 것이고, 전라·충청의 서해안을 거쳐 한강에 이를 것입니다. 전선은 비록 적지만 미천한 신이 아직 죽지 않았으니, 적이 감히 저를 업신여기지는 못할 것입니다."

8월 15일, 비, 비가 왔다. 늦게 쾌청하게 맑아졌다. 식사 후 열선루列仙樓 위에 앉아 있으니, 선전관 박천봉朴天鳳이 임금의 분부를 가져왔는데, 8월 7일에 만들어진 공문이었다. 곧바로 잘 받들어 받았다는 장계를 작성했다. 보성의 군기를 검열檢閱하여 말 4마리에 나누어 실었다. 저녁 밝은 달이 수루 위를 비추니 심회가 편치 않았다. 술을 너무 많이 마셔 잠자지 못했다.

8월 16일, 맑았다. 아침에 보성군수와 군관 등을 굴암窟庵으로 보내 도피한 관리들을 찾아오게 했다. 선전관 박천봉이 돌아갔다. 오후에 활 만드는 궁장弓匠 지이智伊와 태귀생太貴生, 선의先衣, 남해 현령 박대남 등이 들어왔다.

8월 17일, 맑았다. 장흥의 군량 감독관과 아전이 군량을 모두 훔쳐 멋대로 나누어 옮기고 있을 때, 마침 내가 도착하여 잡아다가 호되게 장을 쳤다. 거기서 잤다. 수사 배설은 내가 탈 배를 보내지 않았다. 약속을 어기니 괘씸하다.

● 배설, 도망가다

1597년 8월 18일, 맑았다. 늦은 아침에 곧바로 회령포로 갔더니, 경상 수사 배설裵楔이 멀미를 핑계 대고 있다 하여 보지 않았지만, 다른 장수들은 바로 만났다. 회령포 관사에서 잤다.

8월 19일, 맑았다. 여러 장수에게 교서에 숙배하게 하였는데, 경상 수사 배설은 공손히 받들어 숙배하지 않았다. 그 업신여기고 오만한 모양은 차마 말로 표현할 수가 없었다. 너무도 놀랍다. 배설의 이방吏房과 우수영 영리營吏에게 장을 쳤다. 회령포 만호 민정붕이 그의 전선戰船에서 받은 물건을 사사로이 피란인 위덕의魏德毅 등에게 준 죄로 곤장 20대를 쳤다.

8월 20일, 맑았다. 포구 앞이 좁고 불편하여 진陣을 이진梨津 아래 창사倉舍로 옮겼다. 몸이 몹시 불편하여 음식도 먹지 않고 신음했다.

8월 21일, 맑았다. 새벽 2시경에 토사곽란吐瀉癨亂이 심했다. 찬 것을 먹어 그런가 싶어 소주를 마셨더니 한동안 인사불성이 되었다. 거의 깨어나지 못할뻔했다. 토하기를 10여 차례나 하고 고통으로 앉아서 밤을 새웠다.

8월 22일, 맑았다. 곽란癨亂이 점점 더 심하여 일어나 움직일 수가 없었다. 인사불성이 되었다. 대소변도 막혔다.

8월 23일, 맑았다. 병세가 너무 심각하여 정박한 배에서 지내는 것조차 불편하여, 배에 있는 것을 포기하고 바다에서 나와 잤다.

8월 24일, 맑았다. 일찍 도괘(刀掛, 괴도포)에 도착하였다. 아침을 어란 앞바다에서 먹었다. 가는 곳마다 텅텅 비었다. 바다 가운데에서 잤다.

8월 25일, 맑았다. 그대로 어란포에서 머물렀다. 아침 먹을 때 당포 어민이 피난민의 소 2마리를 잡아먹으려고 훔쳐 끌고 가면서 "적이 왔다. 적이 왔다."라고 하여 사람들을 놀라게 했다. 나는 그것이 거짓인 줄 이미 알았으므로 배를 단단히 매어 놓고, 헛소문 낸 두 사람을 잡아 곧바로 목을 베도록 명령하여 효시하니 군사들의 마음이 크게 안정되었다. 배설은 이미 도망쳐 나가 있었다.

8월 26일, 맑았다. 그대로 어란 바다에 머물렀다. 늦게 임준영任俊英이 말을 타고 와서 급히 보고하는데, "적선이 이진梨津에 이르렀다"라고 했다. 전라 우수사 김억추가 왔는데 배에 격군과 무기조차 갖추지 못했으니 그 모양이 놀랍다.

8월 27일, 맑았다. 그대로 어란 바다 가운데 있었다. 경상 우수사 배설이 와서 보았는데, 안색을 보니 매우 두려워 떨고 있었다. 나는 불쑥 "수사가 안 보이던데 어디로 피했던 것 아니오."라고 말했다.

8월 28일, 맑았다. 새벽 6시경 예상치 못하게 적선 8척이 들어왔다. 여러 척의 배가 두려워 피하려 하였다. 경상 수사 배설도 퇴각退却하고자 하였다. 나는 기다리고 있다가 적선이 정박하려고 할 때, 호각을 불고 깃발을 휘두르며 추격 명령을 내리니, 적선이 후퇴하였다. 갈두葛頭까지 뒤쫓아 갔다가 돌아왔다. 적선이 멀리 도망가버려 더는 뒤쫓지 않았다. 뒤따르고 있는 배가 50여 척이라 했다. 저녁에 진을 장도獐島로 옮겼다.

8월 29일, 맑았다. 아침에 벽파진碧波津으로 옮겨 정박했다.

8월 30일, 맑았다. 그대로 벽파진에서 머무르면서 정탐꾼을 나누어 보냈다. 늦게 배설裵楔은 많은 적이 올 것을 걱정하여 달아나려는 것 같아, 그의 부하 장수 여럿을 찾아 거느렸다. 나는 배설에 대한 정보를 모았으나 그때까지는 명확하지 않았다. 먼저 발설하는 것은 장수의 계책이 아니기에 가만히 참고 있었는데, 제 사내종을 보내 병세가 몹시 중하니 몸조리해야겠다고 청원서를 냈다. 나는 육지로 내려가 몸조리하고 오라는 공문을 보냈다. 배설이 우수영에서 내렸다.

9월 1일, 맑았다. 그대로 벽파진에 머물렀다. 나는 육지에 내려 벽파정碧波亭에 앉아 있었다. 어민 점세占世가 제주도에서 나오면서 소 5마리를 싣고 와서 바쳤다.

9월 2일, 맑았다. 경상 수사 배설이 오늘 새벽에 도망갔다.

11월 3일, 맑았다. 선전관 이길원李吉元이 배설을 처단하는 일로 왔다. 배설은 이미 성주 본가에 도착해 있는데 본가로 가지 않고 이곳으로 바로 왔다. 그저 제 생각대로 죄인을 쫓는 죄가 지극히 크다.

이렇게 도망간 배설은 숨어 지내다가 왜란이 끝난 후, 경북 선산에서 체포되어 참수되었다. (1599년 3월 6일 선조실록) 그러나 배설이 칠천량 해전에서 경상우수영의 전선 12척을 이끌고 도망치지 않았다면, 이순신 장군의 명량해전 승리도 없었을 것이다. 그런 면에서 마냥 그를 비난할 수만은 없을 것 같다.

⚫ 선조, 경리 양호에게 왕위 사퇴를 사정하다

        1597년 9월 3일, 아침에 맑았으나 저녁에 보슬비가 내렸으며, 밤에는 북풍이 불었다. 봉창 아래 머리를 웅크리고 있으니 마음속의 생각을 어찌하리오.

이날 장군은 시시각각으로 다가오는 왜군의 압박에 전전긍긍, 가을 북풍에 실려 오는 차가운 보슬비를 맞으며 봉창 아래 웅크리고 있었는데, 선조는 명군 책임자인 경리 양호에게 황제로부터 왕위 사퇴 허락을 받아달라는 글을 전달하려 하였다. 그것도 본인이 직접 써서 승정원에 내려보냈다. 다음 날 신하들의 반대에도 기어코 그 글을 경리 양호에게 전달하였다.

     "과인寡人은 천박하고 어리석음이 지나침에도 황제의 명을 받아 동쪽 제후국을 지킨 지 20여 년 동안 밤낮으로 삼가고 두려워하면서 황제에게 충성하는 정성만 간절할 뿐이었습니다. 그런데 불행하게도 왜추倭酋인 역적 평수길平秀吉이 몹시 흉악하여, 신묘년에 우리나라에 사람을 보내 무도한 말로 협박하였습니다. 과인과 모든 신하가 머리를 싸매고 마음 아파하면서 의리에 따라 거절하자, 흉악한 칼날이 빈틈을 타고 들어와 종사宗社에 불 지르고 백성들을 도륙하고 말았습니다. 그 기세를 당할 수가 없는 상황에서 과인의 몸 하나조차도 의탁할 곳이 없어 그저 중국의 곁에 나아가 죽고만 싶을 뿐이었습니다. 그런데 성스러운 천자天子의 불쌍히 여기심과 대인大人들의 노고와 병사를 동원하는 구제함에 힘입어

오늘날이 있게 되었으니, 황은皇恩이 하늘처럼 망극하여 밤낮으로 눈물을 흘리며 감격하고 있습니다.

다만 과인은 천성이 본래 어둡고 부족하여 어려서부터 병이 많았는데, 난리를 겪은 뒤로는 고질병이 날로 깊어져 비밀 사무를 감당할 수 없으니, 안타깝고 절박한 심정을 이기지 못하겠습니다. 그래서 일찍이 사퇴할 뜻을 해마다 여러 신하에게 강력히 말했으나 뜻대로 되지 않아, 그저 구차하게 지금까지 왕위를 차지하고 있지만, 어디에도 하소연할 데가 없었습니다. 그러던 중에 대인이 우리나라에 왕림하였다는 소식을 듣고, 나름 조그마한 정성을 이룰 수 있는 시기라고 기뻐하였습니다.

대인이 만약 왜적을 평정하고 우리나라를 안전하게 하여 공명功名을 역사에 남기고, 영원히 번방(藩邦, 제후국)을 튼튼하게 하려면, 이 조치가 아니고서는 족히 할 수가 없습니다. 과인이 아무리 우매하다고는 하지만 어찌 감히 털끝 하나라도 자신을 위하여 도모할 리가 있겠습니까. 참으로 중국과 우리나라를 위하는 계책일 뿐입니다.

삼가 바라건대 대인이 특별히 가엽게 여기어 하찮은 정성을 굽어살피고, 과인의 어둡고 어리석고 고질병 있는 정상을 중국 조정에 속히 보고하여 빨리 사퇴하도록 허락을 받아주시면 비록 구덩이에 넘어져 죽을지라도 한스럽게 여기지 않고, 죽어서도 마땅히 대인을 위하여 결초보은하겠습니다. 몹시 안타깝고 절박한 심정을 가눌 수 없어 간곡히 기원하는 바입니다."

어떻게든 신하들과 함께 나라와 백성을 살리려고 노력해야 할 왕이 죽어가는 백성을 두고 물러날 생각만 하다니 참으로 한심한 일이다. 왜란 중에 선조는 수차례 전위소동을 일으켜 신하들을 힘들게 했다. 신하들에게 하는 전위소동이야 조선 내부의 혼란이니 수습하면 그만이겠지만, 이처럼 명나라 구원병 최고 책임자에게 손수 글을 써서, '황제에게 보고하여 왕을 그만둘 수 있도록 해달라' 하다니, '사퇴할 수 있게 해주면 결초보은하겠다'니, 이게 무슨 말인가. 나라를 통째로 명나라에 바치겠다는 말인가. 어떤 말로도 선조는 변명해줄 수가 없다.

☻ 다가오는 왜군의 압박

　　9월 4일, 맑았으나 북풍이 세게 불었다. 배가 가만히 있지 않아 겨우 배들을 보전했다. 천행이다.

　9월 5일, 맑았으나 북풍이 세게 불었다. 각각의 배가 서로 부딪치지 않도록 보전할 수가 없었다.

　9월 6일, 바람은 조금 자는 듯했으나, 물결은 가라앉지 않았다. 추위가 엄습하여 괴롭히니 격군들과 군사들 때문에 걱정이다.

　9월 7일, 맑았고 바람도 비로소 그쳤다. 탐망 군관 임중형林仲亨이 와서 보고하기를, "적선 55척 가운데 13척이 벌써 어란 앞바다에 도착했는데, 그 목적이 우리 수군에 있는 것 같다."라고 했다. 그래서 각 배에 엄히 타일러 경계하였다. 오후 4시경 적선 13척이 곧장 진을 치고 있는 우리 배를 향해 왔다. 우리 배들도 닻을 올려 바다로 나가 맞서서 공격하고 전진하여 접근했더니, 적들이 배를 돌려 달아났다. 뒤를 쫓아 먼바다에까지 갔지만 바람과 조수潮水가 모두 역류逆流여서 배를 몰 수가 없었고, 복병선 있을 것도 염려되어 더는 쫓지 않고 벽파진으로 돌아왔다.

이날 밤에 여러 장수를 불러 모아, "오늘 밤 반드시 적의 야습이 있을 것 같으니 미리 준비할 것이며, 조금이라도 명령을 어기는 경우 군법대로 시행할 것이다."라고 재삼 분명히 하고 헤어졌다. 밤 10시경 적선이 포를 많이 쏘며 기습공격을 해왔다. 우리 배들이 겁을 먹는 것 같아 다시 엄명을 내리고, 내가 탄 배가 곧장 적선 앞으로 가서 지자포를 쏘니 강산이 진동했다. 그러자 적들이 당해내지 못하고 네 번이나 들어왔다가 물러갔다가 하면서 포만 쏠 뿐이었다. 새벽 1시경이 되자 아주 물러갔다. 이들은 이전에 한산도에서 승리를 얻은 자들이었다.

조선 수군은 칠천량의 대패로 사기가 완전히 꺾였음을 알 수 있다. 장군은 바닥까지 떨어진 군사들의 사기 올리는 방법을 알았다. 지휘선이 홀로 선두에 서서 적선을 공격하여 물리쳤다. 진정한 리더는 모두가 두려움에 떠는 위기에서 용맹한 모습을 보여 주는 것이다.

◉ 김억추를 평가하다

1597년 9월 8일, 맑았다. 적선은 오지 않았다. 여러 장수를 불러 대책을 논의했다. 우수사 김억추金億秋는 겨우 만호 정도에나 맞을까. 대장으로 쓸 재목이 못 되는 데도 좌의정 김응남金應南과 서로 친밀한 사이라 하여 억지로 임명하였다. 이러고서야 어떻게 조정에 사람이 있다고 할 수 있는가. 다만 때를 못 만난 것을 한탄할 뿐이다.

김억추에 대한 이순신 장군의 평가는 박하다. 김억추와 김응남의 관계를 엿볼 수 있는 대화 내용이 있다. 선조실록 1595년(선조 28년) 2월 27일 김응남이 도체찰사로 임명되면서 선조와 인견하여 건의하는 내용이다. "김억추金億秋는 비록 수군으로 있지만 그를 차출해서 데려가려고 합니다." 하였다. 김억추에 대한 선조실록의 기록을 좀 더 찾아보았다.

1592년(선조 25년) 8월 3일 사헌부와 사간원의 건의, "강동탄江東灘 수비장 김억추·허숙許淑은 적의 모습이 보이지 않았는데도 먼저 후퇴하여 도망치고는, 헛말로 장황하게 거짓 보고하여 군사들의 마음을 요동시키고 원근遠近을 매우 놀라게 하였습니다. 모두 잡아다가 율律에 따라 처단하소서."

1594년(선조 27년) 3월 7일 사헌부의 건의, "여주 목사驪州牧使 김억추는 어사御史의 장계대로 파면해야 마땅함에도 대신할 만한 사람이 없다고 하여 유임시켰습니다. (중략) 어사가 혹은 심문하여 사실을 알아내고, 혹은 범행현장을 잡아 알아낸 것이라, 의심할 것이 없으니 조금도 용서할 수 없습니다. 김억추를 전에 아뢴 대로 파직하소서."

1594년(선조 27년) 8월 4일 사간원, "만포 첨사 김억추는 사람됨이 욕심이 많고 추잡하여 전에 수령으로 있을 때는 오로지 사욕 채우기만을 일삼았습니다. 만포는 관서 지방의 중요한 곳일 뿐만 아니라 야인野人들이 왕래하며 통상하는 곳이니 수령을 선별하여 보내지 않을 수 없습니다. 교체를 명하소서."

1595년(선조 28년) 7월 4일 사헌부, "진주 목사晉州牧使 김억추는 학식도 재간도 없으니 이 사람에게 번거로운 일을 다스리고 어려운 일을 처리하는 책임을 맡길 수 없습니다. 교체를 명하소서."

명량해전 이후 그는 밀양 부사를 거쳐, 1608년 경상좌병사가 되었다가 제주 목사로 관직을 마치고 낙향하여 71세로 사망하였다.

☯ 사기가 떨어진 군사들에게 고기를 먹이다

1597년 9월 9일, 맑았다. 오늘이 곧 중양절重陽節이다. 군대에도 모두 좋은 명절이다. 나는 상喪 중이지만 여러 장병에게는 먹이지 않을 수 없었다. 마침 부체찰사 한효순에게서 제 때에 군량을 얻었고, 이어 제주에서 소 5마리가 왔으므로 녹도와 안골포 두 만호에게 주어서 장병들에게 특식을 먹였다. 늦게 적선 두 척이 우리 배의 많고 적음을 정탐하려고 어란포에서 바로 감보도甘甫島로 들어왔다. 영등포 만호 조계종이 끝까지 따라갔더니, 적들이 당황하여 배에 실었던 물건을 몽땅 바다에 던져버리고 달아났다.

그동안 칠천량 패배에 따른 극심한 정신적 육체적 피로와 공포에 휩싸인 군사들을 추스르기 위하여 쌀밥과 소고기를 배불리 먹였다. 언제 들이닥칠지 모르는 압도적인 숫자의 왜군과 마주해야 하는 병사들로서는 이순신 장군이 다시 돌아왔다고 하지만, 과연 이길 수 있을지 두려움에 떠는 상황이었을 것이다. 거기다가 특식을 먹는 중에도 적의 정탐선이 출몰하여 출동까지 해야 하는 등으로 어수선했으니, 병사들이 소고기나 쌀밥의 맛을 제대로 느낄 수 있었을까. 어쨌든 배를 든든하게 채웠으니 한결 기운은 났을 것이다.

☯ 믿을 수 없는 승리, 명량대첩

1597년 9월 13일, 맑았으나 북풍이 심하게 불어, 배를 안정시킬 수가 없었다. 꿈에 특별한 것이 있었다. 임진년 대첩했을 때와 거의 같다. 이것이 무슨 조짐인지 모르겠다.

9월 14일, 맑았으나 북풍이 심하게 불었다. 벽파정 건너편에서 연기가 피어오르기에 배를 보냈더니 임준영을 싣고 왔다. 육지에서 정탐한 내용을 말하는데, "적선 200여 척 가운데 55척이 먼저 어란 앞바다에 들어왔다."라고 하였다. 또 적에게 사로잡혀 있었던 김중걸金仲乞의 말도 전했다. "이달 6일에 달마산으로 피난 갔다가 붙잡히고 묶여서 왜선에 실렸습니다. 다행히 임진년 김해에서 포로가 된 사람을 만나, 왜장에게 빌어 묶인 것을 풀고 배에 함께 있었습니다. 왜놈들이 깊이 잠든 한밤중에 김해 사람이 제 귀에다 속삭이기를, 왜놈들 모여 하는 말이, '조선 수군 10여 척이 우리 배를 추격하여 사살하고 불태웠으므로 극히 통분하다. 각 처의 배를 불러 모아 조선 수군들을 모조리 죽인 뒤에 한강으로 올라가겠다'라고 했다 하였습니다." 비록 그 말을 다 믿기는 어렵지만, 그럴 수도 없지 않으므로, 전령선傳令船을 우수영으로 보내 피난민들을 곧바로 위로 올라가도록 급히 명령하였다.

9월 15일, 맑았다. 여러 장수를 거느리고 조수潮水를 타고 우수영 앞바다로 진을 옮겼다. 벽파정碧波亭 뒤에는 명량鳴梁이 있는데, 수가 적은 수군으로 명량을 등지고 진을 치는 것은 불가하기 때문이다. 여러 장수를 불러 모아 약속하여 일렀다. "병법에 이르기를, 반드시 죽고자 하면 살고, 살고자 하면 죽는다.[19]라고 했다. 또, 한 사람이 좁은 길목을 지키면, 천 명이라도 두렵게 할 수 있다.[20]라고 했는데, 이는 지금 우리를 두고 말하는 것이다. 너희 각각의 장수들이 조금이라도 명령을 어긴다면 곧바로 군율로 다스릴 것이며, 결코 너그러이 용서하지 않을 것이다." 하고 재삼 엄중히 약속했다. 이날 밤 신인神人이 꿈에 나타나, 이렇게 하면 크게 이기고, 이렇게 하면 지게 될 것이라고 일러 주었다.

9월 16일, 맑았다. 이른 아침 망군望軍이 나와서, "적선 무려 200여 척이 명량으로 들어와서 곧바로 우리 진영으로 온다."라고 했다. 여러 장수를 소집하여 거듭 분명하게 약속하고 닻을 올려 바다로 나갔다.

적선 133척이 우리 배를 둘러쌌다. 내 지휘선(上船)이 홀로 노를 재촉해 적선 중간으로 돌진하여, 지자·현자 등 각종 총통을 어지럽게 쏘았다. 군관 등은 배 위에 빽빽이 서서 화살을 빗발치듯 어지럽게 쏘았다. 적의 무리는 우리와 맞서 겨룰 수 없자, 가까이 왔다가 물러갔다가 하면서 몇 겹으로 둘러쌌다.

우리의 다른 배들은 관망만 하고 있으면서 진군하지 않으니 사태가 장차 어찌 될지 헤아릴 수 없었다. 그러자 우리 배의 사람들이 서로 돌아보며 파랗게 질려 있었다. 나는 그 마음을 풀어주기 위해 부드럽게 말하기를, "적선이 비록 많아도 우리 배를 바로 잡을 수는 없다. 절대로

---

19) 必死卽生 必生卽死
20) 一夫當逕, 足懼千夫

동요하지 말고, 온 힘과 정성을 다해 적에게 활을 쏘아라."라고 했다.

돌아보니 우리 배들은 한 마장 정도 후퇴해 있었다. 또 우수사 김억추의 지휘선은 아득히 멀리 가 있었다. 여러 장수가 중과부적衆寡不敵이라 생각하고 편히 살고자 도망가려는 심산이었다. 생각 같아서는 배를 돌려 중군장 김응함의 배로 바로 가서 먼저 머리를 베어 효시하고 싶었다. 그러나 내 배가 머리를 돌리는 순간 적들이 기어오를 수도 있어 진퇴유곡進退維谷의 상황이었다.

호각을 불고 중군에 명령 내리는 깃발과 장수들을 부르는 초요기招搖旗를 세웠다. 중군장 미조항 첨사 김응함이 점차 내 배에 접근하는 도중에, 거제 현령 안위의 배가 먼저 도착하였다. 나는 뱃전에 서서 직접 안위를 불러, "네가 군법에 따라 죽고 싶구나."라며 다시 호통을 쳤다. "안위야, 감히 군법에 따라 죽을 것이냐. 물러나면 살아 돌아갈 수 있을 것 같으냐." 그러자 안위가 황망慌忙하게 적선 속으로 돌격해 들어갔다. 또 김응함을 불러 "너는 중군임에도 대장을 구하지 않고 멀리 피하니 그 죄를 어찌 벗어날 수 있겠는가. 당장 처형하고 싶지만 지금 상황이 급하여 명령하니 공을 세워라."

두 배가 맨 앞으로 나갔을 때, 적장이 휘하의 다른 적선 2척에 지시해 한꺼번에 안위의 배 위로 개미 떼처럼 다투어 기어 올라갔다. 안위와 배 위의 사람들은 모두 죽을힘을 다해 나무 몽둥이를 들거나, 긴 창을 잡거나, 몽돌로 끝없이 어지럽게 싸웠다. 배 위 사람들이 힘을 다 쓰고, 노 젖는 병사 7~8명은 급기야 물에 뛰어들어 헤엄을 치는 등 거의 구할 수 없게 되었다.

나는 배를 돌려 곧바로 안위의 배로 갔고, 내 지휘선의 군관들이 빗발치듯 어지럽게 화살을 쏘았더니 적선 3척이 거의 다 뒤집혀 엎어졌다. 그러자 녹도 만호 송여종과 평산포 대장 정응두丁應斗의 배도 잇따라 와서, 힘을 모아 쏘아 죽이니 몸을 움직이는 적이 한 놈도 없었다.

그때 안골포 적진에서 온 항왜 준사가 바다를 내려다보며 말하기를 "무늬가 그려진 붉은 비단옷을 입은 놈이 안골포의 적장 마다시馬多時입니다."라고 했다. 나는 무상 김돌손에게 쇠갈고리로 낚아 뱃머리로 끌어올리라고 했다. 준사가 기뻐서 펄쩍펄쩍 뛰면서 "이놈이 마다시입니다."라고 하여, 곧바로 토막을 내라고 했다. 그러자 적의 사기가 크게 꺾였다.

우리 배들이 한꺼번에 북을 울리고 함성을 지르며 일제히 전진하여 각각 지자총통과 현자총통을 쏘았더니, 그 소리가 산과 바다를 흔들었다. 화살도 빗발치듯 쏘았다. 적선 31척을 깨부수었더니, 물러가 다시는 가까이 오지 않았다.

우수영에 정박하고 싶었으나 물이 빠져 배를 정박하기에 적합하지 않았다. 또 싸움했었던 곳도 배가 정박하기에는 물살이 매우 거세어 위험하고, 바람도 거꾸로 부는 등 형세가 위태로워 달빛을 타고 이동하여 당사도唐筍島에 정박하여 밤을 지냈다. 이는 진실로 하늘이 도운 것이다.

일기에는 적선 31척을 깨부수었다고 했지만, 실제 왜군의 피해는 훨씬 더 컸었다는 것을 알 수 있는 기록이 1598년 2월 11일 선조실록에 나온다. 진해 정병 전풍상全風上이 왜적의 진중에서 탈출하여 보고한 내용이다.

"배의 숫자는 120여 척으로 지난해 6월 적장 산도山道가 다시 자기 소속 군대를 거느리고 부산포에 와서 정박하였고, 7월경에는 한산도에서 접전한 뒤에 하동河東 앞 포구에서 하륙下陸하였습니다. 그리하여 구례 지방을 거쳐 남원을 함락시키고 전주全州에 도착했다가 즉시 하동으로 돌아왔는데, 갔다가 돌아온 기간은 대략 20여 일이었습니다. 또 하동에서 열흘간 머문 뒤에 산도山道가 전선을 다 거느리고 물길을 따라 순천, 흥양興陽을 거쳐 우수영右水營 앞바다에 도착하여 통제사와 싸웠는데, 왜적은 절반이 죽거나 다쳤습니다."

이 기록은 당시 왜선에 타고 있었던 사람의 증언이므로 매우 신뢰도가 높다고 할 수 있다. 따라서 실제 이 전투의 왜군 사상자 숫자는 일기 기록보다 훨씬 더 많았을 것이며, 적선의 피해도 침몰 숫자는 31척이지만, 부분 파손까지 포함하면 훨씬 더 컸을 것으로 추정된다.

1597년 10월 20일 선조가 경리 양호를 만나 대화하는 중에 명량해전 이야기가 나온다.

"흉적이 조금 물러가고 종묘사직이 다시 돌아왔으니 이는 참으로 대인의 공덕이라 감사함을 무엇으로 말하겠습니까. 절을 하여 사례하겠습니다."

하니, 경리가 말하기를,

"이게 무슨 말씀이오. 제가 무슨 공이 있습니까. 이러한 예는 감당할 수 없습니다."

하고, 상이 굳이 청해도 따르지 않았다. 상이 말하기를,

"통제사 이순신李舜臣이 사소한 왜적을 잡은 것은 그의 직분에 마땅한 일이며 큰 공이 있는 것도 아닌데, 대인이 은단銀段으로 상주고 표창하여 가상히 여기시니 과인은 불안합니다."

하니, 경리가 말하기를,

"이순신은 의협심이 대단한 사람입니다. 패배하여 다 흩어진 전선을 수습하여 큰 공을 세웠으니 매우 가상합니다. 그래서 약간의 은단을 베풀어 나의 기쁜 마음을 표현한 것입니다."

하자, 상이 말하기를,

"대인에 있어서는 그렇지만 과인에 있어서는 참으로 미안합니다."

선조는 이순신 장군을 죄인으로 만들어 죽이려고 하였고, 원균을 통제사로 임명하여 수군을 괴멸시킨 장본인이다. 그리고 어쩔 수 없어 장군을 다시 통제사로 임명하였다. 그러나 장군은 겨우 수습한 10여 척의 전선으로 대승리를 거두고 바다를 지켜냈다. 누구보다 장군에게 감사해야 할 사람은 선조다. 그러나 그는 장군을 인정하는데 너무나도 인색했다.

아마 왕은 이미 죽이기로 작정했을 만큼 미워했던 장군에 대한 마음이 아직도 그대로이며, 수군을 폐하고 육군에 합류하라는 자신의 지시를 거부한 것도 마음 한구석에 남아있었을 것이다. 자신의 선택과 지시가 매번 잘못되고 있지만, 인정하고 싶지 않았을 것이다. 또 무엇보다 이 승리로 인하여 연해안 백성들은 장군을 더 의지하고 따를 것이 불 보듯 뻔하였으니, 그의 마음은 더욱 복잡하지 않았을까.

🌀 수군 재건을 위한 작전상 후퇴

　　　1597년 9월 17일, 맑았다. 어외도於外島에 이르니, 무려 300여 척의 피난선이 먼저 와 있었다. 임치 첨사 홍견은 배에 격군이 없어 나오지 못한다고 했다. 나주 진사 림선林愃, 림환林懽, 림업林業 등이 와서 봤다. 우리 수군이 크게 승리한 것을 알고는 앞다투어 치하하고, 또 많은 양식을 가지고 와서 군사들에게 주었다.

　9월 18일, 맑았다. 그대로 어외도에서 머물렀다. 임치 첨사 홍견이 왔다. 내 배에서는 순천 감목관 김탁과 좌수영 본영의 사내종 계생戒生이 탄환에 맞아 죽고, 박영남朴永男과 봉학奉鶴, 강진 현감 이극신李克新도 탄환에 맞았으나, 중상에 이르지 않았다.

　장군의 지휘선 피해가 사망 2명과 부상 3명이라니, 수십 척의 적들에게 몇 겹으로 둘러싸여 싸웠던 배의 인명피해라고는 믿을 수가 없다. 도대체 어떻게 싸웠는지에 대해 이런저런 추측들은 많다. 그런데 한 가지 단서를 이분李芬의 『이충무공행록』에서 찾았다.

> 18일, 회령포에 도착했을 때 전선은 10여 척만 있었다. 공은 전라 우수사 김억추를 불러 병선을 거두어 모으게 하여, 여러 장수에게 나누어주고 군대의 위세를 돕도록 거북선 모양으로 꾸미게 했다.

　장군은 적의 조총 사격으로부터 아군의 피해를 최소한으로 줄일 수 있도록 판옥선을 거북선처럼 보강하였다. 그리고 장군의 지휘선이 솔선수범해서 홀로 적진으로 돌격해 들어가 죽기로 싸우는 모습을 보여 준 것이다. 또 울돌목이란 좁은 지형과 물길의 변화를 정확하게 알고 이를 아군에게 유리하도록 활용했을 것이다. 그렇다고 해도 명량해전의 승리는 놀라운 것이다.

9월 19일, 맑았다. 일찍 출항하였다. 바람은 순하고 하늘은 맑았으며 물살도 순조로워 무사히 칠산도七山島 바다를 건넜다. 저녁에 영광군의 법성포法聖浦 선창에 이르니, 흉악한 적들이 육지로 들어와 사람들이 사는 집과 창고에 불을 지르며 약탈하고 있었다. 저물 무렵 영광군 홍농弘農 앞에 이르러, 배를 정박시키고 잤다.

9월 20일, 맑고 바람도 순조로웠다. 새벽에 출항하여 곧장 영광의 위도蝟島에 이르니, 피난선이 많이 정박해 있었다.

9월 21일, 맑았다. 일찍 출항하여 고군산도古群山島에 이르니, 호남 순찰사 박홍로는 내가 왔다는 말을 듣고 배를 타고 급히 옥구(군산)로 갔다고 하였다. 늦게 광풍이 세게 불었다.

이순신 장군은 명량해전에서 대승을 거두었음에도, 왜 멀리 서해 고군산열도까지 후퇴했을까. 당시 조선 수군은 칠천량 패전으로 군사도, 군량도, 무기도 모두 부족하였다. 겨우 12척의 판옥선으로 명량에서 적의 대군과 죽기로 싸워 기적처럼 이기긴 했으나, 겨우 수습했던 군량이나 화약, 화살 등은 거의 다 써버렸을 것이다. 이런 상황을 어떻게 반전시킬 것이냐는 장군의 최대 숙제였을 것이며, 그래서 후퇴를 선택했다.

최대한 적의 추격 범위를 벗어난 지역으로 후퇴하여 휴식하면서 전열을 가다듬고, 또 인근의 섬과 바다에 배를 타고 나와 있던 피난민들에게 우리 수군이 승리했으며, 아직도 건재하다는 것을 보여 주고, 아울러 병력과 군수물자, 군량 등을 확보하는 것이 그 목적이었을 것이다.

9월 22일, 맑았으나 북풍이 세게 불었다. 그대로 머물렀다. 나주 목사 배응경裵應褧과 무장현감 이람李覽이 와서 봤다.

9월 23일, 맑았다. 승첩 장계의 초본을 수정했다.

9월 24일, 맑았다. 몸이 불편하여 신음했다.

9월 25일, 맑았다. 이날 밤 몸이 몹시 불편하고, 식은땀이 흘러 온몸을 적셨다.

9월 26일, 맑았다. 몸이 불편하여 종일 나가지 않았다. 이날 밤에도 식은땀으로 온몸을 적셨다.

9월 27일, 맑았다. 송한宋漢, 김국金國, 배세춘裵世春 등이 승첩 보고 장계를 가지고 뱃길로 올라갔다. 정제鄭霽도 부찰사에게 보내는 공문을 가지고 같이 갔다. 몸이 몹시 불편하여 밤새 아팠다.

9월 28일, 맑았다. 송한과 정제가 바람이 험하여 가지 못하고 되돌아왔다.

9월 29일, 맑았다. 송한과 정제가 다시 올라갔다.

1597년(선조 30년) **10월 1일**, 맑았다. 아들 회薈를 보내 제 어미를 찾아 뵙고, 여러 집안의 생사生死를 자세히 알아 오게 하고 싶었다. 심회心懷가 몹시 언짢아서 편지를 쓸 수가 없다. 병조兵曹의 역자(驛子, 파발꾼)가 공문을 가지고 왔는데, "아산 고향의 온 집안이 이미 적에게 불타 잿더미가 되어 남은 게 없다."라고 하였다.

고향의 집안이 잿더미가 되었다는 소식에 장군은 가슴이 철렁하였을 것이다. 이때부터 아들 면葂의 죽음을 알게 되기까지 집안 식구를 걱정하는 장군의 마음이 어떠했을까를 생각하면 너무도 안타깝고 안쓰럽다. 자신의 승전勝戰으로 인해 가족들이 보복 떼죽음을 당했을지도 모르는 일이니, 자신이 어찌하지 못하는 절망감이 얼마나 컸을까.

10월 2일, 맑았다. 아들 회薈가 배를 타고 올라갔다. 잘 갔는지 어쩐지 알 수가 없다. 내 마음을 어찌 다 말하랴. 홀로 배 위에 앉았으니 심회가 만 갈래였다.

10월 7일, 바람이 고르지 않고 비가 오다가 맑다가 했다. 들으니, 호남의 내외에는 적선이 없다고 하였다.

10월 9일, 맑았다. 일찍 출항하여 전라우수영에 도착하니, 성 내외에 사람 사는 집이 하나도 없었고, 사람 흔적도 없었다. 보이는 것은 참혹함뿐이었다. 저녁에 들으니, "해남에 흉악한 적들이 진을 치고 있다"라고 했다.

10월 10일, 새벽 2시에 비가 뿌리고 북풍이 세게 불었다. 배를 움직일 수가 없어 그대로 머물렀다. 밤 10시경 중군장 김응함이 와서 전하는데, 해남에 있던 적들은 많이 물러간 것 같고, 이희급李希伋의 부친이 적에게 사로잡혔다가 빌어서 풀려나왔다고 했다. 심기가 불편하여 앉았다 누웠다 하다가 새벽이 되었다. 우수사 우후 이정충이 왔는데, 배가 보이지 않았던 것은 바깥 섬으로 달아나 있었기 때문이었다.

10월 11일, 맑았다. 새벽 2시경 바람이 자는 것 같아, 첫 호각을 불고 닻을 올려 바다 가운데에서 정탐인 이순李順, 박담동朴淡同, 박수환朴守

遷, 태귀생太貴生을 해남으로 보냈다. 해남에는 연기가 하늘을 덮는다고 했다. 필시 적도들이 달아나면서 불 지른 것이다. 낮에 발음안변도發音安便島에 도착하니, 바람도 좋고 날씨도 화창하다. 육상에 내려 산봉우리로 올라가 배 감출 곳을 찾아보니, 동쪽에는 앞에 섬이 있어 멀리 바라볼 수 없고, 북쪽으로는 나주, 영암 월출산으로 뚫렸으며, 서쪽은 비금도飛禽島로 통하니 눈앞이 확 트였다. 잠시 후, 중군장 김응함과 우치적도 올라왔고, 조효남趙孝南, 안위, 우수禹壽가 잇따라 왔다.

날이 저물어 산봉우리에서 내려와 언덕에 앉았으니, 조계종趙繼宗이 와서 왜적의 형편과 정세를 말하였고, 또 왜놈들이 우리 수군을 매우 싫어한다고 했다. 이희급의 부친이 와서 인사하고 또 사로잡혔던 경위를 말하는데, 아프고 아픈 마음을 견딜 수가 없었다. 저녁에는 따뜻하기가 봄날 같았다. 아지랑이가 하늘로 올라가니 비 올 징조가 많았다. 밤 8시경 달빛이 비단 같아 홀로 봉창에 앉았으니 심사가 만 갈래였다. 밤 10시경 식은땀으로 몸을 적셨다. 삼경에 비가 왔다. 이날 우수사 김억추가 군량선에 있는 사람의 무릎뼈에 심하게 장을 쳤다고 했다. 놀랄 일이다.

10월 12일, 비, 비가 내렸다. 오후 1시에 맑게 개었다. 아침에 우수사 김억추가 와서 그 하인 무릎에 장杖을 때린 죄에 대해 사죄의 절을 하였다. 탐선探船이 4일이 지나도 오지 않으니 걱정되었다. 생각 해보니 아마도 멀리 도망가는 흉악한 적들의 뒤를 쫓느라 돌아오지 않는 것이리라. 그대로 발음도에 머물렀다.

이날 선조실록에는 왕이 가리포첨사 이응표의 경상 우수사 임명이 잘못되었다면서, 칠천량에서 패배한 장수로 주장主將 원균을 구원하지 않은 책임이 있으니 파면하라고 하였다. 선조는 칠천량 패전에서 생존한 장수들에게 심한 적대감을 가지고 있었다.

● 아들 면(葂)이 사망하다

1597년 10월 14일, 맑았다. 새벽 2시경 꿈에, 내가 말을 타고 언덕 위로 가는데 말이 실족하여 냇물로 떨어졌으나 넘어지지는 않았는데, 막내아들 면葂을 부여안고 있는 형상으로 있다가 깨었다. 이것이 무슨 징조인지 모르겠다.

저녁에 천안에서 온 사람이 집안 편지를 전했다. 봉한 것을 뜯기도 전에 뼈와 살이 먼저 떨리고 심기가 흐려지고 어지러웠다. 대충 겉봉을 뜯고 열葂의 편지를 보니, 겉에 '통곡' 두 글자가 씌어 있었다. 면葂이 전사했음을 마음이 먼저 알았다. 어느새 쓸개 떨어지는 것조차 깨닫지 못하고, 소리도 못 내고 통곡, 통곡하였다. 하늘이 어찌 이다지도 어질지 못한 것인가. 간담이 탄다. 간담이 타고 찢어진다. 내가 죽고 네가 사는 것이 마땅한 이치거늘, 네가 죽고 내가 사니, 이런 어그러진 이치가 어디에 있단 말인가. 천지가 캄캄하고 해조차도 빛이 변했구나.

슬프다, 내 아들아. 나를 버리고 어디로 갔단 말이냐. 남달리 영특하여 하늘이 너를 세상에 머물러 두지 않는 것이냐. 내 지은 죄가 네 몸에 미친 것이냐. 이제 내가 이 세상에 살아서 장차 누구에게 의지할 것인가. 너를 따라, 너와 같이 죽어, 지하에서 같이 지내며 같이 울고 싶건마는 네 형과 네 누이, 네 어머니가 의지할 곳 없으니, 아직은 참으며 연명

할 수밖에 없구나. 마음은 죽고 형상만 남았으니 울부짖고, 또 울부짖을 뿐이다. 하룻밤 지내기가 일 년 같구나. 이날 밤 10시경에 비가 왔다.

자식이 어버이 앞서 세상을 떠나면, 부모는 자식을 가슴에 묻는다고 한다. 장군의 경우는 자신의 명량해전 승리에 대한 앙갚음으로 왜군들이 아산을 덮쳤고, 이로 인해 가장 사랑하는 아들이 적의 칼날에 죽었으니 그 마음이 어떠했을까. 감히 짐작할 수가 없다. 아마도 자신이 죽는 것보다 더 고통스러웠을 것이다.

10월 15일, 바람이 불고 비가 종일 왔다. 누웠다 앉았다 하면서 종일 이리저리 뒤척거렸다. 장수들이 여럿 와서 문안하니 얼굴을 들고 어찌 맞으랴.

아들 면을 잃고 얼마나 슬퍼했는지, 또 전쟁 중이라 이를 숨기기 위해 얼마나 노력했는지 알 수 있는 일기를 모았다.

10월 16일, 내일이 막내아들의 죽음을 들은 지 4일째가 된다. 마음 놓고 통곡할 수조차 없어, 영營 안에 있는 강막지姜莫只 집으로 갔다.
10월 17일, 새벽에 향을 피우고 곡 하는데, 하얀 띠를 두르고 있으니, 비통함을 어찌 감당娸噎, 감당해야 하는가.
10월 19일, 새벽꿈에 고향 집의 사내종 진辰이 내려왔기에 나는 죽은 아들을 생각하며 서럽게 통곡하였다. 어두울 무렵 코피를 1되 남짓이나 흘렸다. 밤에 앉아 생각하니 눈물이 났다. 말로 어찌 다 설명하랴. 이제 영령英靈이 되었으니 불효가 끝내 여기에 이른 것을 어찌 알까. 가슴 찢어지는 아픔을 억누르기가, 억누르기가 어렵구나.

11월 7일, 여수 본영 박주생朴注生이 왜놈 머리 2급을 베어왔다. 이날 밤 삼경 꿈속에서 죽은 면葂을 봤다.

11월 23일, 바람도 많이 불고, 눈도 많이 내렸다. 아산 집으로 편지를 썼다. 눈물을 참을 수가 없었다. 죽은 자식 생각에 마음을 가누기 어려웠다.

● 왜적에 부역한 자들을 처단하다

1597년 10월 13일, 맑았다. 아침에 조방장 배흥립과 경상 우후 이의득이 와서 봤다. 잠시 후, 탐망선이 임준영任俊英을 싣고 왔다. 그편에 적의 소식을 들으니, "적들이 해남에 들어와 웅거해 있다가 10일 우리 수군이 내려오는 것을 보고는, 11일 모두 도망갔는데, 해남 향리 송언봉과 신용 등은 적에게 붙어, 왜놈을 인도하여 우리 선비들을 많이 죽였다."라고 했다. 통분함을 이길 수가 없었다.

곧바로 순천부사 우치적, 금갑도 만호 이정표, 제포 만호 주의수朱義壽, 당포 만호 안이명安以命, 조라포 만호 정공청鄭公淸 및 군관 림계형, 정상명, 봉좌, 태귀생, 박수환 등을 해남으로 보냈다. 이날 밤 달빛은 비단 같고 미풍도 불지 않았다. 홀로 뱃전에 앉았으니 마음을 걷잡을 수 없었다. 이리저리 뒤척이고 앉았다 누웠다 하면서 밤새 잠을 못 이루었다. 하늘을 우러러 탄식만 더할 뿐이다.

이날 일기와 관련하여 왜군에 붙어 부역附逆한 자들을 처단한 11월 12일 실록의 기록이 있다.

전라 우수사 이시언李時言의 긴급보고, "해남·강진·장흥·보성·무안 등 고을의 인민들이 거의 다 적에게 붙어서 선비 가족들의 피난처를 일일이 가르쳐 주어, 거의 다 죽였습니다. 해남의 노직 향리老職鄕吏 송원봉宋元鳳과 가속 서리假屬書吏 김신웅金信雄 등은 혹은 좌수라느니 혹은 별감이라느니 하면서 우리나라 사람들을 제멋대로 죽였으며, 육방을 정하였는데 이방은 절종 심운기沈雲起를, 호방은 향리 송사황宋士黃을, 예방은 절종 서명학徐命鶴을, 병방은 절종 박인기朴麟奇를, 형방은 향리 차덕남車德男을, 창색(倉色, 창고관리)은 사노私奴 박희원朴希元을, 고직(庫直, 창고 담당자)은 사노 다물사리多勿沙里·줏돌이注叱石乙伊 등을, 도장都將은 면역 향리 차광윤, 사노 부근夫斤·인세仁世 등을, 각처의 정탐은 절종 윤해尹海를, 응자 착납(應子捉納, 매 잡아 바치는 담당)은 사노 언경彦京으로 각각 정하여, 왜노가 원하는 일에는 몸과 마음을 다하여 아첨을 떨었으며, 또 왜진倭陣이 철수할 때조차도 낙후된 적에게 머물기를 청하여 세 군데 주둔시켜놓고, 그를 빙자하여 온갖 흉악한 짓을 다 하였다고 합니다. 그래서 장수를 보내 적을 섬멸할 때, 송원봉과 절종 인세·윤해와 사노 언경을 잡아 왔는데 자백하지 않아 즉시 목 베어 효시梟示하여 연해의 백성들에게 국법이 있음을 알렸고, 나머지 체포하지 못한 자는 지금 뒤쫓아 잡는 중입니다."

왜군에 부역한 또 다른 사례는 해를 넘겨 1598년 2월 10일 선조실록에 전라 병사 이광악이 올린 보고 장계에 나오는데, 그 행태가 기가 막힌다.

"선비들도 왜적에게 부역한 자들이 있는데, 이러한 사람들을 모조리 죽인다면 유인하는 길이 막힐 것이 두려워 사유를 갖추어 보고합니다.

그중에 순천 사는 선비 박사유朴思裕는 처음부터 왜적에게 붙어 자기 딸을 소서행장에게 시집보냈는데, 행장이 하는 일은 모두 사유가 지휘한 것이었습니다. 사유는 사형을 면하지 못할 것을 스스로 알고 아들 박정경朴廷卿과 함께 왜물倭物을 바리로 싣고 남원으로 가서 중국 장수 오 도사吳都司에게 말을 바치며 여러 가지로 아첨하였고, 또 다른 아들인 박여경朴餘卿은 누이동생을 따라가 행장의 처소에 있으면서 우리나라의 허실을 관망하고 있습니다. 중국 장수에게 붙어있어 처치하기가 어려우니 조정에서 올바르게 처리하소서." 하였다.

10월 16일, 맑았다. 우수사 김억추와 미조항 첨사 김응함을 해남으로 보냈다. 해남 현감 류형도 보냈다. 밤 10시경 순천부사 우치적, 우후 이정충, 금갑도 만호 이정표, 제포 만호 주희수 등이 해남에서 돌아왔다. 왜놈 13명과 왜놈에게 붙었던 송원봉 등의 목을 베어왔다.

10월 19일, 맑았다. 김신웅의 처와 이인세, 정언부를 붙잡아 왔다. 거제 현령 안위, 안골포 만호 우수, 녹도 만호 송여종, 웅천 현감, 제포 만호, 조라포 만호, 당포 만호 안이명, 우수사 우후 이정충이 와서 적 사로잡은 공문을 바쳤다. 윤건尹健 등의 형제가 왜적에게 붙었던 부역자 2명을 잡아 왔다.

10월 20일, 맑고 바람도 잔잔했다. 이른 아침 미조항 첨사 김응함과 해남 현감 류형, 강진 현감 이극신이 해남현의 군량을 실어 나르겠다고 보고하고 돌아갔다. 안골포 만호 우수禹壽도 보고하고 돌아갔다.

10월 22일, 아침에 눈이 오다가 늦게 개었다. 해남 현감 유형이 적에게 붙었던 윤해, 김언경을 포박하여 올려 왔으므로 나장羅將이 있는 곳에다 단단히 가두었다. 우수사가 해남군 황원목장에서 와서 말하기를, 김득남이 처형되었다고 했다.

10월 23일, 맑았다. 이날 낮에 윤해와 김언경을 처형했다.

10월 30일, 맑았으나 동풍이 불고 비 올 조짐이 많았다. 해남 현감 류형이 와서 적에게 붙었던 사람들의 소행을 전했다. 늦게 해남에서 적에게 붙었던 정은부, 김신웅의 처와 왜놈의 지시를 받아 우리나라 사람을 죽인 자 2명, 사족士族 처녀를 강간한 김애남을 아울러 목 베어 효시하였다.

11월 7일, 맑고 따뜻했다. 아침에 해남 의병장이 왜놈의 머리 하나와 환도 1자루를 바쳤다. 이종호李宗浩가 당언국을 잡아 와서 거제 전선에 가두었다. 여수 본영 박주생이 왜놈 머리 2급을 베어왔다.

☙ 적이 오기도 전에 수령들은 도망가다

1597년 10월 21일, 새벽 2시경 비가 오다 눈이 오다 했다. 바람이 무척 차가웠다. 수군이 추위에 얼지 않을까 걱정되어 마음이 편치 않았다. 아침 8시부터 눈과 바람이 엄청났다. 정상명이 와서 무안 현감 남언상南彦祥이 들어 왔다고 했다. 남언상은 원래 수군 소속 관리인데, 살아남으려고 꾀를 부려 수군에 오지 않고, 산골에 숨어서 10여 일동안 상황을 엿보다가, 적이 퇴각하자 중벌 받을 것이 두려워 비로소 나타나니, 그 죄질이 지극히 놀라웠다. 바람과 눈이 종일 계속되었다.

10월 22일, 아침에 눈이 오다가 늦게 개었다. 무안 현감 남언상은 가리포 전선에 가두었다.

정유재란이 일어나면서 적과 싸워야 할 지방 수령들은 대부분 무안 현감 남언상처럼 숨어 상황을 살피거나 미리 도망갔다. 10월 13일 실록의 기록을 보자.

전라 순찰사 황신이 장계로 보고하기를, (중략) "여산 군수 이빈李䫨, 만경 현령 조응서趙應瑞는 관아를 버리고 피신했다가 이제야 관아로 돌아왔고, 전주 부윤 박경신朴慶新은 성을 버리고 피신하였다가 왜적이 경내에 이르자 타도로 피난 갔으며, 전주 판관 박근朴瑾은 성을 버리고 피신하여 간 곳을 알 수 없고, 익산 군수 이광길李光吉은 관아를 버리고 순찰사의 진중으로 갔다가 함께 금산으로 가는 도중 왜적을 만나 타도로 달아났다가 지금은 관아로 돌아왔습니다. (중략)

진원 현감 심론沈惀은 벼슬을 버리고 순찰사 진영에 있는데 왜적이 고을에 가득하여 관아로 돌아오지 못하고, 평창 현령 백유항白惟恒은 왜적이 경내에 들어올 때 최후에 피신하다가 적에게 사로잡혔으나 가까스로 도망 나와서 지금은 도내道內에 있습니다."

다만 진산 군수 신택申澤만은 왜적과 싸우다가 힘이 다해 왜적에게 살해되었고, 처자는 모두 사로잡혔다 하였다. 한심한 일이다. 임진년이나 정유년이나 고을 수령이란 자들의 행태는 하나도 달라진 것이 없다. 이런 수령들이 태반이었는데도 나라가 지켜졌으니, 불가사의한 일이다.

10월 24일, 맑았다. 새벽 3시에 또 선전관과 금오랑이 왔다고 했다. 날이 밝자마자 들어왔는데, 선전관은 권길權吉이고 금오랑은 홍지수洪之壽였다. 무안 현감 남언상, 목포만호 방수경, 다경포 만호 윤승남을 잡아가려고 왔다.

☯ 선조, 백성을 위로하는 방문(榜文)을 붙이다

1597년 10월 22일, 아침에 눈이 오다가 늦게 개었다. 오후에 군기사장軍器査長 선기룡宣起龍 등 세 사람이 임금의 분부와 의정부 방문(榜文. 게시문)을 가지고 왔다.

이날 가져온 방문榜文은 선조가 전라도와 충청도 백성들에게 내리는 것으로 10월 8일 선조실록에 실려 있다.

"왕은 이르노라. 내가 부족한 덕으로 하늘의 도움을 받지 못하여 화란禍亂이 지금까지 끊이지 않으며, 저 오랑캐가 짐승 같은 마음을 고치지 않고 다시 침략해 들어와 우리 삼로三路를 유린蹂躪하고 경기 지역까지 올라와 도성을 거의 지키지 못하게 되었는데, 다행히 성천자聖天子의 위력을 빌어 중국의 여러 장수가 기회를 살피고 힘써서 조금이나마 적의 예봉을 꺾어 저들이 흉악함을 거두고 물러갈 형세가 되었으니, 삼한三韓의 운명이 장차 다시 이어지게 되었다.

아, 죽은 자에게는 이런 말을 고할 수 없지만, 너희 살아남은 백성들은 모두 나의 말을 들어다오. 옛사람은 한 명의 백성이라도 제 삶의 위치를 얻지 못한 자가 있으면 저잣거리에서 종아리를 맞는 것과 같이 여겼는데, 하물며 나는 너희들의 부모가 되어 생활을 보장해 주지도 못하고 이 지경에 이르게 했으니 어떻게 마음을 잡겠는가. 너희들의 굶주림을 생각하면 음식이 목에 메이고, 너희들의 추위를 생각하면 옷을 입어도 몸이 따뜻하지 않으며, 편안한 궁궐에 거처하니 너희들이 집 없이 산이나 골짜기에 처해 있음을 안타까이 여기고, 수레와 말의 편리함을 사용하면 너희들의 발이 찢어져 피가 흐르는 채 길거리에 넘어져 있음이 생각나니, 곤궁하고 고생하는 상황이 마음과 눈에 어른거려 잠시도 잊히지 않는다.

돌아보건대 전쟁이 일어난 지 오래되어 공사公私가 탕진蕩盡되어 중국 군사를 접대하기에도 넉넉하지 못할까 두려운데 어떻게 창고의 곡식을 풀어 끊어져 가는 너희들의 생명을 구제할 수 있겠는가. 그저 너희들이 죽어감을 보고만 있을 따름이다. 너희 백성들 또한, 어떻게 나의 고충을 다 알 수 있겠는가. 너희들 중 고향으로 돌아가 스스로 살길을 도모하는 자는 참으로 잘 생각한 것이다. 피란하여 타향에 잠시 거주하고 있는 자도 이미 해당 군현郡縣에 명하여 특별히 보살피고 그 성명을 적어서 올리게 했으니, 실제 혜택은 없다 하더라도 내가 불쌍하게 여기는 마음은 알 수 있을 것이다. 이제 하늘의 도움으로 위급을 풀 날이 있게 되었으니 남쪽 백성들도 이제부터 다시 삶의 터전을 되찾게 될 것이다. 너희 백성들은 조금만 더 참고 이겨 다시 생활의 즐거움을 얻게 되기를 바란다.

선조는 백성들의 마음을 위로하고자 이글을 내려보냈다. 그러나 백성들에게 이글이 조금이라도 위안이 되었을까. 백성들이 감동했을까. 왕을 존경하는 마음이 생겼을까.

선조실록 10월 16일 기록에 명군 경리 양호의 접반사 이덕형 보고하기를, "양호가 부하를 시켜 전하기를 '남방에는 거리에 쌓인 시체가 즐비한데 남원이 더욱 참혹하니 관리를 차출하여 거두어 묻게 하라'고 했다." 하였다. 또 영의정 유성룡이 안성지방 들판에 널린 시체를 백성과 승려들을 시켜 묻었다는 내용도 나온다. 곳곳에 널린 시체와 함께 살아가는 백성들은 왕의 이 방문榜文을 보고 어떤 생각이 들었을까.

한 나라의 지도자가 이렇듯 무능하고 교활하면 그 피해는 고스란히 백성들에게 돌아간다. 지금도 마찬가지다. 나라를 일으키는 것은 어렵지만 망하게 하기는 너무도 쉽기 때문이다. 대통령을 잘못 뽑으면 그 피해는 모두 시민들이 감당해야 한다.

☞ 보화도에 진영을 세우다

1597년 10월 29일, 맑았다. 새벽 2시경 첫 호각을 불고 출항하여 목포로 향하는데, 비와 우박이 섞여 내리고 동풍이 살살 불었다.

목포에 도착하였다가 보화도寶花島로 옮겨 정박하니, 서북풍을 막을 수 있고 배도 감추기에 매우 적합했다. 그래서 하선下船하여 섬 안을 둘러보니, 형세가 여러 가지로 좋아서 진 치고 집 지을 계획을 했다.

10월 30일, 맑았으나 동풍이 불고 비 올 조짐이 많았다. 아침에 집 지을 곳으로 내려가 앉았으니, 장수들이 여럿 와서 인사했다. 일찍 황득중黃得中을 시켜 목수들을 데리고 섬 북쪽 봉우리 아래로 가서 집 지을 재목을 베어오게 했다.

1597년(선조 30년) **11월 1일**, 비, 비가 왔다. 오후 2시경 비가 개었으나 북풍이 심하게 불었다. 수군들이 추워서 고생이다. 선실에 웅크리고 앉아 있으니, 심사가 지극히 불편하였다. 하루 보내기가 일 년 같았다. 슬프고 서러운 것을 말로 다 할 수가 없었다. 저녁에도 북풍이 세게 불었다. 밤새 배가 요동을 쳐서 사람이 감히 가만히 있을 수가 없었다. 땀이 나서 온몸을 적셨다.

11월 2일, 흐렸으나 비는 오지 않았다. 선창으로 내려가 앉아서 다리 만드는 것을 감독하였다. 새집 지을 곳에 올라갔다가 황혼을 타고 배로 내려왔다.

11월 3일, 맑았다. 일찍 새집으로 올라갔다.

11월 4일, 맑았다. 일찍 새집 짓는 곳으로 올라갔다. 이길원이 머물고 있었다. 진도군수 선의문宣義問이 왔다.

11월 5일, 맑았다. 따뜻하기가 봄날 같았다. 일찍 새집 짓는 곳으로 올라갔다. 해가 저물어 배로 내려왔다. 영암군수 이종성李宗誠이 왔다. 밥 30말을 지어 공사하는 군사들에게 먹였다. 또 군량미 200석과 중품 벼 700석을 준비되었다고 했다. 이날 보성군수와 흥양 현감에게 군량 창고 만드는 것을 지키게 했다.

11월 6일, 일찍 새집 짓는 곳으로 올라가서 종일 거닐다가 날 저무는 것도 몰랐다. 새집 지붕에 이엉을 얹었다. 군량 창고도 세웠다. 전라 우수사 우후 이정충이 나무 베는 일로 황원목장黃原牧場으로 갔다.

11월 7일, 맑고 따뜻했다. 늦게 전 홍산 현감 윤영현尹英賢과 생원 최집崔濈이 와서 봤다. 또 군량 세금 40석과 쌀 8석을 가지고 와서 주었다. 며칠 치 식량에 도움이 되겠다. 저녁에 새집의 마루 만드는 것을 마쳤다.

11월 8일, 맑았다. 이날은 따뜻하고 바람이 없었다. 새 방의 벽에 진흙을 발랐다. 마루를 만들었다.

11월 11일, 맑고 바람도 잔잔했다. 식후에 새집으로 올라갔다.

11월 12일, 맑았다. 이날 늦게, 추수를 막았던 영암과 나주 사람들을 결박해 왔기에 그중에서 일을 꾸민 우두머리를 찾아내 처형하고 나머지 4명은 각 배에 가두었다.

11월 15일, 맑았다. 따뜻하기가 봄날 같다. 식후에 새집으로 갔다. 늦게 림권林權과 윤영현尹英賢이 와서 봤다.

11월 16일, 맑았다. 아침에 조방장 배흥립, 장흥 부사 전봉과 진에 있는 장수들이 모두 와서 군공포상기록을 함께 보았다. 거제 현령 안위는 통정(通政. 정3품)이 되었고, 그 나머지는 순서에 따라 직책이 제수되었다. 나에게는 은자 20냥이 상으로 송달되었다. 명나라 장수 경리 양호楊鎬는 붉은 비단 1필을 보내며, '붉은 비단을 배에 걸어주고 싶지만 멀어서 할 수가 없다'라고 했다. 영의정의 회답편지도 도착했다.

명량해전에 대한 포상에 이순신 장군이 빠졌다. 이는 무슨 의미인가. 그럴

다. 왕은 장군과 장군의 공로를 인정하지 않는다는 말이다. 이 문서를 본 장군의 마음은 어떠했을까. 이제까지 한 번도 왕에 대한 충성이 변하지 않았음에도 인정받지 못하는 장수의 비애는 얼마나 참담했을까. 칭찬은 고래도 춤추게 한다고 했다. 사람은 언제나 인정과 칭찬에 목마른 존재다. 봉건시대 관리의 가장 큰 영광은 왕에게 인정받는 것이다.

제나라 왕에게 인정조차 받지 못하는 장군에게 다시 싸울 힘은 어디서 나왔을까. 아마도 그를 따르는 부하들과 백성이 있었기 때문이었을 것이다. 그가 없으면 죽어갈 그들을 외면할 수 없었기 때문이었을 것이다.

11월 17일, 비, 비가 내렸다. 경리 양호의 차관差官이 초유문招諭文과 면사첩免死帖을 가지고 왔다.

이 면사첩은 명나라 황제가 내리는 것이다. 장군이 죽을죄를 지었다 하더라도 조선의 왕이 사형을 집행할 수 없도록 한 것이다. 그러나 이미 죽음 직전까지 갔었던 장군으로서는 이것이 큰 의미가 없다고 생각하지 않았을까. 아무리 자신에게 죄가 없다 하더라도 왕의 마음에 들지 않는다면, 언제든 어떻게든 다시 자신에게 죄를 덮어씌울 수 있을 것이며, 면사첩 때문에 죽이지는 못하더라도 오히려 죽는 것보다 더한 치욕을 안겨줄 수 있을 테니 말이다. 조선의 장수가 제 나라 왕에게는 죽음의 위협과 홀대를 받고 있으나, 오히려 상국上國인 명나라 천자에게서는 인정과 보호를 받고 있으니 아이러니다.

11월 20일, 비가 내리고, 바람도 불었다. 임준영이 와서 전하기를, '완도를 정탐했으나 적선은 없다'라고 했다.

11월 21일, 맑았다. 송응기宋應璣 등이 산역山役 군사를 이끌고 해남의 소나무 있는 곳으로 갔다.

11월 22일, 몇 번을 흐리다 맑았다 했다. 밤에 눈비가 오고 바람이 세게 불었다. 장흥의 적이 20일 달아났다는 보고가 왔다.

11월 23일, 바람이 많이 불고, 눈도 많이 내렸다. 이날 승전보고 장계를 썼다. 저녁에 얼음이 얼었다고 했다.

11월 26일, 눈비가 내렸다. 꽁꽁 얼어붙어 추위가 배는 더 혹독했다.

11월 27일, 맑았다. 이날 장흥 승전보고 장계를 수정했다.

11월 28일, 맑았다. 보고 장계를 봉했다. 무안 사는 진사 김덕수가 군량으로 벼 15석을 가지고 와서 바쳤다.

1597년(선조 30년) **12월 1일**, 맑고 온화했다. 아침에 경상 수사 이순신李純信이 진에 도착했다. 나는 복통으로 아팠다. 늦게 수사를 만나 더불어 이야기하고 종일 계책을 논의했다.

12월 2일, 맑았다. 날씨가 지극히 따뜻하여 봄날 같았다. 영암 향병장 유장춘柳長春에게 적 토벌 사실을 보고하지 않은 죄로 장 50대를 쳤다. 밤 10시경 땀을 흘렸다. 북풍이 심하게 불었다.

왕이 상중(喪中)이라도 고기를 먹으라 지시하다

1597년 12월 5일, 맑았다. 도원수 권율의 군관이 임금의 유지를 가지고 왔다. “이제 선전관에게 들으니 통제사 이순신이 아직 상중喪中이라 생선과 고기를 먹지 않아 장수들이 걱정하고 있다고 한다. 개인적인 정이야 비록 간절하겠지만 나라의 일이 사방에 많다. 옛사람이 말하기를 전쟁터에서 용기가 없는 것은 효가 아니라고 했다. 전쟁터에서의 용기는 거친 음식을 먹어 기력이 피로한 자는 능히 가질 수 없다. 예의도 언제나 변해서 안 되는 것과 상황에 따라 변할 수 있는 것이 있으니, 평일의 예법을 고집해서는 안 된다. 경에게 이제 도탑게 깨우치니 고기와 생선을 먹어라."라는 것이었다. 더욱 슬프고, 슬프고 서러웠다.

선조가 고기를 먹으라는 지시를 받았는데, 왜 슬프고 서러웠을까. 아마도 그간 한성으로 잡혀가 고문을 당한 일이나, 그로 인해 모친이 돌아가신 일, 백의종군으로 초상을 못 치른 일, 아들 면葂의 죽음, 자신을 미워하는 왕의 마음 등 온갖 생각이 머리를 스쳐 갔기 때문이 아니었을까.

● 연해안 19개 고을을 돌려받다

1597년 12월 23일, 눈이 세 치(三寸)나 쌓였다. 순찰사 황신이 진에 도착할 것이라는 소식이 왔다.

12월 24일, 눈이 오다가 맑아졌다가 했다. 아침에 이종호를 순찰사 황신에게 보내 문안 인사를 했다.

12월 25일, 눈이 내렸다. 오후 6시경 순찰사 황신黃愼이 진陣에 도착하여 군사 일에 대해 상의했다. 연해안의 19개 읍을 수군에 전속시키도록 했다. 저녁에는 방에 들어가서 편하게 이야기했다.

1593년 이정암이 전라 순찰사로 있을 때 육군으로 빼앗아갔던 전라 우도 9개 고을을 수군전속으로 이제야 다시 돌려받았다. 그동안 수없이 보고 장계를 올려 조치해달라고 요청했던 문제가 풀렸다. 장군의 마음이 어땠을까. 담담한 일기 속에서 깊은 아픔이 느껴진다.

12월 26일, 눈이 내렸다. 전라 순찰사 황신과 함께 방에 앉아 편하게 군사 대책을 이야기했다. 늦게 경상 수사 이순신과 조방장 배흥립이 와서 봤다.

12월 27일, 눈이 내렸다. 아침을 먹고 순찰사가 돌아갔다.

☞ 거제 현령 안위

1597년 12월 29일, 거제 현령 안위가 거짓됨을 가히 알겠다.

이때 장군이 알게 된 안위의 거짓이 무엇인지는 알 수 없다. 그런데 안위는 1596년 말 부산 왜영 방화사건을 자신의 부하들이 주도한 것으로 보고하여, 장군이 잡혀가는 이유 중의 하나를 제공하는 등 개운치가 않은 인물이다.

그래서 안위의 실록 기록을 따라가 보았다. 뇌물을 받고 군역을 면제해 준다든가, 배를 만들어 개인적으로 판다든가, 군량을 착복하여 왜물倭物과 바꾼다든가, 다른 수령의 첩을 납치하여 취하는 등의 문제로 탄핵받은 기록들이 나오는데, 그중에 특이한 것은 1613년 3월 작은 원한으로 증거를 조작하고, 사람들을 교사하여 진사 조덕홍趙德弘 · 조응치趙應埴 등을 무고하였다가 탄로가 나서 오히려 무고죄로 형벌을 받게 되었고, 이후 뇌물을 써서 풀려났다는 기록이 있다.

　이 사람은 기축옥사의 주모자로 처형되었던 정여립의 5촌 조카다. 평안도에 유배되었다가 임진왜란 때 방면되어 1593년 거제 현령이 되었다. 임진왜란 선무공신宣武功臣 20명 가운데 들었다.

제 5 장

명나라 수군의 횡포,
그리고 노량해전

☯ 고금도에 진영을 구축하다

1598년 3월 18일 장군은 보화도에서 고금도로 진영을 옮기는 것과 왜적의 동태를 왕에게 보고하였다.

"소서행장은 예교曳橋에 주둔하고 있으며, 2월 13일에는 평수가 (平秀可, 우키다 히데이에)가 그의 군사를 거느리고 와서 같은 곳에 주둔하고 있습니다. 우리 수군은 멀리 나주 경내의 보화도에 있으므로 낙안과 흥양 등의 바다를 왜적이 마음 놓고 마구 돌아다녀 매우 통분하였습니다. 바람이 잔잔해지니 이제 흉적들이 소란을 일으킬 때이므로 2월 16일 여러 장수를 거느리고 보화도에서 바다로 나아가, 17일 강진 경내의 고금도古今島로 진을 옮겼습니다. 고금도 역시 호남 좌·우도의 내외양內外洋을 제어할 수 있는 요충지로 산봉우리가 중첩되어 있고 후망候望이 잇대어져 있어 형세가 한산도閑山島보다 배나 좋습니다. 남쪽에는 지도智島가 있고 동쪽에는 조약도助藥島가 있으며, 농장도 많고 한잡인閑雜人도 거의 1,500여 호나 되니 그들을 시켜 농사짓게 하였습니다. 흥양과 광양은 계사년부터 둔전을 지었던 곳으로 군민을 모아 경작하려 하고 있습니다."

같은 날 선조실록에는 흥양 현감 최희량崔希亮의 급보도 실려 있는데, "우리 수군이 진영을 고금도로 옮겼다는 소식을 듣고, 순천 삼일포三日浦에 있던 왜적이 2월 24일에 예교로 옮겨 가서 합하여 현재 성을 쌓고 있으며, 왜장 평수가平秀家가 2월 7일 전염병으로 죽어 10일 배에 실어 본국으로 들여보냈고, 현재 적굴賊窟에는 여역을 앓고 있는 왜적들이 많고, 또 시체가 널려 있다."라는 정탐 보고였다.

유성룡의 『징비록』이나 윤휴의 『백호전서』, 신경申炅의 『재조번방지』 등 기록물에는 이 고금도로 진영을 옮기면서 피난민을 대상으로 해로통행첩海路通行帖을 발행하여 짧은 기간에 1만여 석의 군량을 확보했다는 기록이 있다. 그러나 이순신 장군의 기록물이나 선조실록, 이분李芬의 『이충무공행록』 등에는 이와 관련한 내용이 전혀 없다.

명량해전 이후 장군이 처음 진영을 설치한 보화도에서는 여러 면으로 많이 힘들었을 테지만, 고금도로 진영을 옮긴 이때는 이미 전선이나 병력, 군량 등이 어느 정도 갖추어졌을 것이며, 또 계금의 명나라 수군과 진영을 함께하고 있었는데 군량 확보를 위해 해로통행첩을 발행하는 것이 가능했을지 의문이다.

🌀 칠천량 패전에 대한 처벌과 포상을 서두르라 지시하다

1598년 4월 2일 선조실록에 선조가 지난해 칠천량 패배에 대해 지금까지 처벌이나 포상이 없다며 서둘러 처리하라고 하였다.

"지난해 한산 싸움에서 패배한 수군 장수들에 대해 즉시 공과 죄를 가려 법대로 처리했어야 했는데, 오로지 현재의 편안만 추구하는 폐습에 젖어 위기를 극복하는 교훈에는 생각이 없다. (중략)"

하였는데, 비변사가 아뢰기를, "원균이 주장主將으로서 통제를 제대로 하지 못하여 적들에게 불의에 기습을 받게 되고 전군全軍이 함몰하였으니, 죄는 모두 주장인 원균에게 있다 하겠습니다. 그러나 그 아래 장사들의 공과 죄에 대해서도 신상필벌을 행하여 군기軍紀를 바로잡지 않으면 안 되겠습니다."

하니, 상이 이르기를, "원균 한 사람에게만 핑계 대지 말라." 하였다.【이는 이산해李山海와 윤두수尹斗壽가 시킨 것이다.】

【사신은 논한다. 한산의 패배에 대하여 원균은 사형을 받아야 하고, 다른 장졸將卒들은 모두 죄가 없다. 왜냐하면, 원균이라는 사람은 원래 거칠고 사나우며 무지한 위인으로 처음부터 이순신李舜臣과 공로 다툼을 하면서 백방으로 상대를 모함하여 결국 이순신을 몰아내고 자신이 그 자리에 앉았기 때문이다. 겉으로는 일격에 적을 섬멸할 듯 큰소리를 쳤으나, 지혜가 부족하여 싸움에 패하자 배를 버리고 육지로 올라가 사졸들을 모두 고기밥이 되게 만들었으니, 그때의 죄를 누가 책임져야 할 것인가. 한산에서 한 번 패하자 뒤이어 호남이 함몰陷沒되었고, 호남이 함몰되니 나랏일이 다시는 어찌할 수 없게 되어버렸다. 그때의 일을 목격하고 보니 가슴이 찢어지고 뼈가 녹으려 한다.】

선조가 이미 죽은 원균을 이렇게 계속 감싸는 이유는 무엇일까. 이해할 수가 없다. 또 정말로 이해가 되지 않는 자는 이산해와 윤두수다. 칠천량 패전으로 조선 수군에는 장수의 수가 절대적으로 부족했다. 패전 속에서 겨우 살아남은 장수들을 벌한다면 누구에게 이득인지를 모른단 말인가. 적에게 도움이 되든 말든 미운 자들을 제거하여 분풀이하겠다는 것인가. 도대체 누구를 위하여 일하는 자들인지 묻고 싶다.

다음날(4월 3일) 비변사에서 이억기를 포상하고 그 나머지 장수들의 공과功過는 다음에 논하는 것으로 건의하여 선조가 허락하니, 이 일은 일단 여기서 마무리되었다.

● 선조에겐 너무도 가벼운 이순신

1598년 4월 14일 선조실록, 이정구가 접반사의 말로 아뢰기를, "오는 아침 회의에서 경리 양호가 분부하기를 조선 군신들의 전공에 대해 명 황제에게 보고하겠다고 저녁까지 적어오라 하면서, "이순신이 그처럼 힘을 다해 적을 죽이고 있어 내가 매우 가상하게 여기며 좋아하고 있다. 서둘러 권장하는 상을 내려 사기를 고무해야 할 것이다." 등 여러 가지를 지시하면서 "조선에서 줄 만한 상이 없다면 자신이 처리하고 싶다."라고 하였다고 보고하자,

선조가 답하기를, "우리나라 군신은 적을 토벌하지 못하고 다만 중국을 번거롭게 하여 죄가 있을 뿐이니 무슨 기록할 만한 공로가 있겠는가. 비록 사소한 공이 있다 하더라도 이는 변방 장수의 직분상 당연히 해야 할 일을 한 것일 뿐이다. 아직 하나의 적진도 섬멸하지 못하고, 한 명의 적장도 목 베어 온 일이 없으니, 당연히 우리나라 장수들은 죄가 있는 처지인 것이다. 그런데 감히 무엇을 공로라고 대인 앞에 그 숫자를 올리겠는가. 국왕이 그 말을 들으면 감격하겠지만 송구하여 감히 올릴 수 없

을 것이라고 말했었어야 했다. 비변사에 일러서 내 말대로 전하든지 그의 명에 따르든지 알아서 조치하게 하라."라고 답하였다.

다음날(4월 15일) 비변사가, "경리의 뜻이 확고하니 이를 따르는 것이 좋을 것 같습니다. 그리고 이순신은 수군이 모두 패한 뒤에 큰 승첩을 거두어 칭찬과 상을 받았으니, 포상의 은전恩典을 내리는 것은 황제의 결단에 달려 있습니다."라고 아뢰자, 선조가, "내가 일부러 겸손으로 하는 말이 아니라 사실이 그럴 수 없어서이다. 우리나라 장사將士들이 적 수급을 얻은 것은, 흡사 어린애들 장난 같아서 천하에 웃음거리가 되고 있는데 어찌 그 수를 보고하여 상 받는 죄를 얻겠는가. 경리 양호 대인의 말이 비록 권장하고 격려하는 뜻으로 나온 것이라 할지라도 우리로서는 도리가 아니니 다시 논의하라. 그리고 이순신은 참으로 포상할 만한 일이지만 가자加資하는 것은 좀 지나친 듯하다. 그러나 가자해야 할 것인지, 아니면 달리 내릴 만한 상이 있을지는 의논하여 아뢰라." 하였다.

장군에 대한 포상을 명군 책임자인 경리 양호가 계속 압박한 때문이었을까. 1598년 4월 28일 선조실록에는 승정원에서 이순신 등 3인에 대하여 각기 한 자급資級씩 올렸다는 내용이 나온다. 그런데 삼도수군통제사 이순신 장군과 미조항 첨사 김응함을 함께 절충장군折衝將軍에서 가선대부(嘉善大夫, 종2품)로 올렸다. 임진년 삼도통제사로 있을 때는 가선대부보다 한 단계 위인 정헌대부(正憲大夫, 정2품)였다. 또 상식적으로도 상관과 부하의 자급을 똑같이 하는 것은 있을 수 없는 일이다.

선조는 이순신 장군을 무시하고 경계하는 속마음을 이런 식으로 드러내 보인 것이다. 이런 왕의 마음을 장군은 몰랐을까. 누구보다 잘 알았을 것이다. 그리고 이 전란이 끝난 후 자신의 운명이 어떻게 될 것인지에 대해서도 깊이 염려하고 있었을 것이다.

☞ 거리낌 없는 납미령 무사들

　　　1598년 4월 18일 선조실록, 비망기로 정원에 전교하였다. "어제 통제사 이순신李舜臣의 장계 보고를 보았더니 납미령納米令이 내린 후부터 무사들이 더욱 거리낌 없이 행동한다고 하였다. 이러고서야 장차 누구를 시켜 적을 막아내겠는가. 무릇 전쟁은 사지死地인데, 단지 몇 석의 쌀로 제 머리를 살 수 있다면 무엇 하러 힘들게 칼을 뽑아 들고 시체를 밟고 피바다를 건너는 싸움터에서 목숨을 내놓고 싸우겠는가. 이것이 나라 망치는 법이 아니고 무엇인가. 그저 쌀 몇 석만 베고 편히 누워있지 않겠는가.

　지금 의금부에 갇혀 있는 진몽일陳夢日이란 자도 싸움에 나갔다가 도주한 자로 왕법王法으로 보면 당연히 목을 베어야 할 자인데, 지금 형벌로 심문하려고 했더니 속미贖米 3석을 바치고 영수증을 받아 두었다고 한다. 이미 쌀을 받았으니 다시 무슨 말을 할 수 있겠는가. 비록 심문하고자 해도 할 수 없으니 통분할 뿐만 아니라 천하의 비웃음을 사는 일도 적지 않을 것이다. 의금부에 영을 내려 살펴서 보고하게 하라."

　납미령은 부족한 군량미를 충당하기 위해 쌀을 바치면 징병에서 제외하거나,

군법을 어긴 경우 사면해주는 제도였는데 악용되는 사례가 많았던 것 같다. 장군은 임금의 무시뿐만 아니라 군사 중에서도 납미 무사에게 무시를 당하고 있었다. 이들은 장군이 군사를 통솔하는 데 암초 같은 존재들이었을 것이다.

그런데 선조의 비망기 논조論調가 우습다. 납미령이란 제도를 처음 시행할 때, 마치 자신의 허락도 없이 신하들이 마음대로 만든 것처럼 말하고 있다. 그는 언제나 제 마음대로 하고 잘못되어도 책임지지 않는 사람이다. 늘 허물을 신하에게 돌리는 기막힌 재주를 가진 사람이다. 지금도 이런 사람이 있다. 이런 사람들이 심지어 대통령도 되었다. 그때마다 국민은 너무도 부끄러웠고 고통받았다.

☯ 명나라 수군의 횡포

1597년 10월 24일, 맑았다. "명나라 수군이 강화도에 이르렀다."라고 했다.

10월 25일, 맑았다. 몸이 몹시 불편했다. 저녁 8시경 선전관 박희무朴希茂가 임금의 분부를 가져왔는데, 명나라 수군의 배 정박하기 좋은 곳을 보고하라는 것이었다.

1597년(선조 30년) 11월 1일, 비, 비가 왔다. 아침에 사슴 가죽 2령이 물에 떠내려와서 명나라 장수에게 주려고 두었다.

11월 29일, 맑았다. 유격 마귀麻貴의 차관差官 왕재王才가 '물길로 명나라 군사가 내려온다.'라고 했다.

장군을 그토록 괴롭히고 죽이려 했던 원균은 조선 수군까지 거의 다 궤멸시켜 버렸다. 그렇지만 이제 이미 죽었으니, 앞으로는 장군을 음해할 수 없다. 그러나 이순신 장군과 조선 수군을 괴롭힐 더 강력한 세력이 오고 있었으니, 선조가 부른 명나라 수군이다. '갈수록 첩첩산중'이란 딱 이를 두고 하는 말이다. 왕은 일마다 조금도 도움이 되지 못하는 존재다.

아마도 이들은 1597년 12월 중에 수군 진영에 도착했을 것이다. 다음 해 3월 29일 선조실록에는 경리 양호가 3로路에 보낸 명나라 군사현황을 조정에 통지한 내용이 나오는데, "수군은 유격 계금季金이 절강浙江 병사 3,300명을 거느리고 전라도 지방에 주둔하고 있다."라고 했다. 그리고 6월 24일에는 이들 명나라 수군의 횡포를 걱정하는 기록이 있다. 아마도 계금이 조선 수군이 명령을 따르지 않는다는 불만을 제기했던 것 같다.

비변사는 명나라 수군이 이순신 장군의 군대와 함께 주둔하면서 여러 가지 폐단을 일으키고 있어 걱정이지만 어쩔 수 없는 일이라며, 계금에게는 지시대로 이행하도록 타이르겠다고 하고, 장군에게도 모든 일을 잘 살펴서 시행하라고 지시한다는 것이다. 계금의 지시를 잘 따르라는 말이다. 하나 마나 한소리나 하는 비변사나, 맞장구치는 왕이나 그 나물에 그 밥이다.

🖝 안하무인 진린이 도착하다

1598년 6월 26일 선조실록, 선조가 동작강銅雀江 언덕까지 나아가서 도독 진린陳璘을 전별하면서 두 번 읍하고 다례茶禮와 주례酒禮를 거행하였다.

진린이 말하기를,

"만약 신하 중에 명령을 어기는 자가 있으면 일체 군법으로 다스려 절대로 용서하지 않을 것입니다."

하니, 상이 신식申湜에게 이르기를,

"이 말은 매우 중요한 일이니 비변사에 일러서 의논하여 조처하게 하라." 하였다. 상이 진인과 두 번 읍하고 헤어져 환궁하였다.

진린의 군대가 드디어 추가로 도착했다. 선조가 남쪽으로 가는 진린을 송별하는 데 분위기가 벌써 얼어붙은 것 같다. 다음날 비변사에서 중국군대와 아군이 같은 곳에 주둔함으로 인한 어려운 사정을 왕에게 보고하였다.

그들은 무엇이든 필요한 것은 내놓으라 독촉하고, 전공도 모두 독차지하였으며, 잘못의 책임은 아군에게 돌렸다. 또 조선 군사까지 직접 통솔하려 했다. 비변사는 그들에게 우리 장수들을 잘 타일러 명령에 복종하도록 하겠다고 하고, 또 우리 장수들에게도 지시를 잘 따르라고 공문을 내려보내자고 했다. 명군과 잘 협조해야 일을 성사시킬 수 있다고 하니, 왕이 허락하였다.

이제 장군은 명나라 장수의 수많은 명령과 횡포를 견뎌내야 하고, 그러면서 왜군과도 싸워 이겨야 하는 힘겨운 상황에 직면한 것이다. 왕이나 조정, 그 누구도 장군을 도와줄 사람은 없다. 진린과 그의 군대가 얼마나 무자비하게 했는지 알 수 있는 『징비록』의 기록과 이들의 횡포에 장군이 어떻게 대처했는지에 대한 『이충무공행록』의 기록을 이어서 소개한다.

징비록懲毖錄, "진린의 군사는 아무렇지도 않게 마을 수령을 때리고 욕했다. 역참 찰방 이상규의 목에 새끼줄을 묶어 끌고 다녀서 얼굴이 피투성이가 된 것을 보고, 내가 통역관을 통해 풀어주라고 했으나 그들은 듣지 않았다.

여러 대신에게 이렇게 사정을 말했다. "슬프고 안타까운 일이지만 이순신의 군대는 앞으로 싸움에서 질 것 같습니다. 군대가 진린과 함께 있으면 하는 일마다 억눌리고 의견이 맞지 않을 것입니다. 진린은 이순신의 권한을 빼앗고 우리 군사들을 함부로 괴롭힐 것인데, 이를 거역하면 화를 낼 것이고 따라주면 제 마음대로 다 할 것입니다."라고 했다. 그러자 여러 대신이 내 말에 고개를 끄덕이면서 탄식만 할 뿐이었다."

1598년 7월 16일 이충무공행록, "도독의 군대가 힘으로 재물 빼앗는 것이 심하여 군사와 백성들이 힘들어했다. 하루는 공이 명령을 내려 군대 막사를 모두 부수어 버리게 하고, 공의 옷과 이불도 배에 날라다 놓도록 했다. 도독이 이상하게 생각하여 부하를 시켜 공에게 물어보자, '작은 나라 군사와 백성은 명나라 장수가 온다는 소식을 듣고 부모를 우러르듯 했습니다. 그러나 지금 명나라 군사는 오로지 폭력과 약탈에만 힘쓰고 있으니 사람들이 모두 피해 달아나려 하고 있습니다. 그러니 대장인 내가 어찌 홀로 남을 수 있겠습니까. 배를 타고 다른 곳으로 가려 합니다.'라고 했다.

이를 듣고 도독이 깜짝 놀라 넘어지면서 즉시 달려 나와 공의 손을 잡고 멈춰달라고 간절히 요청하였다. 공이 '대인이 만약 내 말을 따라준다면 그렇게 하겠습니다'라고 하자, 도독이 말하기를, '어찌 따르지 않겠습니까.'라고 했다.

공이 말하기를, '명나라 군사들이 우리를 속국의 신하라고 여겨 조금도 거리낌이 없으니, 만약 내가 편의에 따라 꾸짖을 수 있도록 허락해주신다면, 모두가 서로를 보호할 수 있을 것입니다.'라고 하자, 도독이 허락하였다. 이로부터 도독의 군대에 범죄를 저지른 사람이 있으면, 공이 법으로 다스렸기에 명나라 군사는 도독보다 공을 심하게 무서워했고, 군대 안이 편안해졌다."

아무려면 명나라 군사들이 진린보다 이순신 장군을 더 무서워하기야 했을까 마는 이후로 어느 정도 통제는 되었을 것이다.

☯ 절이도 해전, 승리하고도 군공(軍功)은 빼앗기다

1598년 8월 4일 선조실록, 군문 형개를 시어소時御所에서 만났다. 왕이 맞이하여 의식에 따라 답례하였다.

좌정하자 군문이 말하기를,
"진 도독이 바다에서 왜적을 만나 수급 27과顆를 베고, 2명을 사로잡았으며, 배 6척을 침몰시켰는데, 조선의 수병도 전과를 올렸다 합니다. 공로 있는 자를 조사하여 상줄 사람은 상을 주고, 벼슬 줄 사람은 벼슬을 주어 권장함이 옳을 것입니다."
하니, 상이 말하기를,
"소방은 변방의 보고를 여태까지 받지 못하였으며 지금 처음 알았습니다. 황은이 망극하고 여러 대인의 덕 또한 망극합니다."

8월 13일 선조실록에 이 전투에 대한 이순신 장군의 급보가 간단히 기록되어 있다. 또 선조수정실록에도 8월에 같은 사건 기사가 있다. 내용을 모았다.

"소신이 강진의 고금도古今島에서 적병을 크게 격파하였습니다. 소신이 진린陳璘과 연회를 하려고 하는데, 적이 습격해온다는 보고가 들어와 여러 장수에게 군사를 정돈해 대기하도록 하였습니다. 얼마 후 많은 적선이 들어오기에 소신이 직접 수군을 거느리고 돌격하여 화포를 쏘아 50여 척을 불사르니, 적이 마침내 도망갔습니다. 이 전투에서 아군이 일제히 총포를 발사하여 적선을 쳐부수자 적의 시체가 바다에 가득했는데, 급한 나머지 시체를 다 끌어내어 수급을 베지는 못하였고 70여 급만 베었습니다.

중국군대는 적선을 멀리서 보고는 먼바다로 피해 들어가 하나도 포획하지 못했습니다. 그러자 진 도독陳都督은 우리 군사들이 목 베어 온 수급을 보고 뱃전에 서서 발을 둥둥 구르면서 그 수하를 꾸짖어 물리치고는, 소신에게 공갈 협박을 가하며 못하는 짓이 없었으므로 어쩔 수 없이 40여 급을 나눠주었습니다. 그리고 계 유격季遊擊도 참모를 보내어 수급을 구하기에 신이 5급을 보냈더니 모두 문서로 사례하였습니다."

명 군문에서는 진린의 공을 이야기하고 있지만, 이순신 장군의 보고를 보면 이 전투는 오로지 장군과 우리 수군이 싸워 이긴 것이다. 더욱이 명 수군은 먼바다로 도망갔다. 이러한 실상을 명 군부에서도 알고 있는 사람이 있었음을 보여 주는 실록의 기록이 있다. 1598년 8월 15일 선조가 제독 마귀麻貴의 처소로 찾아가 접견한 내용이다.

하자, 제독이 말하기를,
"저도 들었는데 이순신李舜臣이 아니었던들 중국군대가 작은 승리를 얻는 것도 어려웠을 것이라 하였습니다." 하였다.

고금도 근처에서 또 전투가 있었다는 장계 보고가 있다. 전과戰果를 볼 때 앞의 전투와는 다른 것이다. 1598년 8월 20일 유격 계금의 접반사 문대충文大忠이 급보한 내용이다. 이 전투에서도 우리나라 수군이 세운 공적을 계금이 빼앗았을 것이다.

"유격의 군사와 우리 수군의 합동작전으로 흥양 지역에서 왜선과 만나 접전을 벌였는데, 사로잡은 수는 11명이고, 수급은 17급을 목 베어 획득했다고 합니다."

이 고금도와 흥양 지역에서 승리는 특별한 의미가 있다. 제독 진린과 유격 계금 등의 횡포를 견뎌내고, 연회를 여는 등 접대까지 해야 하는 어려움 속에서 싸워 이긴 승리이기 때문이다. 아마도 세계 전쟁사에 이렇게 눈물 나는 승리가 있을까. 거기다가 군공의 증거인 목 벤 수급은 명나라에 빼앗길 수밖에 없었으니 말이다.

선조실록 10월 4일 기사를 보면, 명나라에서 목 벤 수급의 탈취 사실을 조사하였고 진위를 조정에 확인해달라 하였다는 기록이 있다. 그런데 조정에서는 "지금 만약 실제 보고 장계를 그대로 보내면 반드시 도독을 큰 죄에 빠뜨릴 것이니, 거짓 장계를 보내는 것이 좋을 듯하므로 감히 품합니다."라고 하여 거짓을 도와주었다.

☞ 풍신수길, 사망 첩보가 들어오다

1598년 8월 들어 풍신수길의 사망에 관한 보고들이 선조실록에 기록되기 시작한다. 먼저 나오는 기록은 8월 17일 선조가 참정參政 왕사기王士琦의 처소로 가서 군량 보급 문제에 대해 논의하는 과정에서 나온다.

> 참정이 말하기를, "당보(塘報, 적의 정보)가 연속으로 도착하였는데 관백이 병으로 죽었다고 합니다."

이후 9월까지 실록에는 여러 건의 사망 관련 긴급보고가 실려 있다. 실제 풍신수길은 8월 18일 사망하였다. 7월에 사냥을 나갔다가 더위를 먹어 생명이 위독한 상태였을 때부터 여러 경로로 사망에 관한 소문들이 퍼졌다.

이런 와중에 명나라 군문에서는 사로 병진四路竝進 전략을 수립하여 각 지역에 군사를 배치했다. 서로군西路軍은 유정이 중심이 되어 순천 왜성의 소서행장을, 중로군中路軍은 동일원이 사천 왜성의 심안돈을, 동로군東路軍은 마귀가 중심이 되어 울산 왜성의 가등청정을, 수로군水路軍은 진린이 중심이 되어 순천 왜성을 공격하게 하였다. 과연 그들은 어떻게 전쟁을 수행했을까.

🌓 서로군 유정, 강화를 추진하다

       동로, 중로, 서로의 세 방면으로 왜군을 공격하였던 명나라 육군은 싸움에 대한 의욕이 크지 않았다. 물론 수로의 진린도 마찬가지였지만 이순신 장군으로 인해 육군과는 사뭇 다르게 전개되었다. 먼저 소서행장이 주둔하던 순천 왜성을 공격하는 사령관인 서로西路 대장 유정에 대한 선조실록 기록이다.

  1598년(선조 31년) **8월 1일** 유 제독 접반사 김수金睟의 보고, "유정劉綎 휘하의 장수들이 전라도 지방에 도착하여 많은 군사를 징발하였는데, 멀리까지 수색하여 머리카락 없는 자는 모두 결박하여 끌고 갔습니다. 그러다 보니 병으로 머리 빠진 자나 승려까지 모두 잡아가 하루에도 무려 수백 명에 이르고 있습니다. 이 과정에 중국 군사들은 마을에 출입하면서 재산을 약탈하고 부녀자를 겁탈하였으며, 심지어 소녀까지도 강간하였습니다. 일이 발각되자 제독이 그중에 심한 자를 목 베어 걸었습니다."

  9월 26일 이덕형의 보고, "이달 20일 소서행장이 유 제독劉提督과 서로 만나려고 하자, 제독이 기패관旗牌官 왕문헌王文憲을 제독이라고 속이고, 우후虞候 백한남白翰南을 도원수라 속여 서로 만나려 하였으나, 명나라 군사가 미리 대포를 쏘는 바람에 소서행장이 깜짝 놀라 소굴로 달아나버리니, 상 위의 과일·면麪·고기 따위의 음식물이 예교曳橋에서 10리나 낭자하였습니다. 명나라 군사들이 일제히 적 소굴로 진격하고 수군도 때맞추어 예교 앞바다에 정박하니, 적은 기세가 꺾여 나와 싸우지를 못했습니다. 명나라 군사들의 기세가 당당하니 적 섬멸은 쉬울 듯하며, 현재 한창 기계를 만들고 성 공격을 위해 나무 쌓을 준비를 하고 있습니다."

10월 4일 전라 병사 이광악李光岳**의 보고,** "왜적이 여러 날을 포위당하여 형세가 궁해지자 어제 점심에 강화를 원하는 편지 1장을 성 밖에 내어 꽂았는데, 제독이 답하기를 '조선의 남녀를 내보내면 그 소원을 들어줄 수 있다.'라고 하였습니다."

10월 12일 이덕형의 보고, "2일 왜성을 공격할 때 모든 군사가 성 아래로 60보步쯤 전진했는데, 왜적의 총탄이 비 오듯 하자, 유 제독은 깃발을 내려놓고 끝까지 독전督戰하지 않았습니다. 부총병 오광吳廣의 군사는 대장의 명령을 기다리다가 방패 수레에 들어가 잠자는 자도 많았습니다. 그때 조수潮水가 차츰 빠져 수군이 물러갔습니다. 왜노가 육군이 일제히 진격하지 않으니 밧줄을 타고 성에서 내려와 오광의 군대를 공격하여 20여 명을 죽이자, 오광의 군대는 놀라서 1백 보쯤 후퇴하였고 각 진영의 사기도 모두 떨어졌으니, 그날 한 짓은 아이들 장난 같았습니다. 독전도 하지 않고 또 철수도 하지 않아, 각 군대가 반나절을 서서 보내다가 왜적의 탄환만 받았으니, 제독이 한 짓은 도무지 뜻을 알 수가 없습니다.

3일 수군이 밀물을 타고 와서 혈전血戰하여 대총大銃으로 소서행장의 막사를 맞추자 왜인들이 당황하여 모두 동쪽으로 갔는데, 그때 만약 서쪽에서 공격하여 들어갔다면 성을 함락시킬 수 있었습니다. 김수金晬가 싸우기를 요청했으나 제독은 화를 내며 끝내 군대를 출동시키지 않았습니다.

성 위에서 어떤 여자가 부르며 말하기를, '지금 왜적이 없으니 중국군대는 속히 들어오라.' 하였습니다. 기회가 이와 같은데도 팔짱만 끼고 놓쳐버렸으니, 제독이 하는 일은 참으로 넋 나간 사람과 같아서 장졸들이 모두 업신여기고 있습니다. 마침 사천에서 패했다는 소식을 듣고는 마음이 혼란하여 후퇴를 결정하였으니 더욱 통곡할 일입니다. 제독이 수군과 사이가 좋지 않은 것은 처음부터 공을 서로 다투는 마음이 있었기 때문이지만 끝내 잘못된 일 처리가 더하여지니, 통곡을 금할 수 없습니다."

10월 12일 이덕형의 보고, "제독이 밤을 틈타 후퇴하자 군대가 뿔뿔이 흩어져 왜교에서 순천까지 쌀이 길바닥에 낭자하였고, 왜교에 남아 있던 3천여 석 가량의 식량을 모두 불태우라 명하였으나 타지 않은 것은 다 왜적의 손에 들어가고 말았습니다. 육군이 퇴군할 때 수군은 조수를 타고 전진하여 성을 공격하려고 하였습니다."

11월 2일 순천을 다녀온 선전관 허전許墺의 보고, "소신이 남원 부유 창富有倉으로 달려가서 들으니, 중국군대가 후퇴하자 처음에는 왜적이 의심하여 내버린 군량과 무기, 각 진영의 장막도 들여가지 않다가 4~5일 뒤에 목책을 거두어 굴窟밖에 다시 설치하면서, 흰 바탕에 붉은 그림 넣은 기旗 하나를 순천 중로中路에 나와 꽂아놓았는데, 그 내용이 대략 '군량과 무기가 부족하였는데 중국과 조선이 우리에게 보조해주니 매우 감사하다.' 하였다 합니다.

각 진영의 장수들이 날마다 기병 1백여 명을 보내 왜적의 소굴을 정탐하게 하였는데, 하루는 적이 우리 군사가 적은 것을 보고, 몰래 기병奇兵을 내보내 갑자기 습격하려 하는 것을, 뒤에 있던 중국 군사가 소리치며 돌격하니 왜적들이 달아나 소굴로 도로 들어가 다시는 나오지 않앉다고 하였습니다. 제독은 요양遼陽 기생 하나를 데리고 왔고, 또 왜적 소굴에서 나온 우리나라 여자가 오 부총吳副摠 진영으로 왔는데, 예쁘다는 소문을 듣고는 또 불러서 모두 남자 복장을 입혀 수행하게 하니, 휘하 장수들이 몹시 분하게 여긴다고 합니다.

신이 참정 왕사기王參政 진영에서 들으니, 중국인 오자화吳自化라는 자가 왜적 소굴에 들어가 행장을 만났더니, '풍신수길은 이미 죽었고 국가에 큰 변고가 있어서 내가 들어갈 것이다. 바라건대, 도사 오종도吳宗道를 통해 유 제독 노야를 뵙고 28일에 즉시 철수하겠다.' 하므로 22일 오종도가 적중으로 들어갔다 합니다."

11월 2일 이덕형의 보고, "유 제독劉提督이 수군에게 5~6일분의 식량을 주면서 순천으로 전진할 것을 재촉하였습니다. 소신이 김수 · 권율 등과 함께 계책을 물었더니 제독이 말하기를, '너희는 2일이나 3일에 이곳의 병마를 출발시켜 순천 근처에 주둔하여 그곳의 병마와 합세하라. 나는 하루나 이틀 후에 장비를 검열하고 상황을 보아 수군과 약속하여 거병하겠다.'라고 하였습니다.

신이 말하기를 '반드시 기구를 완비하고 계책을 결정하여 수륙이 일제히 공격해야 적의 성 아래에서 압박할 수 있을 것이다. 소인이 보니 수군은 왜적을 죽이지 못하자 마음이 불 꺼진 재와 같으니, 군대의 사기를 진작振作하려면 호령을 고치고 깃발과 벽루壁壘도 새롭게 해야 다시 거사한다고 말할 수 있다.'라고 하니, 제독이 '그때는 왜적을 추격하여 성 밑으로 쫓아 들어간 것이고 성을 공격할 계획은 아니었다. 이제 전에 알지 못했던 것을 깨달았으니 마땅히 목숨을 걸고 싸울 것이다.' 하였습니다. 제독이 말은 이렇게 해도 일하는 것을 보면 하나같이 교만하고 경솔하며 돈과 여자를 좋아할 뿐입니다. 그래서 여러 장수가 그를 하찮게 여겨 두려워하지 않으니 더욱 염려스럽습니다.

이방춘李芳春과 우백영牛伯英 등의 경우는 더욱 싸울 마음이 없어 늘 적진의 어려움을 말한 뒤에 전진하는 것을 싫어하여 의심을 부추기고, 또 남원에서 거느리던 기생을 진중으로 데리고 왔고, 그 아래 장수와 군사들도 다투어 여자를 거느리니 진중의 문란함이 비길 데가 없습니다. 이 사람들이 전쟁에 임하여 싸우려 하지 않고 후퇴하고 겁내는 모습을 신이 일찍이 도산(島山, 울산)에서도 보았습니다. (중략) 제독이 또 소서행장을 유인하기 위하여 섭춘葉春을 시켜 다녀왔는데, 섭춘은 전일 마 제독麻提督이 데리고 온 항왜로 불러내자 바로 도망 나온 자입니다. 항왜 중에서도 몹시 간사하고 불충하여 소신이 믿기 어렵다고 하였으나 제독은 받아들이지 않았습니다.

요즘 탈출한 자들의 진술에 의하면, 소서행장은 중국군대가 퇴각한 뒤에 심하게 의심하고 두려워하고 있으며, 해남의 적은 처자를 먼저 일본으로 보내고 우마도 팔고 있다 하니, 수군과 육군이 합세하여 다시 진격하면 뜻을 이룰 수 있을 것입니다."

11월 11일 권율의 보고, "제독 유정이 이달 1일 다시 공격하기 위하여 순천 예교로 출발하였고, 유격 진운홍의 군대는 다음날 떠났습니다. 기병騎兵도 다시 공격하려 한다고는 하나 아직 기일을 정하지 않고 있습니다. 현재 참정 왕사기와 은밀히 모의하여 소서행장과 강화하려 하고 있습니다. 비록 신들에게는 '저들을 속여 소굴에서 나와 바다 건널 때를 기다려 협공하려 한다.' 하나, 실제로는 구차하게 수습하려는 계획이라 매우 통한스럽습니다."

11월 14일 제독 유정의 공문, "왜노倭奴가 웅거한 지 여러 해가 되었는데, 누구도 그들의 진영을 엿보지 못하였습니다. 그런데 본인이 북을 치고 나아가 그들의 중심부까지 쳐들어가 약간의 수급을 획득하였으니, 어찌 공이라고 할 수 있겠습니까만 기특하지 않다고 할 수도 없습니다. 성은 여러 겹이고 해자는 깊으며 총탄은 비 오듯 하는데 온갖 계책으로 도전하여도 성을 굳게 지키고 나오지 않으므로 본인은 10여 일이나 침식을 폐하여 괴로움이 극심하였습니다. 그런데 갑자기 중로中路의 소식을 듣게 되고, 본인과 조선의 초탐병哨探兵이 정탐한 보고에 의하면 왜적의 구원병이 두치강 등지에 이르렀다는 내용이 있었습니다. 이는 틀림없이 우리 후방을 차단하려는 것이기에 잠시 순천 왜교에서 철수하여 왜적을 유인해서 별도로 조처하려 합니다. 생각하여 회답 주시기 바라며 이만 줄입니다."

11월 23일 이덕형, "이달 19일 10시경에 예교曳橋의 왜적이 모두 철수하여 바다를 건너갔습니다. 제독 유정이 성으로 들어가니 성중에는 우리나라 사람 3명과 우마 4필만 있었습니다. 남해의 큰 바다에서는 진동하는 대포 소리가 멀리 들렸는데, 이는 반드시 수군이 접전하는 소리인 듯하나 자세히 모르겠습니다."

제독 유정이 이끌었던 서로군西路軍을 보면, 처음 내려와서는 징병한답시고 마을로 가서 백성들에게 말할 수 없는 고통을 주었다. 처음에는 조금이라도 싸움에 뜻이 있었지만, 중로中路의 패전 소식을 들은 후부터는 강화를 추진하여 왜군을 본국으로 돌려보내고 전쟁을 끝내려고만 했다. 그리고 유정을 비롯한 그의 부하 장수와 군사들은 군대 내에서 공공연히 여자를 데리고 다녔으니, 싸움에 뜻이 없음을 확인할 수 있다. 유정이 가증스러운 것은 이런 자신의 교활함을 숨기기 위해 뻔뻔하게도 왕에게 자신의 행동을 변명하는 서신을 보내기까지 했다는 것이다. 마지막까지도 강화를 추진하는 이유를 '적을 유인해서 공격'하려 하는 것이라며 궤변을 늘어놓았다.

그런데 왜성을 공격하지 않은 결정적인 이유가 선조실록에 나온다. 12월 11일 경상도 순찰사 정경세의 보고에, '제독 유정이 가정家丁 30명을 왜군에게 인질로 보냈으며, 왜군을 따라 일본으로 갔다'라고 하였다. 이는 유정이 소서행장의 안전한 철수를 보증하는 증거로 측근 부하를 인질로 보낸 것이다. 그럼 유정은 이 과정에서 무엇을 받았을까.

12월 4일 군문도감軍門都監의 보고. 명 군문이 말하기를, "인질을 들여보낸 것은 소서행장을 죽이고 돌아오게 하려 한 것인데 일이 성사되지 않아 그대로 일본으로 가게 되었다. 이는 유 제독劉提督이 적을 이간시키려고 그렇게 한 것이니 부실하였더라도 너희 나라에는 말하지 말라. 국왕이 군문이나 경리를 만나더라도 이야기할 필요가 없다."라고 했다. 또 "처음부터 행장이 중국군의 위세를 두려워하여 유 제독과 진 도독에게 강화하자고 하면서 유 제독에게는 수급 2천을, 진 도독에게는 수급 1천을 줄 터이니 돌아가게 해달라고 하였다."

명나라 제독 유정劉綎은 인질 30명을 소서행장에게 들여보냈다. 그러면 수급 2천은 받았을까. 이는 확인되지 않는다. 그러나 수급을 받지 않고 인질을 들여보내지는 않았을 것이다. 행장이 유 제독에게 준 수급 2천은 누구의 수급이었을까. 왜군일까. 명군일까. 소서행장이 왜군의 수급을 주었을 리는 없다. 그렇다면 이는 조선의 군사나 백성들의 수급임이 틀림없다. 그리고 유정은 군공 보고를 하면서 이를 왜군의 수급으로 보고했을 것이다.

● 중로 동일원, 자멸하다

중로中路의 사령관은 제독 동일원董一元이다. 선조실록 기록을 독자의 이해를 돕기 위해 모아서 정리하였다.

"동 제독董提督이 9월 20일에 진주로 진격하니 적군이 우마牛馬와 기계 따위를 모두 버리고 곤양과 사천 방향으로 도망갔다. 수급은 7급級을 목 베었으며 사로잡혔던 사람 4백여 명을 구하였고, 한편으로는 진주로 들어가서 지키고 또 한편으로는 적을 추격하였다. 이어 9월 28일에는 사천을 공격하여 80여 명을 목 베었으며, 나머지 왜적은 달아나 왜성으로 들어갔다. 이 와중에 유격 노득공盧遊擊이 적탄에 맞아 사망했다.

동 제독이 10월 2일 왜성으로 진격하여 대포로 성문을 부수고 대군이 쳐들어가려고 하였다. 그때 유격 모국기茅遊擊 진영에서 실수로 화약에 불이 일어났고, 황급히 불을 끄는데 왜적이 바라보다가 갑자기 문을 열고 나와 포를 쏘자 중국 군사가 퇴각하였다. 그 와중에 도망치다 죽은 자는 7천여 명이었고, 군량 2천여 섬도 불태우지 못한 채 후퇴하였다. 시체가 벌판에 가득 차고 군량과 무기는 130리까지 흩어졌으며, 제독은 성주星州로 후퇴하였다. 설령 다시 공격하려고 해도 군대에 무기가 조금도 없으니 방법이 없다."

"패전 후 중국인들이 왜적과 끊임없이 왕래하였는데, 10월 7일에는 유격 모국기茅遊擊의 통역관 주 통사周通事라는 자와 중국인이 화친 서찰을 가지고 왜적의 진영으로 갔으며, 10일 머리 깎지 않은 중국인 1명이 심안도(沈安道, 시마즈 요시히로)가 모 유격茅遊擊에게 보내는 편지 1통을 가지고 나왔다. 14일 항왜 첨지僉知 김귀순金歸順이 유격 팽신고彭遊擊의 군사 1명과 함께 '요시라要時羅가 심안도에게 보내는 편지'를 가지고 사천의 왜적 진영으로 갔으며, 또 같은 날 모 유격이 사 상공史相公, 맹 통사孟通事와 중국인 2명, 우리나라 통역사 1명 등을 왜적 진영으로 들여보냈다.

왜적의 진영에서 도망 온 삭발한 중국인이 말하기를 '생포된 중국 군사가 3백~4백 명인데 모 유격의 군사는 삭발시키지 않았고, 그밖에는 모두 삭발하여 일본으로 보내려고 하며, 노획한 중국군의 총통銃筒·궁자弓子·통개筒介·말·노새·나귀·의복 등 물건들은 서로 매매하고 중국 환도環刀와 창은 부수어 탄환을 만들었다. 접전할 때 목 베어 획득한 중국군은 코를 잘라서 동문 밖에 쌓아두었는데, 숫자가 4천~5천에 밑돌지 않는다.' 하였다."

"10월 12일 포정 양조령梁布政이 동 제독董提督과 함께 군대를 점검한 뒤에 사천에서 접전할 때 먼저 도망친 군사 4명을 색출하여 2명은 효수梟首하고, 2명은 곤장 1백 대를 때렸으며, 유격 양만금楊遊擊ㆍ조 부총趙副摠ㆍ유격 남방위藍遊擊 등을 시켜 6천의 병마를 거느리고 삼가三嘉로 가서 고언백ㆍ정기룡과 협동하여 방어하라고 하였다. 또 패전한 후 중국 장수는 먼저 도망친 죄를 우리 군사에게 돌렸다. 안찰 왕중기王按察는 정기룡에게 '네가 어찌하여 먼저 달아났는가?'라고 했다. 기룡은 맨 먼저 성城에 올라갔고 맨 뒤에 나왔음에도 도리어 누명을 쓰게 되니 몹시 해괴하다. 기룡 한 사람이 억울함을 당하는 것이야 대단찮은 일이라 할 수 있으나, 혹 이로 인하여 터무니없는 말로 더 큰 사건을 조작하지 않을까 걱정이다."

11월 26일 선조실록, 동 제독 접반사 이충원李忠元의 보고, "동양창東洋倉의 왜적이 11월 17일부터 철수하여 18일 낮 12시경에 70여 척이 바다를 건너갔습니다. 모 유격茅遊擊의 선봉장과 병사 정기룡鄭起龍이 그 성에 들어가 머물러 있던 왜적 2급만을 베었습니다."

중로中路의 동일원 군대는 사천 왜성을 공격하려다가 화약 사고로 자멸하고 말았다. 무기를 모두 잃었으니 다시 싸울 수도 없게 되어버렸다. 이때 죽은 명나라와 조선 군사들의 주검을 한꺼번에 묻어놓은 무덤이 조명군총朝明軍塚인데, 경남 사천시 '사천 왜성' 앞에 있다.

왜군이 시체의 코를 베어 간 것은 조선과 명나라 군사를 죽인 증거로 바치기 위해서다. 이와 관련하여 조경의 『난중잡록亂中雜錄』에 기록이 있다.

"사람이 귀는 둘이고 코는 하나뿐이니 코를 베어 한 사람 죽인 증거로 바치고, 각기 코를 한 되씩 채운 뒤에야 생포生捕하는 것을 허락한다." 하였으므로, 이번에는 나와서 사람만 보면 죽이건 안 죽이건 무조건 코를 베었으므로 수십 년간 본국 길에서 코 없는 사람을 많이 볼 수 있었다. "

왜군들은 이렇게 코와 귀를 베어가서 귀코무덤耳鼻塚을 만들었다. 우리나라 남쪽 사투리 중에는 우는 아이를 달랠 때 '이비야'라는 말을 쓰는데, 이것은 귀와 코를 의미하는 것으로 이때 생긴 말이라고 한다. 1990년 삼중三中스님이 일본 정부에 요청하여 귀코무덤 봉분의 흙을 조금 가지고 들어와 조명군총 옆에 모시고 비석을 세워 위령제를 지냈다.

그런데 중로군도 강화협상 과정에서 왜군의 안전한 철수를 담보하는 뜻으로 모 유격茅遊擊의 측근 병사인 가정 19명을 인질로 주어 일본으로 보냈다는 사실이 12월 11일 경상도 관찰사 정경세의 보고 장계에 들어있다. 중로군에서도 인질과 수급을 서로 교환하였을 것이다. 더 충격적인 것은 1599년 2월 2일 선조가 대신들과 면대하여 대화한 내용이다.

이덕형이 아뢰기를,
"모 유격茅遊擊이 적에게 보낸 글을 보니 왕자와 배신陪臣을 다 들여보내기로 허락하였습니다."
하였다. 상이 이르기를,
"흉적이 어찌 하루아침에 이유 없이 물러갔겠는가. 이는 절대로 있을 수 없는 일이다. 왕자와 배신을 보낸다고 하였는데 왜놈들이 만약 그것으로 꼬투리를 잡는다면 결국 어떻게 해야 하는가? 중국이 이 일을 모르게 해도 되겠는가?"

중로의 명군 장수들은 강화 논의하면서 자신들이 책임질 수 없는 말까지 함부로 한 것이다. 그리고 왕은 왜국이 그 약속을 빌미로 다시 침범할까 봐 잔뜩 겁을 먹고 있다.

☞ 동로군 마귀(麻貴), 지레 겁먹고 도망가다

동로군東路軍의 사령관은 제독 마귀麻貴다. 울산 왜성인 도산성島山城을 공격하였는데, 1598년 초에 경리 양호가 주도하여 벌어졌던 1차 전투에서는 왜성을 거의 함락할 수 있었지만, 마지막에 왜군의 구원병이 도착하여 후퇴한 전례가 있었다. 이제 2차 전투로 다시 맞붙었다. 왜군 장수는 가등청정이다. 선조실록을 따라 가보자.

1598년 9월 27일 군문도감의 보고, "마 제독麻提督 차관差官이 와서 '도산島山을 포위한 상황은 전일 경리 양호(楊經理)가 진격했을 때와 같다. 그러나 해자垓子를 만들고 바닷물을 끌어들여 사람이 건너지 못하게 하였으니 함락시키기가 어려울 듯하다. 장천長川 건너편 30리쯤 되는 지역에 쌓아놓은 적군의 양식은 모두 불태워버렸으며, 최근 되찾아온 조선 사람은 1,100여 명이다.'라고 하였습니다.

9월 30일 마 제독 접반사 이광정李光庭의 보고, "도산의 적세賊勢가 강하니 제독이 난색難色을 보였습니다. 9월 22일 밤에는 왜적이 우리를 습격하여 명나라 군사 5명이 피살되고 1명이 포로가 되었습니다. 온정溫井의 왜적은 명나라 군사가 소탕하여 30여 명을 목 베고, 포로로 잡혔던 1천여 명을 데리고 나왔다 합니다."

10월 2일 이광정의 보고, "제독이 왜성의 내성內城에서 후퇴한 뒤로 두려워하고 겁내어 경주로 후퇴하려고 합니다."

10월 10일 이광정의 보고, "마 제독이 중로中路에서 패했다는 소식을 듣고 경주로 물러가 지키려고 하여, 보병은 이미 출발했으니 민망함을 견딜 수 없습니다."

10월 20일 정경세의 보고, "4일 마 제독麻提督의 보병이 군수품과 무기를 모두 철수해 돌아왔고, 경주에는 기병騎兵만 머물러 있습니다. 6일 제독이 행군하여 수화촌垂火村에서 10리쯤 되는 신원新院으로 옮겨 주둔하였는데, 이후의 계획은 모르겠습니다."

11월 25일 이광정의 보고, "이달 18일 도산島山의 왜적이 소굴을 남김없이 불태우고 모두 철수하였습니다. 제독이 군사를 거느리고 성으로 들어가면서 한편으로 추격하고 있습니다."

11월 28일 정경세의 보고, "도산의 적장 가등청정이 철수할 때, 성 밖에다 명나라 장수에 고하는 글을 꽂아놓았다. '《대일본국 가등加藤 주계두主計頭 평청정平淸正이 대명大明의 여러 장수에게 고하는 방문榜文》. 전날 들으니, 순천의 소서행장이 대명의 여러 장수와 세 나라가 화친하자는 약속을 하면서 너희 나라에서는 행장에게 볼모를 보내려고 했다 하였다. 그런데 너희들은 약속을 어기고 군사를 보내 행장을 포위하였다. 너희들이 이처럼 속임수를 행하였으니 어찌 좀도둑이 아니겠는가. 다만 이 거짓 약속이 명나라 여러 장수에게 있었는지, 행장에게 있었는지를 내가 알지 못하므로 지금 이 글을 게시한다.

내가 여기에서 성을 지킬 수 있지만, 순천이 위태로우니 구제하지 않는 것은 용기가 없는 것이다. 그래서 이 성을 비우고 잠시 순천으로 가는 것이니, 너희들도 순천으로 오면 내가 승부를 결정지을 것이다.

깊이 생각 해보니 사세는 비록 이와 같지만 3국은 친한 형제의 나라이니 화친이 없을 수 없다. 너희가 만약 화친하고자 한다면 내가 일본으로 돌아간다 해도 통신通信하는 것을 어찌 방해하겠는가. 또 우리 태합 전하太閤殿下가 지난 8월 비록 하찮은 질병으로 세상을 떴지만, 아들 수뢰 전하秀賴殿下가 있고 또 고굉股肱과 같은 가강공家康公이 있으니 우리 일본의 사직은 편안하다. 그러므로 다시 조선을 공격할 것은 손바닥을 보듯 명백하니 화친하는 것만 못하다. 이만 줄인다.'고 하였습니다."

동로군은 9월 22일 왜군의 공격을 받은 이후로 싸움다운 싸움은 없었다. 중로 군사들의 패전 소식을 듣고는 경주로 일단 철수했다가 진영을 더 뒤로 물린 것이다. 가등청정의 왜군은 17일경 철수한 것으로 보인다. 청정이 그가 내걸어 놓은 방문榜文대로 움직였다면, 그는 소서행장을 구하기 위해 순천 왜성으로 이동하였을 것이다. 이들이 노량해전에 참여했는지, 가기 전에 이미 전투가 끝나버려 도망가던 왜선이나 소서행장을 만나 함께 철수했는지는 알 수 없다.

● 삼로의 군사가 모두 패하다

선조실록에 따르면, 동로東路의 중국군은 24,000명이고 우리 군사는 5,514명이며, 중로中路의 중국군은 26,800명이고 우리 군사는 2,215명이며, 서로西路의 중국군은 21,900명이고 우리 군사는 5,928명이며, 수로水路의 중국군은 19,400명이고 우리 군사는 7,328명으로, 모두 합하면 10여 만 명의 대군이 투입되었다. 그러나 동로에서는 한 번 패한 뒤로 군사를 물렸고, 중로는 자멸했고, 서로西路는 싸우는 척하다가 강화를 핑계로 왜군과 거래하였으니 철수하는 왜군에게 아무도 전혀 위협이 되지 못했다. 비변사에서는 1598년 10월 14일 이런 정황을 명나라에 보고하자고 건의하였다.

> 비변사가 중국 장수들이 패전하고 후퇴한 정확한 정보가 없으니 이를 자세히 조사하여 별도로 명나라에 보고할 것을 건의하자, 선조가 답하기를, "사람의 삶이란 정직해야 하니, 부득이 변명할 수밖에 없는 경우 이외에는 말을 꾸며대서는 안 된다. 또 호남의 일은 유 제독劉提督이 팔아먹은 것과 같다. 이는 나라의 존망存亡에 관계된 것인데, 제독은 명나라 조정이 조선을 보살피는 염려를 명심하지 않았으니, 황제께서 장수로 임명하여 구원하는 뜻이 어디에 있는가. 유 제독이 힘써 싸우지도 않았고, 우리 장수가 싸움을

비변사의 건의에 대한 선조의 답변이 기가 막힌다. 차라리 답을 하지 않는
것이 신하들 보기에 덜 부끄럽지 않았을까. 이제 이순신 장군이 소속한 수로
군의 상황은 어땠는지 살펴보자.

● 수로군 진린의 횡포, 고민만 하는 조정

1598년 9월 8일 선조실록에는 이순신 장군이 왜군을 공격하고자 하
나 진린이 막고 있다는 보고를 올렸다. 이에 비변사에서는 수군에는 계금이 있으
니 진린은 육군으로 편입하여 유정이 통제하도록 군문과 상의하자는 의견을 내
었다. 그러면서도 혹시 진린의 심기를 건드릴까 조심해서 추진하기로 하였다.

9월 10일 실록, 비변사에서 군문에 상의하였더니 군문도 이 문제를 난처
해하였다 하면서, 형편을 봐가며 처리하겠다고 보고하였다. 그런데 같은 날
실록의 이순신 장군 보고를 보면, "진 도독이 신을 불러 '육군은 유 제독이 총
괄 통제하고 수군은 내가 당연히 통제해야 하는데 지금 들으니 유 제독이 수
군도 관장하려 한다고 하는데 사실인가?'라고 물었다."라고 한 것으로 보아
명 군문에서 진린을 통제하기 위한 움직임은 있었던 것으로 보인다.

그러나 진 도독의 강한 반발로 아무런 효과도 없었고, 이순신 장군은 꼼짝
못 하는 신세가 되어있었다. 조선의 왕이나 조정, 명의 군문조차도 장군에게

아무런 도움도 되지 못한 것이다. 이런 속에서 장도 해전獐島海戰 또는 왜교성 전투倭橋城戰鬪라 불리는 수륙합동 전투가 시작되었다.

● 수군만이 싸운 왜교성 전투

　　　　　왜교성 전투부터 노량해전 직전까지는 이순신 장군의 일기 기록이 있다. 그 기록과 선조실록 등을 함께 보자.

　1598년(선조 31년) 9월 15일, 맑았다. 명나라 도독 진린陳璘과 함께 나가 나로도에 도착하여 잤다.

　9월 16일, 맑았다. 나로도에 머물렀다. 도독과 함께 마셨다.

　9월 17일, 맑았다. 나로도에 머물렀다. 진陳과 함께 마셨다.

　9월 18일, 맑았다. 오후 2시에 군사를 거느리고 나가 방답防踏에 도착하여 잤다.

　9월 19일, 맑았다. 아침에 좌수영 앞바다로 옮겨 정박하여 보니 참혹했다. 삼경에 달을 타고 하개도何介島로 옮겨 대었다가, 날이 밝기 전에 출발했다.

　9월 20일, 맑았다. 아침 8시경 묘도猫島에 이르니, 명나라 제독 유정劉綎이 벌써 진군했다. 수륙으로 함께 공격하니, 적은 기세가 크게 꺾여 많이 당황하였으며 두려움에 떨고 있었다. 수군이 드나들며 포를 쏘았다.

　9월 21일, 맑았다. 아침에 진병進兵하여 화살을 쏘기도 하고, 화포를 쏘기도 하며 종일 싸웠는데, 조수潮水가 얕아지자 가까이 접근할 수가 없었다. 남해의 적이 가벼운 배를 타고 들어와 정탐할 때 허사인許思仁 등이 추격하니, 왜적들이 배에서 내려 산으로 올라갔다. 그 배의 여러 물건을 빼앗아 와서 곧바로 도독에게 헌납했다.

우리 수군이 적과 싸워 획득한 적의 수급이나 노획한 무기, 물건들은 자동으로 진린에게 헌납해온 것 같다. 싸워도 싸운 공이 없고, 이겨도 이긴 공이 없는 조선 수군이다.

9월 22일, 맑았다. 아침에 진병進兵하여 드나들며 싸웠는데, 유격 계금季金이 왼쪽 어깨에 적탄을 맞았으나 중상에 이르지는 않았다. 명나라 군사 11명이 철환에 맞아 죽었고, 지세포 만호와 옥포 만호 이담이 철환에 맞았다.

9월 23일, 맑았다. 도독이 노기를 부렸다. 서천 만호, 홍주대장, 한산대장 등에게 각각 곤장 7대씩을 쳤다. 금갑도 만호 이정표, 제포 만호, 회령포 만호 민정붕은 함께 장 15대를 맞았다.

기가 막히는 일이다. 제독이란 자가 전날의 싸움에서 명나라 군사가 죽고 다친 것에 분노하여 우리 장수들에게 화풀이하고 있다. 장군으로서는 너무도 난감하고 고통스러웠을 것이다.

9월 25일, 맑았다. 명나라 천총 진대강陳大綱이 돌아와서 제독 유정劉綎의 편지를 전했다. "육군이 비록 공격하여 함락하고자 하여도 무기가 완전하지 못하다." 하였다.

9월 26일, 맑았다. 육군은 아직도 준비되지 않았다.

9월 27일, 아침에 잠시 비가 뿌렸으며, 서풍이 심하게 불었다. 명나라 군문 형개邢玠가 수군이 재빨리 진군한 것을 가상히 여긴다는 글을 보냈다. 식후에 도독 진린을 보고 조용히 이야기했다. 종일 바람이 세게 불었다.

9월 28일, 맑았으나 서풍이 세게 불어 크고 작은 전선들이 출입할 수가 없었다.

9월 30일, 맑았다. 이날 저녁 명나라 유격 왕원주王元周, 유격 복승福昇, 파총 이천상李天常이 100여 척을 거느리고 진으로 왔다. 이날 밤 등촉이 빛나니 적도들의 간담이 깨졌을 것이다.

1598년(선조 31년) 10월 1일, 맑았다. 도독 진린이 새벽에 제독 유정劉綎에게 가서 잠깐 서로 이야기했다.

10월 2일, 맑았다. 새벽 6시경 출병하였다. 우리 수군이 먼저 나가 정오까지 싸워 적을 많이 죽였다. 이 과정에 사도첨사 황세득이 철환에 맞아 전사하였고, 이청일李淸一도 죽었다. 제포 만호 주의수朱義壽, 사량 만호 김성옥金聲玉, 해남 현감 류형柳珩, 진도군수 선의문宣義問, 강진 현감 송상보宋尙甫도 적탄에 맞았으나 죽지는 않았다.

선조실록(10월 13일), "10월 2일 수군이 합세하여 왜적을 공격하였는데 육군은 바라만 보고 진격하지 않았으므로 왜적은 수군과 싸우는 데만 전력하였습니다. 우리 군대가 혈전血戰하니 왜적의 시체가 언덕 밑에 낭자하게 흩어져 있고 혹은 쌓여 있었습니다. 우리 군사 중에 탄환을 맞아 죽은 자는 29명이고 중국 군사는 5명입니다."

10월 3일, 맑았다. 도독 진린이 제독 유정劉綎의 비밀 서신에 따라 초저녁에 전진하여 삼경까지 박격搏擊하였다. 사선沙船 19척, 호선虎船 20여 척이 불에 타니, 도독이 엎어지고 자빠지는 것은 말로 다 할 수 없었다. 안골포 만호 우수禹壽가 철환에 맞았다.

선조실록(10월 10일), "10월 3일 밤에 수군이 조수潮水를 타고 진격하여 헤아릴 수 없이 많은 왜적을 살상하였습니다. 중국 군사는 치열하게 싸우느라 조수가 빠지는 것을 깨닫지 못하여 당선唐船 23척이 얕은 곳에 걸리자 왜적들이 불을 질렀는데 죽거나 잡혀간 중국 군사가 매우 많았습니다. 살아 돌아온 자는 1백 40여 명이었습니다. 우리 배 7척도 얕은 곳에 걸렸는데, 다음날 수군이 일찍 조수를 타고 와서 구원하였으므로 돌아와 정박하였습니다."

10월 4일, 맑았다. 아침 일찍 전선이 진격하여 적을 공격하여 종일 서로 싸웠다. 적도들이 어쩔 줄 몰라서 허둥지둥하였다.

10월 5일, 맑았다. 서풍이 세게 불어, 배들이 바다에 떠서 어렵고 힘들게 하루를 보냈다.

10월 6일, 맑았다. 서북풍이 세게 불었다. 도원수 권율의 편지를 군관이 전하였는데, "제독 유정이 재빨리 후퇴하려 했다." 하였다. 통분 통분할 일이다. 나랏일이 장차 어떻게 될 것인가.

10월 7일, 맑았다. 제독 유정의 차관이 와서, "육군은 잠시 순천으로 후퇴하여 다시 정비한 후 나가 싸울 것이다." 하였다.

10월 9일, 육군이 이미 철수하였으므로 도독 진린과 배를 거느리고 이동하여 해안의 정자에 도착했다.

10월 10일, 좌수영에 도착했다.

10월 12일, 나로도에 도착했다.

이 왜교성 전투에 대한 명나라 지휘부와 선조의 대화가 실린 선조실록의 기록 두 건이 있다.

1598년 10월 28일, 선조가 급사 서관란徐觀瀾을 만나 대화를 하는 중에 선조가 말하기를, "들으니 이번 거사에 진 도독 대인이 해상에서 혈전하여 많은 왜적을 죽였다 하는데 소방은 불행하게도 성공하지 못했습니다." 하자,

급사가 말하기를, "진린陳璘이 힘써 싸운 것은 저도 들었습니다. 이밖에 또 어떤 사람이 있습니까? 비밀보고로 사실대로 적어 보내주면 좋겠습니다." 하니,

상이 말하기를, "소방 사람들의 말은 한결같지 않으니 어떻게 상세히 알겠습니까. 또 일괄적으로 논할 수 없습니다. 진 대인陳大人의 일은 때마침 들었기에 말한 것입니다. 비밀보고 보내는 일은 따

를 수 없습니다."라고 하였다.

　1598년 11월 3일, 선조가 군문 형개의 관사로 가서 대화하던 중 군문이 말하기를, "귀방의 총병 이순신李舜臣은 마음을 다해 적을 토벌하니 대단히 칭찬할 만합니다. 제가 이미 상으로 은銀을 보내어 크게 표창하였습니다." 하였다.

　상이 말하기를, "수장水將 진 대인陳大人도 성심껏 왜적을 토벌하고 주야로 혈전하여 많은 왜적을 죽였다고 하니 소방의 사람들이 탄복해 마지않습니다." 하니,

　군문이 말하기를, "진 장군陳將軍은 전일 병선을 침몰시킨 잘못이 있어서 제가 문책하려 하다가 국왕께서 보낸 장계를 보고, 제가 이미 패문牌文을 보내어 별도로 표창하였습니다."

　명나라 군문에서 조선 수군의 전공을 보고하라는 데, 왕이라는 자가 보고는커녕 성공하지 못했다고 하고, 조선 사람들은 말이 한결같지 않으니 알 수가 없다고 한다. 또 진린이 이순신 장군의 공을 빼앗는 것을 잘 알고 있으면서도 모든 공을 진린에게 돌리며 극찬하고 나섰다. 진린이 배를 침몰시킨 것도 왕이 변호해주었다니 놀라운 일이다. 이렇게 되니 명군의 수뇌부는 진린이 혁혁한 공을 세우고 있다고 알고 있다.

　그동안의 수차례 경험을 통해, 장군은 싸워 이겨도 전공을 주장할 수 없다는 사실을 잘 알고 있었을 것이다. 또 이러한 현실을 받아들일 수밖에 없다는 것도 알았을 것이다.

🔵 노량해전, 별이 지다

1598년 11월 8일, 도독부로 가서 위로연을 베풀어 주고 종일 술 마시다가 황혼을 타고 돌아왔다. 잠시 후 도독이 만나기를 청하여 곧바로 갔다. 순천 왜교倭橋의 적들이 10일 사이에 철수하여 달아난다는 긴급전통이 육지로부터 왔다면서 신속하게 군사를 거느리고 가서 돌아가는 길을 끊어 막아야 한다고 했다.

그동안 조선 수군은 진린이 술을 원하면 언제든 술상을 준비하였고, 이순신 장군은 시쳇말로 '술 상무' 역할까지 했으니 진린은 마치 점령군의 대장처럼 군림하였던 셈이다. 이렇게 융숭한 대접을 받았기 때문일까. 일말의 양심이 있어서일까. 왜적의 동향을 알려주면서 싸우자고 하였다.

11월 9일, 도독과 함께 일시에 군사를 출동하였다. 백서량白嶼梁에 이르러 진을 쳤다.

11월 10일, 전라좌수영 앞바다에 도착하여 진을 쳤다.

11월 11일, 유도柚島에 도착하여 진을 쳤다.

11월 13일, 10여 척의 왜선이 장도獐島에 나타나기에 곧바로 도독과 약속하고 수군에게 추격 명령을 내렸더니 왜선은 퇴각하여 움츠리고 종일 나오지 않았다. 도독과 함께 장도에서 진으로 돌아왔다.

11월 14일, 왜선 2척이 강화의 일로 중간으로 나왔다. 도독이 왜 통역사(倭通事)를 보내 왜선을 맞았다. 저녁 8시경 왜군 장수가 탄 작은 배가 도독부에 들어왔다. 멧돼지 2마리, 술 2통을 도독에게 바쳤다고 했다.

선조실록(12월 4일), "행장이 명나라 군대의 위세를 두려워하여 유 제독과 진 도독에게 강화하자고 하면서 유 제독에게는 수급 2천을, 진 도독에게는 수급 1천을 보내줄 터이니 자기를 돌아가게 해달라고 하였다. 진 도독은 그 말을 믿고서 말하기를 「나에게도 수급 2천을 주면 보내줄 수 있다.」하자, 행장이 날마다 예물을 보내고 주찬酒饌·창검槍劍 등의 선물을 끊이지 않았다. 행장이 말하기를 「남해에 사위가 있는데 그와 만나 의논해야 하므로 사람을 보내 불러오려고 하니 이곳의 배를 보내주기 바란다.」하자, 이순신李舜臣이 말하기를 「속이는 말이니 믿어서는 안 된다. 사위를 불러온다는 것은 구원병을 청하려는 것이니 결코 허락할 수 없는 일이다.」하였으나, 진 도독은 듣지 않았다. 14일 1척의 작은 배를 내보냈는데 왜인 8명이 타고 있었다."

11월 15일, 아침 일찍 도독에게 가서 보고, 잠시 이야기하고 돌아왔다. 왜선 2척이 강화하는 일로 두세 번 도독의 진중으로 드나들었다.

11월 16일, 도독이 진문동陳文同을 왜영에 들여보냈다. 갑자기 왜선 3척이 말과 창검 등의 물건을 도독에게 바쳤다.

이충무공행록, 도독은 싸움을 중지하려고 했다. 그러자 공이 "대장이 되어 강화를 말할 수 없고, 원수인 적을 놓아 보낼 수는 없습니다." 하였다. 도독에게 적의 사신이 또 오자, 도독이 "우리가 너희들을 위해 통제사에게 말했지만 거절했다. 이제 다시 말할 수는 없다." 했다.

그러자 행장이 공에게도 사람을 보내 총과 칼 등의 물건을 바치며 간청했으나, 공이 거부하며 말하기를, "임진년(1592년) 이래 너희 왜적을 수없이 붙잡았으니 총과 칼을 노획한 것이 산더미처럼 쌓였다. 원수인 도적의 사신이 어찌 여기에 올 수 있느냐?" 했다.

행장이 또 사람을 보내 말하기를, "조선 수군은 상국인 명나라 수군과 다른 곳에 진을 쳐야 하는데, 같은 곳에 있으니 무슨 이유입니까?" 하자, 공이 말하기를, "우리 땅에 진을 치는 것은 우리 마음이니 너희들이 알 일은 아니다." 했다.

그런데 도독은 왜적에게 많은 뇌물을 받았으므로 그들이 돌아가도록 길을 열어주려고 공에게, "나는 잠시 남해의 왜적을 치려고 한다." 했다. 공이 "남해에 있는 사람은 모두 적에게 붙잡혀 있는 우리나라 사람입니다. 왜적이 아닙니다."라고 했다. 도독이 "이미 왜적에게 부역했으니 그들은 적이다. 지금 가서 무찌른다면 쉽게 많은 머리를 벨 수 있다." 했다. 공이 "황제께서 적을 무찌르라고 명령한 것은 우리나라 사람의 생명을 구하기 위한 것입니다. 그런데 그들을 구출하지는 않고, 오히려 죽인다면 이는 황제의 뜻과 다른 것입니다." 했다. 도독이 화를 내며 "황제께서 나에게 장검을 내려 주셨다."라며 협박했다. 공이 "한 번 죽는 것은 하나도 아깝지 않소. 나는 대장으로 결코 적을 버리고 우리나라 사람을 죽일 수 없소."라고 하면서 오래 다투었다.

11월 17일, 어제 복병장 발포만호 소계남, 당진포 만호 조효열 등이 군량을 가득 싣고 남해로부터 바다 건너가는 왜 중선中船 한 척을 한산 앞바다까지 추격하자 왜적들은 해안 기슭에 의지하다가 육지로 올라가 달아났으며, 잡은 왜선과 군량은 명나라 군사에게 빼앗겨 빈손으로 돌아왔다고 보고하였다.

> **선조실록**(11월 27일), 어느 날 저녁 왜적 4명이 배를 타고 나갔는데, 순신이 진린에게 고하기를 '이는 반드시 구원병을 요청하려고 나간 왜적일 것이다. 나간 지가 벌써 4일이 되었으니 내일쯤은 많은 군사가 반드시 올 것이다. 우리 군사가 먼저 나아가 맞아 싸우면 아마도 성공할 것이다.' 하니, 진인이 처음에는 허락하지 않다가 순신이 눈물을 흘리며 청하자 허락하였다.

11월 18일 이충무공행장, 저녁 6시경 적선이 남해에서 셀 수 없이 나와 엄목포嚴木浦에 정박했고, 또 노량으로 와서 정박한 것도 셀 수 없었다. 공은 도독과 약속하고, 밤 10시경 함께 묘도猫島에서 출발하였다. 밤 12시경 공은 배 위에서 손을 씻고 꿇어앉아 하늘에 기도하기를, "이 원수를 무찌를 수만 있다면, 이 몸 죽어도 하늘에 조금도 여한이 없을 것입니다."라고 하였다. 그때 갑자기 큰 별이 바닷속으로 떨어졌는데, 이를 본 사람들이 기이하게 여겼다.

11월 19일 노량해전에 관한 기록은 선조실록에도 여러 곳에 있으며, 행장이나 행록, 징비록, 난중잡록, 백사집 등 개인적인 기록도 많이 있지만, 그 내용이나 등장인물 등이 조금씩 다르고 검증 또한 불가능하다. 그래서 이 전투가 가지는 의미와 전투의 대강만을 살펴보고자 한다.

첫째, 노량해전은 육군의 삼로三路 조명 연합군 중 어느 부대도 철수하는 왜군에게 공격다운 공격을 하지 못하고 움츠리고 있었던 상황에서 유일하게 왜군과 싸운 전투다. 그뿐만 아니라 그들에게 엄청난 피해를 주어, 그들이 다시 조선을 침략하려는 의지를 완전히 꺾어 놓았던 전투였다.

둘째, 조선 침략의 선봉장이었던 소서행장을 막아섬으로 인해 조선으로 출병한 모든 왜군을 노량해협으로 불러들여 싸운 조·왜 간의 전면전이었다. 울산 왜성에 있던 가등청정조차 철수하면서 내 걸은 방문榜文에 소서행장을 구하러 간다고 한 것이 그것을 입증하고 있다.

셋째, 이 전투는 오로지 이순신 장군의 신념과 의지로 치러진 전투였다. 수로군 대장이었던 진린조차도 1천 이상의 수급과 여러 뇌물을 받고 소서행장이 돌아갈 수 있도록 길을 열어주고자 하였으나 장군의 반대로 무산되었고, 결과적으로 진린도 참여하지 않을 수 없게 만들었다.

이 전투는 새벽 2시경부터 시작되었으며, 주된 공격방법은 화공이었던 것으로 보인다. 중국의 배는 선체가 작아서 전투선단 후미에 있었고, 등자룡鄧子龍과 진린 두 사람은 조선의 판옥선板屋船을 타고 싸웠다고 한다. 또 진린이 적에게 포위되어 위기에 처했으나 조선 수군이 달려가 구출해주었다.

이 싸움에 대한 이순신 장군의 승리 의지가 얼마나 강했는가를 알려주는 말이 있다. 그 유명한 적 탄환에 맞아 돌아가시는 순간, "싸움이 지금 한창 급하니 내가 죽었다는 말을 절대로 하지 말라.[21]"라고 하신 말씀이다. 이때의 상황을 이분李芬의 『이충무공행록』으로 들여다보자.

---

21) 前方急 愼勿言我死

19일 새벽, 공이 한창 전투를 독려하다가 문득 지나가는 철환을 맞았다. 공이 말하기를, "지금 싸움이 급하니 내가 죽었다는 말을 절대로 하지 말라."라고 했다. 공은 말을 마치자 세상을 떠났다. 그때 공의 맏아들 회薈와 조카 완莞이 활을 쥐고 곁에 있었는데, 울음을 그치고 말하기를, "일이 이렇게 되었으니 한없이 슬프다. 그러나 만약 돌아가신 것을 알린다면 온 군대가 놀라 동요할 것이고, 적들은 그 틈을 탈 것이다. 그러면 시신 또한 온전히 보전할 수 없을 것이니 싸움이 끝날 때까지는 참아야 한다."라고 하면서 그대로 시신을 안고 방으로 들어갔다. 오직 공을 모시던 사내종 금이와 아들 회薈, 조카 완莞 세 명만이 알았다. 공이 친히 믿었던 송희립宋希立 등의 무리도 알 수 없었다. 그리고 그대로 깃발을 휘두르며 싸움 독려하기를 그치지 않았다.

　이 기록은 장군의 조카가 쓴 것이다. 그러므로 내용이 가장 정확한 것이라 판단된다. 그런데 무슨 이유인지 돌아가시는 순간, 옆에 있었다는 부하들에 대한 기록이 출처마다 차이가 있다.

　11월 24일 군문도감軍門都監의 전투결과에 대한 최초 보고에, "왜선 100척을 포획했고 200척을 불태웠으며, 500급級을 참수하였고 180여 명을 생포하였다. 물에 빠져 죽은 자는 아직 떠오르지 않아 그 숫자를 알 수 없다."라고 하였으니, 이보다는 훨씬 더 많았을 것이다. 혹자는 500여 척 중에 돌아간 배가 겨우 50여 척에 불과하다고 주장하였다. 우치적禹致績 · 이섬李暹 · 우수禹壽 · 유형柳珩 · 이언량李彦良이 가장 힘써 싸웠다고 한다.

　아군의 피해는 통제사 이순신과 가리포첨사 이영남李英男, 낙안군수 방덕

룡方德龍, 흥양 현감 고득장高得蔣 등 10여 명이 탄환을 맞아 죽었으며, 명나
라 총병 등자룡도 죽었다.

☯ 손문욱(이문욱)은 누구인가

　　이분李芬의 『이충무공행록』은 장군이 돌아가시는 순간 옆에 있
었던 사람을 큰아들 회薈와 조카 완莞, 사내종 금이, 이렇게 셋으로 기록하였
다. 그런데 선조실록에는 손문욱이란 사람이 주변을 정리하고 장군을 가려놓
은 다음 북을 치며 독려하였다고 나오며, 선조수정실록에는 조카 이완이 싸
움을 독려했다고 기록하고 있다.

　그런데 이와 관련하여 선조실록 1599년 2월 8일 형조 좌랑 윤양이 고금도
를 다녀와서 보고한 내용은 사뭇 다르다.

> "노량露梁의 전공은 모두 이순신 장군이 힘써 싸워 이룬 것이다.
> 불행하게도 탄환을 맞자 군관 송희립宋希立 등 30여 인이 아들과 조
> 카의 입을 막아 울지 못하도록 하고 살아있을 때와 같이 영각令角을
> 불어, 모든 배가 장군의 죽음을 알지 못하도록 하여 승세를 이루었
> 다. 손문욱孫文彧은 하찮은 졸개에 불과한데, 우연히 같은 배에 탔다
> 가 공을 가로챘으므로 군사들이 모두 분노하고 있다."라고 하였다.

　그렇다면 이 손문욱孫文彧이라는 자는 누굴까. 왜 갑자기 대장선에 탔을까.
손문욱은 소서행장의 부하로 있었던 자라고 하였는데 조선인이다. 그가 왜군

에게 잡혀갔었는지, 배반했었는지는 정확하지 않다. 처음 기록에는 이문욱으로 나온다.

1597년 4월 25일 경상관찰사 이용순의 보고, 이문욱과 함께 잡혀갔다고 주장하는 박계생이라는 자가 말하기를, '이문욱은 왜국에 있을 때 수길에 반역하는 무리를 무너뜨리고 수길의 총애를 받았으나, 수길의 첩과 간통했다는 무고를 받았다. 수길이 공을 생각하여 차마 죽이지 못하고 행장의 부장으로 보내 중국 사신이 나올 때 함께 나왔다'라고 했다.

그런데 'KBS 역사 스페셜' 〈이순신 대장선의 미스터리 손문욱〉을 보면, 대마도 역사기록물인 『조선통교대기朝鮮通交大紀』에는 '소서행장을 죽이려던 손문욱이 평조신 덕분에 목숨을 건졌으며, 손문욱이 조선에 귀순했지만, 일본과 평조신을 위해서도 일하는 이중간첩으로 의심받고 있다는 소문이 있다'라고 기록되어 있다고 한다.

선조실록 9월 23일 전라도 방어사 원신은 이문욱이 귀환했다고 보고하였다.

"남해南海의 적에 빌붙은 이문욱李文彧이 적의 진중에서 나와 '순천順天의 적군은 1만 5천 명이고, 적 소굴은 삼면三面이 바다에 접하고 있어서 한쪽만 공격 가능한데, 땅이 질어서 진격하기가 어렵다. 남해의 왜적은 8백~9백 명으로 장수는 탐욕스럽고 사납지만, 군사들은 잔약殘弱하며, 거제巨濟의 적도 겨우 수백 명이니, 이 두 곳의 소굴을 수병水兵으로 공격하면 썩은 나뭇가지 꺾는 것처럼 쉬울 것이다.'라고 하였습니다."

위 기록을 찬찬히 뜯어보자. 이문욱은 '남해의 적에 빌붙은 자'라고 했다. 당시 남해 선소 왜성에는 대마도주인 평의지(平義智, 소 요시토시)와 그의 부하인 평조신(平調信, 야나가와 시게노부)이 주둔하고 있었다. 평의지는 소서행장의 사위로 알려진 인물이다. 그렇다면 이문욱은 선조실록의 '행장의 부장'이라기보다 조선통교대기에 기록된 '평조신의 부하'가 맞는 것이다.

그런데 남해에 있던 이문욱이 조선으로 귀환하면서 순천 왜성은 공격하기가 쉽지 않으니 자신이 있었던 남해를 공격하라고 권유하고 있다. 이상하지 않은가?

물론 그 이유가 순천왜성보다 군대가 약하니 쉽게 함락시킬 수 있다고 하였지만, 성을 공격해서 함락시키는 것이 그리 쉬운 일은 아니다. 또 만약 조명 수군이 남해로 출동하게 되면 순천과 사천의 왜군들에게 포위되는 형국이된다. 그러므로 문욱의 주장은 아군을 위한 것이 아니라 아군을 곤경에 빠뜨리려는 불순한 의도가 있는 주장인 것이다. 그런데도 명 군문도 그의 권유에 따라 조명 수군에게 남해를 공격하라 하였다.

> **11월 2일 선조실록의 좌의정 이덕형의 보고,** "왕 안찰王按察이 신에게 수군과 함께 속히 남해를 도모하라고 하여, 신이 손문욱과 남해에서 나온 사람을 진 도독에게 보내어 은밀히 모의하여 처리하도록 하였습니다."

이를 듣고 진린이 처음에는 순천을 먼저 공격해야 한다고 하였다. 하지만 노량해전 직전 소서행장의 뇌물 공세와 강화협상 과정에서는 남해를 우선 공격하겠다고 하였다.

이중간첩으로 매우 의심되는 손문욱은 노량해전에서 장군의 대장선에 탔다. 모두가 싸우느라 정신없는 와중에 그가 장군에게 총을 쏘지 않았을까. 가능성을 완전히 배제할 수는 없다. 또 하나, 노량해전이 끝난 후 1598년(선조 31년) 12월 7일 선조실록 속에 나오는 손문욱이다.

> **좌의정 이덕형의 보고**, "별장 변홍달卞弘達이 남해에서 나와 말하기를 '남해의 왜노들이 쌓아놓은 양곡은 왜교에서 운반해온 것인데, 소굴에 남아있는 것만도 부지기수다. (중략) 그리고 또 '패전하여 배를 버리고 도망간 왜적이 대부분 섬에 있는 산속으로 들어갔는데, 중국군이 붙잡아 죽이려고 산에다 불을 놓아 조선 백성들도 놀라고 두려워하여 도망쳐 숨어버리고 한 사람도 산에서 내려와 편히 머물러 살 수가 없었다. 이러한 상황을 손문욱孫文彧이 진 도독에게 자세히 말하자, 도독이 그제야 영기令旗를 보내 금지하였다.' 하였습니다."

손문욱이 조선인에까지 피해가 간다며 진 도독에게 화공 중지를 요구하였다고 했다. 그러나 다시 생각해 보자. 싸움은 조명 연합군의 승리로 끝났다. 조명 연합군을 피해 산으로 도망간 자들은 누굴까. 왜군이나 왜군에 부역했던 자들이었을 것이다. 그렇지 않은 조선인이라면 굳이 산속으로 갈 이유가 없지 않은가. 그렇다면 손문욱이 진 도독에게 화공 중지를 요구한 진짜 이유는 자명하다. 산속으로 도망간 그들을 한 명이라도 더 살려서 왜국으로 돌아갈 수 있도록 하고자 함인 것이다.

   그렇다. 손문욱은 조명 수군을 남해나 거제를 공격하도록 유인하여 조명 수군을 위험에 빠뜨리고, 행장이 안전하게 돌아갈 수 있도록 할 목적으로 거짓 귀환한 것이다. 그리고 노량해전이 끝난 후에도 남해의 산속으로 도망간 왜군들과 부역자들이 도망갈 수 있도록 도와주었다. 그는 『조선통교대기』에서 의심하듯, 이중간첩인 것이다. 그리고 전쟁이 끝나면서 그의 역할도 끝이 났다. 거기다 조선에서 전공을 인정받게 되니 왜국으로 돌아갈 이유도 없어졌다. 전란 이후 손문욱은 종3품 첨지중추부사僉知中樞府事가 되었으며, 이후 조선인 포로의 귀환, 일본과의 국교 재개 등 외교 분야에서 통역 등으로 활약하였다.

● 명나라 제독 진린의 명암

   1598년 12월 17일 군문도감의 보고에는, 진 제독陳提督이 풍신정성(豊臣正成, 데라자와 마사시게)을 생포하였고, 사천의 왜장 심안도(沈安道, 시마즈 요시히로)도 죽었다고 군문에 보고하였다. 그런데 손문욱孫文彧에게 물어보니 풍신정성은 부산을 지키고 있었으므로 참전하지 않았을 것이라 하였으며, 심안도의 배가 불에 탄 것은 분명하다 했다. 그러나 실제로 왜장 심안도는 살아 돌아가서 85세까지 살다가 1617년에 죽었다. 그리고 1598년 12월 22일 선조실록을 보면, 부산의 풍신정성을 생포했다는 말도 사실이 아님을 알려주는 실록의 기록이 있다.

경상 우수사 이순신李純信**의 장계 보고**, "노량 싸움에서 진 도독陳
都督이 우리 판옥선 위에서 역전하는 모습은 신이 보았습니다만, 풍
신정성豊臣正成을 생포한 일에 대해서는 분명히 알지 못합니다. 그
런데 도독이 신을 불러, 자신이 힘껏 싸운 정상과 적의 우두머리를
생포한 공을 군문에 보고하라고 하기에 신이 부득이 따랐습니다."

이 풍신정성도 일본으로 돌아가 1633년에 사망하였다. 더욱 가관인 것은,
1599년 2월 6일 선조실록에 나오는 진린 제독 접반사 남복흥의 보고 내용이다.

"신이 고금도古今島에 있을 때 도독이 승첩을 거두고 진영에 돌
아와 신에게 말하기를 '나는 조선을 위한 공로가 매우 크니, 초상
을 그려서 족자로 만들어 벽에 걸어두고 향을 피우더라도 안 될
것이 없다.' 하여 신이 통제사 이시언李時言과 상의하여 즉시 초상
을 그려 가져갔더니 희색이 만면하여 화공에게 상을 주고 다시 분
부하기를, '돌아가 국왕에게 보고하고, 그림은 두 장을 만들라. 또
부賦·시詩·송頌·찬贊을 지어 모두 그 족자에 넣어주면 한 건은
내가 가지고 가서 후세에 길이 전하겠다.'라고 하였으므로 감히
이를 아룁니다." 하니, 아뢴 대로 시행하라고 전교하였다.

이쯤 되면 가히 "내가 너희 나라를 구했으니 대대로 내 초상화를 걸어두고
찬양하여라."라는 말을 대놓고 하는 것이다. 이와 비슷한 것이 경남 남해군
남해읍에 있는『장량상 동정마애비張良相東征磨崖碑』다. 장량상은 진린 제독
휘하의 부장으로 노량해전에 참전했다가 왜군을 쫓아 남해의 선소 왜성까지

왔었다. 바위에 글을 새긴 마애비磨崖碑까지 제작한 것으로 보아, 상당 기간 주둔했던 것으로 보인다. 비문의 내용은 형개邢玠와 진린陳璘 등이 멀리 조선에 와서 왜적을 격퇴하여 국위를 선양하고 영원히 복종시켰다는 것이다.

다음은 1599년 2월 2일 대신들과 면대하여 논의하는 과정에 나온 말을 일부 발췌한 것인데 그가 노량해전에서 왜군과 어떻게 싸우게 되었는지를 알려준다.

이덕형이 아뢰기를,

"18일에 이순신李舜臣이 진인에게 말하기를 '적의 구원병이 수일 내에 당도할 것이니 나는 먼저 가서 요격하겠다.' 하니, 진인이 허락하지 않았으나 이순신은 듣지 않고 요격을 결정하고 나팔을 불며 배를 몰고 가자 진인은 어쩔 수 없이 그 뒤를 따랐으며, 중국 배는 선체가 작은 데다 후미에 있었으므로 그저 성세聲勢만 보였을 뿐이고, 등자룡鄧子龍과 진인 두 사람은 판옥선을 타고 가서 싸웠다고 합니다."

하였다. 상이 이르기를,

"수병이 대첩을 거두었다는 설은 과장된 말인 듯하다."

하니, 이덕형이 아뢰기를,

"수병의 대첩은 거짓말이 아닙니다. 소신이 종사관 정혹鄭豰을 보내 알아보니 부서진 배의 판자가 바다를 뒤덮어 흐르고 포구에는 무수한 왜적의 시체가 쌓여 있었다고 했습니다. 이로 보면 굉장한 승리였음을 알 수 있습니다."

하고, 이헌국은 아뢰기를,

"이렇게 적을 토벌한 일이 없었으니 혹 과장된 말이 있더라도 크게 포상하여 다른 사람을 권장하지 않을 수 없습니다."

하고, 이덕형은 아뢰기를,

"조선 출신 15인이 등자룡鄧子龍의 배에 함께 탔다가 다 전사하고 공주 출신 한 사람만 살아서 돌아왔는데 그 전투상황을 물어보았더 니 장하다고 할만하였습니다."

진린은 소서행장에게 뇌물을 받았으니 싸우고 싶지 않았을 것이다. 그렇다 면 왜 어쩔 수 없이 싸움에 참여할 수밖에 없었을까. 만약 그가 싸우지 않았 을 경우, 자신에게 돌아올 비난이나 책임이 두려웠기 때문일 것이다.

또 노량해전에서 중국 배는 뒤에서 응원만 했고, 진린과 등자룡은 판옥선 을 타고 싸웠다고 했다. 그렇다면 판옥선 두 척에 그들과 함께 탄 명군 병사 는 몇 명이었을까. 격군이나 사수, 포수는 모두 조선 수군이었을 것이니 명나 라 병사는 진린과 등자룡을 호위하는 병사 수십 명에 불과하였을 것이다. 그 렇다면 전투에서 그들의 역할도 미미했을 수밖에 없다. 그러니 이 전투에서 도 조선 수군의 역할이 거의 절대적이었음이 틀림없다.

그러나 선조는 "수병이 대첩을 거두었다는 설은 과장된 말인 듯하다."라 며, 이순신 장군의 승리를 인정하지 않으려 하고 있다. 그러자 신하들이 이구 동성으로 그렇지 않음을 강하게 주장하였다. 어떻게든 장군의 공을 낮추어 버리고 싶지만, 그게 영 왕의 뜻대로 되지 않는 듯하다.

선조실록 1598년 11월 25일 진린 도독이 통제사 후임을 조속히 임명하라 는 공문을 보내는데 선조 답변이 놀랍다.

"19일 아침 8시경부터 10시경까지 부산 · 사천 등지의 적선과 노 량도露梁島에서 대대적으로 싸울 때 모든 장수가 목숨을 바쳐 싸운 것은 조선에서 익히 알고 있을 것이니 굳이 번거롭게 덧붙여 말할 필요는 없고, 통제사 이순신李舜臣은 앞장서서 싸우다가 탄환에 맞아 운명하였습니다. 나의 충성은 전하께서 잘 알고 계실 것이니 다시 말하지 않겠습니다. 다만 통제사 직책은 하루도 비워둘 수 없습니다. 생각건대, 이순신李純信의 관직을 올리는 것이 조선의 기준에 부합할지는 모르겠습니다. 바라건대, 유념留念하고 조속히 결단하여 자나 깨나 기대하는 마음을 위로하소서. 간절히 빕니다."

회답은 다음과 같다.

"장군이 누선樓船의 군사로 왜적을 노량에서 막고 여러 장수에 앞장서서 왜선을 부수고 무수한 왜적을 죽이니, 사나운 기운이 깨끗이 사라지고 위엄이 멀리까지 퍼졌습니다. 저희 작은 나라가 난리를 당한 지 7년 만에 처음으로 이러한 승리를 보게 되었으니, 기린각麒麟閣 제일의 공로는 장군이 아니고 누구이겠습니까. 통제사 이순신은 장군 휘하에서 힘을 다해 싸우다가 탄환을 맞아 갑자기 운명하였으니 참으로 측은합니다. (중략) 해상에서 비바람을 무릅쓰고, 또 몹시 추운 겨울을 맞았으니 더욱 몸을 소중히 하십시오. 이만 줄입니다."

진린은 선조가 자신의 공을 다 알고 있을 테니 따로 말하지 않는다고 했다. 선조도 모든 공을 진린에게 다 돌리고 있다. 둘 다 후안무치厚顔無恥한 자들이다.

☞ 이순신 장군의 장례, 그리고 원균의 공신 책록

　　　　　1598년 11월 30일 선조실록, 선조가 승정원에 지시하였다. "이순신에게 관직을 내리고 부조扶助도 보내고 관官에서 장사를 도우라. 또 그의 아들은 몇 명인가? 상喪이 끝난 뒤에 모두 벼슬을 제수하는 것이 옳다. 해상에도 사당을 세워야 하니, 이는 비변사에서 의논하여 아뢰도록 하라. 그 밖에 전사한 장수들에게도 모두 휼전恤典을 거행하고, 혹 관직을 내릴 만한 자에게는 관직을 내리되 차례대로 거행하라."

　　11월 30일 선조실록, 예조가 아뢰기를, "형개 군문邢軍門이 이순신의 죽음을 몹시 슬퍼하여 제사 지냈고, 우리나라에서도 제사를 지내도록 하라고 하니, 그 뜻이 매우 훌륭합니다. 순신의 직품職品은 정 1품이었으니 법전法典에 따라 제사를 지내야겠지만, 형개邢玠 군문이 이처럼 말하니 먼저 별도로 제사를 지내야 합니까, 아니면 예법에 따라 제사를 지내야 합니까? 또 등 총병鄧總兵이 한 곳에서 같이 죽었으니 또한 제사를 지내지 않을 수 없습니다. 다만 시체를 찾았는지, 못 찾았는지 아직 확실히 알지 못하니 우선 상구喪柩가 서울로 올라온 뒤에 제사를 지내야 합니까? 아래에서 마음대로 결정하기 곤란하기에 아울러 재가를 여쭙니다." 하니, 예조가 알아서 하라고 전교하였다.

　　조선의 장군이 전사했는데 명나라 군문에서 조선보다 먼저 제사를 지내면서 조선에다 제사를 지내도록 하라고 하였으니, 주객主客이 바뀐 것이다. 명 군문 형개는 이순신 장군을 어떻게 생각하였길래 따로 제사까지 지냈을까.

아마도 장군의 공적과 희생, 인간성을 진심으로 인정하고 존경하기에 그랬을 것이다. 그런데 왕은 명나라 군문의 권유에도 장군의 제사를 썩 내켜 하지 않는 마음을 그대로 드러내고 있다.

> **12월 17일 선조실록**, 예조가 아뢰기를, "등 총병鄧總兵의 치제관致祭官은 이미 차출하였으니 곧 내려보낼 것입니다. 그러나 듣건대 이순신李舜臣의 상구喪柩가 이미 전사한 곳에서 출발하여 아산牙山의 장지葬地에 도착할 예정으로, 등 총병의 상구와 한 곳에 있지는 않다고 합니다. 장례의 차례에 있어 서로 구애되지 않을 듯하므로 본조의 낭청을 먼저 보냈습니다. 이축李軸을 오늘이나 내일 사이에 재촉해 내려보내는 것이 어떻겠습니까?"
>
> 선조가 지시하기를, "중국 장수를 먼저 제사하고 다음에 우리 장수를 제사하는 것이 예의상 옳을 것이다. 상구喪具가 한 곳에 있다 하여 선후의 절차를 따지고, 각기 다른 곳에 있다 하여 중국인이 우리가 하는 일을 모를 것이라고 여겨 우리 장수를 먼저 제사하려고 하는 것은 도리상 온당치 못한 듯싶다. 등 총병에 대한 치제관致祭官을 속히 먼저 보내도록 하라."

이순신 장군의 유해가 아산 장지에 이미 도착했는데도 선조는 제사를 지내지 못하게 하였다. 명군 장수인 등자룡의 유해가 도착하지 않았다는 것이 그 이유였다. 하지만 유해를 찾지 못한 등자룡 때문에 장군의 유해를 두고도 제사를 늦춘다는 것은 이해하기 어렵다. 장군의 제사가 왜 그렇게 늦어졌을까 하고 궁금해했던 의문에 대한 답이 여기에 있었다.

1603년 6월 26일 선조실록, 비망기로 이르기를, "원균을 2등으로 공을 기록해놓았으나, 왜란 발생 초기에 원균이 이순신李舜臣에게 구원을 청한 것이지 이순신이 자진해서 간 것은 아니었다. 왜적을 토벌할 적에도 원균은 죽을 결심으로 항상 맨 앞에서 먼저 올라가 용맹을 떨쳤다. 승전하고 노획한 공이 이순신과 같았는데, 노획한 적의 우두머리와 누선樓船을 도리어 이순신에게 빼앗긴 것이다. 이순신 대신 통제사가 되어서는 원균이 두 번 세 번 장계를 올려 부산 앞바다에 들어가 토벌할 수 없는 상황을 강하게 주장했으나, 비변사가 독촉하고 도원수가 장杖을 치니 원균은 훤히 패할 것을 알면서도 진鎭을 떠나 왜적을 공격하다 드디어 전군이 패배하게 되었고, 그는 순국하고 말았다.

원균은 용기만 삼군에서 으뜸이 아니라 지혜 또한, 지극했다. 나는 원균이 지혜와 용기를 갖춘 사람이라고 여겨 왔는데, 애석하게도 그의 운명이 시기와 어긋나서 공도 이루지 못하고 일도 실패하니, 그의 역량이 밝혀지지 못하고 말았다. (중략) 오늘날 공로를 논하는 마당에 도리어 2등에 두었으니 어찌 원통하지 않겠는가. 원균은 지하에서도 눈을 감지 못할 것이다.

회계하기를, 원균이 처음에는 군사 없는 장수로서 해상의 대전大戰에 참여하였고, 뒤에는 수군을 패전시킨 과실이 있었으니, 이순신·권율과는 같은 등급으로 할 수 없기에 낮추어 2등으로 공을 기록했던 것인데, 방금 성상의 분부를 받들었으니 올려서 1등에 넣겠습니다. 【사신은 논한다. 원균은 수군 전함을 침몰시키고 군사를 해산시킨 죄가 매우 컸다.】

선조는 원균을 감싸고 두둔하면서 그를 선무공신 2등으로 책정한 것에 대해 비판했다. 신하들은 그 비판이 잘못인 줄 알면서도 왕의 뜻을 받들어서 그를 1등으로 올렸다.

이제까지 우리는 역사 기록 속의 원균을 보았다. 그는 무능하고 백성의 고혈을 착취한 권력욕 가득한 탐관오리였다. 남의 공을 가로채고 거짓으로 군공 만드는 것을 당연하게 여겼으며, 남을 모함하여 파멸시키는 데 집요하였던 무서운 인간이었다. 또 싸움에서는 두려움을 이기지 못하고, 먼저 도망가 부하들을 죽음으로 몰아넣은 비겁한 인간이었다. 하지만 그는 살았을 때도 죽은 후에도 왕의 사랑을 듬뿍 받았다. 왕은 왜 그토록 원균을 사랑했을까. 아무리 생각해봐도 이해가 되지 않았다. 그런데 문득 유유상종類類相從이란 말이 생각났다. 그렇다. 그들은 사고방식이나 허물이 비슷한 사람들이었다. 그래서 그렇게 서로 좋아하고 아껴주었을 것이다. 또 그가 죽은 후에도 왕의 마음이 변치 않을 만큼 엄청난 뇌물까지 바쳤을 것이다. 지금도 우리는 이런 자들의 카르텔이 주무르는 세상을 목도目睹하며 경악하고 있다. 예나 지금이나 세상은 달라진 게 없는 것 같다.

선조와 원균은, 그들이 살아있는 동안은 한 나라의 왕이고, 1등 선무공신이었다. 그러나 당대에 기록된 선조실록에서도, 그 이후의 역사에서도 그들은 무능하고 교활한 왕으로, 역사의 죄인으로 수 없는 비판과 손가락질을 받았으며, 앞으로도 그럴 것이다. 그러나 이순신 장군은 그들에게 수많은 모함과 수모를 당했고 고통을 받았지만, 역사는 그를 나라를 지켜낸 위대한 장군으로 기록하였다. 앞으로도 한 나라의 장군을 넘어 성스러운 영웅으로, 민족의 찬란한 빛으로, 영광으로 영원히 기록할 것이다.

글을 마치면서

이제까지 당시의 역사 기록을 중심으로 이순신 장군과 선조, 원균 등에 대한 자료를 찾아보았다. 장군도 사람이라 잘못도 있고 실수도 있었다. 진솔하게 사과하기도 했다. 정세 판단에는 아쉬움도 있었다. 그러나 과過보다는 공功이 훨씬 컸다. 장군은 전란 동안 수많은 전공을 세웠고, 나라와 백성을 위해 자신의 모든 것을 바쳤다. 자신은 물론, 어머니와 사랑하는 아들 면葂까지도 바쳤다. 그리고 원균에게서는 끊임없는 모략과 음해로 고통을 받았다. 왕인 선조에게서도 아무런 지원을 받지 못했으며, 대신 죽음의 위협과 지독한 홀대를 견뎌내야만 했다. 또 명나라 장수들에게도 수시로 접대해야 했으며, 전공도 빼앗겨야만 했다.

임진왜란을 이긴 전쟁이라고 주장하는 사람들도 있다. 하지만 사실은 영토 야욕으로 가득 찬 풍신수길이 사망하자, 전쟁을 지속할 동력을 상실한 왜군이 자진해서 철수한 것이다. 조선이나 명나라 군사가 쫓아낸 것이 아니다. 조명 연합군은 4로 병진 전략을 추진했으나 수로군을 제외한 3로군이 모두 패하여 군사를 물렸다. 수군조차도 진린 제독은 싸우기보다 철수하는 왜군을 안전하게 돌려보내 주려 했다. 이를 막아선 장군에게 칼을 겨누기까지 했다.
그동안 이순신 장군은 늘 이기는 싸움만을 했다. 하지만 노량의 전투는 이기고 지는 것을 떠난 것이었다. 소서행장의 돌아가는 길을 틀어막고 조선을 침략한 왜군을 모두 노량해협으로 불러들인 싸움이었다. 7년간 조선 땅을 유린蹂躪한 원수를 한 명도 돌려보낼 수 없으며, 다시는 이 땅에 왜군이 발붙이지 못하게 하겠다는 절박한 사명감으로 치른 전투였다. 임진·정유 양란 중 가장 큰 대첩이다. 승리를 논함에 있어 노량해전은 가장 높은 곳에 있다.

언제나 그랬듯 마지막 전투에서도 장군은 그들에게 두려움과 공포, 굴욕, 수치와 패전의 상처를 안겨주었다. 그리고 승리를 눈앞에 두고 지친 몸을 거두었다. 장군의 죽음을 믿지 않는 사람들도 있다. 하지만 그분의 삶을 제대로 보았다면 그런 추측은 할 수 없을 것이다. 그는 자신의 이익을 위해 은밀히 누구를 속이거나, 비밀리에 일을 꾸미는 따위를 할 수 없는 분이기 때문이다.

임진왜란이 일어난 지 318년 후, 1910년 8월 29일 일본과 대한제국은 우리에게 경술국치라 불리는 『한일병합조약』을 체결하였다. 조선은 결국, 다시 돌아온 왜倭, 일본에 무릎을 꿇은 것이다. 장군이 그토록 목숨을 던져 막고자 했던 그 일이 일어나고 말았다. 지하에 계신 장군이 통곡, 통곡할 일이다.

다시 돌아온 왜, 일본은 36년간 조선 백성을 지배하고 수탈했다. 그러나 제2차 세계대전의 종전과 함께 이 땅에서 물러갔다. 그리고 76년이 지났다. 하지만 그들이 우리에게 남긴 상처는 아직 치유되지 않았다. 강점기 동안 전쟁을 위해 우리의 자원을 가져가고, 전쟁 물자를 수탈한 것은 고사하고라도, 강제로 끌고 간 징용 피해자나 위안부 배상 요구에 대해 솔직하게 반성하거나 잘못을 인정하는 것조차 거부하고 있다.

해방 이후 친일파를 척결하려고 설치했던 『반민족행위 특별조사위원회』는 이승만 정권에 의해 무력화되었다. 이후 정관계 요직을 차지한 친일파들은 살아남았고, 이들이 중심이 된 보수 정권은 굴욕적인 '한일협정', '위안부 합의' 등의 체결로 민족혼을 팔아먹었으며, 지금까지도 기득권 카르텔을 형성하여 온갖 비리와 불법을 자행하고 있다. 그들 대부분은 아직도 일본 천황을 숭배하는 정신적인 점령상태에 있다. 일본도 비밀리에 꾸준히 한국의 지식인들을 매수하여 친일파로 만들고 자신들의 대변자 또는 첩자로 이용하고 있다. 아직도 일본은 한반도에서 떠나지 않았다.

현실이 이런데도 이제 우리나라도 국격이 올라가고 선진국이 되었으니 앞으로는 과거와 같은 일이 없을 것이라고, 그러니 이제 그만하라고 하는 사람들이 있다. 그런 주장을 하는 자들은 그 이유로 국익을 내세우고 있다. 실제 '위안부 합의', '강제징용 배상 판결' 등의 문제로 인해 일본은 한국에 경제보복을 가했다. 그러나 우리 정부는 굽히지 않았고, 그들의 보복을 보란 듯이 이겨냈다.

반성하지 않는 그들과 부화뇌동附和雷同하거나 그들의 행위를 잊거나 용서해서는 안 된다. 그것은 민족자존의 문제이며, 그때의 아픔으로 여전히 고통 속에 있는 피해자분들의 인권 문제이기 때문이다. 무엇보다 다시는 결코, 저들에게 예속되어서는 안 되기 때문이다. 그런 면에서 우리는 아직도 430년 전 이순신 장군이 치렀던 싸움을 계속하고 있다. 언제 끝날지도 알 수 없다.

대한민국이 완전한 자주독립을 하려면, 몸은 한국 사람이지만 정신은 일본에 점령된 자들이 없어져야 한다. 이를 위해서는 올바른 역사교육이 무엇보다 중요하다. 가장 효과적인 역사교육은 무엇인가. 역사를 현장에서 체험하는 것이다.

그 역사 현장 중의 하나가 왜성倭城이다. 이것은 왜군이 조선 반도를 영원히 점령하기 위해 구축해놓은 구조물이다. 지금 대부분 파괴되어 흔적을 찾기 힘든 곳도 많다. 문화재에서 제외되었기 때문이다. 왜성을 왜군의 흔적이니 없애야 한다는 사람들이 많다. 그러나 왜군이 만든 것이라 하여 무조건 없앨 것만은 아니다. 오히려 우리의 아이들에게 보여 주어, 그 아픈 상처를 분명하게 느끼도록 해야 한다. 그 아픔을 가슴에 깊이 새기게 해야 한다.

왜성 꼭대기 천수각 터에는 그들이 가장 두려워하는 이순신 장군의 동상을 세워야 한다. 특히 소서행장이 주둔하여 노량해전으로 장군의 죽음을 불러왔던 순천 왜성과 부산으로의 공격을 막아 장군이 잡혀가고 백의종군하도록 만들었던 거제와 안골포 왜성 꼭대기 천수각 터에는 꼭 장군의 동상을 세워야 한다.

하동에서 남해대교를 건너면 남해군 설천면이다. 이곳에는 남해 충렬사忠烈祠와 이락사李落祠가 있다. 이락사는 노량해전에서 돌아가신 이순신 장군의 유해가 처음 뭍으로 올라온 곳이다. 이후 시신을 남해 충렬사 자리로 옮겨 잠시 안치하였다가 고금도로 모셔갔다고 한다. 남해군은 이락사 주변을 성역화하여 『이순신 순국 공원』을 만들고, 『이순신 순국 제전』을 2년에 한 번씩 열고 있다.

그런데 이곳은 이순신 장군이 돌아가신 곳이기도 하지만, 임진·정유 양란을 통틀어 가장 큰 승전의 장소다. 그런데도 공원과 축제의 명칭, 행사 내용이 장군의 사망에만 초점을 두고 있는 것은 매우 안타깝고 아쉽다. 오히려 명칭을 『노량해전 승전 기념공원』, 『노량해전 승전기념제』로 바꾸고, 행사의 내용도 장군의 사망보다 승전의 축제로 만드는 것이 교육적 가치나 의미에도 더 맞고, 장군께서도 그것을 바라실 것이다. 아울러 구원군으로 와서 점령군 행세를 한 명나라 장수의 흔적인 남해읍 선소리 『장량상동정마애비』와 대마 도주 평의지平義智가 점령했던 남해 선소 왜성도 교육의 장이 되어야 할 것이다.

탁월한 수군 제독이자, 지극히 백성을 사랑한 목민관이며, 인간의 한계를 넘는 고난을 이겨낸 초인, 성웅聖雄 이순신 장군께 감사와 사랑과 존경을 바친다. 그리고 한편으로 나는 후세대로서 장군의 간절한 소망을 지켜내지 못한 것에 대해 심한 부끄러움과 송구스러움을 감출 수가 없다.

참고문헌

- 충무공 이순신 전집. 최두환, 1999.
- 이순신과 임진왜란. 이순신 역사연구회, 2005.
- 임진왜란 해전사. 이민웅, 2004.
- 역사추적 임진왜란. 윤인식, 2013.
- 임진왜란, 비겁한 승리. 김연수, 2013.
- 난중일기. 이은상, 2014.
- 난중일기. 박종평, 2018.
- 이순신 평전. 이민웅, 2012.
- 임진왜란의 흔적. 김현우, 2012.
- 이순신의 일상에서 리더십을 읽다. 김현식, 2009.
- 징비록. 김기택, 2015.
- 역사의 블랙박스 왜성의 재발견. 신동명 등, 2016.
- 임진왜란과 도요토미 히데요시. 오만·장원철, 2003.
- 임진왜란과 이순신, 그 숨겨진 이야기. 이현산, 2014.
- 선조, 조선의 난세를 넘다. 이한우, 2007.
- 이순신의 끝나지 않은 전쟁. 신호영, 2014.